Ludwig Landgrebe, geb. 9. März 1902, in Wien. Studierte in Freiburg i.Br., wo er 1927 zum Dr. Phil. promovierte. 1935 Dozent an der Universität von Prag, 1939-1940 an der Universität Löwen, 1945 Univ. Hamburg; 1946 apl. Prof. das., 1947 o. Prof. Univ. Kiel. Seit 1956 Prof. in Köln und Direktor des Husserl-Archivs in Köln.

Perspektiven transzendentalphänomenologischer Forschung

PHAENOMENOLOGICA

COLLECTION PUBLIÉE SOUS LE PATRONAGE DES CENTRES
D'ARCHIVES HUSSERL

49

Perspektiven transzendentalphänomenologischer Forschung

HERAUSGEGEBEN VON

ULRICH CLAESGES UND KLAUS HELD

Perspektiven transzendentalphänomenologischer
Forschung

Für Ludwig Landgrebe zum 70. Geburtstag von seinen
Kölner Schülern

HERAUSGEGEBEN VON

ULRICH CLAESGES UND KLAUS HELD

MARTINUS NIJHOFF / DEN HAAG / 1972

PRINTED IN THE NETHERLANDS

INHALTSVERZEICHNIS

DIE WERKE E. HUSSERLS WERDEN IN DEN AUFSÄTZEN
DIESES BANDES NACH FOLGENDEN AUSGABEN ZITIERT:

1. Husserliana

EDMUND HUSSERL, Gesammelte Werke. Auf Grund des Nach-
lasses veröffentlicht in Gemeinschaft mit dem Husserl-Archiv an
der Universität Köln vom Husserl-Archiv (Louvain) unter
Leitung von H. L. Van Breda, Den Haag 1950 ff.

Bd. I: Cartesianische Meditationen und Pariser Vorträge.
Hrsg. St. Strasser, 2.A. 1963
zitiert: *Cart. Meditationen*

Bd. II: Die Idee der Phänomenologie. Fünf Vorlesungen.
Hrsg. W. Biemel, 2.A. 1958
zitiert: *Idee der Phänomenologie*

Bd. III: Ideen zu einer reinen Phänomenologie und phänomenologischen Philosophie. Erstes Buch. Allgemeine
Einführung in die reine Phänomenologie.
Hrsg. W. Biemel, 1950
zitiert: *Ideen I*

Bd. IV: Ideen zu einer reinen Phänomenologie und phänomenologischen Philosophie. Zweites Buch. Phänomenologische Untersuchungen zur Konstitution.
Hrsg. M. Biemel, 1952
zitiert: *Ideen II*

Bd. V: Ideen zur einer reinen Phänomenologie und phänomenologischen Philosophie. Drittes Buch. Die Phänomenologie und die Fundamente der Wissenschaften.
Hrsg. M. Biemel, 1952
zitiert: *Ideen III*

Bd. VI: Die Krisis der europäischen Wissenschaften und die
transzendentale Phänomenologie. Eine Einleitung in
die phänomenologische Philosophie.

Hrsg. W. Biemel, 2.A. 1962
zitiert: *Krisis*

Bd. VII: Erste Philosophie (1923/24). Erster Teil. Kritische Ideengeschichte.
Hrsg. R. Boehm, 1956
zitiert: *Erste Philosophie I*

Bd. VIII: Erste Philosophie (1923/24). Zweiter Teil. Theorie der phänomenologischen Reduktion.
Hrsg. R. Boehm, 1959
zitiert: *Erste Philosophie II*

Bd. IX: Phänomenologische Psychologie. Vorlesungen Sommersemester 1925.
Hrsg. W. Biemel, 1962
zitiert: *Phän. Psychologie*

Bd. X: Zur Phänomenologie des inneren Zeitbewußtseins (1893–1917).
Hrsg. R. Boehm, 1966
zitiert: *Zeitbewußtsein*

Bd. XI: Analysen zur passiven Synthesis. Aus Vorlesungs- und Forschungsmanuskripten 1918–1926.
Hrsg. M. Fleischer, 1966
zitiert: *Passive Synthesis*

Bd. XII: Philosophie der Arithmetik. Mit ergänzenden Texten (1890–1901).
Hrsg. L. Eley, 1970
zitiert: *Arithmetik*

2. Außerhalb der Husserliana

Logische Untersuchungen. 1. Band. Prolegomena zur reinen Logik.
2.A. Halle 1913
zitiert: *Log. Untersuchungen I*

Logische Untersuchungen. 2. Band. Untersuchungen zur Phänomenologie und Theorie der Erkenntnis.
I. Teil, 2.A. Halle 1913; II. Teil, 3.A. Halle 1922
zitiert: *Log. Untersuchungen II/1* u. *II/2*

Formale und transzendentale Logik. Versuch einer Kritik der logischen Vernunft.

Halle 1929
    zitiert: *Logik*
Erfahrung und Urteil. Untersuchungen zur Genealogie der Logik.
    Redigiert und herausgegeben von Ludwig Landgrebe, 3.A.
    Hamburg 1964
    zitiert: *Erfahrung und Urteil*
Philosophie als strenge Wissenschaft.
    Hrsg. W. Szilasi, Frankfurt a.M. 1965
    (Erstdruck in: *Logos* Bd. I (1910/11) S.289–341)
    zitiert: *Philosophie als strenge Wissenschaft*

I

ZUM PROGRAMM DER PHÄNOMENOLOGIE HUSSERLS

KLAUS HELD

DAS PROBLEM DER INTERSUBJEKTIVITÄT UND DIE IDEE EINER PHÄNOMENOLOGISCHEN TRANSZENDENTALPHILOSOPHIE

Die Kritiker Husserls sind sich, wenn auch mit unterschiedlicher Begründung, fast ausnahmslos einig, daß er das Problem der Intersubjektivität nicht gelöst hat. Von dieser Lösung hängt aber nach Husserl das Gelingen der Phänomenologie als Transzendentalphilosophie ab. Es ist daher nicht nur zu prüfen, ob Husserl selbst die Frage der Intersubjektivität richtig gestellt und beantwortet hat, sondern auch, ob die Art von Transzendentalphilosophie, die er auf den Weg gebracht hat, grundsätzlich dazu in der Lage ist.

Diese Fragestellung setzt eine Idee von den Möglichkeiten einer phänomenologischen Transzendentalphilosophie voraus. Die folgenden Überlegungen beginnen daher mit einem Entwurf dieser Idee (I). Dieser Entwurf muß sich allerdings auf eine vereinheitlichende Darstellung derjenigen Zusammenhänge und Begriffe beschränken, deren Verständnis für die Entfaltung der Intersubjektivitätsproblematik unumgänglich ist. Es folgt die Exposition dieser Problematik selbst, so wie sie sich im Horizont der einleitend entwickelten Idee notwendig stellt (II). In diesen Zusammenhang fällt die Aufgabe, die Intersubjektivitätstheorie in der Gestalt zu prüfen, die ihr Husserl selbst, vornehmlich in der 5. *Cartesianischen Meditation*, gegeben hat. Dabei zeigt sich, daß der zentrale Gedanke der Husserlschen Analyse bisher noch keiner immanenten Kritik unterzogen worden ist und daß er einer solchen Kritik nicht standhält. Aus den Ergebnissen der Kritik werden schließlich unter Aufnahme der einleitend entwickelten Prämissen die Konsequenzen für den Aufbau einer gelingenden transzendentalphänomenologischen Intersubjektivitätstheorie gezogen (III).

I

1. Transzendenz als Okkasionalitätsüberschreitung

Die Phänomenologie Husserls versteht sich als transzendental, weil sie von der Absicht geleitet ist, die fraglos bestehende Grundüberzeugung des natürlichen Bewußtseins zu erklären, dergemäß das als seiend Bewußte unabhängig von den darauf gerichteten Bewußtseinsvollzügen „an sich" oder „objektiv" besteht und in diesem Sinne das Bewußtsein transzendiert. Welchen Denkweg eine Transzendentalphilosophie einschlägt, hängt wesentlich von ihrer Auslegung des natürlichen Transzendenzbewußtseins ab. Ein Begriff von Bewußtseinstranszendenz läßt sich nur in Abhebung gegen den Begriff der Bewußtseinsimmanenz gewinnen. Diese Immanenz bezeichnet in cartesianischer Tradition den Bereich des Vorstellens, des *cogitare*. Er umfaßt neben den Prozessen des Vorstellens selbst, den *modi cogitandi*, auch das *cogitatum* als noema, d.h. das Vorgestellte, rein sofern es den jeweiligen Vollzug des Vorstellens bestimmt – unter Absehung davon, daß es vermeint ist als von diesem Vollzug unabhängig bestehend. Das Transzendente ist im Unterschied zu dieser in sich geschlossenen Sphäre dasjenige, worauf das Bewußtsein mit seiner Grundüberzeugung bezogen ist, es sei – unabhängig davon, ob ein Bewußtseinsvollzug darauf gerichtet sei oder nicht.

Die wiederholten programmatischen Versuche Husserls, an die cartesianische Tradition anzuknüpfen, dürfen nicht darüber hinwegtäuschen, daß seine Phänomenologie den radikalen Bruch mit den gerade angeführten Begriffen von Immanenz und Transzendenz und allen philosophischen Versuchen darstellt, die auf der mit diesen Begriffen bezeichneten Unterscheidung beruhen. Schon in der frühen Auseinandersetzung Husserls mit dem Psychologismus fällt die Vorentscheidung über den phänomenologischen Sinn dessen, was in der cartesianischen Tradition als Immanenz des Bewußtseins ausgelegt worden war. Sein Versuch, die Idealität der Bedeutungen gegen ihre psychologistische Auflösung zu retten, führt Husserl zu einer Neubestimmung der Sphäre, dergegenüber sich dem natürlichen Bewußtsein das an sich oder objektiv Seiende als das Transzendente darstellt.

Das Transzendente ist dem natürlichen Bewußtsein bewußt als

dasjenige, was ist, unabhängig davon, ob ein darauf gerichteter Bewußtseinsvollzug, ein *Vermeinen* stattfindet oder nicht. Die Leugnung solcher Transzendenz würde die skeptische Rücknahme alles als seiend Behaupteten ins bloße Vermeinen bedeuten. Diese Skepsis müßte sich in der These aussprechen: ,,Das Seiende ist nur, sofern und solange ein darauf bezogenes Vermeinen stattfindet'', oder anders formuliert: ,,Das Seiende ist nichts außerhalb der Gegebenheitsweisen, in denen es sich einem Bewußtsein bekundet''.

In dieser skeptischen Wendung des Gedankens zeigt sich, daß das Vermeinen wesentlich dadurch bestimmt ist, daß es unter der Beschränkung eines ,,sofern und solange'' steht. Das Vermeinen ist ein Bewußthaben seines Gegenstandes in *Gegebenheitsweisen*, d.h. es ist gebunden an die Jeweiligkeit von Situationen.[1] Diese Gebundenheit des Vermeinens sei seine *Okkasionalität* genannt.[2] Die vom natürlichen Bewußtsein fraglos vorausgesetzte Bewußtseinstranszendenz des Seienden besagt demnach, daß das Vermeinte die Jeweiligkeit eines darauf bezogenen Vermeinens überschreitet. Das bloße Für-mich-Sein, welches das Seiende nach dieser Grundüberzeugung transzendiert, erweist sich als das Okkasionelle am Vermeinen.

,,Das Seiende ist an sich – unabhängig davon, ob ich es vermeine oder nicht'' besagt *in concreto*: ,,... ob ich es *jetzt* vermeine oder nicht'' oder: ,,... ob ich es *von hier aus* vermeine oder nicht'', oder: ,,... ob *ich* es vermeine oder jemand anders'' oder dergleichen mehr. Die mit diesen Beispielen nur grob angedeutete Vielfalt des Okkasionellen hat zur Folge, daß der Begriff der Transzendenz sich nunmehr nur formal einheitlich bestimmen läßt, inhaltlich aber wechselnden Bestimmungen unterliegt. Die Kennzeichnung des natürlichen Bewußtseins als fragloser Überzeugung vom An-sich-Sein des Vermeinten ist demgemäß für

---

[1] Die Beziehung zwischen Skepsis und transzendentalphänomenologischer Thematisierung der Gegebenheitsweisen hat Husserl selbst mehrfach erwähnt, ohne ihr mit der Gründlichkeit nachzugehen, die sie von ihrer systematischen Bedeutung her verdiente. Dies ist erst neuerdings geschehen bei A. Aguirre, *Genetische Phänomenologie und Reduktion. Zur Letztbegründung der Wissenschaft aus der radikalen Skepsis im Denkens E. Husserls*, Den Haag 1970, S. 67 ff.

[2] Der Begriff ,,okkasionell'' kommt bei Husserl in dieser weiten Bedeutung nicht vor, bezeichnet aber bereits in dem wichtigen Abschnitt der *Logischen Untersuchungen II/1* § 26 über die wesentlich okkasionellen Ausdrücke die Situationsgebundenheit als Gegensatz zum Objektiven.

Husserl zwar richtig, aber leer. Für die phänomenologische Transzendentalphilosophie kommt alles darauf an, der Vielgestaltigkeit jener Überzeugung gerecht zu werden.

2. Okkasionalität als originäres Bewußtsein

Diese Vielgestaltigkeit beruht darauf, daß bei der Bestimmung der Transzendenz des vermeinten Gegenstandes nicht davon abgesehen werden kann, als *was* der betreffende Gegenstand dem Bewußtsein erscheint. Dies entscheidet sich aber, indem das Bewußtsein eine Reihe von Gegebenheitsweisen durchläuft, in denen sich der Gegenstand in seinem Was bekundet. Der Gegenstand wird als transzendent erfahren, sofern er *mehr* ist als nur dasjenige, was sich in einer einzelnen okkasionellen Bekundungsweise zeigt, d.h. sofern er das Identische gegenüber der Mannigfaltigkeit des Okkasionellen ist. Er wird als der in seinem Was Bestimmte erfahren, sofern dieses Identische nur im Vollzug einer zugehörigen okkasionellen Mannigfaltigkeit Bestimmungen gewinnt. Bewußtseinstranszendenz besagt demnach: Der Gegenstand erscheint dem Bewußtsein zwar als unabhängig vom einzelnen okkasionellen Vollzug, nicht aber als unabhängig vom Zusammenspiel einer Reihe von solchen Vollzügen in ihrer Gesamtheit.

Nun kann das Bewußtsein zwar einen Gegenstand auch vermeinen, ohne dabei den zugehörigen okkasionellen Bekundungszusammenhang zu durchlaufen. Solche Weisen des Vermeinens gibt es in großer Zahl. Es handelt sich um all die Vorstellungen von etwas, in denen das Vermeinte zwar irgendwie gemeint, aber entweder nicht in vollem Umfange oder nicht als es selbst gegeben ist. Alle derartigen Vorstellungen verweisen aber durch die relative Leere, die zu ihrem Erfahrungsgehalt selbst gehört, auf jeweils zugehörige Vorstellungsweisen, in denen sich das bloße Meinen durch die volle und unverstellte Gegebenheit des Vermeinten erfüllt. Diese erfüllenden Vorstellungsweisen seien hier mit Husserl als Gestalten *originären Bewußtseins* bezeichnet. Ein originäres Bewußtsein zeichnet sich dadurch aus, daß es über Möglichkeiten verfügt, sich von dem, *was* das Vermeinte ist, zu überzeugen. Dies aber geschieht – und kann nur so geschehen – im Durchlaufen der zu einem bestimmten Gegenstandsbewußtsein gehörigen Reihe von okkasionellen Gegebenheitsweisen, in deren Zusammenspiel der Gegenstand als das, was er ist, dem Bewußtsein erscheint.

3. Okkasionalität als Identität von Erfassen und Sich-Zeigen

Wenn die phänomenologische Transzendentalphilosophie der Vielgestaltigkeit des Transzendenzbewußtseins gerecht werden will, so muß sie nach dem Gesagten zunächst das bloße Meinen auf die Gestalten originären Bewußtseins zurückführen. Sie muß dann erklären, wie im originären Bewußtsein jeweils ein bestimmter Zusammenhang okkasioneller Gegebenheitsweisen auf ein darin und nur darin erscheinendes Identisches hin überschritten werden kann.

Diese Aufgabe läßt sich nur durch Reflexion erfüllen. Allein in dieser tritt zutage, was eine okkasionelle Gegebenheitsweise überhaupt ist. Die Reflexion nimmt nämlich zum Okkasionellen ein Verhältnis ein, das dem natürlichen Bewußtsein als Transzendenz- und d.h. Gegenstandsbewußtsein einzunehmen unmöglich ist. Dieses richtet sich im Durchgang durch den Vollzug einer jeweiligen Gegebenheitsweise vermeinend auf den identischen Gegenstand jenseits der betreffenden Okkasionalität. Es thematisiert *geradehin* – wie Husserl sagt – den Gegenstand. Das natürliche Bewußtsein verfügt zwar über die Möglichkeit, auch dasjenige in thematisierender Zuwendung als Gegenstand zu betrachten, was ihm sonst nur als eine okkasionelle Gegebenheitsweise bewußt ist; durch diese Thematisierung verliert aber das so Gegebene den Charakter des Okkasionellen. Dieses bleibt *als* Okkasionelles für das natürliche Bewußtsein unthematisch, weil es selbst der Vollzug ist, den durchlaufend das Bewußtsein auf den thematischen Gegenstand hin transzendiert.

Demnach ist das Okkasionelle am Vermeinen zwar ein Bewußthaben *von Seiendem*; das zeigt die gerade erwähnte Möglichkeit des Bewußtseins, ein vordem bloß okkasionell Bewußtes als Gegenstand, d.h. als transzendent vermeintes Seiendes zu thematisieren. Im Unterschied zum thematisierenden Transzendenzbewußtsein, dem das Vermeinte als ein Gegenüber zum Vermeinen erscheint, ist es aber als ein nicht thematisierendes abstandloses Beim-Vermeinten-Sein zu charakterisieren.[3] Die Metaphern der

---

[3] Zur Unthematizität der Gegebenheitsweisen vgl. ausführlicher Aguirre a.a.O., S. 132 ff.

Abstandlosigkeit und des Gegenüber bedürfen allerdings einer begrifflichen Fassung: Das Transzendenzbewußtsein als Okkasionalitätsüberschreitung versteht seinen an sich seienden Gegenstand als ein sich-zeigend-Vorliegendes, das sich in meinem jeweilig vollzogenen Erfassen oder Vernehmen zeigt, d.h. in dem, was es ist, offenbar wird, aber sich darin nicht zeigen müßte; es könnte sich auch in anderen jeweiligen Vollzügen des Vernehmens oder Erfassens bekunden. Demnach ist das Transzendenzbewußtsein so zu bestimmen, daß für es das sich-zeigend-Vorliegen einerseits und der Vollzug des Vernehmens oder Erfassens andererseits auf verschiedene Seiten zu stehen kommen. Auch wenn das Sich-Zeigen und das Erfassen des Seienden sich für die Dauer des Vollzugs einer originären Thematisierung decken, so bleibt doch in dieser zeitweiligen Übereinkunft beider Seiten das sich-zeigend-Vorliegen als das Andere zum Vollzug des Erfassens bewußt. Im Unterschied zu dieser Art des Bewußthabens bestimmt sich die okkasionelle Gegebenheitsweise als Identität von Erfassen und Sich-Zeigen des Seienden.

Mit dieser Identität, die allerdings im natürlichen Bewußtsein immer jeweils schon überschritten ist und damit für es prinzipiell unthematisch bleibt, kommt in der Phänomenologie ein Sachverhalt zum Vorschein, der sich wegen seines Doppelcharakters als Bewußtsein (Vollzug des Erfassens) und Sein (Sich-zeigend-Vorliegen) weder der cartesianisch angesetzten Bewußtseinsimmanenz noch der entsprechenden Transzendenz zurechnen läßt und damit diesen Dualismus sprengt. Trotzdem verleiht Husserl, wie dies nicht anders möglich ist, der okkasionellen Identität und allen von ihr her zu gewinnenden Bestimmungen des Bewußtseins durch die cartesianische Tradition mitgeprägte und damit unvermeidlich mißverständliche Titel. Die Husserl-Interpretation steht damit vor der Aufgabe, sich immer wieder des genuin phänomenologischen Gehalts dieser Titel zu vergewissern, den sie von der Entdeckung der Okkasionalität her erhalten.

4. *Präsentation-Appräsentation, Perzeption-Apperzeption*

Im Hinblick auf den Unmittelbarkeitscharakter, den die okkasionelle Identität dem originären Bewußthaben des Seienden verleiht, verwendet Husserl in erster Linie den überlieferten Begriff der Evidenz.[4] Der Charakter dieser Evidenz ist das unthematische unmittelbare Erscheinen des Seienden nicht „vor" oder „in", sondern „als" Bewußtsein. Zur Erklärung des natürlichen Transzendenzbewußtseins muß die phänomenologische Reflexion auf das so verstandene *Erscheinen* zurückgehen. Im Hinblick darauf heißt sie Wissenschaft von den Erscheinungen, Phänomenologie.

Die Evidenz des Erscheinens hat einen eigentümlichen Zeitcharakter. Im jeweiligen Vollzug eines okkasionellen Moments am Vermeinen herrscht die Identität von Sich-Zeigen und Vernehmen. Der Vollzug dieser Identität ist immer „jetzt". Das „es zeigt sich", „es ist offenbar" besagt seinem Sinne nach „ist gegenwärtig", ebenso wie das „ich erfasse unthematisch" den Sinn hat von „mir ist gegenwärtig". Der jeweilige okkasionelle Vollzug heißt als Vollzug der Identität qua Gegenwart *Präsentation*. Dabei kann nur *eine* Präsentation jeweils jetzt vollzogen sein. Der als transzendent vermeinte Gegenstand wird aber nur im Zusammenspiel vieler Präsentationen bewußt. Schon bei einer einzelnen jeweiligen Präsentation muß daher ihre Zusammengehörigkeit mit anderen möglichen Präsentationen bewußt sein. Diese können nur als solche gegenwärtigen Vollzüge gegeben sein, deren Gegenwart eine andere als die der aktuell vollzogenen Gegebenheitsweise ist, d.h. sie werden *vergegenwärtigt*. Die unthematische Vergegenwärtigung bestimmter nicht aktuell vollzogener Präsentationen, die jede aktuelle Präsentation begleitet, sei hier mit Husserl *Appräsentation* genannt.[5]

---

[4] Den seit den *Logischen Untersuchungen* bestehenden und für das Verständnis der Husserlschen Phänomenologie schlechthin fundamentalen Zusammenhang zwischen den Gegebenheitsweisen und dem Husserlschen Evidenzbegriff hat E. Tugendhat in der Abhandlung „*Der Wahrheitsbegriff bei Husserl und Heidegger*," Berlin 1967, entfaltet. Vgl. insbesondere S. 50 ff. u. S. 169 ff.

[5] Vgl. etwa *Cart. Meditationen* S. 139. – Es sei noch einmal darauf aufmerksam gemacht, daß es im Zusammenhang einer vereinheitlichenden Darstellung nicht möglich ist, die Bedeutungsvielfalt der Begriffe des extrem unterminologisch denkenden Philosophen Husserl zu berücksichtigen. Hier wird versucht, die Begriffe in der Bedeutung aufzunehmen, die sich in der teleologischen Entfaltung des Okkasionalitätsgedankens bei Husserl allmählich herauskristallisiert, ohne daß er selbst endgültige Festlegungen getroffen hätte. Die universale Anwendbarkeit des Appräsentationsbegriffs auf das welterfahrende Bewußtseinsleben, die der obigen Darstellung zugrundeliegt, hat Husserl im Zusammenhang der Intersubjektivitätsproblematik in einem Manuskript des Jahres 1930 (Ms. E I 4, S. 9a) ausgesprochen, das die dreibändige Husserliana-Ausgabe *Zur Phänomenologie der Intersubjektivität. Texte aus dem Nachlaß* im dritten Band (die Stelle auf S. 124) enthalten wird. Diese Ausgabe,

Die Evidenz der okkasionellen Vollzüge hat, sofern sie ein *unmittelbares* Erfassen ist, jenen Charakter, den die philosophische Tradition mit Anschauung bezeichnet. Das Musterbeispiel von Anschauung ist für Husserl in Übereinstimmung mit dieser Tradition das Wahrnehmen oder Perzipieren. Der Begriff der *Perzeption* weitet sich daher für Husserl aus zur Kennzeichnung der okkasionellen Evidenz überhaupt im Hinblick auf ihre Unmittelbarkeit. Das originäre Transzendieren der Okkasionalität ist als Auflösung der Identität von Sich-Zeigen und Erfassen ein Übergreifen vom Perzipierten auf Nicht-Perzipiertes, das gleichwohl nur im Durchgang durch Perzeptionen, d.h. nur als „Mehrmeinung" *an* einer jeweiligen Perzeption dem Bewußtsein zur Gegebenheit kommen kann. Dieses Übergreifen sei mit Husserl *Apperzeption* genannt.

Sowohl Appräsentation wie Apperzeption gehen über den aktuellen okkasionellen Vollzug hinaus.[6] Sie unterscheiden sich dadurch, daß mit der Apperzeption ein okkasioneller Zusammenhang im Ganzen überschritten wird, mit der Appräsentation hingegen nur ein einzelner okkasioneller Vollzug innerhalb eines solchen Ganzen. Mit Bezug auf diesen Doppelsinn von Okkasionalitätsüberschreitung heißt der okkasionelle Vollzug entweder Perzeption oder Präsentation. Die beiden Weisen der Okkasionalitätsüberschreitung stehen in einem bestimmten Verhältnis zueinander: Das originäre apperzeptive Ausgreifen des Bewußtseins auf Nicht-Perzipiertes ist keine willkürliche Setzung, sondern ein Bewußtsein von der Selbstgegebenheit des Vermeinten. Ein solches Bewußtsein ist dadurch ausgezeichnet,

die im Husserl-Archiv zu Löwen vorbereitet wurde, steht kurz vor dem Erscheinen. Der Herausgeber, Herr Dr. Iso Kern, hat mir daher mit Einwilligung des Leiters der Gesamtausgabe, Herrn Prof. P. Dr. H. L. Van Breda, freundlicherweise gestattet, aus dieser Ausgabe zu zitieren, wofür ich hiermit beiden Herren meinen Dank aussprechen möchte. Ich zitiere im Folgenden unter dem Titel *Intersubjektivität I* usw. und füge in Klammern nach der Seitenzahl die Archiv-Signatur und Seitenzahl des Orig.-Manuskriptes hinzu, das den betreffenden Text enthält. Die mitgeteilte Datierung des Textes stammt vom Editor.

[6] Wegen dieser Ähnlichkeit beider herrscht bei Husserl kein eindeutiger Sprachgebrauch vor. Husserl macht weder durchgehend einen Unterschied zwischen Apperzeption und Appräsentation, noch bestimmt er ihn, wenn er ihn macht, immer so wie hier. Zur Unübersichtlichkeit des Sprachgebrauchs trägt überdies eine engere Bedeutung des Begriffs Appräsentation bei, die er im Zusammenhang der Intersubjektivitätstheorie erhält. Der Sinn dieses engeren Gebrauchs wird hier später erörtert, soll aber durch die obigen Klärungen vorbereitet werden. – Ein typisches Beispiel dafür, wie sich ein einheitlicher Sinn des Begriffs Apperzeption bei Husserl erst allmählich herauskristallisiert, ist ein Text von 1921 in *Passive Synthesis* S. 336 ff.

daß es über Möglichkeiten verfügt, Evidenz vom Vermeinten zu gewinnen. Evidenz ist phänomenologisch die unthematische Identität von Sich-Zeigen und Erfassen. Nun läßt sich aber das Apperzipierte *als* solches, d.h. als thematisch Vermeintes, niemals in dieser Identität erfassen, da das Thematisieren gerade ihre Auflösung ist. Das Thematisieren verfügt mithin über keine Möglichkeit, sich *als* Thematisieren davon zu überzeugen, daß es kein Schritt ins Leere ist. Demnach kann der apperzeptive Überschritt über das Okkasionelle nur dadurch ein Bewußtsein von der Selbstgegebenheit des Vermeinten sein, daß er auf einer Okkasionalitätsüberschreitung beruht, die ihrerseits *als solche* eine Bestätigung in der perzeptiven Identität zuläßt. Das aber ist die Appräsentation. Als vergegenwärtigendes Ausgreifen des Bewußtseins über den einzelnen okkasionellen Vollzug bereitet sie den Überschritt über das Ganze eines okkasionellen Vollzugszusammenhangs vor und ist im Unterschied zu diesem Überschritt als Ausgreifen überprüfbar, weil sie nichts anderes als mögliche Präsentation ist, d.h. weil sich jede appräsentativ vergegenwärtigte Präsentation in eine aktuell vollzogene verwandeln läßt. (Bevorzugtes Beispiel Husserls: ,,Die Rückseite wird zur Vorderseite.'' [7]) In diesem Sinne *motiviert* die Überführbarkeit der Appräsentationen in Präsentationen die originäre Apperzeption. Die Bestätigung einer Apperzeption durch die Überführung von Appräsentationen in Präsentationen nennt Husserl *Erfüllung* oder *Bewährung*, die Nichtbestätigung *Durchstreichung* oder *Enttäuschung*. Jegliches originäre Transzendenzbewußtsein bedarf, soll es wirklich zustandekommen, solcher Erfüllung und ist daher auf diese als sein Telos gerichtet. Die Vorbezogenheit des apperzipierenden Bewußtseins auf präsentative Evidenz bezeichnet Husserl als seine *Intentionalität*.

5. Konstitution als Motivation

Jede originäre Apperzeption ist intentional motiviert durch ihre Bewährbarkeit, d.h. durch das fundierende Bewußtsein der Überführbarkeit bestimmter Appräsentationen in Präsentationen. Daraus ergibt sich eine erste nähere Bestimmung der Aufgabe einer phänomenologischen Transzendentalphilosophie.

---

[7] *Cart. Meditationen* S. 139.

Eine solche Philosophie stellt sich die Aufgabe, das natürliche Transzendenzbewußtsein zu erklären. Das bedeutet nach dem Gesagten: Sie hat zu zeigen, wie das Bewußtsein apperzipierend einen zugehörigen Zusammenhang okkasioneller Vollzüge auf ein jeweils Identisches hin, das darin erscheint, überschreiten kann. Als Grund für diese Möglichkeit hat sich nunmehr die Motiviertheit der originären Apperzeptionen ergeben. Diese sind motiviert, sofern sie sich aufgrund einer zugehörigen Regelung des Zusammenspiels der okkasionellen Vollzüge bewähren, dergemäß bestimmte Appräsentationen in geordneten Bewußtseinsverläufen in bestimmte Präsentationen überführbar sind. Sofern es Gegenstände für das Bewußtsein nur in Apperzeptionen gibt und diese aufgrund solcher Motivationen zustandekommen, läßt sich sagen, daß sich die Gegenstände in der Regelung der genannten Bewährungsverläufe *konstituieren*. Die Aufgabe der intentionalen Analyse der verschiedenen Konstitutionen rückt damit in den Mittelpunkt der Phänomenologie.

Eine solche Analyse gliedert sich in zwei Hauptschritte: Entsprechend der Vielgestaltigkeit der Apperzeptionen und des in ihnen gegenständlich Vermeinten und unter Berücksichtigung des Unterschieds zwischen originärem und nicht originärem Gegenstandsbewußtsein hat die Analyse zunächst eine einzelne Art originären apperzeptiven Bewußtseins aufzusuchen und ineins damit die Bestimmtheit der in diesem Bewußtsein gegebenen Art von Seiendem aufzudecken. Sofern die Momente dieser Bestimmtheit aber nur im okkasionellen Bewährungsverlauf zur Gegebenheit kommen, verweist die Bestimmtheit von ihrem eigenen Gehalt her auf die für ihre Erfassung notwendigen Bewußtseinsvollzüge und gibt daher jeweils den *Leitfaden* für den zweiten Schritt ab: den Aufweis der betreffenden *Regelstruktur* der Bewährbarkeit.[8]

Damit dürften die Grundzüge des Verständnisses von Konstitutionstheorie angegeben sein, das in Husserls Denken vorherrscht.[9] Husserl hat diese Aufgabenstellung für die Phänome-

---

[8] Zur Bedeutung des Leitfaden-Begriffs für die Phänomenologie vgl. L. Landgrebe, *Der Weg der Phänomenologie*, Gütersloh 1963, S. 143 ff. Für eine genaue Explikation des Zusammenhangs der Begriffe „Leitfaden" und „Regelstruktur" mit den zugehörigen Belegen bei Husserl vgl. U. Claesges, *Edmund Husserls Theorie der Raumkonstitution*, Den Haag 1964, S. 27 ff.

[9] Es sei nicht verschwiegen, daß auch der hier verwendete Begriff von Konstitution auf einer systematisierenden Festlegung des bei Husserl selbst schwankenden

nologie nie verworfen, aber offenbar in seiner Spätzeit für nicht
ausreichend zur Erklärung des natürlichen Transzendenzbewußtseins gehalten. Die Gründe für diese Selbstkorrektur sind ver-
streut und andeutungsweise in seinen letzten Werken enthalten.
In Aufnahme dieser Andeutungen sei versucht, weitere Konsequenzen aus der Entdeckung des Okkasionellen für eine Transzendentalphilosophie zu ziehen, die über das bisher Entwickelte
hinaus in eine zweite Richtung gehen.

6. *Reflexive Thematisierung und Genesis*

Als zentraler Gedanke, durch den sich die Entdeckung des
Okkasionellen fruchtbar machen ließ, erwies sich die Unterscheidung von thematisierendem und nicht thematisierendem Bewußtsein. Diese Unterscheidung wurde bisher nur am natürlichen Transzendenzbewußtsein vorgenommen. Sie betrifft aber
auch das Verhältnis zwischen diesem natürlichen Bewußtsein und
der Reflexion; denn diese thematisiert jenes und ist − so wurde
gesagt − allein dazu imstande. Das Verhältnis zwischen der thematisierenden Reflexion und ihrem Gegenstand ist nun genauer zu
entfalten.

Die Reflexion thematisiert die okkasionellen Vollzüge. Nun
besteht das Okkasionelle in der Identität von erfassendem Vollzug und sich-zeigendem-Vorliegen. Das Okkasionelle reflexiv
Thematisieren bedeutet deshalb unvermeidlich, daß nicht nur das
Vollziehen, die erfassende Tätigkeit des Bewußtseins als solche,
sondern auch das als Vollzug sich zeigende Seiende thematisiert
wird. Seiendes thematisieren, heißt aber apperzipieren. Mithin
muß die Reflexion alle okkasionellen Vollzüge so behandeln, als
seien sie Apperzeptionen. Dieses Verfahren läßt sich aber nur
damit rechtfertigen, daß das okkasionelle Bewußthaben eines
Seienden, das im Dienste eines Transzendenzbewußtseins stattfindet, auch selbständig als apperzeptives Bewußthaben desselben Seienden auftreten kann. Die nicht-thematisierende Un-
selbständigkeit und die thematisierende Selbständigkeit ein und
desselben Bewußtseins können aber nicht gleichzeitig statt-

Sprachgebrauchs beruht. Eine historische Darstellung der Entwicklung des Husserlschen Konstitutionsbegriffs gibt R. Sokolowski, *The Formation of Husserl's Concept
of Constitution*, Den Haag 1964. Vgl. im übrigen Abschnitt 8 dieses Teils der vorliegenden Untersuchung.

finden. Das apperzeptive Bewußthaben eines Seienden muß demnach dem okkasionellen entweder vorangehen oder folgen. Damit aber wird der zeitliche Verlauf des Bewußtseinslebens, d.h. seine *Genesis*[10], zum Thema der phänomenologischen Reflexion.

a. Aktive Genesis. – Geht dem okkasionellen Bewußthaben dasselbe Bewußthaben als apperzeptives voran, so kann dies nur bedeuten, daß sich das Bewußtsein das Resultat einer Apperzeption in der Weise zu eigen gemacht hat, daß dieses später als ein okkasionelles Moment für andere Apperzeptionen zur Verfügung steht. Husserl bezeichnet diesen Vorgang als *Sedimentierung* und die Resultate als *Habitualitäten*.[11] Wenn eine originäre Apperzeption eine solche Habitualisierung auslösen kann, so kann dies nur daran liegen, daß es zum Wesen dieser Apperzeption gehört, nicht jederzeit im Bewußtseinsleben, sondern nur in einer bestimmten Phase seiner zeitlichen Entwicklung zustande kommen zu können. Nur unter dieser Voraussetzung läßt sich das ,,von dann ab'' einer Habitualisierung bestimmen. Wenn es einen Vollzug bis zu einem Zeitpunkt im Bewußtsein nicht gibt und von dann ab gibt, so verlangt dies einen Grund. Dieser kann nur eine Initiative oder, wie Husserl sagt, eine Aktivität des Bewußtseins selbst sein. Nun ist für keine Apperzeption auszuschließen, daß sie eine habituelle Nachwirkung hat. Jede Apperzeption geht demnach aus einer *aktiven Genesis* hervor.

Die Nachwirkung solcher Genesis muß sich im übrigen nicht darauf beschränken, daß ihre Resultate als okkasionelle Momente in anderen originären Apperzeptionen auftreten. Sie kann auch darin bestehen, daß das Bewußtsein habituell über den durch die betreffende Apperzeption gewonnenen gegenständlichen Gehalt verfügt und in Kenntnis seiner später nicht originäre Apperzeptionen vom Selben vollzieht. Sofern die aktive Genesis diese Nachwirkung hat, heißt sie *Urstiftung*.

b. Passive ästhetische Genesis. – Wenn die okkasionellen Vollzüge, die die phänomenologische Reflexion thematisiert, habituell gewordene Apperzeptionen sind, so deckt die Reflexion nur den

---

[10] Die einschlägigen Stellen zum Begriff der Genesis bei Husserl: *Passive Synthesis* S. 336 ff., *Logik* S. 221 u. S. 277 ff., *Cart. Meditationen* S. 109 ff.
[11] Vgl. etwa *Phän. Psychologie* S. 210 ff.

thematisierenden Charakter auf, den die thematisierten Vollzüge in ihrer originären Form auch im nicht reflektierenden Bewußtsein hatten. Ganz anders steht es, wenn die reflexiv thematisierten okkasionellen Vollzüge keine sedimentierten Apperzeptionen sind, d.h. wenn ein okkasionelles Bewußthaben des Seienden dem apperzeptiven Bewußthaben desselben Seienden prinzipiell vorangeht.[12] In diesem Falle verleiht die Reflexion den Vollzügen nachträglich einen Charakter, den sie in ihrer originären Gestalt im nicht reflektierenden Bewußtsein nicht hatten. Solchen Vollzügen fehlt die „Datierbarkeit" des habituellen „von dann ab" im Bewußtseinsleben. Sie gehen m.a.W. nicht aus einer Urstiftung hervor, da diese den Charakter der Thematisierung hat. Von solchen Vollzügen muß daher gesagt werden, daß sie jederzeit im Bewußtsein stattfinden können, nämlich immer dann, wenn das aktive Bewußtsein ihrer als okkasioneller Momente bedarf. Da nur die apperzeptive Thematisierung einer Aktivität entspringt, hat das Zustandekommen dieser Vollzüge den Charakter einer *passiven Genesis.*[13]

Die passive Genesis muß zwei Gestalten haben, wie sich folgendermaßen zeigen läßt: Die Reflexion kann das ursprünglich passiv Bewußte nachträglich aktiv thematisieren. Nun braucht Reflexion nicht transzendental zu sein. Mithin ist die Aussage zu präzisieren, die transzendentale Reflexion thematisiere, was das natürliche Bewußtsein als Transzendenzvermeinen unthematisch lassen müsse: die okkasionellen Gegebenheitsweisen. In diesen herrscht, sofern sie originär sind, die Identität von Erfassungsvollzug und Sich-zeigend-Vorliegen. Das natürliche Bewußtsein ist am sich zeigenden Seienden interessiert. Daher kann es die Gegebenheitsweisen nur, sofern sich in diesen Seiendes zeigt, thematisieren. Die Jeweiligkeit des Vollzugs kommt dabei nur als Mannigfaltigkeit des Sich-Zeigens von Seiendem zur Sprache. Sofern das Sich-Zeigen durch die okkasionelle Identität *Vollzug ist,* kann es nicht zum Thema des natürlichen Bewußtseins werden. Die Vollzugsseite des Okkasionellen läßt sich nicht denken ohne einen Vollzieher. Was das natürliche Bewußtsein nicht thematisieren kann, ist darum in letzter Instanz der Voll-

---

[12] Zu dieser Möglichkeit vgl. schon *Ideen II* S. 23 f.
[13] Zur Unterscheidung von aktiver und passiver Genesis vgl. *Cart. Meditationen* S. III.

zieher. Thema einer vortranszendentalen Reflexion können die Gegebenheitsweisen rein als Bekundungsweisen von Seiendem sein.[14]

Gemäß dem Unterschied von vortranszendentaler und transzendentaler Reflexion sind demnach zwei Arten von passiver Genesis zu unterscheiden danach, in welcher der beiden Reflexionsarten das aus solcher Genesis Hervorgegangene nachträglich thematisiert werden kann. Vortranszendental können die passiven Gegebenheitsweisen rein als Bekundungsweisen von Seiendem thematisiert werden. So verstanden liefern sie gewissermaßen das Urmaterial für alle möglichen apperzeptiven Vollzüge.[15] Husserl bestimmt dieses Urmaterial als das vorprädikativ durch die Sinne Gegebene.[16] Im Hinblick darauf ließe sich die passive Genesis dieser Art als *ästhetische Genesis* kennzeichnen.[17] Diese Kennzeichnung sei hier vorläufig zum Zweck der Unterscheidung gewählt, doch zugleich darauf aufmerksam gemacht, daß sie sich als ergänzungsbedürftig erweisen wird.

c. Passive formale Genesis. – Im Hinblick auf ihr Vollzogensein und d.h. auf den Vollzieher lassen sich die Gegebenheitsweisen erst in transzendentaler Reflexion thematisieren. Ebenso wie die passiven okkasionellen Vollzüge im natürlichen Bewußtsein nur unthematisch stattfinden, dem Bewußtsein aber gleichwohl in

---

[14] Damit dürfte sich die bekannte Husserlsche Frage nach dem Motiv für die transzendentale Reflexion (vgl. insbesondere *Erste Philosophie II*), d.h. allgemeiner die Frage nach dem Vermittelnden im Übergang von der natürlichen zur transzendentalen Einstellung zu einem wesentlichen Teil beantworten. Der gesuchte Schritt des natürlichen Bewußtseins über sich hinaus, der noch nicht Schritt in die Transzendentalität ist und ihn gleichwohl als „Vorgestalt'' vorbereitet, dürfte die Entdeckung der Gegebenheitsweisen rein als Bekundungsweisen des Seienden sein. Diese Entdeckung kann sogleich zu einer skeptisch-relativistischen Erkenntniskrise führen (Sophistik), sie kann aber auch sofort in entweder philosophisch systematischen oder objektivistisch verharmlosenden Einordnungsversuchen aufgefangen werden. Für alle drei Möglichkeiten bietet die Frühgeschichte von Philosophie und Wissenschaft charakteristische Beispiele. Diese Frühgeschichte gewinnt damit für die phänomenologische Transzendentalphilosophie ein ausgezeichnetes Interesse. Husserl selbst hat die Bedeutung der frühen Entdeckung der Gegebenheitsweisen für die Motivation der transzendentalen Reflexion gelegentlich angedeutet, z.B. *Krisis* S. 71 u. S. 168, ohne ihr nachzugehen.

[15] Vgl. *Cart. Meditationen* S. 112, *Erfahrung und Urteil* S. 75.

[16] Auch dies ist eine systematisch vereinheitlichende Darstellung. Zur Vielfalt der Gestalten oder Stufen passiver Genesis vgl. etwa *Cart. Meditationen* S. 113 ff., S. 142, *Erfahrung und Urteil* S. 74 ff., S. 124 ff.

[17] Zum Begriff Ästhetik bei Husserl vgl. die Einleitung der Herausgeberin zu *Passive Synthesis*.

ihrer Unthematizität als wiederholbar und transzendierbar habituell bewußt sind, weiß der jeweilige Vollzieher des natürlichen Bewußtseins „um" sich selbst, ohne sich zu thematisieren. Er fungiert, wie Husserl sagt, *anonym*. Diese Anonymität kann das natürliche Bewußtsein im Unterschied zur Unthematizität der ästhetischen Passivität nicht aufheben.

Der Vollzieher des natürlichen Bewußtseins kann sich selbst zwar als einen Leib von bestimmter Beschaffenheit oder als einen Menschen bestimmter Art oder als ein Bewußtseinsleben mit bestimmten Eigentümlichkeiten oder als dergleichen mehr zum Gegenstand von Selbstapperzeptionen machen; er bleibt sich aber als derjenige, der diese Apperzeptionen ausübt, verborgen, und zwar um des Zustandekommens der betreffenden Apperzeptionen willen. Er bleibt rein als thematisierendes Fungieren diesseits des Gegenüber, auf das sich das Thematisieren intentional richtet.

Der anonym in den Vollzügen vorab zu allen Selbstapperzeptionen fungierende Vollzieher ist aber trotz seiner Ungegenständlichkeit mehr als der leere Bezugspol, von dem jegliches Fungieren ausgeht. Sofern der anonyme Vollzieher mit der Jeweiligkeit der Vollzüge mitgeht und sich damit im Durchlaufen ihrer nach Präsentationsgegenwarten differenziert, hat er eine Genesis. Diese ist passiv, weil die anonyme Selbstdifferenzierung keinen Zuwachs an Wasbestimmtheiten durch ein selbstbezügliches Thematisieren darstellt. Im Unterschied sowohl zur aktiven wie zur passiven ästhetischen Genesis führt diese passive Genesis überhaupt zu keiner Differenzierung des bewußten Seienden. Nun macht das thematisch oder unthematisch bewußte Seiende aber den Inhalt des Bewußtseins aus. Die passive Genesis des anonymen Fungierens betrifft demnach allein die Form des vollziehenden Bewußtseins. Die Form allen Vollziehens ist die Zeitlichkeit. Die zweite Gestalt passiver Genesis erweist sich somit als die *formale* Selbstdifferenzierung der Bewußtseinszeit. Dieser entscheidende Gedanke Husserls bedarf einiger Erläuterungen:

7. *Gegenwart und Horizontbewußtsein*

Das Vollziehen hat als ständiges Durchlaufen von aktuellen okkasionellen Momenten die Form, immer jetzt zu sein. Es hat als jeweiliger okkasioneller Vollzug die Form des jeweiligen Jetzt. Das Jetzt ist als Einheit von ständiger und jeweiliger Gegenwart die Form der Okkasionalität.

Das Okkasionelle ist entweder habitualisierte Aktivität, d.h. – wie Husserl sagt – ,,sekundäre Passivität'', oder ,,primäre Passivität'', d.h. jeglicher Aktivität vorgegebene ästhetische Passivität. Beide Passivitäten verschaffen dem Bewußtsein unthematische Vorgegebenheiten, die es in wiederholbaren Vollzügen zu aktualisieren imstande ist. Von der Aktualisierbarkeit dieser Vollzugsmöglichkeiten, die dem Bewußtsein aus der Genesis zur Verfügung stehen, weiß es in einem beständig die aktuellen Vollzüge begleitenden Bewußtsein des ,,ich kann (nämlich: aktualisieren)''. Husserl nennt die latenten Vollzugsmöglichkeiten darum auch *Vermöglichkeiten*. In allen Vollzügen, die das Bewußtsein in die Präsenz zu überführen vermag, kommt Seiendes irgendwelcher Art zur Gegebenheit. Jeder Zusammenhang von Vermöglichkeiten zeichnet also unthematisch einen Spielraum des Sich-Zeigens von Seiendem vor. Diese Spielräume nennt Husserl *Horizonte*. Die Entdeckung des Horizontbewußtseins war, historisch gesehen, der Anlaß für Husserl, der Genesis des Bewußtseinslebens nachzufragen.

Das Bewußtsein ,,ich kann'' begleitet das aktuelle Vollzugsbewußtsein, das jeweils jetzt stattfindet; im jeweiligen Jetzt verfügt das Bewußtsein über die Vermöglichkeit, bestimmte nicht aktuelle Vollzüge in aktuelle, d.h. wiederum ins jeweilige Jetzt, zu überführen. Demnach ist das jeweilige Jetzt auch die Form des Horizontbewußtseins. Das Bewußtsein ,,ich kann'' begleitet aber alle jeweiligen Vollzüge überhaupt. Das Bewußtsein ,,ich kann'' überhaupt ist das Bewußtsein von einem endlosen Undsoweiter der Aktualisierbarkeit genetisch vorgegebener Vollzugsmöglichkeiten. Das Korrelat dieses Bewußtseins ist der eine und unüberholbar letzte Horizont, der alle eine jeweilige Apperzeption begleitenden Vermöglichkeitsspielräume umschließt, d.h. die Welt. ,,Welt'' ist transzendentalphänomenologisch gesehen originär nicht als Inbegriff alles Seienden, sondern als der endlos offene Spielraum des Undsoweiter bewußt, in dem das jeweils Begegnende dem Bewußtsein zur Gegebenheit kommt.

Das Bewußtsein von Welt ist Bewußtsein vom Horizont aller Horizonte. In dieser Bewußtseinsstruktur wiederholt sich in einer Hinsicht das Verhältnis zwischen okkasionellen Vollzügen und apperzeptivem Transzendieren. Das Apperzipierte kann nie als solches, sondern nur in jeweiligen aktuellen Perzeptionen selbstgegeben sein. Ebenso kann Welt nicht als solche, sondern nur in sonderbewußten Horizonten aktuell bewußt sein.[18] Die Welt ist die eine, die in den vielen Horizonten als ihren Erscheinungsweisen perspektivisch zur Gegebenheit kommt. Sie ist allerdings kein Objekt, d.h. nicht ein *einzelnes* Gegebenes unter anderen, sondern eine im Sinne von *einzig*. Jeder Sonderhorizont *von* dieser einzigen Welt ist nur als Korrelat eines Zusammenhangs von Vermöglichkeiten gegeben, die ihrerseits das aktuelle Bewußtsein von einem Gegenstand unthematisch begleiten. Das Bewußtsein von Welt wird also konkret immer in einem aktuellen Gegenstandsbewußtsein vollzogen.[19] Sie wird demnach nur in der Jetzt-Jeweiligkeit des jeweils Bewußten bewußt.

Die Welt ist als Horizont der Horizonte einzig. Sie zeigt sich in den vielen sonderbewußten Horizonten bei Gelegenheit der jeweiligen Apperzeptionen. Die Form der Sonderbewußtheit ist das jeweilige Jetzt. Die Form des über Vermöglichkeiten Verfügens überhaupt ist das ständige Jetzt. Dieses ist ebenso einzig wie die Welt. Der anonym fungierende Vollzieher aller Vollzüge ist als Vollzieher dieser einzigen Vollzugsgegenwart und damit als Vermöglichkeitsbewußtsein von der einzigen Welt selbst einzig.

Der Vollzieher fungiert aber auch in der jeweiligen Vollzugsgegenwart. Jede solche Gegenwart impliziert ein Vermöglichkeitsbewußtsein, in dem die einzige Welt als einem ihrer vielen Horizonte perspektivisch erscheint. Das bedeutet: die Einzigkeit, die gleichermaßen die des Vollziehers, der Vollzugsgegenwart und der Welt ist, legt sich in die Vielheit der Vollzugsgegenwarten und zugehörigen Horizonte auseinander, ohne dabei aufzuhören, Einzigkeit zu sein. Die Form des ständigen einzigen Jetzt iteriert oder pluralisiert sich in sich selbst in den vielen jeweiligen Jetzt.

Die zentrale spekulative Idee, die Husserl in den Jahren vor Abfassung der Krisis-Abhandlung bewegte, war dieser Gedanke der formalen *Iteration, Pluralisierung* oder auch *Spiegelung* der Einzigkeit in sich selbst.[20] Diese Iteration ist die letzte Bedingung

---

[18] Vgl. *Krisis* S. 146.
[19] Ebd.
[20] Zu dieser Spiegelung oder Iteration des qua ständige Gegenwart einzigen Voll-

der Möglichkeit für jegliches Transzendenzbewußtsein. Dieses setzt als apperzeptive Okkasionalitätsüberschreitung die appräsentative Vergegenwärtigung nicht-aktueller Vollzüge voraus. Ohne die unthematische Mitbewußtheit des darin fungierenden Vollziehers könnte ich kein Bewußtsein davon haben, daß diese Vollzüge *meine* sind, d.h. mit dem aktuellen Vollzug eine Einheit bilden. Der Vollzieher verleiht allen Vollzügen diese Einheit dadurch, daß er in ihnen als beständig jetzt fungiert. Er ermöglicht aber zugleich auch ihre Verschiedenheit, weil dieses eine und einzige Fungieren sich in sich selbst in die Vielheit jeweiliger Vollzugsgegenwarten differenziert.

Husserl orientiert sich bei der Explikation dieser Differenzierung an dem seit Aristoteles bekannten Doppelcharakter des Jetzt. Als bleibendes an der Vollzugsjeweiligkeit ist es einzig und als jeweiliges Jetzt des einzelnen Vollzuges ist es Vieles. Diese Einzigkeit und Vielheit vermitteln sich nach Husserl allein in der bekannten retentionalen Übergängigkeit der gegenwärtigen Vollzüge. Husserl legt die Iteration des Jetzt in sich selbst ausschließlich von der Retention und d.h. von der Genesis der Erinnerung her aus. Die Lehre von der passiven Genesis der formalen Selbstdifferenzierung des anonymen Fungierens bleibt dadurch bei Husserl einseitig. Ein Weg aus dieser Einseitigkeit soll sich am Schluß aus der Kritik an Husserls Intersubjektivitätstheorie ergeben.

8. Genetische und statische Konstitution

Der Durchblick durch den Aufbau der genetischen Phänomenologie erlaubt es, nunmehr die Aufgabenstellung zu überprüfen, die Husserl zunächst und zumeist mit der Konstitutionstheorie verbunden hat. Die Aufgabe hatte sich bestimmt als Rückfrage

ziehers in sich selbst vgl. meine Untersuchung „*Lebendige Gegenwart. Die Frage nach der Seinsweise des transzendentalen Ich bei Edmund Husserl, entwickelt am Leitfaden der Zeitproblematik*," Den Haag 1966, S. 164 ff., und M. Theunissen, *Der Andere. Studien zur Sozialontologie der Gegenwart*, Berlin 1965, S. 141 ff. Theunissen bringt die verschiedenen Weisen der Herabsetzung der Einzigkeit in die Vielheit unter den Obertitel „Veranderung." Von dem genannten spekulativen Gedanken Husserls, der ihn in den dreißiger Jahren bewegte, zeugen nur wenige kurze Bemerkungen in der *Krisis*, so S. 175, S. 189 u. S. 417. Einige der wesentlichen Manuskripte zu diesem Thema werden durch das Erscheinen des 3. Bandes der „Phänomenologie der Intersubjektivität" zugänglich werden, insbesondere die Manuskripte C 16, C 17, A V 5 und C 1.

nach den Regelstrukturen der Bewährbarkeit im Ausgang von den originär bewußten Gegenstandsarten als Leitfäden. Die so gefaßte Konstitutionstheorie bleibt unbefriedigend auch dann, wenn sie Vollständigkeit dadurch zu erreichen sucht, daß möglichst alle Gegenstandsarten als Leitfäden für entsprechende Rückfragen genommen werden. Auch dann vermag sie die transzendentalphilosophische Aufgabe der Erklärung des Transzendenzbewußtseins nur zu einem Teil zu erfüllen.

Der Aufweis der Regelstrukturen der geordneten Überführbarkeit bestimmter Appräsentationen in Präsentationen, denen gemäß die transzendenzmotivierenden Bewährungsprozesse verlaufen, läßt nämlich die Frage offen, welches der Grund im Bewußtsein für eine Regelstruktur ist, der *gemäß* sich ein faktisches originäres apperzeptives Bewußtsein, wenn es gelingen soll, vollziehen muß. Die Begriffe Motivation und Motiv bekommen im Zusammenhang dieser Frage eine andere Bedeutung als bisher. „Motiv" bedeutet für die bisher dargestellte Konstitutionstheorie die *notwendige* Bedingung (die *condicio sine qua non*) für das *faktische* Gelingen (die Bewährung) einer Apperzeption. Im Licht der weiterführenden Frage nach der Motivation der Regelstrukturen selbst bedeutet „Motiv" die *zureichende* Bedingung für *mögliche* Apperzeptionen.

Die Frage nach der Motivation der Regelstrukturen im natürlichen Bewußtsein ist im übrigen nicht zu verwechseln mit der Frage, auf welche Weise die transzendentale Reflexion die Regelstrukturen aufdeckt. Da die Regelstruktur den Charakter der Allgemeinheit hat, kann sie von der transzendentalen Reflexion nur in einem Verfahren aufgedeckt werden, das geeignet ist, Allgemeines als solches zur Gegebenheit zu bringen. Husserl kennzeichnet dieses Verfahren als eidetische Variation, worauf hier noch nicht näher einzugehen ist.[21]

Von diesem Verfahren ist die Weise zu unterscheiden, wie die Regelstruktur nicht für die transzendentale Reflexion, sondern für das natürliche Bewußtsein zur Gegebenheit kommt. Die Regelstruktur ist *für* das natürliche Bewußtsein nicht als sie selbst, sondern nur in ihrer faktischen Befolgung beim Vollzug

[21] Zum Sinn der eidetischen Variation als Erhebung der Regelstrukturen mit den einschlägigen Belegen vgl. Claesges a.a.O., S. 15 ff. In anderem Zusammenhang kommt die eidetische Variation am Schluß dieser Arbeit noch zur Sprache.

eines Bewährungsprozesses gegeben. Die Allgemeinheit der Regelstruktur kommt daher im natürlichen Bewußtsein nicht als solche, sondern nur als Bewußtsein der beliebigen Wiederholbarkeit faktischer apperzeptiver Vollzüge, d.h. aber als Habitualität und korrelativ dazu als bleibende Vertrautheit mit bestimmten urgestifteten apperzeptiven Gehalten, zum Vorschein. Die Frage nach der Motivation der Regelstrukturen selbst erweist sich damit – erstens – als die Frage nach der Genesis der Habitualisierung der Urstiftungen.

Nun muß das Bewußtsein eine Urstiftung einmal faktisch vollzogen haben, wenn sie eine genetische Nachwirkung haben soll. Der Urstiftung fehlt aber per definitionem der Charakter, Ablauf *gemäß* einer genetisch vorgezeichneten, d.h. habituell bewußten Regelstruktur zu sein. Die Regelstruktur zeichnet vor, in welcher Richtung das Bewußtsein den jeweiligen präsentierenden okkasionellen Vollzug überschreiten muß, um sich bewährendes apperzeptives Bewußtsein zu werden. Die Richtung dieser Überschreitung ist in den einen jeweiligen Präsentationsvollzug begleitenden Appräsentationen bewußt. Wenn diese Appräsentationen im Vollzug der Urstiftung noch nicht durch das habituelle Bewußtsein von der Regelstruktur ihre Richtung empfangen, stellt sich damit die zweite Frage, woher sie dann ihre Direktion erhalten. Der apperzeptive gegenständliche Inhalt kann das Dirigierende nicht sein, da er als solcher erst in Korrelation zum habituellen Bewußtsein von der Regelung der diesen Inhalt gebenden Vollzüge auftreten kann. Mithin müssen die in einer Urstiftung fungierenden Appräsentationen ihre Direktion aus den genetisch vorgegebenen nicht apperzeptiven Möglichkeiten des Bewußtseins empfangen.

Dies sind einmal die passiven okkasionellen Vollzüge, die dem Bewußtsein seine elementaren Inhalte vermitteln. Sofern diese Vollzüge in der Reflexion aber nachträglich notwendig einen thematisierenden Charakter annehmen, stellt sich auch für sie die Frage, woher der appräsentierende Verweis vom aktuellen okkasionellen Moment auf die nicht aktuellen, aber aktualisierbaren Vollzüge seine Direktion erhält. Es bleibt nur, daß hier die Struktur des Bewußtseins selbst als formale Struktur vorab zu aller in passiver ästhetischer oder aktiver Genesis zustandekommenden Inhaltlichkeit dirigierend fungiert, d.h. die Zeitlichkeit des Bewußtseins. Diese ist zugleich auch die Form, aufgrund deren sich die oben erwähnte Habitualisierung der urstiftenden Apperzeptionen vollzieht.

Die Frage nach der Motivation der Regelstrukturen selbst hat sich damit in der Aufgabe konkretisiert, die Genesis des Bewußtseins in ihrem dreifachen Aspekt zu analysieren, als aktive, als passive ästhetische und als passive formale Genesis. Die phänomenologische Erklärung des Transzendenzbewußtseins nimmt zuletzt die Gestalt einer Theorie der *genetischen Konstitution* an. Die zunächst entwickelte Gestalt der Konstitutionstheorie erhält in Abgrenzung dagegen den Titel *„statische Konstitution"*. Sie heißt so, weil sie durch ihren Ausgang von den Leitfäden die jeweiligen Apperzeptionsarten mit ihren zugehörigen okkasionellen Bewährungszusammenhängen als *fertige* Gebilde und nicht als genetische Resultate thematisiert.

Sofern diese Theorie die durch den jeweiligen Leitfaden vorgezeichneten Regelstrukturen der Bewährbarkeit als fertige hinnimmt,[22] die nur durch ein geeignetes Verfahren als solche zum Vorschein zu bringen sind (eidetische Variation), darf sie *beschreibend* genannt werden.[23] Die genetische Phänomenologie heißt demgegenüber, weil sie den Grund für die Bewährungssysteme selbst aufdeckt,[24] *erklärend*.

Die statische Analyse bleibt bei aller Bemühung um Vollständigkeit wegen ihres Ausgangs vom jeweiligen Leitfaden partikulär. Die genetische Analyse ist demgegenüber universal;[25] denn sie erklärt als Theorie der Entstehung von Vermöglichkeiten das Bewußtsein von Horizonten und damit wiederum, da in jedem Sonderhorizont die Welt erscheint, auch das Bewußtsein von Welt, das wegen seiner Einzigkeit den Charakter der Totalität hat. Obwohl die genetische Fassung der Konstitutionstheorie wegen ihrer Universalität deren Endgestalt darstellt, bleibt die statische Konstitutionstheorie für den Beginn einer jeden Inten-

---

[22] „Ist die statische Phänomenologie nicht eben die Phänomenologie der Leitfäden...?" fragt sich Husserl schon 1921, *Intersubjektivität II* S. 41 (Ms. B III 10, S. 17a).

[23] Diese Terminologie hatte Husserl zunächst, vgl. etwa *Passive Synthesis* S. 340.

[24] Diese Aufgabenstellung für die genetische Analyse wird bei Husserl selbst deutlich ausgesprochen, z.B. a.a.O., S. 24, *Cart. Meditationen* S. 109.

[25] Zu dieser und den vorangegangenen Unterscheidungen zwischen statischer und genetischer Phänomenologie vgl. auch *Intersubjektivität III* S. 615 ff. (Ms. A V 3, S. 4a ff.).

tionalanalyse unentbehrlich, da die transzendentale Reflexion als Thematisieren jede Konstitution wie eine Apperzeption behandeln muß, die Erklärung einer Apperzeption aber immer den statischen Aufweis der Regelung der Bewährbarkeit erfordert.

Der Doppelsinn des Wortes „Motiv" im Zusammenhang der Konstitutionstheorie als Bezeichnung für die bloß notwendige Bedingung (Fundierung) der faktischen Bewährung von Apperzeptionen und für die zureichende Bedingung von möglichen Apperzeptionen hat eine ständige Auseinandersetzung über den Sinn des Begriffs der Konstitution bei Husserl hervorgerufen. Die Bedeutung der Unterscheidung von statischer und genetischer Phänomenologie und den Anspruch der letzteren, erklärende Phänomenologie zu sein, scheinen die Interpreten dabei oft unterschätzt zu haben. Die Diskussion, ob Konstitution bei Husserl Kreation oder erfahrende Hinnahme sei,[26] ist zum großen Teil insofern schief, als unterstellt wird, Husserl habe den Doppelsinn des Begriffs Konstitution selbst überhaupt nicht bemerkt und sein Denken müsse darum im Lichte der genannten von außen herangetragenen Alternative geprüft werden. Richtig ist aber, daß Husserl selbst den Doppelsinn von Konstitution thematisiert hat, allerdings nicht im Lichte der genannten Alternative, sondern als den Unterschied von statischer und genetischer Konstitution. Ein Fortführung der erwähnten Diskussion kann daher nur dann dem Denken Husserls gerecht werden, wenn man dem Sinn dieser Unterscheidung nachfragt.

Das Intersubjektivitätsproblem im Horizont der Idee einer phänomenologischen Transzendentalphilosophie entwickeln, heißt, es als Konstitutionsproblem stellen. Die genetische Intentionalanalyse in ihren drei Dimensionen ist aber wegen ihrer Universalität die Endgestalt der Konstitutionstheorie. Welche Stellung das Intersubjektivitätsproblem im Aufbau dieser Endgestalt von Phänomenologie einnimmt, ist daher für ein vertieftes Verständnis dieses Problems die entscheidende Frage. Es kann bei der herkömmlichen Unterschätzung der Tragweite der genetischen Konstitution nicht überraschen, daß gerade diese Frage

---

[26] Die letzten Stellungnahmen zu und in dieser Diskussion mit allen Belegen enthalten Tugendhat a.a.O., S. 174 ff. u. S. 216 ff., sowie B. Waldenfels, *Das Zwischenreich des Dialogs. Sozialphilosophische Untersuchungen im Anschluß an Edmund Husserl*, Den Haag 1971, S. 80 ff.

bisher recht stiefmütterlich behandelt worden ist. Man hat
Husserls Behauptung in den *Cartesianischen Meditationen*, das
Problem der Konstitution der Intersubjektivität erfordere bloß
eine statische Analyse,[27] fast undiskutiert hingenommen, obwohl eine Reihe von Begriffen und Überlegungen in der dort vorliegenden Analyse selbst schon auf eine genetische Theorie verweist. Die Überlegungen des folgenden Teils werden zeigen, daß
die Analyse zwar – wie nicht anders möglich – statisch zu beginnen hat, jedoch ohne Überführung in die genetische Fragestellung
Stückwerk bleibt.

II

1. Objektivität als Sein für Jedermann

In der Vielfalt des Transzendenzbewußtseins gibt es eine ausgezeichnete Gestalt. Ihre Besonderheit rührt zunächst daher, daß
sich in ihr derjenige Sinn von An-sich-Sein oder Objektivität ausbildet, der die übrigen möglichen Bedeutungen dieses Begriffs im
natürlichen Bewußtsein weitgehend überlagert. Es ist der Begriff
von objektiver Welt, verstanden als Welt für Jedermann.[28]
Dieser Objektivitätsbegriff beansprucht aber nicht nur als der
zunächst und zumeist verwendete die besondere phänomenologische Aufmerksamkeit, sondern auch aus dem wesentlichen
Grunde, daß er, wie sich zeigen wird, auf einem Transzendieren
des Bewußtseins beruht, das in einem neuartigen und prägnanten
Sinne als Überschreitung okkasioneller Präsentation bestimmt
werden muß. Erst wenn die Erklärung dieser Okkasionalitätsüberschreitung gelingt, ist die Phänomenologie als Transzendentalphilosophie „wirklich durchgeführt"[29]. Die Genesis dieser
Gestalt des Transzendenzbewußtseins aufzuklären, stellt daher
für die Konstitutionstheorie die wichtigste Aufgabe dar.

Eine Konstitutionsanalyse hat sich in ihrem statischen Beginn
zunächst am originären Bewußtsein zu orientieren. Zu suchen ist
also das originäre Bewußtsein von objektiver Welt. Das Bewußtsein von Welt wird nach dem früher Gesagten konkret immer im

[27] *Cart. Meditationen* S. 136.
[28] A.a.O. S. 123.
[29] A.a.O. S. 138.

oder am Sonderbewußtsein vom Gegenstand vollzogen. Die Überzeugung, die Welt sei das, was sie ist, nicht nur für mich („subjektiv"), sondern für Jedermann schlechthin („objektiv"), vollzieht sich demnach originär als das Bewußtsein, ein bestimmter Gegenstand zeige sich nicht nur mir so, wie er mir erscheint, sondern Jedermann. Im Hinblick auf diese originäre konkrete Gestalt des Bewußtseins von objektiver Welt werden im Folgenden die Ausdrücke „Gegenstandserfahrung des Andern" und „Welterfahrung des Andern" und äquivalente Ausdrücke als auswechselbare Bestimmungen behandelt.

Mit der gegebenen Kennzeichnung ist das gesuchte originäre Bewußtsein aber noch nicht vollständig charakterisiert. Ein „Sein für Jedermann" im strengen Sinne des Wortes „Jedermann" kann ein einzelnes Bewußtsein nämlich niemals erfassen, weil es nicht alle Andern kennen kann. Trotzdem können dem Bewußtsein die Andern, die ihm in begrenzter Zahl bekannt sind, als Beispiele für „Jedermann" erscheinen. D.h., das Bewußtsein kann eine Einstellung einnehmen, in der es beliebig wird, wer den gemeinsam erfahrenen Gegenstand erfaßt. Der beliebige Andere ist ein bloßer „Jemand". Für mein Bewußtsein von objektiver Welt fungiert aber nicht nur der Andere, sondern auch ich selbst als ein bloßer Jemand. In dieser Hinsicht sind die Welterfassung des Andern und meiner selbst völlig gleichgeartet.

Das originäre Bewußtsein von objektiver Welt ist demnach die Apperzeption, in der ein identischer Gegenstand als so seiend für mich und diesen oder jenen Anderen, verstanden als bloße Jemande, erscheint. In diesem originären Bewußtsein ist das jeweilige Sein des Gegenstandes für mich oder den Andern die okkasionelle Gegebenheitsweise, durch die hindurch der Gegenstand als objektiver, d.h. für alle Jemande identisch erfahrbarer, bewußt wird. Nun bin nicht ich der Vollzieher der Erfahrungen, in denen der Gegenstand anderen Jemanden gegeben ist. Sofern aber das Sein für Andere und das Sein für Mich, rein als Sein für beliebige Jemande genommen, völlig gleichgeartet sind, kann ich am Beispiel meiner eigenen Erfahrung jederzeit eine originäre Kenntnis davon gewinnen, wie es ist, wenn der identische Gegenstand einem anderen Jemand gegeben ist. Auf dem Boden dieser Gleichartigkeit kann ich jede Erscheinungsweise für einen Anderen in eine Erscheinungsweise für mich verwandeln. Der aktuelle

Erfahrungsvollzug, in dem der identische Gegenstand mir bewußt wird, erweist sich damit gegenüber den anderen okkasionellen Vollzügen, in denen er Anderen erscheint, als Ort möglicher
Bewährung, d.h. als Präsentation. Die jeweilige Welterfassung
der Anderen vergegenwärtige ich in Appräsentationen. Zwischen
diesem Verhältnis von Präsentation und Appräsentation und dem
Verhältnis beider Bewußtseinsweisen bei anderen Gestalten des
Transzendenzbewußtseins besteht also kein Unterschied.[30] Ob
ich meine eigene ungegenwärtige Erfahrung von der Rückseite
des apperzipierten Baumes oder die des Anderen, dessen Erfahrung, sofern sie rein als Erfahrung eines beliebigen Jemand fungiert, sich von der meinen nicht unterscheidet, vergegenwärtige
und dann in erfüllende (bzw. durchstreichende) Perzeption über-
führe, macht keinen Unterschied.

2. Das originäre Bewußtsein vom Mitsubjekt

Ein Unterschied wird erst dann sichtbar, wenn man berücksichtigt, daß das originäre Bewußtsein von der Identität des
Gegenstandes im Wechsel der okkasionellen Erfaßtheit durch
beliebige Jemande seinerseits noch ein anderes originäres Bewußtsein voraussetzt: Damit mir ein miterfahrender Anderer als
ein beliebiger Jemand erscheinen kann, muß ich zunächst die
Erfahrung von der Miterfaßtheit meiner Welt durch mindestens
einen Andern machen, der noch nicht als bloßes Beispiel für
Jedermann fungiert; d.h., ich muß schon ein Bewußtsein von
einer *gemeinsamen Welt* haben. Der bestimmte Andere, mit dem
ich die Welt gemeinsam habe, ist aber nicht beliebig durch wieder
Andere, darunter mich, vertretbar. Und das bedeutet: Die bestimmte okkasionelle Erfahrung von unserer gemeinsamen Welt,
die gerade er hat, kann sich prinzipiell nicht in meiner Präsentation bewähren. Trotzdem kann ich sie appräsentieren; denn ohne
das Bewußtsein von der Miterfaßtheit meiner Welt durch mindestens einen solchen Anderen käme das Bewußtsein von Objektivität als Sein für Jedermann nicht zustande.

Jedes originäre Objektivitätsbewußtsein ist durch die Überführbarkeit von Appräsentationen in Präsentationen motiviert.

[30] A.a.O. S. 139.

In der appräsentativen Überschreitung der einzelnen Präsentation bereitet sich die apperzeptive Überschreitung des zugehörigen Präsentationszusammenhangs im Ganzen vor. Die Frage nach der originären Gestalt des Bewußtseins von Objektivität als Sein für Jedermann führt auf eine Appräsentation, die präsentativ nicht bewährbar zu sein scheint. Jegliche Appräsentation ist nach dem früher Gesagten auch ein unthematisches Mitbewußthaben des anonymen Vollziehers, als der ich jeweils in der vergegenwärtigten Präsentationsgegenwart fungiere. Die gerade entdeckte Art von Appräsentation kann insofern nicht in einer Präsentation zur Erfüllung kommen, als ich, der Vollzieher der Appräsentation, mit dem anonymen Vollzieher der unthematisch vergegenwärtigten Präsentation nicht identisch bin. Seine Präsentationen bleiben mir in diesem Sinne prinzipiell fremd. Der appräsentative *transcensus* in diese Fremde motiviert aber originär das transzendierende Bewußtsein von Objektivität als Sein für Jedermann.[31] Dieser Objektivitätsbegriff beruht also in der Tat auf einer ausgezeichneten Gestalt von Transzendenzbewußtsein.

Die grundlegende Schwierigkeit für die Theorie der Konstitution der objektiven Welt ist die Erklärung der Bewährbarkeit einer Appräsentation, die nicht durch die Präsentation der Vollzüge des unthematisch vergegenwärtigten Vollziehers selbst erfüllbar ist.[32] Sie sei hier *fremderfahrende Appräsentation* genannt. Trotz der genannten Schwierigkeit muß diese Art von Appräsentation möglich sein, da sie die Bedingung der Möglichkeit des Bewußtseins von Objektivität als Welt für Jedermann ist, das es faktisch gibt. Die Erklärung der Möglichkeit dieser Appräsentation kann nur darin bestehen, eine oder mehrere andere Arten als die genannte Art von Präsentation aufzusuchen, in denen sie sich bewähren kann.

Husserl behauptet nun, diese Arten von Präsentation ließen sich nur dadurch finden, daß die Analyse abermals auf ein originäres Bewußtsein zurückginge, das dem appräsentativen Bewußtsein

---

[31] Vgl. schon *Erste Philosophie II* S. 495 f. Fußn.
[32] Damit ist nicht gesagt, daß nach Behebung dieser Schwierigkeit nicht noch andere große Schwierigkeiten aufträten. Als nächstes Problem stellt sich die Frage, der aber hier nicht nachgegangen werden soll, wie dem Bewußtsein der Einstellungswechsel möglich ist, aufgrund dessen der unvertretbare Andere als ein beliebiger Jemand erscheinen kann.

von der Miterfaßtheit meiner Welt durch den Anderen noch zugrundeliege. Sein Argument lautet, die Appräsentation der fremden Welterfahrung setze eine originäre Kenntnis desjenigen voraus, der dieser vergegenwärtigten Welterfahrung erst den Charakter der Fremdheit verleiht. Das aber ist der anonym fungierende Andere selbst. Demnach wäre nicht die Miterfaßtheit meiner Welt durch den unthematisch mitfungierenden Anderen, sondern dieser selbst das „an sich erste Ich-Fremde" [33]. Das unthematische Mitbewußthaben des fungierenden Anderen in der Appräsentation der fremden Welterfahrung setzt nach dieser These die thematische Erfassung dieses Anderen selbst voraus. Thematische Erfassung heißt aber Apperzeption. Die Aufgabenstellung verlagert sich damit für Husserl dahingehend, zunächst die Möglichkeit der Apperzeption des mitfungierenden Anderen, d.h. aber seine Konstitution zu erklären. An dieser Stelle wird die Theorie des Objektivitätsbewußtseins bei Husserl zur Intersubjektivitätstheorie. Das eigentliche Interesse Husserls an dieser Theorie beruht aber auf der Aufgabenstellung der Phänomenologie, transzendentale Aufklärung von Objektivitätsbewußtsein zu sein.[34]

3. Der Aufbau der analogisierenden Apperzeption

Für die Konstitution des Andern als des ersten Ich-Fremden stellt sich die gleiche Schwierigkeit wie für die fremderfahrende Appräsentation. Das Fungieren des Anderen, den ich thematisch erfasse, läßt sich niemals präsentativ in mein eigenes Fungieren überführen. Es muß also vermittels anders gearteter Präsentationen zugänglich sein. Welche Präsentationen dies sind, kann die Konstitutionstheorie hier wie überall allein dem gegenständlichen Gehalt der zurfragestehenden Apperzeption entnehmen, der ihr als Leitfaden dient. Gegenständlich bewußt soll der Andere als das erste Ichfremde sein, d.h. als ein anderes Fungieren in bezug auf unsere gemeinsame Welt. Der so verstandene Andere

[33] Vgl. *Logik* S. 213, *Cart. Meditationen* S. 137.
[34] Die Einsicht, daß die Husserlsche Intersubjektivitätstheorie von ihrem Ansatz her streng in den Zusammenhang der transzendentalphilosophischen Problematik der Konstitution der objektiven Welt zu stellen ist, hat mit der notwendigen Gediegenheit und Breite erstmals M. Theunissen a.a.O. entwickelt, vgl. insbesondere S. 78 ff.

sei mit einem Terminus, den Husserl zeitweilig verwendet, als *Mitsubjekt* bezeichnet.[35]

Die gemeinsame Welt, die der Andere miterfaßt, muß aus Gründen, die hier nicht erörtert werden können, zunächst zumindest eine mit den Sinnen wahrgenommene Welt sein. Ein Bewußtsein kann aber nur als verleiblichtes wahrnehmen. Nun ist ein Leib nicht nur für das in diesem Leibe „waltende" Bewußtsein, sondern auch für andere leiblich anwesende Vollzieher gegeben. Der Leib des Mitsubjekts tritt demnach in der Welt auf, die das Mitsubjekt und ich gemeinsam wahrnehmen. Mithin ist er der apperzeptive Gehalt, der der Theorie der Konstitution des Mitsubjekts als Leitfaden dienen muß.

Der Leib des Andern ist ein Bestandteil der dem Andern und mir gemeinsamen Welt. Daß diese Welt uns gemeinsam ist, wird mir aber okkasionell im Zusammenspiel der Präsentation meiner Welterfahrung mit der Appräsentation der fremden Welterfahrung bewußt. Dieser Appräsentation soll nach Husserls These die thematisierende Erfassung des in der fremden Welterfahrung anonym fungierenden Anderen noch zugrundeliegen. Demnach darf bei der Erklärung dieser thematisierenden Erfassung von meiner Kenntnis der Gemeinsamkeit der Welt des Andern und meiner Welt kein Gebrauch gemacht werden. Mithin ist vor dem Aufweis der Apperzeption des Mitsubjekts von der appräsentativen Miterfaßtheit der Welterfahrung dieses Mitsubjekts zu abstrahieren. Konkret heißt dies, ich muß von all den Charakteren meiner Welt absehen, die sie erst durch die fremderfahrende Appräsentation bekommt.

Für diesen Abstraktionsprozeß ist es nicht nötig, alle Züge unserer gemeinsamen Welt im Hinblick auf ihre Herkunft aus den fremden oder meinen Apperzeptionen kritisch zu durchmustern. Ein solcher Ausscheidungsprozeß wäre so nicht nur nicht durchführbar, sondern überdies unphänomenologisch, da er auf der Voraussetzung beruhte, daß die Welt eine Ansammlung von seienden Bestimmtheiten sei, aus der durch Abstraktion eine Auswahl getroffen werden könnte. Welt, phänomenologisch als Horizont verstanden, ist Korrelat von appräsentativen Vermöglichkeiten. Die fragliche Abstraktion bestimmt sich unter

---

[35] Vgl. *Intersubjektivität III* S. 444 ff. (Ms. E I 4, S. 37a ff.).

dieser Voraussetzung als ein Absehen von der Vermöglichkeit fremderfahrender Appräsentation, d.h. positiv als Beschränkung auf den Vermöglichkeitsspielraum all derjenigen Appräsentationen, ,,die ich als eigene Präsentationen verwirklichen könnte''[36]. Den Horizont, der in dieser Beschränkung zugänglich wird, nennt Husserl die *primordiale* [37] Welt, das Verfahren ihrer Aufdeckung primordiale Abstraktion oder Reduktion.[38]

Da eine Überführung der appräsentierten Vollzüge des Andern in Präsentationen nicht möglich ist, müssen es Appräsentationen innerhalb der primordialen Vermöglichkeit sein, deren Überführbarkeit in Präsentationen die Apperzeption des Mitsubjekts motiviert. Der Leib des Andern ist Bestandteil der dem Andern und mir gemeinsamen Welt. Er erscheint aber dem Andern nur zum Teil mit denselben Bestimmungen wie mir. Die Weise, wie der Andere *in* seinem Leibe fungiert, kann mir nicht gegeben sein, da ich sein Fungieren nicht in meine Präsentation überführen kann. Der Leib, in dem ein Subjekt fungiert, läßt sich als Wahrnehmungsorgan bestimmen. Daneben erscheint derselbe Leib als äußerlich wahrnehmbares Seiendes wie anderes Seiende im Raume. Sofern er als raumerfüllendes Seiendes, als *res extensa*, gegeben ist, heißt er bei Husserl Körper. Die eigene räumliche Anwesenheit ist dem Bewußtsein als *Doppelrealität* bewußt; [39] d.h. die beiden Gegebenheitsweisen der *einen* Realität, die einmal in der Inneneinstellung als *Leib* und zum anderen in der Außeneinstellung als *Körper* erscheint, sind dem Bewußtsein zugleich einerseits als *unterschieden* bewußt und andererseits als bloße

---

[36] *Intersubjektivität III* S. 125 (Ms. E I 4, S. 9b).

[37] Das Adjektiv primordial ist abgeleitet von lat. *primordium* und nicht von einem Kompositum mit *ordo*. Die gelegentlich auch bei Husserl auftretende Form ,,primordinal'' ist demnach falsch und sollte aus dem philosophischen Sprachgebrauch verschwinden.

[38] Mit der gerade angeführten präzisen Formulierung aus Husserls Nachlaß dürfte jede Unklarheit über den Sinn des Rückgangs auf die primordiale Welt beseitigt sein. Husserl kann diesen Rückgang zu Recht sowohl als eine Reduktion bzw. Epoché wie als eine Abstraktion bestimmen. Als letzteres erscheint er in mundaner Einstellung, d.h. unter Beibehaltung des Begriffs von Welt als Inbegriff von seienden Bestimmtheiten; als Epoché erscheint er transzendental, sofern horizonthafte Mitgeltungen aus der fremderfahrenden Appräsentation inhibiert werden und damit zugleich positiv ein Bereich horizonthafter Mitgeltung im Sinne des o.a. Zitats zur Gegebenheit kommt. Husserl selbst wurde dies erst allmählich im weiteren Durchdenken der Ausführungen in der 5. *Cart. Meditation* deutlich, vgl. *Intersubjektivität III* S. 124 ff. (Ms. E I 4, S. 9a ff.), S. 130 (dass. Ms. S. 12a f.), S. 526 ff. (Ms. E I 5, S. 5a ff.), S. 657 ff. (Ms. E I 1, S. 2a ff.).

[39] Vgl. *Ideen II* S. 161, dazu Claesges a.a.O. S. 94 ff.

Weisen des Erscheinens jener *einen* Realität, die Husserl „Leibkörper" nennt.

Nach dem Gesagten kann die räumliche Anwesenheit des Andern in meiner primordialen Welt nur als Körper wie andere Körper erscheinen. In meiner primordialen Welt kenne ich aber räumliche Anwesenheit nicht nur als Körperlichkeit, sondern an mir selbst – und nur an mir selbst – auch als Leibkörperlichkeit. Daraus ergibt sich, welcher Art die rein primordialen Bewährungsverläufe sein müssen, die die Apperzeption eines Mitsubjekts motivieren. Da das Mitsubjekt originär als bloßer Körper in meiner Primordialität erscheint, als fungierendes Subjekt aber Leibkörper ist, und da mir andererseits Leibkörperlichkeit primordial allein von mir selbst bekannt ist, muß es Formen appräsentativen Bewußtseins von einem Körper in meiner Primordialität geben, die ich rein primordial vermöge meiner eigenen Leibkörperlichkeit in der Weise in Präsentationen überführen kann, daß dadurch jener Körper als ein zweiter Leibkörper erscheint, der nicht mein eigener ist. Der so verstandene Bewährungsprozeß hat den Charakter einer Übertragung der Leibkörperlichkeit, wie sie mir von mir selbst her vertraut ist, auf den primordial begegnenden Körper. Die zur Frage stehende Apperzeption bezeichnet Husserl darum als *analogisierend*.

Um die geforderten primordialen appräsentativ-präsentativen Verläufe aufzufinden, bedarf es einer näheren Bestimmung des Verhältnisses zwischen dem bloßen Körper in meiner primordialen Welt und meinem Leibkörper. Das „da" des anderen Körpers erscheint im Verhältnis zu meinem eigenen „da" als ein *Dort*, das ich von meinem *Hier* aus wahrnehme.[40] Mein Hier hat als leibkörperliches einen Doppelsinn. Als Wahrnehmungsorgan ist mein Leib immer und exklusiv hier. Dieses Hier wandert jederzeit mit, wenn ich mich nach dort oder dort begebe. Es sei das *absolute* Hier genannt, weil es der unaufhebbare Bezugspunkt ist, in bezug auf den alle von mir wahrgenommenen Dort relativ sind. Als gleichgestellt mit anderen begegnenden Körpern nimmt mein Körper beliebige Dort ein, darunter auch dasjenige Dort, das gegenwärtig der Ort meines absoluten Hier ist. Im Unterschied zu meinem Hier ist das Dort des anderen Körpers, den ich in meiner

---

[40] Vgl. *Cart. Meditationen* S. 145 ff.

primordialen Umwelt wahrnehme, nicht doppelsinnig. Es ist bloßes Dort, d.h. kein Dort, das zugleich absolutes Hier wäre, in dem als Wahrnehmungsorgan ein Vollzieher leiblich fungiert. Eben diesen Doppelsinn soll es aber in der analogisierenden Apperzeption durch Übertragung von meinem absoluten Hier aus annehmen. Das Resultat dieser Übertragung kann ich appräsentativ nicht vorwegnehmen, da sich das Walten des anderen Vollziehers in seinem absoluten Hier nicht in meine Präsentation überführen läßt. Es muß also eine oder mehrere andere Appräsentationen geben, in denen ich jenem Dort den Charakter eines absoluten Hier beilege, ohne dadurch meine primordialen Vermöglichkeiten zu überschreiten. Ein solches rein primordiales appräsentatives Bewußtsein gibt es. Das darin unthematisch Vergegenwärtigte ließe sich umschreiben mit der Formel: ,,wie wenn ich dort wäre''.

Die originäre Apperzeption des leiblich fungierenden Mitsubjekts müßte sich nach dem Gesagten in vier Stufen mit rein primordialen Mitteln aufbauen:

1) Ich nehme einen Körper dort wahr und erfasse ihn als gleichgeartet mit meinem eigenen Körper. Husserl nennt dieses Bewußtsein eine Paarung.[41] Es setzt das primordiale Doppelrealitäts-Bewußtsein von der *Unterschiedenheit* meiner räumlichen Anwesenheit als bloßes Dort bzw. als bloßer Körper und als absolutes Hier bzw. als Leib voraus.[42]

---

[41] Theunissen a.a.O., S. 62 ff., weist zu Recht darauf hin, daß Husserl in der 5. *Cart. Meditation* den Begriff der Paarung nicht genügend differenziert. Das Bewußtsein von der Gleichartigkeit meines Körpers rein als *res extensa* mit dem Körper dort heißt bei Theunissen erste Paarung. Die zweite Paarung im Sinne von Theunissen ist eine höherstufige Konstitution, die im vorliegenden Aufsatz nicht erörtert wird.

[42] Daß und wie das Bewußtsein von der Doppelrealität schon primordial als Bewußtsein von der Unterschiedenheit der beiden Erscheinungsweisen der einen Realität möglich ist, hat Husserl in den *Ideen II* (wo die primordiale Reduktion noch als solipsistisch bezeichnet wird) noch nicht erklären können, aber in den späteren Manuskripten zur Raumkonstitution ausgearbeitet. Claesges, a.a.O. S. 94 ff., hat gezeigt, wie sich die in diesen Manuskripten skizzierten Gedanken zu einer stimmigen Theorie zusammenschließen lassen. Obwohl Husserl also potentiell über eine Theorie der primordialen Konstitution der Doppelrealität verfügte, blieb er doch auch in der Spätzeit noch im Zweifel, ob diese Konstitution als Differenzbewußtsein primordial in vollem Umfange möglich sei oder ob nicht die Selbstapperzeption rein als Körper die Außenerfahrung von meinem Körper durch den Anderen, d.h. aber die Überschreitung der Primordialität auf den Andern hin, schon voraussetzt. Husserl räumte diese Zweifel, wenn ich recht sehe, schließlich mit der Erkenntnis aus, daß es für das Gelingen der Konstitution des Mitsubjekts nicht darauf ankommt, daß primordial bereits ein Bewußtsein von *allen* für meine reine Körperlichkeit konstitutiven Bestimmungen vorliegt. Für diese Zwecke genügt es, daß das Leibbewußtsein überhaupt

2) Ich erfasse, daß meine eigene Körperlichkeit und meine Leiblichkeit nur zwei Gegebenheitsweisen ein und desselben sind; hier kommt das Bewußtsein von der Doppelrealität als Bewußtsein von der *Einheit* des in 1) Unterschiedenen ins Spiel.

3) Ich übertrage diese Einheit auf den gemäß 1) bereits als vergleichbar mit meinem Körper erfahrenen Körper dort. Damit gewinne ich rein primordial ein Bewußtsein ,,wie wenn ich dort wäre''.

4) Das appräsentative Bewußtsein ,,wie wenn ich dort wäre'' motiviert durch eine bestimmte Regelung seiner Bewährbarkeit die Apperzeption eines fremden Leibkörpers, d.h. eines in jenem Dort als absolutem Hier fungierenden Anderen.

4. Das Bewußtsein ,,wie wenn ich dort wäre''

Unverkennbar stellt die 4. Stufe den entscheidenden Schritt dar. Ob die Apperzeption des Mitsubjekts gelingt, hängt davon ab, ob das unter 3) genannte Bewußtsein in der Weise bewährbar ist, daß es über die Primordialität hinausführt. Die Theorie dieser Konstitution muß demnach sorgfältig erstens das unter 3) genannte Bewußtsein und zweitens die Weise prüfen, wie eine bestimmte Art seiner Bewährbarkeit die Überschreitung der Primordialität motivieren soll. Merkwürdigerweise hat man diese grundlegende Prüfung in der bisherigen Kritik der Husserlschen Intersubjektivitätstheorie so gut wie nicht vorgenommen. Das Folgende ist ein Versuch, das Versäumnis nachzuholen.

Die Formel ,,wie wenn ich dort wäre'' tritt in dieser Fassung oder in sachlich völlig äquivalenten sprachlichen Abwandlungen in der 5. *Cartesianischen Meditation* dreimal an entscheidender Stelle auf.[43] Man hat bisher nicht bemerkt, daß die Formel einen Doppelsinn enthält, der darauf zurückzuführen ist, daß das darin

---

Bewußtsein von der Unterschiedenheit zwischen eigenem Dort und eigenem absolutem Hier ist. *Intersubjektivität III* S. 645 (Ms. E I 4, S. 19a, wohl von 1934): ,,In der Primordialität ist die Gleichstellung des Leibes mit Außendingen noch nicht vollkommen so wie in der Welt, die Korrelat ist der Intersubjektivität'', a.a.O. S. 655 (Ms. E I 1, S. 8a, wohl von 1934): ,,Die volle Konstitution meines Leibes als Körpers gleich allen Körpern ergibt sich erst vermittels des Andern: wie sein Leib für mich, so mein Leib für ihn'' (Sperrung v. mir); vgl. außer an den angegebenen Stellen auch a.a.O. S. 248 ff. (Ms. E I 4, S. 50a ff., wohl von 1931) und *Intersubjektivität II* S. 412 Fußn. (Ms. E I 4, S. 129b, von 1927).
[43] *Cart. Meditationen* S. 147, S. 148 u. S. 152.

ausgesprochene Bewußtsein, sofern es die Übertragbarkeit der von mir selbst her bekannten Leibkörperlichkeit auf den Körper dort motivieren soll, kein einfaches Bewußtsein, sondern ein Zusammenwirken von zwei grundverschiedenen Vermöglichkeiten ist:

Ich kann mir einmal vorstellen, daß der Körper dort Leib ist, wie mir dies von meiner eigenen Leibkörperlichkeit her bekannt ist, aber mit der begleitenden Überzeugung, daß er dies in Wirklichkeit nicht ist. In diesem Falle handelt es sich um die fiktive Vorstellung, durch die ich meine Leibkörperlichkeit *quasi* ins Dort versetze, aber in der Realität im gegenwärtigen Dort meines Hier verharre. Dieses fiktive Bewußtsein müßte sich in der Formel aussprechen: ,,als ob ich dort wäre''.

Mein Bewußtsein besitzt aber zweitens auch eine ganz anders geartete Vermöglichkeit, sich ein Dortsein seiner selbst zu vergegenwärtigen: Ich kann mir nämlich vorstellen, daß ich dort gewesen bin, sein werde oder überhaupt irgendwann realiter dort anwesend sein *kann*, indem ich mich von hier nach dort begeben habe bzw. mich dorthin begeben werde. Vorgestellt ist hier nicht eine *fiktive* gleichzeitige Anwesenheit dort, sondern eine Anwesenheit dort in der *Realität*, allerdings nicht gleichzeitig mit meiner Anwesenheit hier, sondern früher oder später. Dieses Bewußtsein müßte sich in der Formel aussprechen: ,,wenn ich dort bin''. Diese Formel könnte auch lauten: ,,wenn ich dort wäre''. Es ist aber zu beachten, daß der Konjunktiv ,,wäre'' in diesem Falle nicht den Irrealis darstellte, wie in der Formulierung des fiktiven Bewußtseins, sondern den Potentialis.

Damit wird bereits deutlich, daß Husserls Formel ,,wie wenn ich dort wäre'' grammatisch die Kontamination zweier grundverschiedener Sätze darstellt, die sich nicht nur durch den verschiedenen Konjunktiv, sondern auch durch ihre einleitenden Konjunktionen unterscheiden: Das ,,wie wenn'' ist die doppeldeutige Verquickung eines die Irrealität anzeigenden ,,wie'' (im Sinne von ,,als ob'') mit einem ,,wenn'' von temporaler Bedeutung.

Es sei zunächst darauf hingewiesen, daß die Kritik an diesem Satz eine durchaus Husserl-immanente Kritik ist. Sie bedient sich nämlich der Unterscheidung zwischen positionalem und quasipositionalem Bewußtsein, auf die Husserl größtes Gewicht legte.[44] Im positionalen Bewußtsein gibt es die Vermöglichkeit, zeitlich früher oder später Gegebenes zu vergegenwärtigen. Das quasi-positionale Bewußtsein ist ebenfalls eine Vergegenwärtigung, nämlich die Vorstellung eines Als-ob, das gegenwärtig, positional, nicht ist. Die Vergegenwärtigung, durch die innerhalb der Positionalität Ungegenwärtiges bewußt wird, und die, durch die das Ungegenwärtige im Sinne des Nichtpositionalen vorgestellt wird, haben aber außer ihrer formalen Gemeinsamkeit, Vergegenwärtigungen zu sein, nichts miteinander zu tun. Das heißt: die Bewährung bzw. Enttäuschung dieser Vergegenwärtigungen findet grundsätzlich nur innerhalb der Bereiche der Positionalität oder Quasi-Positionalität, dem sie jeweils zugehören, statt. Eine Erwartung oder Erinnerung kann nicht durch eine Phantasievorstellung bestätigt oder entkräftet werden und umgekehrt. Es ist zwar möglich, Phantasie-Setzungen in der erinnernden Vor- oder Rückschau zu vergegenwärtigen, und umgekehrt: auf dem Boden einer Fiktion sich vorzustellen, man erinnere sich. Jede der beiden Vergegenwärtigungsvermöglichkeiten kann also die andere gewissermaßen umgreifen, aber eben dies ist die Kehrseite des Umstandes, daß es kein Zusammenwirken beider auf einer Erfahrungsebene geben kann, weil der Unterschied beider gerade der zweier Erfahrungsebenen ist.

Mit der Kontaminationsformel „wie wenn ich dort wäre" unterstellt Husserl aber implizit ein Zusammenwirken beider Vergegenwärtigungsarten in der Weise, daß sie wechselseitig zu ihrer Bewährung beitragen. In einigen Nachlaßtexten aus den Jahren vor und nach Abfassung der 5. *Cartesianischen Meditation* hat Husserl mehr oder weniger explizit ausgesprochen, daß die analogisierende Apperzeption des fremden Leibes durch das Zusammenspiel der beiden in den *Cartesianischen Meditationen* nicht unterschiedenen Vergegenwärtigungsarten zustandekommen soll.[45] Obwohl Husserl selbst mit der expliziten Darlegung dieser Konstruktion auf Schwierigkeiten stieß, hat er nicht mehr bemerkt, daß die originäre Apperzeption des Mitsubjekts, so wie er sie angesetzt hat, an diesen Schwierigkeiten scheitern muß, wie

---

[44] Vgl. insbesondere *Erfahrung und Urteil* S. 195 ff., sowie etwa *Erste Philosophie II* S. 115 ff.
[45] Unter vielen Stellen am deutlichsten *Intersubjektivität II* S. 498 ff. (Ms. E I 3 II, S. 80a ff., wohl von 1927), a.a.O Bd. III, S. 245 ff. (Ms. E V 4, S. 48a ff., wohl von 1931), S. 643 (Ms. E I 4, S. 23b, wohl von 1934).

der folgende Abschnitt dieses Teils erweisen wird. Andererseits läßt sich dieses Scheitern nicht dadurch vermeiden, daß man die Theorie der analogisierenden Apperzeption nicht auf dem Doppelbewußtsein „wie wenn ich dort wäre" aufbaut. Daß Husserl das Zusammenwirken der positionalen und der quasi-positionalen Vergegenwärtigungsvermöglichkeit braucht, um die analogisierende Apperzeption zu erklären, läßt sich zeigen, indem man sich noch einmal des gegenständlichen Leitfadens versichert, der sich aus den letzten Überlegungen ergeben hat.

Er läßt sich nunmehr folgendermaßen bestimmen; zu konstituieren ist „ein Fungieren in einem zweiten absoluten Hier, das gleichzeitig mit meinem absoluten Hier in einem von meinem Hier aus wahrgenommenen Dort anwesend ist". Soll dieser apperzeptive Gehalt zur Gegebenheit kommen, so muß es ein appräsentatives Bewußtsein geben, bei dessen Bewährung die Gleichheit beider Hier in ihrer Absolutheit, d.h. die Gleichzeitigkeit meines und des anderen gegenwärtigen Fungierens zur Gegebenheit kommt. Und es muß ein appräsentierendes Bewußtsein geben, bei dessen Bewährung der Unterschied beider Hier, d.h. ihre Bindung an zwei verschiedene Dort zur Gegebenheit kommt. Es kann nicht ein und derselbe Zusammenhang von Vollzügen sein, in dem die eine und die andere Bewährung stattfinden. Beide Vollzugssysteme müssen Vermöglichkeiten sein, über die ich rein als primordiales Ich, d.h. noch ohne Kenntnis vom Fungieren eines Anderen, verfüge.

Nun gibt es in der Tat primordial die Vermöglichkeit, ein mit meinem gegenwärtigen Fungieren gleichzeitiges zweites gegenwärtiges Fungieren in einem absoluten Hier vorzustellen. Dies ist die quasi-positionale Vergegenwärtigung, in der ich mir vorstelle, der Körper dort sei (irrealer Konjunktiv) mein Leib. Diese Vergegenwärtigung spielt für die Apperzeption des Andern insofern eine entscheidende Motivationsrolle, als sie bereits eine erste Durchbrechung meiner Primordialität darstellt. Sie ist nämlich eine erste Dezentrierung meiner Wahrnehmungswelt, die primordial ausschließlich um mein einziges absolutes Hier als ihr Zentrum orientiert ist, – jedoch im bloßen Als-ob.[46] Trotz ihrer großen Bedeutung kann diese Vergegenwärtigung deswegen nicht

---

[46] Vgl. *Intersubjektivität III* S. 359 (Ms. C 16 S. 94a, von 1932).

zur Apperzeption eines wirklich mitfungierenden Andern führen, weil ihr zweierlei fehlt: 1. die Positionalität, 2. die Unterschiedenheit von *meinem* und *seinem* Fungieren; denn auch die Phantasieabwandlung meines leiblichen Fungierens in ein leibliches Fungieren „dort" kann niemals dazu führen, daß ich das fiktive Fungieren dort nicht als *mein* Fungieren vorstelle. Der geforderte Unterschied von *mein* und *nicht-mein* ist aber nichts anderes als der Unterschied zwischen dem Hier und Dort des Fungierens in der Positionalität.

Der positionale Unterschied von Hier und Dort mit Bezug auf ein darin stattfindendes Fungieren ist mir nun aus einer zweiten rein primordialen Vergegenwärtigungsart vertraut: In der Kinästhese des Gehens kann ich mich im modus der Positionalität von hier nach dort begeben. Diese kinästhetisch einnehmbaren Positionen des Hier und Dort kann ich ebenso positional vergegenwärtigen. Damit gewinne ich die Vorstellung von der Gebundenheit eines zweiten Fungierens an ein anderes Dort als mein aktuell eingenommenes. Dieses zweite Fungieren ist zwar von meinem aktuellen Fungieren zugleich durch den Unterschied von aktueller und künftiger bzw. vergangener Gegenwart unterschieden, d.h. mit meinem Fungieren nicht gleichzeitig. Das Bewußtsein von einem gleichzeitigen Fungieren kann ich aber durch die Phantasieabwandlung meiner selbst gewinnen.

Damit hat sich gezeigt, daß Husserl tatsächlich ein Zusammenwirken von positionaler und quasi-positionaler Vergegenwärtigung braucht, um die Bewährung der analogisierenden Apperzeption aufweisen zu können. Die quasi-positionale Vergegenwärtigung verschafft der Primordialität das appräsentative Bewußtsein von der Gleichzeitigkeit eines zweiten absoluten Hier. Die positionale Vergegenwärtigung verschafft ihr das appräsentative Bewußtsein von der positionalen Unterschiedenheit zweier solcher Hier durch den Unterschied der beiden Dort. Würden beide Vergegenwärtigungsarten zusammenwirken können, so würden sie sich ohne Zweifel zum Bewußtsein von einem „Fungieren in einem zweiten absoluten Hier, das gleichzeitig mit meinem absoluten Hier in einem von meinem Hier aus wahrgenommenen Dort anwesend ist" ergänzen. Der originäre Bewährungsprozeß, in dem der Andere apperzeptiv zur Gegebenheit kommt, müßte der Ablauf dieser wechselseitigen Ergänzung sein, bei der

die eine Vergegenwärtigungsvermöglichkeit jeweils das an Erfahrungsgehalt beibringt, was der anderen fehlt. Dieser Ergän-
zungsprozeß ist nur so denkbar, daß die durch die beiden Vergegenwärtigungsarten appräsentativ vorgezeichneten jeweiligen
Bewährungsmöglichkeiten sich decken. Das beständige Zustandekommen dieser *Deckung* wäre die motivierte Apperzeption des
Mitsubjekts.

5. Die Deckung von positionaler und quasi-positionaler Bewährung

Husserls Theorie scheitert nicht daran, daß eine solche Deckung
nicht möglich wäre. Es ist erstens nicht zu bestreiten, daß die
Phantasievorstellung, ich sei als jener Körper dort leiblich anwesend, die Vorzeichnung bestimmter daran anknüpfender Vorstellungen enthält. Phantasiere ich etwa, jener Baum dort sei
kein Baum, sondern ich selbst, so sind damit bestimmte Erwartungen z.b. bezüglich der Bewegungsart jenes Gegenstandes ge-
weckt. Es wird mich dann möglicherweise nicht überraschen,
wenn ein Windstoß einen Ast in bestimmter Weise schwanken
läßt, weil ich dies als eine meiner fiktiven Armbewegungen verstehen kann. Mt dieser Bewegung des Gegenstandes wird sich also
eine in meiner Phantasievergegenwärtigung liegende Vorzeichnung bewähren.

Etwas Entsprechendes gilt – zweitens – für die positionalen
Erwartungen in bezug auf mein leibliches Verhalten. Ich kann
ein Bewußtsein von meinem Verhalten, ,,wenn ich dort bin'',
haben, das sich bestätigt, wenn ich mich später tatsächlich dorthin begeben habe. Nun zeichnet die gegenwärtige Beschaffenheit meiner Leiblichkeit und meiner Umwelt bestimmte Bewährungsmöglichkeiten für den Fall vor, daß ich mich in abseh-
barer Zukunft dorthin begeben werde, und schließt andere
Möglichkeiten aus. Es kann beispielsweise sein, daß ich in der
Lage, die ich – von hier aus gesehen – dort zu erwarten habe,
meinen linken Arm überhaupt nicht bewegen kann.

Diese positional vorgezeichnete Auswahl bestimmter Bewährungsmöglichkeiten kann nun übereinstimmen mit den Bestätigungen, die meinen Vorerwartungen in der Phantasie durch das
tatsächliche Gebaren des Körpers dort zuteil werden. Diese Übereinstimmung kann ein solches Ausmaß und in solchem Grade ge-

wissermaßen die Systematik eines bestimmten Verlaufstils annehmen, daß in mir das Bewußtsein von der beständigen Deckung beider Reihen von Bewußtseinsgegebenheiten erwächst.

Man darf aufgrund der zahlreichen ergänzenden Überlegungen im Nachlaß einigermaßen sicher sein, daß dies der Kern der Apperzeptionstheorie ist, der Husserl bereits in der 5. *Cartesianischen Meditation* vorschwebte, ohne daß er die auch dort verwendeten Begriffe der Deckung und Bewährung, sowie die vielen dort vorkommenden äquivalenten Ausdrücke [47] durch die explizite Unterscheidung von positionaler und quasi-positionaler appräsentativer Vorzeichnung zureichend geklärt hatte.

Daß die Deckung, auf die es in dieser Theorie der analogisierenden Apperzeption ankommt, im primordialen Bewußtsein stattfinden kann, läßt sich nicht bestreiten. Sie ist deswegen möglich, weil die Bestätigung meiner Phantasievorerwartungen in der Positionalität meiner Wahrnehmung des Körpers dort stattfindet und damit auf der gleichen Erfahrungsebene der Positionalität wie die Vorauswahl unter den Bewährungsmöglichkeiten meiner positionalen Erwartung liegt. Husserl hat daraus offenbar den Schluß gezogen, daß damit das Bewußtsein von der Deckung selbst den Charakter eines neuen positionalen Bewußtseins bekommt, und zwar eines solchen, das im Unterschied zum positionalen primordialen Bewußtsein zeitlicher Vergegenwärtigung und zum quasi-positionalen primordialen Phantasiebewußtsein die Primordialität wirklich überschreitet.[48]

---

[47] Vgl. *Cart. Meditationen* S. 143 ff. u. S. 147.

[48] Der Bedeutung dieses Schlusses wegen einige ausführlichere Belege: *Intersubjektivität II*, S. 500 (Ms. E I 3 II, S. 81a): „Das Als-ob der Vergegenwärtigung nimmt dadurch den Charakter einer beständig setzenden Vergegenwärtigung und einer appräsentativen an. Es ist beständig so, als ob ich mit modifiziertem Leib und modifiziertem ichlichen Sein und Bewußtsein dort wäre und als ob ich mich leiblich und innerlich sonst in bestimmter Weise benehmen würde, und dabei ist dieses Als-ob nicht willkürlich, nicht bloss Phantasie, sondern beständig durch die erfahrene Äusserlichkeit des Körpers dort bestimmt gefordert, in Gewissheit, setzend, mit beständig neuen Horizonten, die sich erfüllen, die immer im Milieu des Als-ob zu einem erfüllenden Als-ob führen." Soweit die wahrnehmungsmäßig-positionale Bestätigung der Phantasievorzeichnungen; nun in der Fortsetzung desselben Textes der Übergang in die Positionalität des Deckungsbewußtseins (S. 501 f.): „Ich – als ob ich statt dieses wirklichen Leibes hier einen andern Leib dort hätte und statt meiner wirklichen lebendigen Gegenwart eine entsprechende andere im Dort, und zwar, als ob das jetzt so wäre, das kann eine willkürliche und durchaus mögliche Vorstellung sein, eine anschauliche Umfiktion. Ist aber diese Vorstellung motiviert durch einen jetzt dort seienden Körper analog meinem Leibkörper und eröffnet sie damit einen Horizont der Antizipation, der sich auf der Seite der Wahrnehmung der Körperlichkeit dort bestätigt und damit als ,Interpretation' bestätigt, so ist diese vergegenwärtigen-

Dieser Schluß ist aber nicht statthaft. Die Bestätigung meiner Phantasievorerwartungen findet zwar *aufgrund* der Positionalität meiner Wahrnehmung des Körpers dort statt; das Bewußtsein von dieser Bestätigung ist aber Phantasiebewußtsein; denn die Vorstellung, die bestätigt wird, bleibt auch nach der Bestätigung fiktiv. Es mag hundertmal eintreten, daß der Baum dort, in den ich mich phantasierend versetzt habe, für meine positionale Wahrnehmung seiner ein Gebaren zeigt, das die sich aus der Fiktion ergebenden Verhaltensmöglichkeiten „als ob ich dort wäre" bestätigt, – die Übertragung meiner Leiblichkeit in jenes Dort behält trotzdem den Charakter des Als-ob.

Ebensowenig wie ein quasi-positionales Bewußtsein durch diese Bestätigungen aus der Positionalität der Wahrnehmung seinen fiktiven Charakter aufgeben kann, kann es durch die Übereinstimmung dieser Bestätigungen mit bestimmten Bewährungsmöglichkeiten aus der positional vergegenwärtigenden Vorzeichnung diesen Charakter verlieren. Das positional Erwartete wird im Falle der Übereinstimmung als Quasi-Mitgegenwärtiges vorgestellt, d.h. es erhält ebenso wie das Wahrgenommene, das zur Bestätigung des Phantasierten dient, selbst den Charakter der Fiktivität. Durch die Übereinstimmung kann sich nur bestätigen, daß ich mich so, wie es jener Körper dort quasi bekundet, verhalten *hätte*, wenn ich mich dorthin begeben *hätte* oder wenn ich mich dorthin begeben *würde* (irreale Konjunktive).

Das Deckungsbewußtsein, das bei Husserl die apperzeptive Überschreitung der Primordialität bewährend motivieren soll, erweist sich selbst als quasi-positionales Bewußtsein; es führt zu

de Abwandlung meines Ich Erfahrungsgewissheit und in der Weise der Erfahrung solange in konsequenter Bestätigung als Forterfahrung, solange das körperliche Gehaben in der Wahrnehmung stilmässig – erfüllungsmäßig sich zeigt." (von 1927) Ebenso nach den *Cart. Meditationen: Intersubjektivität III*, S. 642 (Ms. E I 4, S. 23b, von 1934): „Der fremde Leib ist Gegenwart: Dort ist er in original wahrnehmungsmässiger Gegebenheit für mich. Er indiziert mir Modifikation von Erinnerung meiner selbst als konkreter Gegenwart... Im Als-ob der Modifikation bin ich durch die Indikation des fremdleiblichen Körpers gebunden, ich bin nicht frei Imaginierender, es ist nicht eine blosse Phantasie, die sich als solche durch die Erlebniswirklichkeit aufhebt. Mit jeder Veränderung, Bewegung des Körpers im Dort ist indiziert ein Als-ob-ich-dort-wäre, als ob dort meine Hand bewegen würde etc., aber fest indiziert, und so, dass damit Vorerwartung für neue Handbewegung, in Indikation, vorgezeichnet ist und evtl. sich erfüllend. Als Modifikation der Erinnerung ist es Geltungsmodus. Das indizierte, vergegenwärtigte Ich, Ich-als-ob und seiend, ist anderes Ich; das Sein des Anderen, sein Leben, seine Erinnerungsvergangenheit etc. ist mein eigenes im Als-ob gewandelt, so wie eine Selbstverwandlung der Phantasie (oder Erinnerung) in ständiger Deckung mit mir." (Herv. v. Husserl)

einer Quasi-Verdopplung meines Ich, jedoch nicht zum positionalen Bewußtsein vom Auftreten eines Mitsubjekts, das jenseits meiner Primordialität fungiert. Es bestätigt sich hier im Grunde nur die bereits angeführte Feststellung von Husserl selbst, daß die Erfahrungsmodi der Positionalität und der Quasi-Positionalität einander niemals durch wechselseitige Übernahme von Bewährungsaufgaben ergänzen, sondern nur umgreifen können. In diesem Falle umschließt das Phantasiebewußtsein in der Deckung beider das positionale Bewußtsein.

III

1. Die Gleichursprünglichkeit der Vergegenwärtigungsarten

Husserl hat seine Theorie der analogisierenden Apperzeption des Mitsubjekts nie revidiert, aber offenbar doch ein Ungenügen daran empfunden. Da die Theorie an der These von der Bewährung als selbst positionaler Deckung von positionalem und quasi-positionalem Bewußtsein scheitert, kann es nicht überraschen, daß Husserl immer wieder mit Gedanken experimentiert hat, die darauf hinauslaufen, entweder dem Phantasiebewußtsein oder dem positionalen Vergegenwärtigungsbewußtsein allein die Last der apperzeptiven Überschreitung der Primordialität aufzubürden.

So fragt sich Husserl wiederholt, ob es mir gelingen könne, mich in der Phantasie so umzudenken, daß das fiktiv Gegebene nicht mehr ich bin, sondern ein Anderer ist. Husserl verwirft aber diesen Gedanken immer wieder mit dem zwar jeweils anders formulierten, doch der Sache nach gleichbleibenden Hinweis, daß nur über die Positionalität der primordialen Erfahrung von einem anderen Leibkörper eine Erfahrung vom wirklichen Anderen möglich ist. „. . . von der bloßen Phantasie führt kein Weg in die Wirklichkeit.” [49]

Das Umfingieren meines Ich in der Phantasie allein kann *vor* der Bestätigung durch die Positionalität niemals zur Gegebenheit von Mitsubjekten führen. „Es ist doch natürlich nicht so, als ob der Einfühlung Umfiktionen meines Ich, wodurch ich andere

---

[49] *Intersubjektivität III* S. 251 Fußn. (Ms. E I 4, S. 516).

konkrete Ich erhalten könnte, vorangingen und vorangehen könnten."[50] Diese Feststellung widerspricht nicht der anderen, daß das Ich nur aufgrund von Möglichkeiten, sich selbst schon primordial im Als-ob umzudenken, den Erfahrungsvollzug von Mitsubjekten überhaupt als Vollzug von Subjekten verstehen kann; fremde Vollzüge werden mir dadurch als solche zugänglich, daß ich mich in sie als ihr quasi-Vollzieher hineinversetzen kann, und diese Fähigkeit beruht auf der Vermöglichkeit, mein Fungieren als Vollzieher in der Phantasie abzuwandeln. Die Phantasieabwandlungen meiner selbst haben aber vor und nach der positionalen Erfahrung vom Andern eine andere Bedeutung. Vorher sind sie rein primordiale Modifikationen meiner selbst, nachher erweisen sie sich als die notwendigen, aber nicht hinreichenden Bedingungen der faktischen Erfahrung vom Mitsubjekt. Die gedachte Totalität meiner Phantasieabwandlungen zeichnet zwar den Spielraum von Verständnismöglichkeiten von Anderen vor, den ich nicht überschreiten kann.[51] Sie kann aber den Übergang in die Positionalität nicht selbst motivieren.[52]

Ebenso reißen im Nachlaß seit den zwanziger Jahren die Versuche nicht ab, die Vergegenwärtigungsleistung, durch die mir das mitgegenwärtige Fungieren des Anderen zur Gegebenheit kommt, in der Vergegenwärtigungsvermöglichkeit zu fundieren, durch die ich ein Bewußtsein von mir selbst als einem Fungierenden in einer anderen Gegenwart als der aktuell vollzogenen habe. Trotz der beständigen Parallelisierung von Erfahrung des Anderen und Erinnerung, die von den *Cartesianischen Meditationen* [53]

---

[50] *Intersubjektivität II* S. 160 (Ms. E I 3 II, S. 11a, Mitte der zwanziger Jahre).

[51] „(Das) Universum der Möglichkeiten meines Andersseins ‚deckt' sich zugleich mit dem Universum der Möglichkeiten eines Ich überhaupt" (v. Husserl gesperrt). So schon 1922, a.a.O. S. 154 (Ms. B I 22, S. 9a). Vgl. ebenso a.a.O. S. 158 ff. (Ms. B I 22, S. 15a f.); und ebenso noch 1934: „Zur mir gehört die Möglichkeit der Selbstvariation..., und jeder Phantasiemodifikation entspricht ein möglicher seiender Anderer in der mitphantasierten (als Horizont mitzugehörigen) Welt, in der dies Phantasie-Ich vermenschlicht wäre." *Intersubjektivität III* S. 640 (Ms. E II 1, S. 6a).

[52] Dies dürfte im Wesentlichen der Ertrag der zahlreichen Analysen sein, die Husserl in den Jahren vor und nach der *Cart. Meditationen* der Rolle der Phantasieabwandlung meiner selbst bei der originären Apperzeption des Andern gewidmet hat. Am Standpunkt der *Cart. Meditationen* S. 106 ändert sich also im Prinzip nichts. Vgl. den Kontext der ab Anmerkung 45 angeführten Nachlaßstellen, außerdem *Intersubjektivität III* S. 378 ff. (Ms. E III 9, S. 42a ff., von 1931).

[53] *Cart. Meditationen* S. 155.

bis zur *Krisis* [54] immer aufs Neue variiert wird,[55] unternimmt Husserl keinen ernsthaften Versuch, die Erfahrung des Andern allein in der Erinnerungsvermöglichkeit zu motivieren.

Ein solcher Versuch wäre in der Tat fruchtlos, da die positionale Vergegenwärtigung, in der mir ein anderes, gleichzeitiges Fungieren bewußt wird, offenbar dem *genus* nach von der positionalen Vergegenwärtigung verschieden ist, in der mir das Stattfinden meines Fungierens in ungegenwärtigen Gegenwarten bewußt wird. Für das Verhältnis dieser beiden positionalen Vergegenwärtigungsarten untereinander gilt das Gleiche wie für das Verhältnis von positionaler und quasi-positionaler Vergegenwärtigung. Sie können sich umschließen – ich kann in der Fremderfahrung die Erinnerungen des Mitsubjekts vergegenwärtigen, und ich kann mich an eine Fremderfahrung erinnern –,[56] aber nicht gemeinsam durch wechselseitige Übernahme von Bewährungsaufgaben einen einheitlichen Erfahrungszusammenhang bilden.

Das Scheitern von Husserls Theorie der analogisierenden Apperzeption des Mitsubjekts führt damit zu einer einfachen Einsicht: der in die Nicht-aufeinander-Zurückführbarkeit, d.h. Gleichursprünglichkeit dreier Vergegenwärtigungsarten. Es sind dies die quasi positionale primordiale Vergegenwärtigung von mitgegenwärtigen Phantasieabwandlungen meiner selbst, die positionale primordiale Vergegenwärtigung von Abwandlungen meiner aktuellen Gegenwart in frühere oder spätere und die positionale primordialitätsüberschreitende Vergegenwärtigung als Abwandlung von fungierender Gegenwart in ein kompräsentes Mitfungieren. Genau die zuletzt genannte Vergegenwärtigungsart wird mit der Theorie der originären Apperzeption des Andern nicht erklärt, sondern bleibt vorausgesetzt. Setzt man die Voraussetzung ein, daß der Vollzieher über diese Vergegenwärtigungsart verfügt, so gewinnt die Husserlsche Theorie der analogisierenden Apperzeption sogleich eine Brauchbarkeit in gewissen

---

[54] *Krisis* S. 175, S. 189.

[55] Für die Zeit ab 1931 vgl. etwa *Intersubjektivität III* S. 331 ff. (Ms. C 17, S. 2a ff.), S. 337 ff. (Ms. C 17, S. 22a ff.), S. 353 ff. (Ms. C 16, S. 89b ff.), S. 416 ff. (Ms. E III 9, S. 60a ff.), S. 447 ff. (Ms. E I 4, S. 39a ff.), S. 514 ff. (Ms. E I 4, S. 178a ff.), S. 574 ff. (Ms. C 16, S. 100a ff.), S. 641 ff. (Ms. E I 4, S. 23a ff.); vgl. außerdem *Lebendige Gegenwart*, S. 154 ff., Theunissen a.a.O. S. 141 ff.

[56] Die ganze „Grammatik" der hier möglichen vielfältigen Verhältnisse hat Husserl in den Anm. 55 genannten Nachlaßtexten durchgespielt.

Grenzen, da das Deckungsbewußtsein, das Husserl zum Angelpunkt seiner Theorie macht, bei bestimmten Gestalten des thematisierenden Bewußtseins vom Andern tatsächlich stattfindet; damit es aber als positionales stattfinden kann, muß jene dritte gleichursprüngliche Vergegenwärtigungsart bereits am Werke sein. Mithin können die Gestalten des thematisierenden Bewußtseins vom Andern, die auf dem genannten Deckungsbewußtsein beruhen, nicht die originären sein, da sie ein Bewußtsein vom Mitsubjekt voraussetzen, das seine Bewährung durch die Betätigung jener dritten Vergegenwärtigungsvermöglichkeit erhält.

2. Das originäre Bewußtsein vom Mitsubjekt

Welches die originäre Gestalt von Fremderfahrung ist, die nach dem Gesagten durch jene dritte, gleichursprüngliche Vergegenwärtigungsvermöglichkeit motiviert sein müßte, ist demnach in einer kritischen Revision der Husserlschen Problematik erneut zu bestimmen. Welchen Sinn von ,,Anderer'' dieser Versuch zum Leitfaden zu nehmen hat, ist bekannt: Zu suchen ist dasjenige konkrete Bewußtsein, in dem positional ein Mitfungieren in gleicher Gegenwart zur Gegebenheit kommt, nicht mehr und nicht weniger. Von einem solchen Bewußtsein war aber schon die Rede. Es war die fremderfahrende Appräsentation, in der ein gleichzeitig mitfungierendes Subjekt zwar unthematisch, aber positional mitbewußt wird.

Nun glaubte Husserl, diese unthematische Erfassung eines Mitfungierenden in dessen thematischer Erfassung fundieren zu müssen. Dieser Rückgriff war zunächst allgemein durch Husserls Vorüberzeugung motiviert, daß es eine originäre Gestalt (eine ,,Originalform'') des Bewußtseins vom Andern geben müsse, d.h. eine Bewußtseinsgestalt, die sich dadurch auszeichnet, daß alle übrigen Gestalten sie voraussetzen, sie selbst aber keine andere Gestalt des Bewußtseins vom Andern mehr voraussetzt. Dieser Ansatz soll hier als solcher nicht infrage gestellt werden; denn mit der Befolgung der methodischen Direktive, von den nichtursprünglichen Weisen von Bewußtsein auf die jeweils zugehörigen originären Formen zurückzugehen, steht und fällt die Phänomenologie selbst. Im höchsten Grade problematisch erscheint vielmehr die Richtung, in der Husserl das originäre Bewußtsein vom

Anderen sucht. Es ist schlechterdings nicht einzusehen, daß die Form der Erfahrung vom Anderen, in der sich mein Bewußtsein als unbeteiligter Beobachter davon überzeugt, daß der an seine eigene Leiblichkeit erinnernde begegnende Körper dort ein Leib wie der eigene ist, diejenige Bewußtseinsgestalt sein soll, die Weisen der Erfahrung vom Andern wie Liebe, Freundschaft, Kampf, Feindschaft, Dialog, Zusammenarbeit u.a. mehr zugrundeliegt. Theunissen bemerkt richtig, daß mit der Statuierung eines solchen Fundierungsverhältnisses im Grunde die naturalistische Auffassungsart zur originären Gestalt der Erfahrung vom Andern gegenüber den Begegnungsweisen in personalistischer Einstellung erhoben wird,[57] womit Husserl gegen eine seiner Grundthesen verstieße, die besagt, daß die naturalistische Einstellung in der personalistischen fundiert ist.

Diese Grundthese legt nahe, die Fehlentscheidung Husserls durch eine Umkehrung des von ihm angesetzten Fundierungsverhältnisses zu korrigieren. Doch abgesehen von der Schwierigkeit, daß kaum zu entscheiden wäre, welche Gestalt des Bewußtseins vom Andern in personalistischer Einstellung die originäre gegenüber den anderen sein sollte, wäre jede solche Bewußtseinsgestalt von vornherein ungeeignet, die systematische Funktion zu erfüllen, die ihr im Rahmen der transzendental-phänomenologischen Konstitutionstheorie zufallen würde: Sie müßte ja die Rolle derjenigen Erfahrung spielen, in der das Bewußtsein seine Primordialität auf das erste Ichfremde hin überschreitet. Jedes Bewußtsein vom Andern in personalistischer Einstellung setzt aber das Bewußtsein von einer gemeinsamen Welt, d.h. die Überschreitung der Primordialität, bereits voraus. Die von Husserl gestellte Aufgabe, die Konstitution der Gemeinsamkeit der Welt aufzuklären, bleibt aber bestehen, da das Objektivitätsbewußtsein transzendental erklärungsbedürftig bleibt.

Wenn die geforderte Aufklärung weder auf dem Wege über die Analyse der personalistischen Fremderfahrung noch durch die Analyse der im Grunde naturalistisch gedachten Gestalt von Fremderfahrung, die Husserl unter dem Titel analogisierende Apperzeption untersucht, möglich ist, muß die These Husserls über die Reihenfolge der Konstitutionsschritte, die zum Bewußt-

---

[57] Theunissen a.a.O. S. 116 ff.

sein von einer gemeinsamen Welt führen, revidiert werden. Nicht das thematische Bewußtsein vom Mitsubjekt als dem ersten Ichfremden fundiert, wie Husserl meint, das Bewußtsein von einer gemeinsamen Welt, sondern umgekehrt: Die Appräsentation der Miterfaßtheit meiner Welt und des darin Gegebenen durch den unthematisch mitfungierenden Anderen liegt der thematischen apperzeptiven Erfassung dieses Anderen selbst zugrunde.[58]

Man hat schon oft die Beobachtung gemacht, daß Husserl durch die Sachhingegebenheit und Genauigkeit seiner konkreten Analysen Sachverhalte aufdeckt, die seinen programmatischen Erklärungen widerstreiten. Einige Texte im Nachlaß bezeugen, daß dies auch bei der anstehenden Frage der Fall ist. Aus ihnen geht hervor, daß Husserl gelegentlich gesehen hat, daß die originäre Gestalt der Erfahrung des Andern nicht seine Thematisierung, sondern das Mitbewußthaben seiner als des anonymen *Mitsubjekts* in der gemeinsamen Welterfahrung ist.[59] Doch diese Beobachtung tritt immer nur gewissermaßen en passant auf, sie wird nirgendwo zum Kristallisationspunkt einer Umgestaltung der Intersubjektivitätstheorie.

Die Umkehrung des von Husserl angesetzten Fundierungsverhältnisses von Thematizität und Unthematizität bei der Erfahrung des Andern ist nicht nur ein methodischer Kunstgriff, um das Scheitern der Intersubjektivitätstheorie zu vermeiden, sondern auch durch die in der Sache bestehenden Verhältnisse gefordert. Die Sache, d.h. die Bewußtseinsgestalt, an der sich die Untersuchung zu orientieren hat, ist für die Phänomenologie, die als transzendentale primär vom Interesse an der Aufklärung der Konstitution der objektiven Welt geleitet ist, das Miterfahrensein meiner Welt durch den Andern, das ich appräsentieren muß,

---

[58] Waldenfels hat das Verdienst, in seiner Abhandlung „Das Zwischenreich des Dialogs" erstmals diesen für eine Kritik der Husserlschen Intersubjektivitätstheorie entscheidenden Gedanken in aller Klarheit ausgesprochen und darauf eine umfassende Theorie der Intersubjektivität aufgebaut zu haben: „Ursprünglich gegenwärtig und vertraut sind sie (scil: die Anderen) mir *nicht als Gegenstand* einer besonderen Intentionalität, *sondern als mitfungierend* in aller Intentionalität... als Mitgegenwart geht die Fremdgegenwart der ausdrücklichen Fremderfahrung und Fremdbegegnung voraus," S. 135 (Herv. v. Waldenfels), vgl. S. 54 ff. Auch Überlegungen von A. Schutz zielten schon in ähnliche Richtung, vgl. *Collected Papers* Band I, Den Haag 1962, S. 220 f., S. 318.

[59] Vgl. *Intersubjektivität III* S. 446 ff. (Ms. E I 4, S. 38a ff. von 1932), S. 454 (Ms. E I 4, S. 45a), S. 484 f. (Ms. A V 5, S. 69a f.).

wenn ein originäres Transzendenzbewußtsein von Sein als Sein für Jedermann zustandekommen soll. Nun zeigte sich schon, daß nicht etwa bloß das fremderfahrende, sondern jegliches appräsentierende Bewußtsein Vergegenwärtigung der Gegenwart eines andern Vollziehers als des aktuell fungierenden ist und daß außerdem jede solche Appräsentation das mitfungierende Ich nur unthematisch bewußt hat. Nimmt man diese Strukturgleichheit ernst, so müßte man aus Husserls Ansetzung des Fundierungsverhältnisses die methodische Schlußfolgerung ziehen, nicht nur bei der unthematischen Mitvergegenwärtigung des Mitfungierenden im Rahmen der fremderfahrenden Appräsentation sei auf eine fundierende thematisch-apperzeptive Erfassung des Mitfungierenden zurückzugehen. Es ergäbe sich die allgemeinere These, daß jeglicher unthematischen Miterfaßtheit eines mitfungierenden Ich in einer Appräsentation eine thematische Erfaßtheit dieses Ich zugrundeliegen müsse.

Dies würde z.B. auch für die originäre Gestalt der Wiedererinnerung an früher Erlebtes gelten müssen. Jede Erinnerung an das damals Erlebte impliziert unthematisch eine Mitbewußtheit meiner als des damals fungierenden Vollziehers; denn ohne diese Implikation wüßte ich nicht, daß das frühere Erlebnis *mein* Erlebnis war, d.h. ich könnte mich überhaupt nicht originär daran erinnern. Das bedeutet aber keineswegs, daß dieser Mitbewußtheit eine Thematisierung meiner als des vergangenen Vollziehers zugrundeliegen müßte. Das originäre Bewußtsein ist hier vielmehr das *selbstverlorene* Wiedererinnern an die damalige Welt.[60] Eine Verallgemeinerung der Weise, wie Husserl das Verhältnis von Thematizität und Unthematizität bei der originären Erfahrung des Mitsubjekts ansetzt, ist also gewiß nicht statthaft. Mithin ist der Rückschluß erlaubt, daß Husserl der Struktur der fremderfahrenden Appräsentation *als Appräsentation* nicht gerecht wird.

3. Fremderfahrung als genetisches Problem

Der eigentliche Grund dafür wird erkennbar, wenn man es

---

[60] Der Hinweis auf die Parallelität der Erfahrung vom Mitsubjekt und der selbstverlorenen Erinnerung stammt von Husserl selbst, *Intersubjektivität III* S. 448 (Ms. E I 4, S. 39b), ohne daß er selbst daraus die notwendigen Konsequenzen gezogen hätte.

nicht bei einer vagen Bestimmung des genannten Verhältnisses bewenden läßt. Wenn behauptet wird, die thematische Apperzeption eines Mitsubjekts liege der unthematischen Miterfassung bei der fremderfahrenden Appräsentation zugrunde, oder umgekehrt: diese Bewußtseinsart fundiere jene, so kann der Sinn dieser Rede von ,,zugrundeliegen'' und ,,fundieren'' nur der sein, daß die eine Vollzugsart der anderen zeitlich folgt, da Thematisieren und Nicht-Thematisieren in bezug auf dasselbe nach dem früher Gesagten gleichzeitig nicht möglich sind.

Diese einfache Überlegung erweist zwingend, daß das transzendentalphänomenologische Problem der Intersubjektivität genetischer Natur ist. Es ergeben sich zunächst folgende Konsequenzen: Wenn, wie Husserl unterstellt, dem nicht-thematisierenden Bewußtsein vom Andern im Rahmen der fremderfahrenden Appräsentation ein Thematisieren vorangeht, dann hat dieses den Charakter der urstiftenden Apperzeption. Das aber bedeutet: Das Auftreten des Mitsubjekts geht bewußtseinsgeschichtlich aus einer Aktivität des Vollziehers hervor; es hat mithin einen Anfang, folglich ist eine bewußtseinsgeschichtliche Phase ohne Mitsubjekt anzunehmen. Die primordiale Reduktion ist dann kein bloß methodischer Kunstgriff, sondern Rückgang auf ein Früher im Bewußtseinsleben; denn die Überschreitung der Primordialität ist eine aktive Genesis. Fazit: Am Anfang des Bewußtseinslebens steht ein transzendentaler Robinson.

Husserl hat diese absurden Konsequenzen nicht gezogen, weil er glaubte, sich auf eine statische Konstitutionsanalyse der Fremderfahrung beschränken zu können.[61] Die statische Analyse einer Apperzeption ist aber *in nuce* immer schon genetisch: Entweder die analysierte Apperzeption verweist als nichtursprüngliche auf eine urstiftende Apperzeption, oder sie ist selbst eine solche. Das letztere müßte Husserl bei der analogisierenden Apperzeption unterstellen; denn dem analogisierend das Mitsubjekt apperzipierenden Bewußtsein fehlt nach Husserls Voraussetzung jede Bekanntschaft mit einem Andern.

Weil Husserl sich diesen Konsequenzen nicht gestellt hat, herrscht in der 5. *Cartesianischen Meditation* eine auffällige Konfusion bei allen Begriffen, die genuin in den Bereich der geneti-

---

[61] Vgl. *Cart. Meditationen* S. 136 u. *Logik* S. 213.

schen Phänomenologie verweisen. So verwendet Husserl beispielsweise den Begriff der Urstiftung in einer statischen Analyse, in der er eigentlich nichts zu suchen hätte.[62] Ein möglicher genuin genetischer Gebrauch des Begriffs wird sogleich zurückgenommen durch die merkwürdige Unterscheidung, bei der analogisierenden Übertragung der von mir her bekannten Leiblichkeit auf den primordial begegnenden anderen Körper sei meine Leibkörperlichkeit als ,,das urstiftende Original''[63] im Unterschied zu anderen Urstiftungen nicht als bloßes Resultat vorgegeben, sondern die ,,Urstiftung selbst (bleibe) immerfort in lebendig wirkendem Gang''[64]. Entsprechend erscheint im Nachlaß die Überschreitung der Primordialität durch analogisierende Apperzeption als Genesis, die keine Genesis sein darf: Sie wird als ,fiktive Genesis' behandelt.[65] ,,Denken wir uns eine erstmalige (urstiftende) 'Wahrnehmung' von einem Andern...'' heißt es in einem Vorlesungsmanuskript von 1927[66], ohne daß Husserl dort prüfte, mit welchem sachlichen Recht er so vorgeht. Gelegentlich kommen ihm Bedenken,[67] aber zu einer Revision des Ansatzes der *Cartesianischen Meditationen* führen sie nicht.

Als einzige Möglichkeit einer solchen Revision bleibt nach allem Gesagten, daß das nichtthematisierende okkasionelle Bewußtsein vom Mitsubjekt im Rahmen der fremderfahrenden Appräsentation das thematisierende oder apperzipierende Bewußtsein davon allererst genetisch ermöglicht. Demnach kommt das thematische Bewußtsein vom Andern zwar in aktiver Genesis zustande, setzt aber seinerseits die passive Konstitution des Mitsubjekts voraus, die eingebettet in die ihrerseits originär unthematische Appräsentation der fremden Welterfahrung jederzeit geschieht. Die grundlegende intentionalanalytische Aufgabe verlagert sich damit in die Theorie dieser passiven Konstitution. Diese Theorie aufzubauen, d.h. aufzuweisen, wie die Miterfaßtheit meiner Welt durch den Anderen originär zur Gegebenheit kommt, stellt gegenüber der Husserlschen Analyse der analogisierenden Apperzeption eine völlig neue Aufgabe dar, die hier

---

[62] S. *Cart. Meditationen* S. 141.
[63] Ebd.
[64] A.a.O. S. 142.
[65] *Intersubjektivität II* S. 477 (Ms. E I 3 II, S. 138a, von 1927).
[66] A.a.O. S. 526 (Ms. E I 3 II, S. 59a, von 1927).
[67] A.a.O. S. 475 Fußn. (a.a.O. S. 69a).

nicht in Angriff genommen werden kann.[68] Die abschließenden Überlegungen sollen sich, der Aufgabenstellung des Aufsatzes entsprechend, darauf beschränken, den systematischen Ort dieser passiven Konstitution im Aufbau der transzendentalen Genesis zu bestimmen.

Es handelt sich um die Konstitution der gemeinsam erfahrenen Welt. Welterfahrung ist zunächst wahrnehmende Erfahrung. Die passive Genesis der okkasionellen Gegebenheitsweisen, durch die das Bewußtsein die dafür notwendigen elementaren Inhalte erhält, wurde im I. Teil vorläufig als passive ästhetische Genesis bestimmt. Diese Kennzeichnung erweist sich nun als einseitig, da auch die Konstitution der intersubjektiven Gemeinsamkeit der erfahrenen Welt in diese Genesis gehört. Die passive Genesis der ursprünglich okkasionellen, d.h. nicht aus Thematisierung hervorgehenden Gegebenheitsweisen, ist nunmehr als ästhetisch *und* intersubjektiv zu bestimmen.

Solche Genesis setzt nach dem im I. Teil Gesagten aber noch die formale Genesis der Zeitlichkeit des Vollziehens voraus. Der Grund dafür war, daß der ursprünglichen appräsentativen Überschreitung einer Präsentation ohne die formale Vorzeichnung durch diese Genesis die Direktion fehlte. Die Kritik an der Husserlschen Lehre von der analogisierenden Apperzeption hat ergeben, daß das Gelingen dieser wie jeder Gestalt von Fremderfahrung von der Bewährbarkeit einer gleichursprünglich dritten Vergegenwärtigungsvermöglichkeit abhängt, die es neben den beiden rein primordialen Vergegenwärtigungsarten geben muß. Erst Appräsentationen kraft dieser dritten Vergegenwärtigungsart veranlassen das primordiale Bewußtsein, sich selbst in Richtung auf eine fremde Primordialität zu überschreiten. Vergegenwärtigungsvermöglichkeiten beruhen auf einer formalen Iterierbarkeit der einzigen Gegenwart, in der der Vollzieher fungiert, in sich selbst. Die dritte Vergegenwärtigungsart muß auf einer for-

---

[68] Ein flüchtiger Hinweis sei erlaubt: Damit die Miterfaßtheit meiner Welt durch den Anderen sich überhaupt als von meiner eigenen Welterfahrung unterschieden abheben kann, muß sie den Charakter einer konkurrierenden Erfahrung vom Selben, d.h. den des Widerspruchs haben. Eine Analyse der originären Erfahrung dieses Widerspruchs habe ich in einer Untersuchung vorgelegt, mit der ich zugleich den phänomenologisch bleibenden Gehalt der Heraklitischen „Gegensatzlehre" aufzudecken versuche. Diese Untersuchung wird demnächst unter dem Titel „Heraklit. Die Selbstunterscheidung des beginnenden Denkens vom vorphilosophischen Leben" erscheinen.

malen Abwandlung meiner einzigen Gegenwart in „positionale Mitgegenwart" beruhen. Wie diese Selbstiteration neben den Selbstiterationen zustandekommt, die die beiden rein primordialen Vergegenwärtigungsarten ermöglichen, ist eine Frage der passiven formalen Genesis.

Für das Folgende stellen sich demnach zwei Aufgaben: Es ist erstens die Weise zu umreißen, wie die aktive Genesis des thematisierenden Bewußtseins vom Andern, die durch die passive intersubjektive Genesis der fremderfahrenden Appräsentation ermöglicht wird, auf dieser aufbaut. Es ist zweitens abschließend auf die Begründung dieser passiven intersubjektiven Genesis in der formalen Genesis der Zeitlichkeit einzugehen.

4. Die aktive Thematisierung des Andern

Wenn dem Bewußtsein durch die passive intersubjektive Genesis ein Mitsubjekt als anonymes Fungieren bleibend vertraut ist, so sind damit für es bestimmte Möglichkeiten vorgezeichnet, dieses anonyme Mitfungieren apperzeptiv zu thematisieren. Die passive fremderfahrende Appräsentation, in deren Rahmen das Mitfungieren bewußt wird, ist ein unthematisches Bewußthaben 1. der Erfahrungsvollzüge des Mitsubjekts, 2. des Mitsubjekts als des in diesen Vollzügen fungierenden Vollziehers.

Das Bewußtsein kann demnach 1. aktiv das okkasionelle Für-einen-Andern-Sein der Welt bzw. eines darin begegnenden Gegenstandes thematisieren. Eine Thematisierungsmöglichkeit dieser Art wurde als eine Möglichkeit auf dem Boden passiver ästhetischer Genesis im I. Teil bereits erwähnt und als vortranszendentale Reflexion bestimmt. Die gerade entdeckte Thematisierungsmöglichkeit gehört in den Bereich dieser Reflexion. Diese Einordnung wird durch den geschichtlichen Befund bestätigt: Die vortranszendentale Reflexion auf die Gegebenheitsweisen, die den vorsokratischen Beginn von Philosophie und Wissenschaft im Wesentlichen motiviert, tritt geschichtlich in der Tat einerseits als Thematisierung der Gegebenheit des Seienden in Empfindungen, andererseits als Thematisierung der Gegebenheit der einen Welt in den Horizonten verschiedener Subjekte bzw. Subjektgruppen auf. Die erste Thematisierung ist die (weil vortranszendental, sich sogleich objektivistisch mißverstehende) Syste-

matisierung der Empfindungsqualitäten als solcher („Wärme" –
„Kälte", „Feuchtigkeit" – „Trockenheit" usw.), mit der die
wissenschaftliche Medizin beginnt, die aber auch am Ursprung
der griechischen Elementenlehren steht und die vielleicht auch
die Aufstellung der ursprünglichen pythagoräischen Gegensatz-
tafel motiviert hat. Die zweite Thematisierungsart ist vor allem
bekannt als jonische *historiē*, in der sich das erstmals erwachte
Interesse an der Relativität der geographischen und kulturellen
Horizonte artikuliert.[69]

Das Bewußtsein kann zweitens sein jeweils unthematisch fungierendes Mitsubjekt selbst thematisieren. Dies wiederum ist auf
doppelte Weise möglich. Das Bewußtsein kann dieses fungierende
Mitsubjekt einmal als ein solches thematisieren, das zugleich
Objekt in der Welt ist. An dieser Stelle haben der Bewährungsprozeß, den Husserl unter dem Titel der analogisierenden Apperzeption analysiert, und alle weiteren, darauf aufbauenden Objek-
tivierungsprozesse ihren systematischen Ort. In den Zusammenhang der hiermit angezeigten Untersuchungsrichtung gehören
die Intentionalanalysen von all den Gestalten des Bewußtseins,
in denen Subjekte einander – in der Sprache der Dialogphilosophie gesagt – als „Er" oder „Es" gegeben sind.

Das Bewußtsein kann sein jeweiliges Mitsubjekt aber auch *als*
das prinzipiell unthematisch bleibende Fungieren, das es ist, d.h.
als sein „Du", zum Gegenüber einer ausdrücklichen Zuwendung
machen. Da diese Zuwendung nicht als vergegenständlichende
Thematisierung bestimmt werden kann, ergeben sich bei dieser
Problematik für die phänomenologische, thematisierende Reflexion außerordentliche Schwierigkeiten, auf die hier nicht einzugehen ist. Es ist nur zweierlei festzuhalten: Erstens erscheinen
diese Schwierigkeiten nicht als prinzipiell unüberwindlich, wenn
man davon ausgeht, daß nicht – wie in einer (idealtypisch) reinen Dialogphilosophie – das reine weltlose Du die originäre Gestalt des Andern, sondern der in der appräsentierten fremden

---

[69] Der innere Zusammenhang beider Thematisierungsarten kommt bereits im
frühgriechischen Denken (vgl. Anm. 14) und zwar bei Heraklit zum Vorschein. Ihm
kommt daher für das Verständnis des historischen wie systematischen Anfangs von
Philosophie und Wissenschaft in vortranszendentaler Reflexion auf die Gegebenheitsweisen eine Schlüsselstellung zu. U.a. aus diesem Grunde habe ich den in Anm. 68
erwähnten Versuch einer gleichermaßen historischen wie systematischen Interpretation seines Denkens unternommen.

Welterfahrung anonym Mitfungierende dies ist.[70] Zweitens entzieht sich der Andere in der „intimen" Begegnungsweise des „Du" nicht prinzipiell einer rationalen, überprüfbaren philosophischen Systematik – allerdings mit der Einschränkung, daß diese Begegnungsweise nur insoweit der phänomenologischen Reflexion zugänglich ist, als ihr die Appräsentation der fremden *Welterfahrung* genetisch zugrundeliegt. Eine Reduktion der gesamten philosophischen Problematik der Intersubjektivität auf ihre sozialwissenschaftlich erfaßbaren Gestalten stellt sich von daher als eine ungerechtfertigte Beschränkung dar.

5. *Positionale Mitgegenwart und Zeitlichkeit*

Es bleibt die passive formale Genesis zu erörtern, die der passiven intersubjektiven Genesis der fremderfahrenden Appräsentation noch zugrundeliegt. In jener passiven Genesis iteriert sich formal die Einzigkeit des Vollzugsjetzt – und damit zugleich des Vollziehers und der Welt – in *der* Weise in sich selbst, daß sich Vermöglichkeiten der appräsentativen Vergegenwärtigung von anderen Vollzugsgegenwarten als meiner aktuellen Gegenwart ausbilden können. Korrelativ zur Ermöglichung des Plurals der okkasionellen Vollzüge, durch den es überhaupt Vermöglichkeiten gibt, entstehen die Vermöglichkeitsspielräume, d.h. die Horizonte, in denen die einzige Welt sich perspektiviert.

Die beiden für das rein primordiale Horizontbewußtsein konstitutiven Vergegenwärtigungsvermöglichkeiten hat Husserl aufgewiesen. Sie verschaffen der rein primordialen Überschreitung einer Präsentation durch Appräsentation die erforderliche Direk-

---

[70] Der konkrete Versuch, das von der Dialogphilosophie initiierte Nachdenken über das „Du" in die phänomenologische Systematik unter der genannten Voraussetzung zu integrieren, liegt bei Waldenfels vor, vgl. a.a.O. insbes. S. 52 ff. u. S. 219 ff. Die vorliegende Untersuchung wäre ohne diesen Versuch nicht möglich gewesen. Gleichwohl sei im Lichte der hier vorgetragenen Überlegungen eine kritische Anmerkung gestattet: Obwohl Waldenfels, wo immer es möglich ist, Husserlsche Gedanken sachkundig aufnimmt, scheint er doch in einer wesentlichen Hinsicht nicht so eng an Husserl anzuknüpfen, wie es vielleicht geboten gewesen wäre: Er bezeichnet zwar die Theorie, die sich aus seinem Vermittlungsversuch zwischen Dialogphilosophie und Phänomenologie und aus der entsprechenden Husserl-Kritik ergibt, mit gutem Recht als genetisch (S. 58), diskutiert aber nicht *in concreto* den Husserlschen Entwurf einer Systematik der Genesis, der immerhin die Endgestalt transzendentaler Phänomenologie umreißen soll. Eine Absicht der vorliegenden Überlegungen ist es, die Lücke zu füllen, die dadurch in der Auseinandersetzung mit Husserls *transzendental*phänomenologischer Intersubjektivitätstheorie noch geblieben war.

tion: Im „ich kann" seiner eigenen Versetzbarkeit ins Früher
und Später einerseits und ins mitgegenwärtige Als-ob andererseits weiß das Bewußtsein, daß es appräsentierend nach positionalen vergangenen oder künftigen und ebenso nach quasi-positionalen Vollzugsgegenwarten als formalen Abwandlungen seiner
selbst gewissermaßen Ausschau halten kann. Eben diese Direktion fehlt bei Husserl für die primordialitätsüberschreitende Vergegenwärtigung positionaler Mitgegenwart. Es zeigte sich, daß sie
– entgegen Husserls Absicht – durch eine Zusammenwirkung der
beiden rein primordialen Vergegenwärtigungsvermöglichkeiten
nicht erklärbar ist, d.h. mit diesen gleichursprünglich sein muß.

Wie die positionale Vergegenwärtigungsvermöglichkeit von
Erinnerung und Erwartung genetisch zustandekommt, hat
Husserl in seinen Analysen zum inneren Zeitbewußtsein bzw. zur
lebendigen Gegenwart breit ausgeführt. Den *zeitlichen* Charakter
der Vergegenwärtigung quasi-positionaler Mitgegenwart und die
entsprechende Genesis dieser Vergegenwärtigungsvermöglichkeit
in einer formalen Selbstiteration der einzigen Vollzugsgegenwart
hat Husserl nur angedeutet. Von einer zeitlichen Genesis der genannten dritten Vergegenwärtigungsvermöglichkeit schließlich
ist bei ihm überhaupt nicht die Rede. Es stellt sich die Aufgabe,
den Aufweis, den Husserl für die Genesis von Erinnerung und
Erwartung erbracht hat, auch für die Genesis der Vergegenwärtigung von positionaler Mitgegenwart zumindest anzudeuten.

Zum besseren Verständnis dieser Aufgabe ist kurz zu erläutern,
wieso auch die Vermöglichkeit der Vergegenwärtigung im Als-ob
als formale Selbstiteration von Gegenwart einer zeitlichen Genesis
entspringt, was nicht unmittelbar einzuleuchten scheint. Daß die
Abwandlung meiner einzigen Gegenwart in viele Quasi-Gegen-
warten auf einer zeitlichen Genesis, einer *Zeitigung* – wie Husserl
in seiner Spätzeit sagt – beruht, ergibt sich daraus, daß das Quasi-
Bewußtsein nach Husserl dem Bewußtsein vom Eidos zugeordnet
ist. Husserl hat diese Zuordnung gerade am Eidos *Ego* immer
wieder verdeutlicht.[71] Das Was von etwas als Allgemeines kommt
nach Husserl zur Gegebenheit im Bewußtsein der Beliebigkeit der
Abwandlungen, denen es unterliegen könnte, ohne aufzuhören,
dieses bestimmte Was zu sein. Zum Bewußtsein von einem be-

[71] Vgl. etwa *Cart. Meditationen* S. 104 f.

stimmten Was gehören entsprechende okkasionelle Vollzüge, weil es ein Gegenstandsbewußtsein ist. In diesen sind die Abwandlungen des identischen Was als *beliebige* gegeben. Beliebigkeitsbewußtsein als solches ist aber Phantasiebewußtsein. Das Eidos kommt als Grenze der fiktiven Abwandelbarkeit eines Was zum Vorschein. Als solche Grenze kann es sich aber nur erweisen, weil es sich als Identisches in den beliebigen okkasionellen Phantasieabwandlungen durchhält. Diese Abwandlungen haben als jeweilige Präsentationen den Charakter des Jetzt. Mithin wird das sich durchhaltende Identische als eine Gegebenheit bewußt, die in jedem beliebigen Jetzt, d.h. alle Zeit, zu Bewußtsein kommen könnte und konnte. Das Eidos hat in diesem Sinne den Zeitcharakter der *Allzeitlichkeit*.

Nach dem, was zu Beginn dieses Teils über die Vermöglichkeit quasi-positionaler Vergegenwärtigung gesagt wurde, bin ich es immer selbst, der unthematisch als quasi-positional vorgestellter zweiter Vollzieher fungiert. Diese Identität meines Bewußtseins in allen seinen primordialen Phantasieabwandlungen mit sich selbst erweist sich damit als die Identität des Eidos meines Ego. Indem das primordial einzige ,,ich fungiere'' sich in allen fiktiven Iterationen seiner selbst durchhält, kommt es als allzeitlich-Allgemeines zum Vorschein. Die primordiale Vergegenwärtigungsvermöglichkeit der quasi-positionalen Abwandlung meiner einzigen Vollzugsgegenwart kommt genetisch in der Zeitigung dieser Gegenwart zur Allzeitlichkeit zustande.[72]

Wie diese Zeitigung geschieht, wird aus dem Vergleich mit der Genesis der Erinnerungsvermöglichkeit deutlich. Die Identität des ,,ich fungiere'' in seinen Phantasieabwandlungen hat einen grundsätzlich anderen Sinn als die Identität, deren ich mir unthematisch in der erinnernden Verknüpfung jeder meiner vergangenen Gegenwarten mit meiner aktuellen Gegenwart bewußt bin. Dieser Identität meiner selbst als des zeitlich verharrenden Subjekts meiner Vollzüge, dem genetisch deren Resultate zuwachsen (,,das Ich der Habitualitäten'') bin ich mir aufgrund der retentionalen Selbstdifferenzierung der Gegenwartsform meines

---

[72] Darauf, daß auch diese Form der Selbstiteration der einzigen Vollzugsgegenwart in sich selbst eine Zeitigung ist, habe ich schon in der *Lebendigen Gegenwart* (Selbstzeitigung zum *nunc stans*, S. 123 ff.) aufmerksam gemacht, ohne allerdings den rein formalen Charakter dieser wie jeder Gegenwarts-Iteration genügend zu hervorzuheben.

Bewußtseinslebens bewußt. Die Retention läßt sich als entgleiten-
lassendes Behalten bestimmen. Sie ist ein Festhalten des gerade
ungegenwärtig Werdens als Gegenwart und ermöglicht als solche
das Wiederbewußtwerden des Ungegenwärtiggewordenen als er-
innerte Gegenwart. Das gerade-ungegenwärtig-Werden läßt sich
als Gegenwart festhalten, weil diese als ständige selbst den Charakter der Übergängigkeit hat. Diese Übergängigkeit ist ineins
ein Dreifaches: ein beständiges Neuwerden von Jetzt, ein beständiges Entschwinden von Jetzt und das Verharren der Übergängigkeit selbst, d.h. von Jetzt überhaupt. Das Bewußtsein kann den
Gegenwartscharakter der Übergängigkeit in der Weise festhalten,
daß es das Entschwinden von Jetzt retentional als Gegenwart
behält. Hier zeigt sich aber, daß diese Vermöglichkeit nicht die
einzig mögliche Weise der Festhaltung von Gegenwart in der
Übergängigkeit ist.

Mein Bewußtsein verfügt auch über die Möglichkeit, die Übergängigkeit selbst, d.h. das ständige Gegenwartsein von Gegenwart als solches, will sagen: unter Abstraktion vom ständigen
Ungegenwärtig-werden, als Gegenwart festzuhalten. Der so
fixierten Gegenwart als dem reinen Bleiben selbst fällt keine
Zeitstelle in der retentional entstehenden erinnerbaren bzw. er-
wartbaren Gegenwartsabfolge zu, ihr fehlt somit die zeitliche
Realität, obwohl sie andererseits als das reine Immer von Jetzt
alle Zeit ist. Die Irrealität des Eidos meiner Vollzugsgegenwart
ist die Kehrseite seiner Allzeitlichkeit. Die Selbstiteration der
einzigen Vollzugsgegenwart zur allzeitlichen Gegenwart hat sich
damit als die Genesis der Vermöglichkeit quasi-positionaler Vergegenwärtigung erwiesen, in deren okkasionellem Fungieren ich
mir selbst als eidetisch Identisches zur Gegebenheit komme.

Diese Zeitigung ließ sich an der übergängigen Form der einzigen
Vollzugsgegenwart aufweisen. Auch die Genesis der behaupteten
dritten gleichursprünglichen Vergegenwärtigungsart darf phänomenologisch nicht bloß als Bedingung der Möglichkeit der passiven intersubjektiven Genesis erschlossen werden, sondern ist in
der Reflexion an der einzigen Vollzugsgegenwart aufzuweisen.
Eben das Husserlsche Verständnis von Reflexion war aber der
Grund dafür, daß das originäre Bewußtsein von der dritten möglichen Form der Selbstiteration der Einzigkeit in der phänomenologischen Auslegung bei Husserl verdeckt blieb, obwohl er selbst

die Möglichkeit einer solchen Auslegung in der *Krisis*-Abhandlung mit der Bemerkung andeutete, die Konstitution des intersubjektiven Horizonts sei als Konstitution „der Simultaneität der Ichpole" auch „wieder eine Zeitigung" [73].

Die phänomenologische Auslegung, wie Husserl sie verstanden hat, ist Reflexion als *Nachgewahren*.[74] Von daher wird das retentionale Behalten zum Muster der formalen Selbstiteration von Gegenwart. Die Iteration wird von vornherein als Entgegenwärtigung ausgelegt. Die Wesenserfassung durch Selbstabwandlung ins Als-ob erscheint dadurch in der eben skizzierten Weise als ein Überspringen der retentionalen Entgegenwärtigung, gewissermaßen als Widerstand gegen das Entgleiten, der seine Hartnäckigkeit mit der Irrealität des Idealen bezahlt. Auch die Wesenserfassung wird damit im Grunde von der retentionalen Entgegenwärtigung her ausgelegt.

Husserl versteht die Übergängigkeit der einzigen ständigen Gegenwart ausschließlich vom Ungegenwärtigwerden her. Die Übergängigkeit ist aber nicht nur dies, sondern ebenso Gegenwärtigwerden neuer Gegenwart, nicht nur Weggängigkeit, sondern ebenso Ankünftigkeit. Im Lichte der Auslegung von der Weggängigkeit her stellt sich die Festhaltung der Identität des „ich fungiere" als ein retentionales Behalten dar. Diese Auslegung greift auf den Ankunftscharakter der Gegenwart über. Die Weise, wie das Gegenwärtigwerden bewußt wird, nennt Husserl Protention. Diese fundiert in analoger Weise, wie die Retention die Erinnerung ermöglicht, die Erwartung. In Konsequenz der Husserlschen These, daß Erwartung umgestülpte Erinnerung ist, ließe sich im Sinne Husserls auch sagen, daß die Protention umgestülpte Retention ist. Sie erscheint damit als vorgreifendes Behalten.

Nun läßt sich nicht bestreiten, daß es die Erwartung und das unmittelbare protentionale Gewärtigen des Kommenden als deren Vorgestalt gibt. Was Husserl nicht gesehen hat, ist, daß die Protention nicht die originäre Gestallt des Bewußtseins von der

---

[73] *Krisis* S. 175.
[74] Daß die Revision von Husserls *de facto* solipsistischem Cartesianismus in der Wurzel bei einer Kritik der Theorie vom Nachgewahren und des sich daraus ergebenden Verständnisses von Zukünftigkeit anzusetzen hat, hat L. Landgrebe in der grundlegenden Abhandlung „Husserls Abschied vom Cartesianismus," a.a.O. S. 200 ff., gezeigt.

Ankünftigkeit der ständigen Vollzugsgegenwart ist. Das läßt sich an dem schon mehrfach von den Husserl-Kritikern monierten Umstand erkennen, daß die Lehre von der Protention das Bewußtsein vom Neuen oder Plötzlichen nicht erklären kann. Die Protention soll das Zukunftsbewußtsein fundieren; der Überraschungscharakter und nicht die retentional ermöglichte Vorbekanntheit des Erwarteten machen aber das Wesentliche der Zukunft aus. Nicht nur die vorbekannte Zukunft ist als protentional vorab behaltene Weggängigkeit ein Moment der einzigen Vollzugsgegenwart qua ständige Übergängigkeit. Auch die überraschende Zukunft bildet als reine Ankünftigkeit ein Moment dieser stets gegenwärtigen Übergängigkeit.

Das Bewußtsein kann ebenso, wie es das Ungegenwärtigwerden als Gegenwart im retentionalen Behalten festhält und im protentionalen Gewärtigen für das Kommen vorwegnimmt, und ebenso, wie es die reine Gegenwärtigkeit der Übergängigkeit als solcher im Bewußtsein der fiktiven Abwandelbarkeit als allzeitliches „ich fungiere" festhält, auch das Immer-neu-Sein der Übergängigkeit als solches, d.h. als eine Form der Gegenwartsiteration, festhalten. Für die angemessene Interpretation dieser Vermöglichkeit kommt aber alles darauf an, diese Iterationsform nicht als ein Immer-neu-*Werden* zu bestimmen. Damit würde sie bereits von der Retention her als Protention im Sinne Husserls ausgelegt, d.h. in ihrer Originarität verfehlt. Die Momente des Immer-Neuen folgen einander originär nicht, sie bilden, streng als *neue* genommen, keine Kontinuität. Das tun sie erst, wenn sie im Lichte der Retention als Erfüllungen der Vorzeichnung von Vorbekanntheit erscheinen und als das von vornherein in die Kontinuität des beständigen Ungegenwärtigwerdens einbehalten sind.

Als reines Eintreten hat die Ankünftigkeit des Fungierens den Charakter der beständigen Kompräsenz eines prinzipiell nicht vorbekannten Fungierens. Genau das aber ist der Charakter dessen, was in der dritten, gleichursprünglichen Vergegenwärtigungsvermöglichkeit bewußt wird.[75] Die aus der Dialogphilosophie

---

[75] Allein auf diese Weise läßt sich m.E. in einer Kritik an Husserl, die gleichwohl seine transzendental-genetischen Intentionen aufnimmt, zeigen, „daß die eigene Identität nicht absolut in sich befestigt ist, daß dem Ich vielmehr ein Moment der Fremdheit innewohnt, wodurch sein Leben durchlässig wird für Welt und Mitwelt." (Waldenfels a.a.O., S. 66). Die wichtigste Aufgabe, die sich hier anzuschließen hätte, wäre

stammende These, daß der Andere die ursprüngliche Zukunft ist, kann in diesem, allerdings auch nur in diesem Sinne zum Bestandteil einer phänomenologischen Transzendentalphilosophie werden; zu beachten ist dabei, daß die Vergegenwärtigungsvermöglichkeit, in der sich die ständige einzige Vollzugsgegenwart als reine Ankünftigkeit, d.h. als Zeitform der anonymen Mitgegenwart iteriert, selbst noch nicht das erste konkrete Bewußtsein vom Mitsubjekt ist. Die Zeitform „positionale Mitgegenwart" ist ebenso wie die Zeitformen „quasi positionale Mitgegenwart" und „nicht-aktuelle positionale Gegenwart" (Vergangenheit und Zukunft) nur die *formale* genetische Vorgabe der Direktion für ein ursprüngliches inhaltliches Bewußtsein. Das Bewußtsein vom Mitsubjekt findet *in concreto* originär erst in der passiven fremderfahrenden Appräsentation statt. Daher kann die Anonymität der Mitgegenwart des Andern als ursprünglicher Zukunft phänomenologisch nicht als die reine Weltlosigkeit des „Du", sondern nur als die Unthematizität des in dieser Appräsentation bewußten Mitfungierenden verstanden werden, die sich in sehr verschiedenartigen, durch diese beständige passive Appräsentation motivierten aktiven Thematisierungen partiell aufheben läßt.

die Bestimmung des Verhältnisses der neugefaßten Zukünftigkeit und der beiden anderen Momente von Vollzugsgegenwart. L. Eley, *Metakritik der formalen Logik*, Den Haag 1969, hat den Versuch unternommen, Husserls Zeitanalyse so zu revidieren, daß die Zukünftigkeit als primäres Moment sichtbar wird (vgl. insbes. S. 323 ff.), und begründet ebenfalls die Intersubjektivität in der von der Zukünftigkeit her bestimmten Zeitlichkeit (vgl. S. 25, S. 212 f. u. S. 324 ff.).

GUILLERMO HOYOS

ZUM TELEOLOGIEBEGRIFF IN DER
PHÄNOMENOLOGIE HUSSERLS

Gegenüber der Skepsis, auf die eine teleologische Auffassung der Philosophiegeschichte noch immer stößt,[1] zeigen Husserls Ausführungen zu diesem Thema, daß ein „objektivistisch" am Fortschritt orientierter Teleologiegedanke in jedem Fall einer kritischen Destruktion bedarf und daß damit der an der Struktur der Intentionalität orientierte Teleologiebegriff erst eigentlich ermöglicht wird, ein Begriff, der Husserl von der Überwindung jeglichen „Objektivismus" zum „Transzendentalismus" der Phänomenologie führt.

Um dieses Vorhaben zu verdeutlichen, folgen wir Husserls teleologischer Interpretation der Philosophiegeschichte als Einheitssinn einer Aufgabe: Durch eine Thematisierung der Lebenswelt erfaßt (I), macht sie die teleologische Struktur der Intentionalität in statischer (II) und genetischer Analyse (III) sichtbar. Die transzendentale Reflexion auf die Teleologie, die das Sein der Subjektivität als ontologische Form ausmacht, erlaubt dann, die Einheit der Philosophiegeschichte neu zu interpretieren und ihre eigentliche Aufgabe als Ziel des autonomen Menschen in Angriff zu nehmen (IV).

---

[1] Es ist die These K. Löwiths, das teleologische Verständnis der Geschichte sei als Rest des säkularisierten Christentums aufzugeben, weil eine solche Teleologie der Geschichte philosophisch nicht aufrecht zu erhalten sei (vgl. K. Löwith, *Weltgeschichte und Heilsgeschehen*, Stuttgart[5] 1967, S. 11–26, 175–189). Diese These wurde neuerdings von W. Kamlah übernommen. Doch ignoriert er die Auseinandersetzung L. Landgrebes in *Phänomenologie und Geschichte*, Gütersloh 1967, S. 182 ff. mit der These Löwiths, und so kommt auch Kamlah ohne eine Berücksichtigung der Position Husserls zur Forderung einer „kritischen Destruktion," einer „Entmythisierung" des traditionell teleologischen „Zeitalterdenkens, des christlichen so gut wie des neuzeitlichen" (vgl. W. Kamlah, *Utopie, Eschatologie, Geschichtsteleologie*, Mannheim 1969, S. 102–103).

I

Die Teleologie, die Husserl als eine *Eigentümlichkeit der Philoso-phiegeschichte* thematisiert, bezeichnet „nichts weniger als eine...
metaphysische Substruktion". Daher sollen „konkrete Aufwei-sungen aufgrund der vorgegebenen Geschichte selbst... für das
Wort ‚Teleologie' die...infrage kommende Bedeutung allererst
schaffen", wobei alle traditionellen Bedeutungen des Wortes
außer Frage bleiben.[2]
Die Behandlung der Philosophiegeschichte in der *Krisis* bean-sprucht, durch eine teleologisch-kritische Besinnung auf die Ge-schichte die Notwendigkeit der transzendental-phänomenologi-schen Umwendung zu begründen und damit eine eigenständige
Einleitung in die Phänomenologie zu sein. Husserl will den durch
die Philosophie enthüllten teleologischen Sinn des Menschentums
durch eine radikale Kritik am Objektivismus, der Quelle aller
Nöte, zurückgewinnen. Er sieht den Fehlansatz des Objektivis-mus in einer methodischen Verkürzung der eigentlich sinngeben-den Leistung der Subjektivität und damit in einer gewissen
Entleerung dessen, was Philosophie als Wissenschaft in ihrem
Ursprung stiftete. Um den Ursprungssinn der Wissenschaft zu
restituieren, um ihre Selbstverständlichkeit zu einer Selbstver-ständigung zu bringen, ist also eine immanente Kritik ihrer Ent-wicklung erforderlich, die wesensmäßig mit der Philosophie-geschichte zusammenhängt.
Die Urstiftung der Philosophie als universaler Wissenschaft ist
eine Einstellung einzelner zur Umwelt, die eine neue Stufe in der
Geschichte der Menschen und der Vernunft eingeleitet hat. Sie ist
eine theoretische Einstellung im Kontrast zur natürlichen Ein-stellung des Alltags, womit der Unterschied zwischen wirklicher
Welt und Weltvorstellung und der zwischen Alltagswahrheit und
identisch allgültiger Wahrheit möglich wird. Aus dem Interesse
an der Episteme entsteht eine neue Praxis, die der in konkretem
Dasein lebenden Menschheit dient; denn das Interesse an der
Wahrheit stiftet in allem Leben und allen Lebenszielen eine uni-versale kritische Haltung und erschließt damit den unendlichen
Horizont, in dem „eine Revolutionierung der Geschichtlichkeit"

---

[2] E. Husserl, Manuskript K III 28, S. 7.

beginnt, die eine ,,Geschichte des Entwerdens des endlichen Menschentums im Werden zum Menschentum unendlicher Aufgaben
ist'' [3]. Demgegenüber ist der Rationalismus der Neuzeit, dem der
Objektivismus der Wissenschaften entspringt, eine bloße ,,Ver-
äußerlichung'' der echten Rationalität, wie sie der philosophischen Aufgabe eigen ist. Die Kritik und die Klärung dieses Ob-
jektivimus leistet Husserl, indem er, ,,die Kruste der veräußer-
lichten ,historischen Tatsachen' der Philosophiegeschichte''
durchstoßend, ,,deren inneren Sinn, ihre verborgene Teleologie''
freilegt.[4]

Bereits in der kritischen Ideengeschichte der *Ersten Philosophie*
versucht Husserl, ,,die Einheit der durch Jahrtausende hindurch-
gehenden Motivation bloßzulegen, welche als Entwicklungstrieb in aller Philosophie lebte, sofern sie zur wahren Philosophie,
und in aller philosophischen Methode, sofern sie zur wahren
Methode werden wollte''[5]. Es gilt daher zu zeigen, warum die
Tradition von der klaren Sicht auf das reine Bewußtsein abge-
lenkt wurde und damit die echte intentionale Methode verfehlte.
Aber in der Geschichte der Philosophie ist bemerkenswert, daß
durch all die Verwirrungen hindurch die echten Probleme auf-
gespürt werden: ,,Das transzendentale, das Bewußtsein rein als
Bewußtsein, macht sich doch immerfort geltend und ist geheimer
spiritus rector.'' [6]

Die eigentliche Thematisierung der Teleologie im geschichtlichen Werden der Philosophie ist in der *Krisis* enthalten. Die
vier Wendepunkte der neuzeitlichen Philosophie, die Husserl
,,idealisierend-vereinfachend''[7] zur Verdeutlichung des teleologischen Einheitssinnes darstellt, sind folgendermaßen zu charakterisieren:

---

[3] *Krisis* S. 325.
[4] A.a.O., S. 16.
[5] *Erste Philosophie I* S. 141/142. In diesem Werk kommt jedoch der teleologische
Sinn der Philosophiegeschichte und ihre eigentümliche genetische Motivation zur
Umwendung in die Phänomenologie nicht so ausdrücklich wie in der *Krisis* vor. Vgl.
P. Janssen, *Geschichte und Lebenswelt*, Den Haag 1970, S. 58–61.
[6] *Erste Philosophie I* S. 176. Nur eine solche Auffassung gibt Husserl das Recht,
von ,,Vorformen'' der Phänomenologie in der Ideengeschichte zu sprechen (a.a.O.,
S. 173).
[7] *Krisis* S. 58. Es bleibt allerdings problematisch, ob man bei einer teleologischen
Auffassung der Philosophiegeschichte die Brücke von der griechischen Philosophie
zur Neuzeit schlagen kann, indem man behauptet, daß die Neuzeit ,,als Renaissance
der Platonischen Intentionen'' (*Erste Philosophie I* S. 143) beginnt.

Bei Galilei tritt die fragliche Konzeption der Naturwissenschaft und ihrer Methode als universaler Wissenschaft vom All des Seienden als fertige auf. Sie verdeckt bereits im Ansatz durch methodische Abstraktion vom Subjektiv-Relativen ihr in der Lebenswelt verborgenes Sinnfundament, und in ihrem Anspruch auf beispielhafte „objektive" Wissenschaftlichkeit lehnt sie jede Frage nach der Subjektivität ab, die ihre Ursprungsmotivation leistet und ihre Hypothesen verbürgt. Descartes ist der Initiator der neuen Epoche, die zur Phänomenologie führt, indem er den Boden der Subjektivität durch Rückgang auf das „ego cogito" zurückgewinnt, wenngleich er dabei einen verhängnisvollen Dualismus einleitet; denn in seiner objektivistischen Befangenheit mißdeutet er das entdeckte Subjekt als Restbestand einer Abstraktion und als eine nach dem Modell der physikalischen Wirklichkeit zu verstehende Substanz. Der englische Empirismus ist dann die Erschütterung des Objektivismus, den Descartes nicht durchbrechen konnte. Durch die Radikalisierung des Rückgangs auf das Bewußtseinsleben wird die Naivität sowohl der alltäglichen Weltgewißheit als auch der theoretischen Konstruktionen aufgrund dieser Alltäglichkeit zum Welträtsel. Der Empirismus kann dieses jedoch nicht lösen, weil er die „innere Erfahrung" als Erfahrung von Datenkomplexen objektivistisch verzerrt.

Gegen den Skeptizismus der Empiristen versucht nun Kant, die seiende Welt und die Wissenschaften von der erkennenden Subjektivität aus, der Urstätte aller objektiven Sinnbildungen und Seinsgeltungen, systematisch zu verstehen. Weil er aber durch seinen Erfahrungsbegriff an naturwissenschaftliche Vorurteile gebunden bleibt, kann durch eine Kritik an seinem System der verborgenste Objektivismus entlarvt und gemäß der teleologischen Sinneinheit der Philosophie der echte Begriff des Transzendentalen freigelegt werden.

So ist die Geschichte ihres Werdens das „zentral Eigenwesentliche der Philosophie", das „durch die Zeiten und Personen hindurch sich identisch" fortsetzt als „Aufgabensinn", der „eine teleologische Struktur" aufweist.[8] In ihr liegt ein Entwicklungstrieb, eine „von vager Dynamis zu ihrer Energeia" hinstrebende

---

[8] *Krisis* S. 441–442.

Aufgabe.[9] Die Grundrichtung ihrer Entwicklung ist ein Transzendentalismus, der in verschiedenen Stufen von Intention und Erfüllung als Vernunft in der ständigen Bewegung ihrer Selbsterhellung aufgeklärt wird.

Wenn das Begriffspaar Intention-Erfüllung, das Modell, an dem die teleologische Struktur des intentionalen Lebens aufgedeckt wird, auf die Entwicklung der Geschichte angewandt wird, so handelt es sich dabei nicht um eine äußerliche Analogie, sondern um eine ,,wesensmäßige Parallele, die zudem innerhalb der Wesensform einer teleologisch verbundenen Intersubjektivität selbst beständig eine fundierende Funktion übt" [10]. Die Intention als Aufgabe für den Philosophen gestaltet sich um zur individuellen Zweckidee ,,Philosophie" und sedimentiert sich dadurch zum System. Hier ist zu unterscheiden zwischen der Zweckidee, die jedem Philosophen als die ,,seine" vorschwebt und die der Kritik zu unterwerfen ist, und der Zweckidee selbst, die, in allen Fortbildungen identisch gemeint, durch Klärung und Kritik als das ,,worauf es in ihm hinaus wollte" aufzudecken ist. Nach diesem Unterscheidungsprinzip wird eine innergeistige Einheit als die durch die Urstiftung Philosophie allen Philosophien ,,angeborene" Intention herausgestellt. Die eine Intention wird zu der einen Aufgabe, die Einheit und Selbigkeit der Welt zu verstehen, einer Welt, die sich gemäß der historischen Entwicklung ändert, aber in ihrer einzigartigen Totalität als identisch-intentionales Korrelat der darin lebenden Philosophen verbleibt. Sie ist geschichtliche Lebenswelt, von der wir reden und sprechen können: An ihr übt der Philosoph Kritik, für ihre unvollkommene Wahrheit und ihre subjektiv-relative Seinsweise sucht er endgültige Wahrheiten. Die Intention der Philosophie setzt also bei dieser Lebenswelt an, deren Strukturen ein Apriori und eine apodiktische Invariante ergeben, und zwar das im lebendigen Horizont latente Wesen der Subjektivität. Ihre Selbstvergessenheit im Objektivismus wird erst aufgehoben, wenn der ,,Anfang" des Lebens als konstitutive Leistung der Subjektivität durch Reduktion auf das Subjektiv-Relative der Lebenswelt freigelegt wird.

Der Begriff von Philosophie, den Husserl in der angedeuteten

[9] A.a.O. S. 101.
[10] E. Husserl, Manuskript K III 28, S. 4.

Weise durch eine historisch-hermeneutische Besinnung gewinnt, beansprucht, die ursprünglichste Idee der Philosophie zu restituieren: Sie ist die Wissenschaft aus letzter Selbstverantwortung, die also keine Selbstverständlichkeit als unbefragten Erkenntnisboden hinnimmt. Will die Philosophie diesem Urstiftungssinn entsprechen, dann muß sie das Universum vorgegebener Selbstverständlichkeiten, die durch die gesamte Ideengeschichte unbefragt gebliebene Lebenswelt, thematisieren.

Die Lebenswelt ist ein mannigfaltiges Reich des Subjektiven, sie birgt die subjektiv-relative Situationsgebundenheit der Erfahrungsvollzüge, in denen eine anonyme Subjektivität waltet, die für alles Denken, für alle Lebenstätigkeit in allen Zwecken und Leistungen vorausgesetzt wird. Die Philosophie muß nach dem Seins- und Geltungssinn der in aller menschlichen Praxis und in jedem vorwissenschaftlichen oder wissenschaftlichen Leben vorausgesetzten Welt fragen, um sie als universalen geistigen Erwerb, als gewordenes und fortwerdendes Sinngebilde einer universalen letztfungierenden Subjektivität verstehen zu lernen.[11] Damit erreicht die Philosophie den tiefsten und universalsten Boden, von dem aus sie die urfungierende Subjektivität in ihrer letzten Selbstverantwortung befragt.

Diese Lebenswelt hat ein teleologisches Gesicht, das in der Zweckmäßigkeit der vorgegebenen Welt in Erscheinung tritt. In engeren Sinne läßt sich freilich der Titel Teleologie auf die spezifisch kulturbildende Subjektivität primär anwenden.[12] Die Kulturobjekte tragen einen bleibenden teleologischen Charakter, den Sinn einer einmal gestifteten Zweckmäßigkeit, und bieten sich daher als Zugang zur Geschichte an, die nicht als bloßes Geschehen einer an sich bestehenden Objektwelt, sondern als ein von einer Wir-Gemeinschaft in vielfacher Aktivität erwirktes Geschehen zu verstehen ist. Zu dieser Geschichte der Kulturerzeugnisse gehören die Wissenschaften: Sie sind Zielsetzungen innerhalb der Lebenswelt; ihre Aufgabe ist eine bestimmte Logifizierung und Idealisierung des Lebensweltlichen. Die Blindheit für ihr Relativsein auf die in der Lebenswelt fungierende Subjektivität aber verdeckt den ihnen immanenten teleologischen Sinn.

Der Enthüllung der dem Zwecksinn der Wissenschaften zu-

[11] Vgl. *Krisis* S. 114 f.
[12] Vgl. *Phän. Psychologie* S. 410 ff.

grundeliegenden teleologischen Struktur geht die von Husserl geforderte Epoché voraus. Unter sie fallen in einem ersten Schritt die Wissenschaften als eine besondere Art von zweckmäßigen Leistungen innerhalb der ständig für uns geltenden Lebenswelt. Aber die Epoché muß weitergeführt werden, denn im Horizont der Lebenswelt bleiben wir noch an Zweckobjekten naiv interessiert, und neigen dadurch zu einem gewissen Objektivismus, der uns die aller Zwecksetzung vorangehende Lebenswelt verdeckt. Daher ist der zweite Schritt eine radikalere Epoché, die ,,alle natürlichen Interessen...außer Spiel" setzt [13] und damit die transzendentale Reduktion erst ermöglicht.

Die transzendentale Epoché wird mißverstanden, wenn man meint, sie wiederhole auf höherer Stufe die Naivität des uneingestandenen Zusammenhanges von Erkenntnis und Interesse, welche den Objektivismus charakterisiert und der Philosophie die heilende Kraft entzieht, ,,die sie sich als scheinbar voraussetzungsloser Philosophie vergeblich vindiziert" [14]. Husserl weiß, daß die Epoché eine völlige Abwendung von den Lebensinteressen zu sein scheint, betont aber zugleich, daß in gewisser Weise auch der Philosoph in der Epoché das natürliche Leben natürlich durchlebt, aber er durchlebt es mit der ihm eigenen Sicht seines Erkenntniszieles. Nicht die Zwecke in der Welt, also die Termini des natürlichen Lebens, sondern die letztabzielende, aus alten Erfüllungen her immer schon Welt habende Subjektivität und ihre Methodik des Welthabens und Weltbildens sind das Interesse des transzendental Eingestellten.[15]

---

[13] *Krisis* S. 155. Über die zwei Schritte zur Reduktion vgl. A. Aguirre, *Genetische Phänomenologie und Reduktion*, Den Haag 1970, S. 12 Anm. und 178 Anm.

[14] J. Habermas, *Technik und Wissenschaft als ,,Ideologie,"* Frankfurt 1968, S. 159 Freilich geben zweideutige Formulierungen Husserls Anlaß, die Epoché, den Rückgang auf die Lebenswelt, als Rückfall in eine naturhaft vergegenständlichte Welt zu deuten, welche die gleichen Strukturen wie die objektive Welt sonst enthält (Vgl. E. Tugendhat, *Der Wahrheitsbegriff bei Husserl und Heidegger*, Berlin 1967, S. 241 f., 254). Aber gerade die Horizonthaftigkeit, die Tugendhat in allen Konstitutionsstufen hervorhebt (vgl. a.a.O., S. 199, 246 f.), wird erst als unhintergehbar auf dem Boden der Lebenswelt aufgewiesen, insofern Welt nur in unaufhörlich beweglicher Relativität einem vergemeinschafteten Bewußtseinsleben vorgegeben werden kann (vgl. *Krisis* S. 168).

[15] Vgl. *Krisis* S. 179 f. Später wird deutlich, wie das Interesse zur transzendentalen Einstellung motiviert wird. Hier ist festzuhalten, daß für Husserl nur eine solche Einstellung den engsten Zusammenhang von Interesse und Intentionalität aufklären kann: ,,In jedem *actus* ist also das Ich kontinuierlich-bewußtseinsmäßig bei seinem Ziel als Telos... *Inter est* – in der Tat, wenn im weitesten Sinn von Interessiertsein, von Interesse gesprochen wird, so drückt sich damit unter einiger Erweiterung des

Der Ansatz bei der Lebenswelt zur Rechtfertigung einer ursprünglichen ,,Doxa'' vor der traditionellen ,,Episteme'' hat also nicht den Sinn, eine neue objektivistisch-dogmatische Metaphysik zu errichten, sondern allein die Bedeutung, die Suche nach den letzten Quellen des Erfahrens gerade bei der tiefstliegenden Dimension konstitutiver Leistungen der transzendentalen Subjektivität durchzuführen. Dabei wird deutlich, daß es der Mensch ist, der alle Weltentwürfe wagt, insofern diese auf ganz bestimmten subjektiven Voraussetzungen, letzten Endes auf einer transzendentalen Auffassungsstruktur beruhen.

II

Die teleologisch-kritische Behandlung der Philosophiegeschichte führte Husserl zur Frage nach der Lebenswelt, in deren subjektiv-relativer Seinsweise die anonyme Subjektivität ursprünglich thematisierbar ist. Die *Intentionalanalyse*, die Methode zur Beschreibung der in der Weltkonstitution zutage tretenden Korrelationsapriori, wird, ausgehend von den Leitfäden der in der Lebenswelt inszenierten Teleologien, eine strukturelle Regel der Subjektivität zeigen, die nichts anderes ist als ihre Vermöglichkeit, durch ihr teleologisches Funktionssystem die im unendlichen Horizont antizipierte Welt schrittweise einzuholen.

Die Auffassung der Intentionalität als Grundeigenschaft des Psychischen besagt, daß alle Erlebnisse wesensmäßig auf ,,etwas'' gerichtet, Welt vermeinend sind; sie unterstehen damit einer möglichen teleologischen Beurteilung. Das Sich-richten des Bewußtseins auf ein Telos kann bloßes Vermeinen oder ein ausgezeichnetes Erzielen sein. Das bloß abzielend intendierende Bewußtsein läßt sich durch Bewährung bzw. Widerlegung zum erfüllenden Erzielten bringen. Erst durch diese ,,teleologischen Prozesse des Vernunftleistens'' [16] wird verständlich, wie Objektives als bloß Vermeintes oder als wahrhaft Seiendes erzielbar ist.

Wenn bereits in der allgemeinen Auffassung von Intentionalität die Einsicht gewonnen wird, daß Welt nur im Rückbezug auf

---

normalen Wortsinns das Grundwesen aller Akte aus; ,das Ich ist für irgendetwas interessiert' – ,es ist intentional darauf gerichtet' besagt dasselbe'' (*Phän. Psychologie* S. 412).

[16] *Erste Philosophie I* S. 81.

intentionale Erlebnisse in der teleologischen Einheit eines konkreten Ich oder einer Ichgemeinschaft zu haben ist, dann ergibt sich die Aufgabe einer Bewußtseinsforschung, die sich auf die „gesamte Teleologie der zum Erkenntnisleben gehörigen Intentionalitäten" richtet.[17]

An dieser universalen Einheit orientiert sich zunächst die Analyse: Alle Bewußtseinsarten gehören statisch beschrieben zur teleologischen Ordnung, ohne die das Bewußtsein überhaupt nicht denkbar ist.[18] So entsteht ein universales System von Wesensgesetzen mit geregelten Zusammenhängen der Einstimmigkeit bzw. Unstimmigkeit, die eine Teleologie inszenieren. Sie besteht darin, daß das Bewußtseinsleben als konstituierendes die Rationalität für das Faktische der empirischen Welt leistet. Es sind also nicht die natürliche Ordnung und die Geschichte, die primär in sich und unabhängig vom Bewußtseinsleben eine Teleologie tragen – und welche ihr Wesen nicht fordert –, sie sind lediglich Leitfäden für eine Systematik, die nach den konstitutiven Teleologien und nach der den Subjekten immanenten Teleologie fragt.[19]

Diese Wesensbeziehungen, durch die erst Welterkenntnis verständlich wird, sind als teleologische Zusammenhänge durch Intentionalanalyse zu einer generellen Klärung zu bringen. Die Analyse orientiert sich zunächst an einer doppelten teleologischen Zentrierung, und zwar an den systematischen Zusammenhängen von Bewußtseinsmannigfaltigkeiten und Gegenständlichkeiten einer jeden Kategorie.[20]

In *Ideen I* wird der Titel Teleologie explizit in Verbindung mit den Bewußtseinsmannigfaltigkeiten eingeführt, welche funktionelle Probleme genannt werden.[21] Die Funktionen gründen im reinen Wesen der Noesen, soweit es dem Bewußtsein eigen ist, „Sinn" und „Vernunft" in sich zu bergen. Der teleologische Gesichtspunkt der Funktion, der die synthetische Einheit ermög-

---

[17] *Logik* S. 155.
[18] Vgl. *Philosophie als strenge Wissenschaft*, S. 21; *Passive Synthesis* S. 216, 340.
[19] *Passive Synthesis* S. 344; *Ideen I* S. 121, 139; *Idee der Phänomenologie* S. 57.
[20] Unter dieser Rücksicht charakterisiert Husserl in späteren Darstellungen die Intentionalanalyse der *Logischen Untersuchungen* als Aufklärung teleologischer Funktionen „der Bewußtseinsweisen" für die synthetische Wahrheitsleistung der Vernunft (Vgl. *Phän. Psychologie* S. 36; *Logik*, S. 143-145.)
[21] Vgl. *Ideen I* S. 212 ff.

licht, besitzt eine zentrale Stellung in der Phänomenologie. Alle Analysen, auch die der reinen Hyletik, sind dieser Synthesis untergeordnet. Das Begriffspaar Noesis und Noema steht also funktional im Dienste eines synthetischen Sinnes, der so als Einheitspol einer mehrdimensionalen Intentionalität resultiert.

Einen Schritt über die vorwiegend an der Aktmaterie orientierte Konstitution der Sinne hinaus stellen die Probleme der Vernunft dar, die auch unter teleologischen Wesenszusammenhängen stehen. Ihre Korrelate sind wirklich-, möglich-, wahrscheinlich seiende Gegenstände. Sie sind ein ständiger ,,Index für ganz bestimmte Systeme teleologisch einheitlicher Bewußtseinsgestaltungen'' [22]. Dieser Index ist die Setzungsqualität, der urdoxische Charakter eines jeden intentionalen Aktes, eine Stellungnahme, die im Vollzug der Thesis besteht. Die Stellungnahme ist als rechtmäßige oder unrechtmäßige Prätention auf Vernunft angewiesen und daher wesensmäßig auf Wahrheit ausgerichtet. Die Ausweisbarkeit einer Thesis, d.h. ihre Erfüllung leistet die Evidenz, die die Erkenntnis der Wahrheit ausmacht. Die Setzungsqualitäten gehören infolgedessen mit der Materie eines Aktes zusammen, indem jene zu ihrer Erfüllung bzw. Enttäuschung auf die Gegebenheitsweisen angewiesen sind, wie sie sich von der Aktmaterie her ergeben.[23]

Jedes Gegenstandsbewußtsein steht somit in einem Medium von Bewußtseinsmannigfaltigkeiten ,,Desselben'', die ihre teleologische Mitte in der Erfahrung als Selbstgebung haben. Diese Grundgesetzlichkeit der Intentionalität läßt jedes einzelne Erlebnis als Funktion im Dienste der Selbstgebung einordnen. Sie zeigt, daß das Evidenzbewußtsein ,,eine universale, auf das gesamte Bewußtseinsleben bezogene Weise der Intentionalität'' ist. Durch sie hat das Bewußtseinsleben ,,eine universale teleologische Struktur, ein Angelegtsein auf 'Vernunft' und sogar eine durchgehende Tendenz dahin.'' [24]

Die Erfüllbarkeit einer Intention ist ihre antizipierte Wahrheit

[22] A.a.O., S. 357.
[23] Vgl. Tugendhat, a.a.O., S. 44 f.
[24] *Logik* S. 143. Wenn die Erfahrung, die eine adäquate Selbstgegebenheit liefert, also die Intention vollständig erfüllt und eine vollkommene Evidenz ermöglicht, nicht realisierbar ist, so wird sie aber dennoch in der transzendentalen Einstellung als regulative Idee antizipiert, welche dann einen teleologischen Prozeß in Gang bringt (vgl. *Ideen I* S. 351).

und setzt daher Evidenz als mögliche Leistung voraus. Es gibt jeweils einen Evidenzstil, der die Wahrheit in Bewegung von Intention und Erfüllung aufweist. Damit zeigt die Wahrheitsbezogenheit eine dem Subjekt immanente Teleologie an, „die sich nach Wesenseigenheiten und Gesetzen intuitiv verstehen läßt" [25].

Die beschreibend-statische Intentionalanalyse deckt im Ganzen ein System auf, in dem alles Objektive nach Sinn und Geltung ausgewiesen wird: Jede Objektivität ist statt etwas absolut Unabhängiges, das der Subjektivität vorgegeben wäre, eine zum Wesen der Subjektivität gehörige Regel der Intentionalität. In dieser Systematik der konstitutiven Leistungen, die Husserl „teleologische Funktion" nennt,[26] herrschen die Wesensgesetze der Synthesis von Sinngebung, Sinnfortbildung, Bewahrheitung usw. vor. Sie sind nur Formen des universalen Gesetzes der Motivation: Innerlich die Sphäre der Konstitution bestimmend, „die durch und durch teleologisch ist" [27].

Die transzendentale Reduktion erweist sich somit als Freilegung der immanenten Sphäre der Motivation, in der nichts gesetzt wird, was nicht aus der Teleologie des Bewußtseinslebens heraus bestimmt werden kann: Die Transzendenz der Welt ist eine besondere Form der Immanenz. Wird also die transzendentale Reduktion streng durchgeführt, wird alles Sein von der transzendentalen Subjektivität und ihren intentionalen Leistungen her verstanden, dann bleibt nur „eine teleologische Weltbetrachtung offen" [28].

Die Intentionalanalyse stellt zunächst ein funktionalistisches System als Subjektivitätsstruktur heraus. Die Unhintergehbarkeit des „cogito-cogitatum" in einer reinen Wesensschau würde

[25] *Erste Philosophie I* S. 77. L. Eley nennt die zu leistende „Einheit" von Intention und Erfüllung „Aufgabe," wobei deutlich wird, daß Bedeutungsintention „formal unabhängig wie material abhängig" von ihrer Erfüllung ist (*Metakritik der Formalen Logik*, Den Haag 1969, S. 366 f. Vgl. ferner S. 323–333). Dieser Aufgabensinn von „Intention" erlaubt Husserl, die Philosophie als „Intention," d.h. als die Aufgabe der Menschheit zu begreifen, deren Erfüllbarkeit einerseits regulative Idee bleibt, andererseits aber vom Einzelnen im Verantwortungsbewußtsein anzustreben ist.
[26] *Logik* S. 216.
[27] *Phän. Psychologie* S. 422. Die Motivation wird von Husserl als Grundgesetzlichkeit des Geistigen in *Ideen II* S. 211 ff. eingeführt; sie bestimmt selbst als Grundstruktur der Subjektivität die durchgehende Einheit des inneren Zeitbewußtseins. Damit sei hier die engste Zusammengehörigkeit von Motivations- und Teleologiebegriff wenigstens angedeutet.
[28] *Phän. Psychologie* S. 301, 475.

aber zu einem neuen Dogmatismus führen, wäre dieses Struktur-
system nicht auf einen unendlichen Horizont hin offen, in dem
erst die Struktur als Vermöglichkeit zur Realisierung kommt. So
verfängt sich die Teleologie nicht wieder in ein starres System,
sondern antizipiert ständig einen Horizont, den einzuholen ihre
Aufgabe ist.

Bei der Beschreibung der Wahrnehmung entdeckt Husserl, daß
bereits der Anfang jeglicher Erfahrung horizonthaft verläuft:
Mir wird vom Ding, das ich wahrnehme, nur eine Seite, ein
Aspekt, eine Perspektive gegeben, und indem ich Ding meine,
überschreite ich in der Apperzeption den Horizont der Mannigfaltigkeit der Aspekte dieses Dinges auf eine Synthese hin. Apperzeption ist danach ,,der Überschuß, der im Erlebnis selbst, in
seinem deskriptiven Inhalt gegenüber dem rohen Dasein der
Empfindung besteht" [29]. Der Überschuß ist die wesensmäßige
Antizipation, die ,,Mehrmeinung" [30], die also schon an der Basis
der Lebenswelterfahrung die Analyse des Motivationszusammen-
hanges von Wahrnehmen und Wahrgenommenem erforderlich
macht, um die Tragweite und das Recht der Erfahrung und der
darauf fundierenden Theorien festzustellen.

Die horizonthafte Grundstruktur der Lebenswelt wird schrittweise vom Innenhorizont aus über den Außenhorizont und ihre
Implikationen – die kinästhetischen Vermöglichkeiten und die
Konstitution des Anderen – herausgestellt: Die Lebenswelt wird
mir in einer wesensnotwendigen Relativität gegeben, die nicht
zu überwinden, aber doch zu analysieren ist. Es besteht bei
dieser Relativität eine Regelfunktion, für die ein Index die Typisierung ist, in der mir Welt und ihre Gegenstände gegeben werden. Das aufgrund dieser Typisierung durch die Methode der
Variation zu gewinnende Wesen ist insofern notwendigerweise
Antizipation, als es erst im Vollzug des im Horizont zu durch-
laufenden Schemas zur vollen Identität kommen kann.

Das Bewußtsein ist also auf einen Universalhorizont angewiesen, weil jede vorläufige Habe durch weitere bzw. durch erst zu
enthüllende Implikationen bedingt ist. Der Einheitssinn ist kon-

---

[29] *Log. Untersuchungen II/1* S. 385.
[30] *Cart. Meditationen* S. 84. In dieser ,,unaufhebbaren Verwiesenheit auf das Nicht-
selbstgegebene," die in der ursprünglichen Korrelation Auffassung-Hyle aufgedeckt
wird, sieht Aguirre ,,die teleologische Grundverfassung des Bewußtseins" (vgl. a.a.O.,
S. 145, 158).

stitutiv für jeden Gegenstand; er ist aber auch konstitutiv für die
unendliche Idee Welt als Korrelat des Gesamtprozesses der Erfüllung, die in einer „übergreifenden Einstimmigkeit und in
fortschreitender Gesamtkraft der Erfahrungsbewährung alle
gelegentlichen Enttäuschungen in eine höhere Harmonie auf-
löst" [31]. Dieser lebensweltliche Stil verläuft in der Erzielung
immer breiterer Synthesis der Einstimmigkeit und in der Überwindung der einzelnen Streite. Die Vermöglichkeit zur Einstimmigkeit ist ein allgemeiner Begriff für das praktische „ich kann"
bzw. „ich könnte" oder „jedermann kann", das als beständig
vertrautes System von Möglichkeiten des Erfüllens sich immer
mehr erweitert. Im kontinuierlich gelingenden Prozeß der Erfüllung zeichnet sich dann die künftig mögliche und ins Unendliche fortzuführende Konstitution einer Welt ab, deren wirkliches
Sein ein im Unendlichen liegendes Telos ist: die sich in der Aktua-
lität des intersubjektiven Lebens konstituierende Idee.

III

Die statische Intentionalanalyse zeigte ein sinngebendes Ein-
heitssystem von Noesen und Noemen, das sich jeweils vor dem
Hintergrund eines unendlichen Horizontes im ständigen Prozeß
zur einstimmigen Erfüllung befindet. Insofern dieses Einheits-
system als Funktion der konstituierenden Subjektivität auf
Evidenzbewußtsein und damit auf Vernunft angelegt ist, wird es
teleologisch genannt. Weil aber das Evidenzbewußtsein Bewußtsein eines in der Zeit strömenden Ich ist, ist diese Teleologie so zu
verstehen, daß sie die Geschichte des Ich immanent bestimmt
und seine Individualität als „ontologische Form" ausmacht. Das
in den statischen Analysen als Subjekt der „cogitationes" mitgemeint fungierende Ich wird in der *genetischen Phänomenologie* in
seinem Werden zur Selbstidentität thematisiert. Die statische
Phänomenologie muß allerdings in der Ordnung der Erkenntnis
als Phänomenologie der Leitfäden vorangehen: Sie liefert die
zu konstituierende Welt als Gegenstandspol, der im Korrelationsapriori „cogitatio-cogitatum" horizonthaft vorliegt. Dieses
durch das Horizontbewußtsein offene System verweist auf den

---

[31] *Erste Philosophie I* S. 274/275.

Träger der Teleologie, der durch seine Erlebnisse hindurch zur Einstimmigkeit tendiert. Das Modell der Polarisierung „Noesis-Noema", das zur Entdeckung des Konstituitionssystems geführt hat, wird nun angewandt auf die Intentionalität als Ganzes, die in genetischer Einheit durch „alle Einzelpulse psychischen Lebens teleologisch in der Einheitsbeziehung auf Gegenständlichkeiten verknüpft" ist. Es geht nun um die „Polarisierung von Ichpol und Gegenstandspol", welche erst „die ganze Universalität des psychischen Lebens in Korrelation mit der ontischen Universalität" zeigt.[32]

Damit wird eine Erklärung dieser in systematischer Genesis sich entwickelnden Subjektivität erforderlich. Ihr Werden ist nicht eine bloße Aufeinanderfolge von Erlebnissen, sondern „eine nie abbrechende Geschichte. Und Geschichte ist ein stufenweises, von einer immanenten Teleologie durchherrschtes Konstituieren immer höherer Sinngebilde"[33]. Die Monade ist ein einfaches Wesen im kontinuierlichen Werden der Zeit, und alles was ihr zugehört, ist Selbstgebung an irgendeiner Stelle dieses Werdens: Zeitfülle in der immanent erfüllten Zeit ein und desselben identischen Ichpols. Dieser Ichpol, der in seiner lebendigen Gegenwart die eigentümliche Synthese des in einer ständigen Protention intendierten und sich im immanenten Zeitstrom erfüllenden Seins reteniert, läßt sich als ursprünglich konstituierendes Werden thematisieren, und zwar als Phänomenologie der monadischen Individualität, ihrer Genesis gleichsam, in der die Einheit der Monade erwächst, die ist, insofern sie wird.[34]

In einer Korrektur seiner älteren Lehre vom inneren Zeitbewußtsein – dem Urgrund der genetischen Konstitution des Ich – betont Husserl, daß die als Protention vorgerichtete und als Retention sich modifizierende, aber Einheit bewahrende Intentionalität als eine ichliche Willensintentionalität aufzufassen ist: Damit wird das Ich als fungierender Pol und die universale Motivation der Akte als Teleologie der Selbstentwicklung bestimmt.

---

[32] *Logik* S. 232.
[33] *Passive Synthesis* S. 219; vgl. *Phän. Psychologie* S. 378. Bereits in *Ideen III* warnt Husserl davor, die Geschichte des Bewußtseins mit der psychologischen Genesis zu verwechseln, will man sie nicht mit Locke verfälschen. „Jede Erkenntniseinheit... hat ihre ‚Geschichte,' oder auch, korrelativ gesprochen, das Bewußtsein... hat seine ‚Geschichte,' seine immanente Teleologie in Form eines geregelten Systems" (*Ideen III* S. 129). Vgl. *Phän. Psychologie* S. 254, 301.
[34] Vgl. E. Husserl, Manuskript B III 10, S. 39–42.

Eine ursprüngliche Triebintentionalität bringt das Ich von Gegenwart zu Gegenwart und darin zu den mannigfaltigen Inhalten als Trieberfüllungen. Diese Deutung des Zeitbewußtseins führt zur Auffassung einer universalen Teleologie als der Einheit des „totalen Erfüllungssystems" einer universalen, sich einstimmig erfüllenden Intentionalität.[35] Die ichliche Willensintentionalität charakterisiert in der Urimpression das teleologische Sein der Subjektivität als „Urbefriedigung des instinktiven Begehrens"[36].

Durch die Rückfrage nach der Struktur der hyletischen Konstitution wird bereits ein teleologisches Moment freigelegt, denn im Faktum meines apodiktischen Ich verläuft schon das Urmaterial in einer Einheitsform. „Im Faktum liegt es, daß im voraus eine Teleologie statthat." Die konstitutiven Funktionen haben im voraus „ihr Wesens-ABC, ihre Wesensgrammatik". Darauf gründet das faktische Vermögen der Wesensvariation: ich trage in mir einen „Kern von 'Urzufälligem'... in Wesensformen, in Formen vermöglichen Funktionierens, in denen dann die weltlichen Wesensnotwendigkeiten fundiert sind"[37].

Die Entfaltung der Monade geht von dieser Urzufälligkeit aus, und sie ist zugleich ichliche Willensintentionalität. Teleologie ist nun die Form aller Formen, hier im Fundament der Monade als unhintergehbare Freiheit und ursprüngliche Motivation. Die genetische Analyse des kinästhetisch fungierenden Leibes zeigt einen im Wahrnehmungsorgan waltenden ichlichen Modus der Intentionalität, der als System von Vermöglichkeiten Uraktivität und die transzendentale Form eines Von-mir-aus-Geschehens in sich trägt.[38] Durch die ursprüngliche Spontaneität der Leiblichkeit wird mir die Welt unmittelbar als die Welt, die mein „ich kann" schon im voraus sollizitiert, vorgegeben. So ist der Grund dieser Materie vermittelnden Motivation nicht in der Materie selbst zu suchen, sondern in der Umschlagsstelle meines

---

[35] E. Husserl, Manuskript E III 5, in: *Archivo di Filosofia (Husserliana)*, Padova 1960, S. 10 f.

[36] E. Husserl, Manuskript C 13 III, S. 13. In diesem Sinne ist für Husserl die Neugier ein unterst allfungierendes Interesse (vgl. Manuskript C 16 IV, S. 10). K. Held sieht in dieser urtümlichen Neugier, die das in Protention und Erwartung ständig über sich hinausweisende Wahrnehmungsleben bestimmt, „eine primitive und meist unbewußte Teleologie" (*Lebendige Gegenwart*, Den Haag 1966, S. 43).

[37] E. Husserl, Manuskript E III 9, S. 74 f.

[38] Vgl. E. Husserl, Manuskript D 12 V, S. 10. Zur Problematik des kinästhetischen Bewußtseins vgl. U. Claesges, *E. Husserls Theorie der Raumkonstitution*, Den Haag 1964, S. 119–133.

Leibes, wobei originär Intentionalität als die teleologische Kraft des ,,ich kann'' zur Geltung kommt.[39]

Die Assoziation ist das Wesensgesetz der Deckung der Sinnesdaten, sozusagen der Verknüpfung der ersten vorprädikativen Gestalten in der Einheit der Monade: ,,schon der Gang der assoziativ zeitigenden Leistung hat teleologische Bedeutung, schon sie ist angelegt auf...'' [40]. Assoziation ist damit der Titel für einen sehr differenzierten Motivationsstil in der tiefsten Stufe des Zeitbewußtseins. Husserl nennt Urassoziation die systematisierende Weckung, welche durch Vereinheitlichung von Mannigfaltigem die gegenständliche Struktur der lebendigen Gegenwart ermöglicht. Darauf bezogen bringt die Wiedererinnerung die geweckten Leervorstellungen zu reproduktiven Anschauungen. Die protentionale Assoziation als Willensintentionalität bestimmt dasjenige, woraufhin die Gegenwart motiviert wird, schon im voraus als ein Bedeutetes. Das Leben einer Subjektivität, die sich als identisch Eines ihres Zukunftslebens weiß, wird nicht erst in der Selbstgebung des Künftigen begründet, sondern es ist schon durch Bewährung fortgesetzter Antizipationen in der Gegenwart vorgezeichnet.

Die Apperzeptionen weisen auf Assoziation zurück: Eine ichliche Motivation erklärt genetisch den Ursprung der Apperzeption, welche das Bewußtsein ist, das in sich ein Motivationsmoment für etwas anderes trägt, ,,das also nicht bloß etwas bewußt hat und zudem noch ein anderes darin nicht Beschlossenes, sondern das auf dieses andere hinweist als ein zu ihm Gehöriges, durch es Motiviertes'' [41]. Die ursprüngliche Freiheit, die im urzufälligen Faktum des Funktionierens in der passiven Genesis die Form der Teleologie ausmachte, kommt im Bereich der aktiven Genesis deutlicher als Motivation zur Geltung. Das Ich ist Träger einer Teleologie, seine Individualität wird im Gegensatz zum Ding dadurch bestimmt, daß das Ich seine Motivation in sich selbst hat und nur durch sie, zum Bewußtsein von sich selbst kommend, im Werden ist.

---

[39] Vgl. L. Landgrebe, a.a.O., S. 145–147.
[40] E. Husserl, Manuskript E III 9, S. 7. Der Titel Assoziation weist auf das Phänomen der Anzeige hin. Die in den Log. *Untersuchungen II/1* S. 25 aus der Motivation herausgearbeitete Einsicht in das Wesen der Anzeige ,,bildete'' nach Husserl ,,dort schon den Keim der genetischen Phänomenologie'' (*Erfahrung und Urteil* S. 78).
[41] *Passive Synthesis* S. 338.

Wie die Assoziationen das Fundament der Apperzeptionen abgeben, so behalten auch die ursprünglichen Aktivitäten der Synthesis den intentionalen Charakter von Urstiftungen, auf die andere Bewußtseinsformen genetisch bezogen sind. Denn das intentionale Leben nimmt die aktiven Synthesen in der Form von Vermöglichkeiten oder Habitualitäten in die passive Synthesis als eine „sekundäre Sinnlichkeit" auf. Sie sind mein Erwerb und jederzeit wieder reaktivierbar: Ihr Evidenzanspruch gründet auf der Vermöglichkeit des Bewußtseins, seine Sinnesgenesis rekonstruieren zu können. Jede originale Bewußtseinsweise hat damit „eine doppelte genetische Nachwirkung": eine reproduktive der Erinnerung und eine apperzeptive, „der gemäß in ähnlicher neuer Situation das wie immer schon konstituiert Vorliegende in ähnlicher Weise apperzipiert wird" [42].

Ein besonderer Fall der Inanspruchnahme alter Urteilserwerbe sind die „apperzeptiven Einfälle": Wir urteilen dabei aufgrund von Urteilsapperzeptionen, die von früheren ähnlichen Bildungen motiviert werden. An diesem Modell erklärt Husserl, wie gewöhnliche Ausdrücke zu neuer Urteilsaktivität dienen, ohne daß sie reaktiviert werden müssen, und zwar durch Kombination der Worte zur Einheit einer Indikation, die einen apperzeptiven Charakter trägt. Die Eigenschaft der Sprache als Positivierung einer durch die Sinnbildung gestifteten Bedeutung ermöglicht eine für den Wissenschaftler notwendige Antizipation. Sie bedeutet ihm Ziel und Weg für seine Vernunftpraxis. Die eigentliche Vernunfttätigkeit, die Evidenzleistung, die von ihm angestrebt werden muß, ist die Intentionalanalyse, die den Ursprungssinn und die den Wissenschaften zugrundeliegenden Leistungen zu enthüllen vermag. Husserl hat in der Arbeit über den Ursprung der Geometrie exemplarisch eine derartige Reaktivierung dargelegt: Sie sollte am konkreten Beispiel einer Wissenschaft Aufschluß über „Sinn, Methode und Anfang der Philosophie" geben.[43]

IV

Von der genetischen Phänomenologie aus kann man nun das *Problem der Philosophiegeschichte* thematisieren, um ihre Einheit

---

[42] *Logik* S. 279.
[43] *Krisis* S. 365.

als Teleologie von der verborgenen Einheit intentional inter-
subjektiver Leistungen her zu verstehen. Es läßt sich dann in der
transzendentalen Einstellung zeigen, daß das Telos der Philosophie sich mit dem Telos der Intentionalität, der verantwortlichen
Verwirklichung des autonomen Lebens deckt.

Husserl versucht gemäß seinem Vorbegriff von Philosophie die
Objektivität der Wahrheit auf ihre Voraussetzungen hin zu
prüfen. Er macht die Lebenswelt als Universum aller Selbstverständlichkeiten zum Problem, um herauszustellen, wie der
Subjektivität die Welt überhaupt vorgegeben ist: Die Intentionalanalyse enthüllt ein teleologisches Funktionssystem, wodurch
eine wesensmäßig horizonthafte Welt konstituiert wird. Die Evidenz als Selbstgebung ist Erkenntnis der Wahrheit und daher
teleologische Mitte der mannigfaltigen Bewußtseinsweisen eines
auf Selbstgegebenheit letztabzielenden Ich. Dieses Ich ist identischer Träger einer im unendlichen Horizont als Willensintentionalität auf Einstimmigkeit teleologisch ausgerichteten Vermöglichkeit. Seine Regelstruktur der Assoziation und der Sedimentierung sämtlicher Aktivitäten in der Passivität ist Motiva-
tionsbasis der jeweiligen Einstellungen, in denen das Subjekt gemäß einem bestimmten gegenständlichen Sinn Welt apperzipiert. Durch apperzeptive Einfälle gehen in die subjektive Motivation sedimentierte Sinne der intersubjektiven Geschichte ein,
ohne daß sie zunächst reaktiviert werden müssen. Die habituellen
Einstellungen implizieren damit einen Intentionalhorizont, in
welchem „stufenweise Sinn auf ursprünglichen Sinn und die zugehörige noematische Intentionalität zurückweist". Die Urteile
als Sinne haben eine „Sinnesgeschichte" [44]. Der Sinn der gesamten Philosophiegeschichte ist in der lebendigen Gegenwart ein-
holbar, insofern die transzendentale Einstellung uns in die Lage
versetzt, „die Gegebenheiten der verschiedenen Einstellungen
(bzw. die ihnen zugehörigen grundverschiedenen Weisen der
Apperzeption) in das rechte Verhältnis zu setzen und absolut
auszuwerten" [45].

Aufgabe der transzendentalen Reflexion ist es also, diese geschichtliche Horizonthaftigkeit der jeweiligen Einstellungen in
die philosophische Problematik aufzunehmen, um die Wahrheit

[44] *Logik* S. 184.
[45] *Ideen II* S. 180.

nicht fälschlich zu verabsolutieren, sondern sie in ihren intentionalen Implikationen und damit in ihrer Relativität auszu-
legen. Man hat dann die Wahrheit in der lebendigen Intentionalität der transzendentalen Geschichtlichkeit, die ihre Evidenz verbürgt. Husserl kritisiert daher den Objektivismus, dessen Blindheit für den teleologischen Sinn der Erkenntnisleistungen „die
Unendlichkeiten relativen und nur in dieser Relativität vernünftigen Seins mit dessen relativen Wahrheiten" verdeckt.[46] Diese Kritik trifft alle vorangegangenen Philosophien, die dem Objektivismus verhaftet bleiben, weil sie die erkenntnistheoretische Dimension von der geschichtlichen getrennt haben. Hätten sie auf die
geschichtliche Lebenswelt als Ursprungsfundament der theoretischen Einstellung reflektiert und damit die durch den Stil der
Exaktheit der Wissenschaften bedingte Vergessenheit des Subjektiv-Relativen von der Intentionalanalyse her kritisiert, so
wären sie bei dem objektivistischen Erfahrungsbegriff nicht
stehen geblieben und hätten die echte Idee einer Philosophie verwirklichen können, die ihre Voraussetzungen selbst reflektiert.

Indem Husserl nun die Ideengeschichte als die Genese der
transzendentalen Einstellung in einem Ringen zwischen Objektivismus und Transzendentalismus auslegt, kann er die Motivation herausstellen, die den Transzendentalismus rechtfertigt und
gleichzeitig dem Objektivismus der Wissenschaften latent zugrundeliegt. Der geschichtliche Stellenwert und die Funktionalität der objektiven Wissenschaften werden durch den Rückgang
auf ihre Ursprungsmotivation aufgeklärt.

Die Perspektivität der jeweiligen Einstellungen innerhalb des
geschichtlichen Horizontes wird in der transzendentalen Einstellung geklärt. Die transzendentale Einstellung selbst ist geschichtlich, insofern das Erwachen zur Philosophie eine Sonder-
form in der Universalität ist. „Das Eidos transzendentales Ich ist
undenkbar ohne transzendentales Ich als faktisches." [47] Dieses
Faktum gehört zur universalen Entwicklung der Geschichte. Das
Erwachen besteht im Bewußtsein der eigenen Selbstobjektivierung innerhalb des Faktums des absoluten Seins, welches Geschichte in notwendiger Entwicklung ausmacht. In dieser Einstellung versteht das Ich den rechtmäßigen Sinn, d.h. die richtige

---

[46] *Logik* S. 246.
[47] E. Husserl, Manuskript E III 9, S. 73.

transzendentale Interpretation der Intersubjektivität in der teleologischen Harmonie einer kommunikativen Aufeinanderbezogenheit, in der eine universale Welt konstituiert wird. Nur in diesem Horizont der absoluten Subjektivität kann die Erforschung des transzendental-teleologischen Sinnes der Geschichte erfolgen: ,,die letzten Fragen, die letzt-metaphysischen und -teleologischen, sind eins mit den Fragen nach dem absoluten Sinn der Geschichte'' [48].

Dieser Versuch, die Konstitution der Geschichte in die Konstitution der transzendentalen Subjektivität einzuordnen, ist die entscheidenste Wende der Teleologieauffassung Husserls, welche die Philosophie als ,,das Telos der Intentionalität'' bestimmt, ,,worauf der philosophierende Geist der Menschheit letztlich hinauswill'' [49]. Ohne diese Aufeinanderbeziehung von Teleologie der Intentionalität und Teleologie der Geschichte wäre die eine Solipsismus und die andere eine dogmatische Naivität, beide dem gefährdenden Skeptizismus ausgeliefert. Daher die Eindringlichkeit, mit der Husserl in den letzten Schriften seine ,,Berufung'' aus seiner ,,Geschichtlichkeit'' zu rechtfertigen sucht,[50] welche ihm den in den verschiedenen Systemen noch lebendigen Zwecksinn der Philosophie aufgibt. Nachdem es klar ist, daß die Geschichte des Ich ein Gesetz der Motivation aufweist, das die jeweiligen Einstellungen passiv und aktiv aufklärt, soll dasselbe von der transzendentalen Einstellung gelten, die ,,aus Quellen eigener Passivität (Assoziation) und Aktivität, zunächst in einer Art Naivität'' als theoretisches Gebilde entsteht.[51] Die transzendentale Einstellung ist nicht absolut, weil sie dem Subjekt voraussetzungslos entspringt, sondern weil sie alle Voraussetzungen zu reflektieren vermag, insofern sie durch die absolute Voraussetzung des transzendentalen Ego geklärt werden.

In der *Ersten Philosophie II* hatte Husserl nach dem Motiv für das Willentlich-sich-loslösen vom ursprünglichen Mitinteresse am natürlichen Leben gefragt, wodurch die transzendentale Reflexion ermöglicht wird.[52] Die Frage blieb jedoch unbeantwortet,

---

[48] *Erste Philosophie II* S. 506.
[49] *Krisis* S. 533.
[50] A.a.O. S. 489 f.
[51] *Logik* S. 243.
[52] *Erste Philosophie II* S. 98. Vgl. L. Landgrebe, *Der Weg der Phänomenologie*, Gütersloh 1963, S. 186 f.

da Husserl damals auf der Suche nach einem letzten Evidenz-
grund die transzendentale Erfahrung der Subjektivität durch
eine vergegenständlichende Reflexion auf die Selbstobjektivierung des Ich eingrenzte. Das reflektierende Ich selbst, das Subjekt der transzendentalen Erfahrung, auf das es hier ankommt,
protendiert sich aber ständig als ,,anonyme" Willensintentionalität seiner Akte. Als handelndes ist dieses Ich stumm und in seiner
Motivation nur durch eine Reflexion höherer Stufe aufzuweisen,
in der ich ,,in teleologischer Kritik auf mein teleologisches
Wesen" [53] in der erwachten Form der Autonomie vorstoße.

Erst wenn die transzendentale Reflexion als Einheit stiftende
ergriffen wird, erweist sie sich als Erfüllung der teleologischen
Entwicklung der Subjektivität, nämlich als die absolute Funktion der Aufklärung dessen, was Subjektivität in ihrer Vermöglichkeit immer schon war. Die transzendentale Erfahrung führt
in der iterierbaren Ich-Verdoppelung – in transzendentales Ich
und Selbstobjektivierung – zur unendlichen Aufgabe der Selbst-
erkenntnis als Enthüllung des transzendentalen Horizontes, in
dem das Ich in der transzendentalen Wir-Gemeinschaft ein universal einheitliches Geltungssystem darstellt.

Zu diesem System gehört der Vorbegriff von Philosophie aus
der Ideengeschichte, welcher als der Einheitssinn, der die Geschichte ,,von innen" bestimmt, die transzendentale Reflexion
motiviert. Die ursprüngliche Einstellungsänderung der Philosophie leitet eine universale Wissenschaft von der Alleinheit alles
Seienden ein und ist schon in ihrer Urintention unendliche Idee.
Damit stiftet sie die durch die Kontrastierung von ,,Doxa" und
,,Episteme" von der Tatsachengeschichte verschiedene neue Art
der Geschichtlichkeit. Sie ist die Geschichtlichkeit eines Menschentums, ,,das, in der Endlichkeit lebend, auf Pole der Unendlichkeit hinlebt" und in vergemeinschaftetem Leben ,,in sich den
Zukunftshorizont der Unendlichkeit trägt: den einer Unendlichkeit sich erneuender Generationen aus dem Ideengeiste" [54].

Die Frage, die den Sinn von Philosophie herausstellt, ist eine
teleologisch-kritische; denn einerseits ist der Begriff von Philosophie Erbe, andererseits ist sein Sinn erst durch die Rekonstruktion dieser Geschichte zu erklären. Diese Art Untersuchung wird

---

[53] *Krisis* S. 486.
[54] *Krisis* S. 322. Vgl. L. Landgrebe, *Phänomenologie und Geschichte*, S. 165.

erst von der transzendentalen Einstellung gerechtfertigt, indem
diese Einstellung zeigt, wie eine Teleologie, die im Faktum der
Subjektivität als Form aller Formen liegt, die für uns späteste,
obschon an sich erste Form ist. Sie ist erst in der Entwicklung der
Geschichte zu ergreifen. Das ist das „Problem der verborgenen
Vernunft, die erst offenbar geworden sich selbst als Vernunft
weiß" [55].

Die genetischen Analysen zeigten, wie die transzendentale
Intersubjektivität ein Gesetz der passiven Konstitution der Welt
als Willensintentionalität trägt, das schon Freiheit als ursprüngliche Anlage zur Vernunft aufweist. Die notwendige Entwicklung
dieser Motivationsanlage führt zur Überwindung der Autonomie
eines instinktiven Lebens durch spontane Aktivität und Entwurf
von Wissenschaft. In der Reflexion auf die verborgenen Vermöglichkeiten entsteht dann die Idealisierung der konkreten Ziele in
Zielformen der Totalität aller intersubjektiven Zwecke. Erst die
phänomenologische Reflexion weist die Relativität aller Wahrheiten und Werte im Horizont der unendlich historischen Entwicklung auf: Nicht die Absolutheit der jeweiligen historischen
Epochen, sondern das im Horizont jeder Kultur von den konstituierenden Subjekten intendierte Telos zeichnet die Autonomie
als die höhere Absolutheit der Universalität vor. Damit wird eine
intersubjektive Gemeinschaftspraxis mit dem Ziel ermöglicht,
ein echtes Menschentum zu erreichen. In diesem unendlichen
Horizont wird die Freiheit, die Form aller Formen, als Autonomie
reflektiert, die für ein Leben einsteht, „das sich in jeder Hinsicht
absolut verantworten kann, das eben durch und durch Einheit
eines absoluten Lebens sein will, in dem Einheit der absoluten
Personalität in der absoluten Gemeinschaft sich konstituieren
kann, absolut in seiner Relativität" [56]. Das Motiv der Autonomie als Selbstidentität des Subjektes, das alle Werte zu dienen-
den Mitteln macht, bringt dadurch die Teleologie zur universalen
und absoluten Geltung.

Der universale Horizont, der durch die transzendentale Reflexion freigelegt wird, ermöglicht nicht nur die sinnvolle Frage
nach der Urstiftung der Philosophie und ihrer teleologischen Entwicklung, sondern er begründet die Fortsetzung einer Geschichte,

[55] *Krisis* S. 53.
[56] E. Husserl, Manuskript E III 4, S. 19.

die durch Klärung der phänomenologischen Methode schrittweise zur apodiktischen Erfüllung der Urintention führen soll. Husserl spricht daher von der universalen Teleologie, die im transzendentalen Leben waltet und aller naiven Weltlichkeit allererst Sinn und Recht gibt. Doch darüber hinaus läßt die transzendentale Einstellung die Endstiftung als absolutes Telos selbst antizipieren, das das Korrelat der Einheit aller einzelnen Seinsgeltungen im unendlichen Strom der Allsubjektivität ist.[57] Diese ideale Polidee, auf die alle Intentionen als ihre vollständige Erfüllung und absolute Evidenz ausgerichtet sind, ist trotz ihrer konkreten Irrealisierbarkeit dennoch als regulative Idee und Regelstruktur der Subjektivität unentbehrlich.[58]

Die Phänomenologie ist damit die unendlich-offene Einheit der Wissenschaft, insofern sie den Horizont erschließt, in dem Wissenschaft in ihrer Funktionalität verstanden und ausgestaltet wird. Das Subjekt selbst, das eine vergemeinschaftete Welt und die Wissenschaft von ihr in ihrer jeweiligen Relativität aufweist, begreift sich aus der transzendentalen Selbstbesinnung in der radikalsten „Verantwortungsfähigkeit" seiner Autonomie. Damit ist der Urgrund der Teleologie erreicht, die für die Einheit des gesamten konstituierenden Lebens einsteht.

Die Enthüllung des transzendentalen Horizontes, der jegliche Evidenzidentität vom „Immer-wieder" und „Für-jedermann" abhängig macht, relativiert jene apodiktische Gewißheit, die eine absolut-endgültige Evidenz zu begründen beansprucht. Die Apodiktizität wird statt dessen zum Grundproblem, insofern die Subjektivität doch „letzte Stätte aller Geltung und aller Ausweisung" bleibt;[59] sie vermag dies aber gerade aufgrund der Ver-

---

[57] Vgl. a.a.O., S. 58–60. Dieser Teleologieauffassung Husserls steht – der Interpretation Apels zufolge – der dem Pragmatismus Peirces zugrundeliegende transzendental-philosophisch teleologische Forschungsprozeß sehr nahe, der als das „intersubjektives Medium der Verständigung" antizipiert wird („Szientismus oder transzendentale Hermeneutik?" in: *Hermeneutik und Dialektik*, herausgegeben von R. Bubner, K. Cramer und R. Wiehl, Band I, Tübingen 1970, S. 124).

[58] Vgl. *Krisis* S. 443; *Logik* S. 245. Durch die Gleichsetzung des absoluten Telos mit einer regulativen Idee, welche von der Subjektivität antizipiert wird, verzichten wir auf eine Auslegung der Teleologieproblematik im Sinne eines Gottesbeweises. Vgl. dagegen S. Strasser, „Das Gottesproblem in der Spätphilosophie Edmund Husserls" in: *Philosophisches Jahrbuch der Görres-Gesellschaft* 67 (1959) S. 130 ff. „Im Denken Husserls ist die Idee und dieses ideale Telos zweifellos die Gottheit selbst" (a.a.O., S. 141).

[59] Tugendhat, a.a.O., S. 199. Tugendhat unterscheidet in der Phänomenologie Husserls zwischen einem dogmatischen und einem erkenntnistheoretischen Motiv,

antwortungsfähigkeit zu sein, die nicht anderes ist als die konkrete Vermöglichkeit des autonomen Menschen zur Selbstbesinnung im Horizont der regulativen Idee einer anzustrebenden vollkommenen Evidenz. Daher definiert Husserl das Menschsein als ,,ein Teleologisch-sein und Sein-sollen" [60].

das auf eine schrittweise Aufklärung aus ist (vgl. S. 195). Dieses letzte Motiv wurde für die hier entwickelte Teleologieauffassung bevorzugt.

[60] *Krisis* S. 275.

ULRICH CLAESGES

ZWEIDEUTIGKEITEN IN
HUSSERLS LEBENSWELT-BEGRIFF

„Lebenswelt" gehört zu den Begriffen der Husserlschen Phänomenologie, die außerhalb des Umkreises dieser Philosophie bereit-
willig Aufnahme gefunden haben und wohl auch weiterhin finden
werden. Dabei wird aber meist darauf verzichtet, den Begriff
erneut genau zu bestimmen bzw. das mit ihm Gemeinte erneut
eigens zu thematisieren und zu analysieren. Die folgenden Überlegungen sollen zeigen, daß der Begriff bzw. die Theorie der
Lebenswelt bei Husserl in einem spezifischen Kontext steht, wo-
raus sich eine Reihe schwieriger Probleme ergibt, die geklärt
sein sollten, bevor man den Begriff in andere Zusammenhänge
übernimmt.

I

Husserl entwickelt die Ansätze zu seiner Theorie der Lebenswelt bekanntlich im Rahmen seiner Abhandlung über die Euro-
päische Krise.[1] In bezug auf diese Krise weist Husserl jener
Theorie eine *diagnostische* und eine *therapeutische Funktion* zu.

Die diagnostische Funktion soll die Theorie der Lebenswelt dadurch erfüllen, daß sie zeigt, wie die objektiven Wissenschaften
der Neuzeit die Lebenswelt als den Boden vergessen haben, auf
dem sie (historisch) erwachsen sind und den sie (systematisch)
als ihr ständiges Sinn- und Geltungsfundament voraussetzen
müssen.[2] Diese Vergessenheit definiert den Objektivismus der
Wissenschaften, den eigentlichen Ursprung der Europäischen
Krise. Die genannten Stellung der Lebenswelt zu den Wissen-

---

[1] Vgl. *Krisis passim.*
[2] Vgl. a.a.O. S. 123 ff.

schaften werden wir mit Husserl die ,,*Boden-Funktion*'' [3] der Lebenswelt nennen. Die Aufdeckung dieser Boden-Funktion dient der Rückgewinnung einer durch den Objektivismus bedrohten bzw. überdeckten Dimension menschlichen Lebens. Der Herausarbeitung und Darstellung dieser in sich gedoppelten Boden-Funktion der Lebenswelt für die Wissenschaften ist ein großer Teil der *Krisis*-Abhandlung gewidmet.[4]

Die therapeutische Funktion der Theorie der Lebenswelt liegt, sofern die Einsicht in das Übel als Therapie nicht schon zureicht, darin, daß sie (die Theorie) die Absprungbasis für eine radikale Selbstbesinnung abgeben soll, die als transzendentale Phänomenologie ein Leben aus universeller Verantwortung ermöglichen soll.[5] Diese Funktion der Lebenswelt bzw. ihrer Theorie sei *Leitfaden-Funktion* genannt. Der Zusammenhang beider Funktionen besteht nach Husserl darin, daß die Lebenswelt gerade wegen ihrer Boden-Funktion den einzig möglichen Leitfaden für die Rückfrage in die konstituierenden Leistungen der transzendentalen Subjektivität abzugeben in der Lage ist.

Für Husserls Theorie der Lebenswelt ist deren Anspruch, jene beiden Funktionen übernehmen zu können, wesentlich. Die Beantwortung der Frage, ob und wie die Theorie der Lebenswelt diesen beiden Aufgaben gerecht wird, entscheidet mit darüber, was Lebenswelt überhaupt sinnvollerweise sein kann. Daher soll der Begriff der Lebenswelt im folgenden im Zusammenhang mit den geforderten Funktionen betrachtet werden.

Der systematische Ausgangspunkt von Husserls Theorie der Lebenswelt ist die Kontrastierung von Lebenswelt und objektiver Welt (Welt der objektiven Wissenschaften). Die Kontrastierung wird von ihm, und das ist entscheidend, so angesetzt, daß beide ,,Welten'' als *Korrelate* ihnen primär zugehöriger Zugangsweisen genommen werden.

Die Welt der objektiven Wissenschaften ist gegeben für ein *Denken*, das sich durch Logik und Mathematik als eine Methode ausgebildet hat, die, ihrem Selbstverständnis gemäß, in der Lage

[3] A.a.O. S. 158.
[4] Eine ausführliche Darstellung gibt P. Janssen, *Geschichte und Lebenswelt. Ein Beitrag zur Diskussion von Husserls Spätwerk*, Den Haag 1970.
[5] Vgl. L. Landgrebe, ,,Das Problem der transzendentalen Wissenschaft vom lebensweltlichen Apriori'' in: *Phänomenologie und Geschichte*, Gütersloh o.J. (1967), S. 148–166, bes. S. 149 f.

ist, die Welt in ihrem objektiven Ansichsein zu erkennen. Als objektiv, als ansichseiend ist die Welt bestimmt, sofern der Zugang zu ihr, die Methode, der Welt selbst absolut äußerlich bleibt. Die Lebenswelt dagegen ist primär gegeben für ein *Anschauen*. Sie ist anschaulich erfahren und erfahrbar und verdankt dieser Anschaulichkeit ihre spezifische Bekanntheit und Vertrautheit. Als solche ist sie wesentlich „subjektiv-relativ" [6]. Die Zugangsweise bestimmt hier die Welt in dem, was sie ist: Für die Bestimmung der subjektiv-relativen Welt ist die Beziehung auf ein Subjekt wesentlich, und zwar in dem Sinn, daß ohne Berücksichtigung und Kenntnis dieses Bezugssubjektes Lebenswelt nicht *als* Lebenswelt bestimmt werden kann.

Die These von der Boden-Funktion der Lebenswelt beruht angesichts dieser Kontrastierung auf der Einsicht, daß dieselbe Welt, die die objektiven Wissenschaften in ihrem wahren Ansichsein erkennen wollen, vor und zugleich mit oder neben ihnen in subjektiv-relativer Weise gegeben ist. Die Wissenschaften gehen von der subjektiv-relativen Welt aus, suchen aber jene „Subjektivität" und „Relativität" zu überwinden, um so die Welt als das, was sie an sich, d.h. in Wahrheit ist, zu bestimmen. Andererseits müssen die Wissenschaften im Fortgang ihres streng methodischen Bestimmungsprozesses ständig auf subjektiv-relative Gegebenheiten rekurrieren. Sie müssen Evidenzen in Anspruch nehmen, die der subjektiv-relativen Lebenswelt zugehören, z.B. in der Beobachtung von Meßinstrumenten etc. Das mag als eine erste Bestimmung von Lebenswelt genügen.

II

Eine ausdrückliche Reflexion darauf aber, daß die objektive Welt Korrelat einer Methode ist, einer bestimmten theoretischen Einstellung, führt nun zu einer neuen Bestimmung von Lebenswelt und damit, wie Husserl meint, zu einem paradoxen Sachverhalt. Die objektive Wissenschaft der Neuzeit gehört nämlich als eine unter vielen theoretischen oder praktischen Leistungen des Menschen selber in den Umkreis der Lebenswelt. Die objektiven Wissenschaften gehören, wie Husserl sagt, als Gebilde

---

[6] *Krisis* S. 127.

,,einer besonderen, der theoretisch-logischen Praxis selbst zur vollen Konkretion der Lebenswelt" [7]. Husserl formuliert den paradoxen Sachverhalt: ,,Konkrete Lebenswelt also zugleich für die ,,wissenschaftlich wahre" Welt der gründende Boden und zugleich in ihrer eigenen universalen Konkretion sie befassend –."[8]

Durch die Formulierung dieses Sachverhalts ist der für die Gewinnung der Lebenswelt aus der Kontrastierung leitende Gesichtspunkt verlassen. Lebenswelt ist – in ihrer ,,vollen Konkretion" – nicht mehr Korrelat eines subjektiv-relativen anschaulichen Erfahrens, sondern ist nun die Totalität, die den lebensweltlich Erfahrenden und mit allen seinen theoretischen und praktischen Lebensvollzügen auch die gesamten Wissenschaften umgreift. Ja, sie umgreift auch das Reden von Lebenswelt selber.

In bezug auf diese Bestimmung von Lebenswelt wird nun aber die These von deren Boden-Funktion problematisch. Nicht die Lebenswelt in ihrer vollen Konkretion bildet den Boden für die objektiven Wissenschaften und deren ,,wahrer" Welt; vielmehr muß gesagt werden: Ein bestimmter Bereich lebensweltlicher Evidenzen bildet den Boden für eine bestimmte lebensweltliche Praxis, nämlich die theoretisch-logische Praxis der Wissenschaften. Denn Boden-Funktion soll Geltungsfundierung besagen und nicht das Faktum des Einbehaltenseins der Wissenschaften in die volle Konkretion der Lebenswelt.

Das genannte Fundierungsverhältnis zwischen einer lebensweltlichen Praxis und einem ihr zugrunde liegenden Bereich ursprünglicher Evidenzen hat Husserl auch selber als das Verhältnis von Lebenswelt und Sonderwelt thematisiert, worauf W. Marx [9] kürzlich hingewiesen hat. Marx schreibt: ,,Für Husserl ist eine Sonderwelt ein gesonderter Bereich, der durch einen bestimmten Zweck oder eine leitende Zweckidee konstituiert und abgeschlossen ist – gleichgültig, ob es sich dabei um einen praktischen oder theoretischen Zweck handelt, um einen individuellen oder einen Gemeinschaftszweck." [10] Demgegenüber liegt die Lebenswelt allen Zwecksetzungen, durch die eben Sonderwelten bestimmt sind, voraus. Husserl schreibt: ,,Es ist klar, was da den

[7] A.a.O. S. 132.
[8] A.a.O. S. 134.
[9] W. Marx, ,,Lebenswelt und Lebenswelten" in: *Vernunft und Welt. Zwischen Tradition und anderem Anfang*, Den Haag 1970, S. 63–77.
[10] W. Marx, a.a.O., S. 63.

radikalen Unterschied macht. Die Lebenswelt ist die ständig vorgegebene, ständig und im voraus seiend geltende, aber nicht
geltend aus irgendeiner Absicht, Thematik, nach irgendwelchem
universalen Zweck. Jeder Zweck setzt sie voraus, auch der universale Zweck, sie in wissenschaftlicher Wahrheit zu erkennen."[11]
Diese Bestimmung der Lebenswelt entspricht derjenigen, die aus
der Kontrastierung gewonnen wurde. Lebenswelt in diesem Sinn
hat nun aber Boden-Funktion nicht nur für die objektiven Wissenschaften, sondern für alle besonderen Zweckwelten. Lebenswelt in diesem Sinn zu thematisieren, bedeutet dann nicht allein
Epoché von den objektiven Wissenschaften [12] üben, sondern von
allen zweckbestimmten Auffassungen überhaupt.

Husserl selbst drückt die bereits sichtbar gewordene *Zweideutig-
keit* im Begriff der Lebenswelt so aus: „Hier ist wieder ein Ver-
wirrendes: Jede praktische Welt, jede Wissenschaft setzt die
Lebenswelt voraus, sie als Zweckgebilde wird kontrastiert mit der
Lebenswelt, die immer schon und immerfort ist, 'von selbst'.
Andererseits ist doch jedes menschheitlich (individuell und in
Gemeinschaftlichkeit) Werdende und Gewordene selbst ein Stück
Lebenswelt: also der Kontrast hebt sich auf."[13]

Aus dem bisher Gesagten folgt bereits, daß für eine zureichende
Erörterung der Lebenswelt-Problematik dreierlei zu scheiden ist.

(1) *Lebenswelt im engeren Sinn.* Ihre Bedeutung wurde durch
die Kontrastierung mit den objektiven Wissenschaften und deren
Welt gewonnen. Von Lebenswelt in diesem Sinn gilt, daß sie
nicht nur den Wissenschaften, sondern allen besonderen Zweckwelten, allen praktischen Welten (Sonderwelten) zugrunde liegt.

(2) *Sonderwelt.* Sie ist durch eine leitende Zweckidee auf dem
Grund der Lebenswelt (1) etabliert. Als eine Sonderwelt in diesem
Sinn ist auch die Welt der objektiven Wissenschaften anzusehen.

(3) *Lebenswelt im weitesten Sinn.* Sie umfaßt in ihrer „vollen
Konkretion" alle Sonderwelten (2), aber auch die Lebenswelt im
engeren Sinn (1).

Nach dieser Gliederung haben wir, wenn wir von der Sonderwelt und ihrer spezifischen Problematik absehen, für die weiteren

---

[11] *Krisis* S. 461.
[12] Vgl. a.a.O. S. 138.
[13] A.a.O. S. 462; Husserl zeigt jedoch nirgends, wie dieses „Sich-Aufheben" zu
verstehen sei.

Überlegungen einen engen Begriff und einen weitesten Begriff von Lebenswelt auseinanderzuhalten.

III

Bevor wir nun einen Versuch zur Aufklärung dieser Zweideutigkeit unternehmen, sind zunächst die beiden Begriffe von Lebenswelt weiter zu explizieren.

Bezüglich der Lebenswelt, die alle Sonderwelten und deren Geltungsfundament (Lebenswelt im engeren Sinn) umfaßt, ist klar, daß sie als geschichtlich sozial-kulturelle Welt genommen werden muß.[14] Klar ist damit zugleich, daß alle Produkte der auf den objektiven Wissenschaften beruhenden Technik mit zur Lebenswelt gehören oder gehören können. In der Lebenswelt, im Umkreis des Subjektiv-Relativen, kommen bestimmte Dinge vor, derer wir uns ständig bedienen; uns ist vertraut und bekannt, was man mit ihnen machen kann und wie man es machen muß. Ihre Möglichkeit und ihre faktische Existenz verdanken diese Dinge aber den objektiven Wissenschaften. Die objektive Welt der Wissenschaften mag eine Idee sein; Apparate und Maschinen sind lebensweltliche Dinge, ihr Dasein ist ebenso evident wie das von Steinen und Bäumen. Mag die Welt an sich eine prinzipiell unanschauliche logische Substruktion [15] sein, die nur auf Grund dieser Substruktion möglichen technischen Dinge sind anschaulich gegeben. Die objektive Welt rückt nicht nur als Korrelat einer Methode, die als eine spezifische Praxis zur vollen Konkretion der Lebenswelt gehört, in diese ein, sondern sie inkarniert sich gleichsam als technische Welt. Die Gegenstände der technischen Welt sind, wie alles Lebensweltliche, subjektiv-relativ gegeben, anschaulich gegeben für den vertrauten Umgang mit ihnen. Das aber bedeutet, daß die übliche Entgegensetzung von Lebenswelt und technischer Welt problematisch ist. Lebenswelt ist, in ihrer vollen Konkretion genommen, zugleich technische Welt.

Wenn aber der Lebenswelt eine Boden-Funktion für die objektiven Wissenschaften zugesprochen wird (und das ist notwendig, soll die Theorie der Lebenswelt ihre Aufgaben erfüllen können), muß Lebenswelt in der herausgestellten engeren Bedeutung ge-

---

[14] Vgl. Landgrebe, a.a.O., S. 155 ff.
[15] Vgl. *Krisis* S. 130.

meint sein, nämlich als jenes Fundament, jener Bereich ursprünglicher Evidenzen, auf dem nicht nur die objektiven Wissenschaften, sondern alle Sonderwelten aufbauen. Wie aber läßt sich
Lebenswelt über diese ihre allgemeinste Kennzeichnung hinaus
genauer bestimmen?

Von der Lebenswelt in ihrer ,,wirklich konkreten Universalität'' [16] geht Husserl zurück auf die Lebenswelt als die ,,Welt der
schlichten intersubjektiven Erfahrungen'' [17]. Letztere sei im
Vergleich zur ersteren ein abstrakt herauspräparierter Kern.[18]
Man ist versucht, jenen Kern als bloße Natur zu verstehen, die
allen menschlichen Kulturleistungen zugrunde liegt, für sie den
Boden und das Material abgibt. Durch eine Abstraktion der genannten Art gelangt man aber niemals zur bloßen Natur. Denn
wie Steine und Bäume sind auch Telefone und Fernsehapparate
der schlichten intersubjektiven Erfahrung zugänglich: durch eine
solche Abstraktion wird man die technische Welt nicht los.

Beim Rückgang auf die Welt der schlichten intersubjektiven
Erfahrung, deren Evidenzen das Geltungsfundament der objektiven Wissenschaften abgeben sollen, wird die Lebenswelt auf
eine Welt von Dingen und Vorgängen restringiert, denen nur
solche Bestimmungen zukommen sollen, die sich wahrnehmungsmäßig konstituieren. Lebenswelt ist bloße Dingwelt, bloße Wahrnehmungswelt. Dann aber unterscheiden sich auch hochkompli-
zierte Apparate und Maschinen in dieser Hinsicht nicht von
bloßen Naturdingen.[19] Ist so aber nicht die ,,Welt der schlichten
intersubjektiven Erfahrungen'' bestenfalls eine Schicht der Welt,
wobei natürlich die Frage entsteht, wie eine Schicht der Welt
selber ,,Welt'', und gar ,,Lebenswelt'' heißen kann? Die Boden-
Funktion der Lebenswelt reduzierte sich in dem hier betrachteten
Fall auf das Faktum, daß wir sinnlichleibliche Wesen sind und
daß Wahrnehmung der primäre Zugang zu unserer Umwelt ist.
Nun soll aber die Boden-Funktion der Lebenswelt nicht besagen,
daß alle Erkenntnis ,,mit den Sinnen anhebt'', daß wir in der Erkenntnis der Welt zunächst von dem ausgehen müssen, was uns

---

[16] A.a.O. S. 136.
[17] Ebd.
[18] Ebd.
[19] Gerade in bezug auf solche technischen Dinge wird klar, wie abstrakt die Betrachtung der Welt als bloßer Wahrnehmungswelt ist; was ein Telefon ist, konstituiert sich überhaupt nicht wahrnehmungsmäßig.

wahrnehmungsmäßig gegeben ist; denn dann könnten die subjektiv-relativen Evidenzen nur ein irrelevanter Durchgang für
die wahre Erkenntnis der Welt sein. Damit wäre die These von
der Boden-Funktion der Lebenswelt (die aber eigentlich nicht
mehr so heißen dürfte) vielleicht im Rahmen einer Grundlegung
der Wissenschaften brauchbar, ihre eminent *kritische* Funktion
wäre ihr aber genommen. Denn nicht irrelevanter Durchgang
sollen die subjektiv-relativen Evidenzen der Lebenswelt sein,
sondern letzte Bewährungsquelle und Geltungsfundament.[20]

Die These von der Boden-Funktion der Lebenswelt ist nur dann
eine kritische These, und so ist sie von Husserl gemeint, wenn den
objektiven Wissenschaften zugleich der Charakter der streng
theoretischen Erkenntnis dessen, was die Welt in Wahrheit ist,
bestritten wird. Das ist aber genau dann der Fall, wenn die objektiven Wissenschaften als eine theoretisch-logische Praxis selber
zur vollen Konkretion der Lebenswelt gehören und so die objektive Welt als nur eine von vielen möglichen Sonderwelten entscheidend relativiert wird.

So ist nun endgültig klar: Keiner der beiden herausgestellten
Lebenswelt-Begriffe ist *für sich genommen* in der Lage, die Rolle
zu übernehmen, die Husserl ihm zuweist. Damit ist zugleich die
Möglichkeit abgeschnitten, der herausgestellten fundamentalen
Zweideutigkeit im Lebenswelt-Begriff dadurch zu entgehen, daß
man den Begriff auf *eine* der beiden Bedeutungen einschränkt.
Das sei noch einmal gezeigt:

Entscheidet man sich für den engeren Begriff, dann reduziert
sich Lebenswelt auf das Faktum der sinnlich-leiblichen Konstitution des Menschen und den mit ihr gegebenen primären Zugang
zur Umwelt. Dann aber kann eine Theorie der Lebenswelt keine
kritische Funktion übernehmen: Eine Kritik des Objektivismus
ist von dieser Position aus nicht möglich, weil ihm der Anspruch,
die wahre Erkenntnis der Welt zu sein, nicht bestritten werden
kann. Der Objektivismus berücksichtigt nämlich die sinnlichleibliche Konstitution des Menschen, aber eben als irrelevanten
Durchgang: Die Welt, wie sie wahrnehmungsmäßig gegeben ist,
ist Erscheinung der wahren Welt, Erscheinung für ein solcher Art
sinnlich-leibliches Wesen.

---

[20] Vgl. *Krisis* S. 129.

Entscheidet man sich für den weitesten Begriff, nimmt man Lebenswelt als die Welt in ihrer konkreten geschichtlichen Totalität, dann ist in der Tat der Wahrheitsanspruch der objektiven Wissenschaften relativiert. Jene Relativierung bleibt aber selber solange ein bloßer Anspruch, wie nicht gezeigt ist, wie denn Lebenswelt als Bewährungsquelle und Geltungsfundament für die objektiven Wissenschaften fungiert. Das zu zeigen aber ist unmöglich, solange man Lebenswelt in diesem weitesten Sinn versteht: Eine Theorie der Lebenswelt könnte die geforderten Funktionen abermals nicht übernehmen.[21]

IV

Der Versuch einer Bestimmung der Lebenswelt im Zusammenhang mit ihrer Boden-Funktion deckte eine, wie es scheint, unaufhebbare Zweideutigkeit im Lebenswelt-Begriff Husserls auf. Damit aber bleibt nicht nur problematisch, was denn Boden-Funktion im einzelnen besagen soll, sondern diese Unklarheit überträgt sich auch auf die Bestimmung der geforderten Leitfaden-Funktion, deren Betrachtung wir nun in unsere Überlegung einbeziehen.

Mit der Theorie der Lebenswelt und im Ausgang von ihr soll ein neuer Weg in die transzendentale Phänomenologie beschritten werden. Die Theorie der Lebenswelt tritt innerhalb der phänomenologischen Systematik damit an den Ort, den früher die regionalen Ontologien innehatten.[22] Diese waren in eidetischer Reduktion durchgeführte mundane Wissenschaften, die in den nach Gattungen und Arten zu differenzierenden regionalen Wesenheiten die Leitfäden für eine Intentionalanalyse bereitstellten. Soll nun eine Theorie der Lebenswelt eine Leitfaden-Funktion übernehmen, so ist nach dem Charakter einer Wissenschaft von der Lebenswelt zu fragen. Husserl selbst hat diese Wissenschaft als Ontologie der Lebenswelt angesehen.[23] Angesichts der herausgestellten Zweideutigkeit im Begriff der Lebenswelt ist aber

---

[21] Die geforderte Boden-Funktion der Lebenswelt ist eigentlich in sich gedoppelt: sie ist einmal bloße Grundlegungsfunktion, zum anderen aber ist sie eine kritisch-einschränkende Funktion.

[22] Vgl. dazu U. Claesges, *Edmund Husserls Theorie der Raumkonstitution*, Den Haag 1964, S. 22 ff.

[23] Vgl. *Krisis* S. 145 u. 176 f.

schon fraglich, was denn nun das Objekt einer Ontologie der Lebenswelt sein soll. Da sich aber der Charakter einer Wissenschaft auch nach dem Objekt zu richten hat, das sie thematisiert, ist so zugleich fraglich, ob die Wissenschaft von der Lebenswelt, die die Leitfaden-Funktion übernehmen soll, überhaupt als Ontologie angesehen bzw. ausgebildet werden kann.

Die Beantwortung der Frage nach Sinn und Recht des Anspruches, den Husserl an eine Theorie der Lebenswelt stellt, setzt die Aufklärung der aufgedeckten Zweideutigkeit voraus.

Die Frage nach dem Grund für die Zweideutigkeit im Lebenswelt-Begriff führt auf den Husserlschen Weltbegriff überhaupt zurück. In ihm ist nämlich eine andere Zweideutigkeit impliziert. Diese liegt, genauer gesprochen, in jener entscheidenden Bestimmung von Welt, die mit dem Begriff des Horizontes gegeben ist.

Welt ist ,,als Horizont vorgegeben". Dabei ,,ist Welt nicht seiend wie ein Seiendes, wie ein Objekt, sondern seiend in einer Einzigkeit, für die der Plural sinnlos ist." [24] Von den ,,Objekten im Welthorizont" sagt Husserl: ,,Jedes ist etwas, 'etwas aus' der Welt, der uns ständig als Horizont bewußten. Dieser Horizont ist andererseits nur als Horizont für seiende Objekte bewußt und kann ohne sonderbewußte Objekte nicht aktuell sein." [25] Entscheidend für die Bestimmung des Horizont-Begriffes ist die Bestimmung des Verhältnisses von Horizont auf der einen und den sonderbewußten Objekten, also dem, was ,,innerhalb" des Horizontes gegeben oder zu geben ist, auf der anderen Seite. Der Horizont hat gegenüber dem, was ,,innerhalb" seiner vorkommen mag, den Charakter einer Einheit gegenüber einer Vielheit, eines ,,Umfassenden" gegenüber dem, was von ihm umfaßt wird. Die Zweideutigkeit im Horizont- und damit im Welt-Begriff ist in dem *zweifachen Verhältnis* gegeben, in dem jene Einheit zu der entsprechenden Vielheit stehen kann:

(1) Die Einheit kann zur Vielheit im Verhältnis eines Ganzen zu seinen Teilen stehen. Das Ganze ist dann in dem Sinn in seinen Teilen fundiert (und so in dieser Hinsicht ,,später" als die Teile), daß ein Wechsel oder eine Veränderung in den Teilen zugleich das Ganze selber modifiziert. Das Ganze hat so den Charakter des

---

[24] A.a.O. S. 145.
[25] A.a.O. S. 146.

Inbegriffes.[26] Die Welt als Inbegriff kann in Regionen gegliedert und auf allgemeine Strukturen hin befragt werden, wie dies früher in den regionalen Ontologien geschehen war.

(2) Die Einheit kann auch „früher" sein als die Vielheit. Sie ist dann nicht ein Ganzes von Teilen und damit auch nicht in dem angegebenen Sinn in der Vielheit fundiert. Die Einheit ist hier vielmehr gegenüber der Vielheit in dem Sinn unabhängig, daß sie zwar die Vielheit in dem, was sie ist, bestimmt, ihrerseits aber hinsichtlich ihrer Struktur von einem Wechsel oder einer Veränderung innerhalb der Vielheit nicht tangiert wird. Die Einheit ist von der Vielheit nur in dem Sinn abhängig, daß sie als solche nicht ohne die Vielheit sein kann. Die Einheit hat so den Charakter des *Horizontes im strengen Sinn.*

Will man Horizont als Grenze, d.h. als Bestimmung fassen, dann regelt die Grenze im Fall des Inbegriffes einzig dessen Umfang: der Inbegriff *hat* eine Grenze. Sie ist eine geschlossene, sofern sie in derjenigen Bestimmung gesehen werden muß, die, gleichsam als „kleinster gemeinsamer Nenner," jedem Glied des Inbegriffes zukommen muß, damit es in den Inbegriff fällt. Ein Neueintreten eines Gliedes in den einmal bestimmten Inbegriff ist nur möglich, wenn zugleich der „kleinste gemeinsame Nenner" verändert wird. Dann ist aber auch der Inbegriff selber ein anderer geworden.

Der Horizont im strengen Sinn aber *ist* Grenze. Dabei ist die Grenze insofern „offen", als sie nicht bestimmt, was faktisch in ihren Umfang gehört, sondern nur bestimmt, wie dasjenige beschaffen sein muß, was innerhalb ihrer soll auftreten können. Oder besser: Sie bestimmt „in ihrem Sinn", was immer innerhalb ihrer auftreten mag, ohne selber von diesem Auftretenden tangiert zu werden. Dennoch muß auch der Horizont als veränderlich angesehen werden, aber seine Veränderlichkeit ist eine wesentlich andere als die eines Inbegriffes.

Die herausgestellte Zweideutigkeit in Husserls Weltbegriff als solchem ist nun zur vorhin auf anderem Weg gewonnenen Zweideutigkeit im Lebenswelt-Begriff in Beziehung zu setzen. Nun ist es keineswegs so, daß sich die beiden Lebenswelt-Begriffe dadurch ergeben, daß Lebenswelt einmal ausschließlich als Inbe-

---

[26] Vgl. dazu *Arithmetik* S. 385 ff. („Zur Lehre vom Inbegriff").

griff, das andere Mal ausschließlich als Horizont bestimmt wird. Eher handelt es sich jeweils um eine Akzentuierung nach der einen oder anderen Richtung. Wir haben daher zu fragen: Unter welchen Bedingungen wird Lebenswelt eher im Sinne des Inbegriffs gefaßt und unter welchen eher in dem des Horizontes im strengen Sinn? Diese Bedingungen liegen in der Art, wie Lebenswelt *thematisiert* wird.

Lebenswelt wurde im Rahmen der Kontrastierung als Korrelat der ihr primär zugehörigen Zugangsweise thematisiert. Da die Zugangsweise im vorhinein bestimmt, was mir gegeben sein kann und als was es mir gegeben sein kann, ist Lebenswelt in diesem Zusammenhang als Horizont verstanden. Sofern nämlich die genannte Zugangsweise in bestimmten Vermöglichkeiten der Subjektivität gründet, ist Lebenswelt als Korrelat dieser Vermöglichkeiten und eben damit als Horizont anzusehen. Darin ist aber zugleich ein weiteres impliziert. Zwar ist Lebenswelt als Lebenswelt nur für die philosophische Reflexion,[27] sofern Lebenswelt aber als Korrelat thematisiert wird, gehört zu ihr ein Subjekt, der lebensweltlich Erfahrende, der als solcher vom Subjekt der philosophischen Reflexion unterschieden werden muß. *Im engeren Begriff der Lebenswelt ist diese primär als Horizont im strengen Sinn verstanden.* Wird aber der engere Lebenswelt-Begriff so gefaßt, daß er die pure Realitätenwelt meint, die überdies Gegenstand einer eidetischen Ontologie sein soll, so ist Lebenswelt wieder zum Inbegriff lebensweltlicher „Onta" verfälscht.

Beim weitesten Lebenswelt-Begriff kann es kein von der philosophischen Reflexion zu unterscheidendes Subjekt geben, für das, als lebensweltlich Erfahrenden, jene Welt gegeben wäre. Lebenswelt „in ihrer vollen Konkretion genommen" hat kein lebensweltlich erfahrendes Subjekt, von dem gesagt werden könnte, sie sei „seine" Welt. Indem Lebenswelt hier nicht auf den lebensweltlich Erfahrenden bezogen ist, ist sie nicht als Korrelat und damit auch nicht als Horizont im strengen Sinn thematisiert. Lebenswelt in diesem weitesten Sinn ist nur für die philosophische Reflexion. Husserl nennt sie das „All der Dinge"[28], das „Universum lebensweltlicher Objekte"[29], das „Weltall"[30] etc. Das aber

---

[27] Das lebensweltliche Erfahren „hat" seine Welt, ohne daß diese für es *als Lebenswelt* thematisch wäre.
[28] *Krisis* S. 145.
[29] A.a.O. S. 176.
[30] A.a.O. S. 462.

bedeutet, daß sie als eine Art Welt an sich höherer Stufe genommen ist: *als Inbegriff alles dessen, was ist.*

V

Reflektiert man ausdrücklich auf die beiden Weisen, wie Lebenswelt thematisiert wird, so läßt sich sagen: Bei der Bestimmung der Lebenswelt als Horizont ist ein *transzendentaler Gesichtspunkt* leitend, denn dieser Begriff des Horizontes entstammt
bereits einer Reflexion auf die Korrelation von Lebenswelt und
lebensweltlich Erfahrendem. Dabei kommt, wie schon angedeutet, der Unterschied zwischen dem, was für den lebensweltlich
Erfahrenden, und dem, was für die philosophische Reflexion ist,
ins Spiel. Dagegen ist bei der Bestimmung der Lebenswelt als
Inbegriff ein *rein ontologischer Gesichtspunkt* leitend. ,,Inbegriff''
ist eben ein rein ontologischer Begriff.

Der Begriff der Lebenswelt bei Husserl, das ist die Konsequenz
unserer Überlegungen, ist von vornherein ein *ontologisch-transzendentaler Zwitterbegriff.* Die auch durch wiederholte Darstellungen bisher nicht beseitigte Dunkelheit der Husserlschen Ansätze zu einer Theorie der Lebenswelt haben wohl letztlich darin
ihren Grund, daß beide genannten Gesichtspunkte in jeweils
unterschiedlicher Weise für *beide* in II herausgestellten Lebenswelt-Begriffe von Bedeutung sind.

Wenn ,,Lebenswelt'' ein ontologisch-transzendentaler Zwitterbegriff ist, dann muß sich diese Tatsache auf die Leitfaden-Funktion der Lebenswelt bzw. ihrer Theorie auswirken. Das ist in der
Tat der Fall.

Wird Lebenswelt konsequent als Horizont thematisiert, so ist
ihr Begriff bereits ein transzendentaler. Dem entspricht es, daß
im Ausgang von der Bestimmung der Lebenswelt als Korrelat
eines lebensweltlichen Erfahrens unmittelbar die Möglichkeit
eines ausdrücklichen Übergangs in die transzendentale Position
besteht. Für diesen Übergang ist die Ausbildung einer Ontologie
der Lebenswelt offenbar nicht notwendig. Husserl unterscheidet
nämlich sofort die Aufgabe einer Ontologie der Lebenswelt von
einer anderen ,,die Lebenswelt wesensmäßig betreffenden, aber
doch nicht ontologischen Thematik'' [31]. Husserl kennzeichnet

[31] A.a.O. S. 145.

diese Thematik durch eine „konsequent reflexive Einstellung auf das Wie der subjektiven Gegebenheitsweise der Lebenswelt und der lebensweltlichen Objekte." [32] Diese Einstellung führt dann konsequent zur transzendentalen Epoché: „Das die Weltgeltung des natürlichen Lebens leistende Leben läßt sich nicht in der Einstellung des natürlichen Weltlebens studieren. Es bedarf also einer totalen Umstellung, einer ganz eigenartigen universalen Epoché." [33]

In der Durchführung ist dieses Studium des leistende Lebens im wesentlichen Wahrnehmungsanalyse.[34] Nachdem Husserl diese Analysen eine Weile verfolgt hat, spricht er plötzlich wieder von der Aufgabe einer Ontologie der Lebenswelt. Er sagt von der Lebenswelt, dem „Universum lebensweltlicher Objekte": „Sie hätte eigentlich ohne alles transzendentale Interesse, also in der ‚natürlichen Einstellung' (transzendentalphilosophisch gesprochen: der naiven vor der Epoché), zum Thema einer eigenen Wissenschaft – einer Ontologie der Lebenswelt rein als Erfahrungswelt... – werden können." [35] Geht man nach der Ausbildung dieser Ontologie in die transzendentale Einstellung über, dann hat man das herausgestellte Apriori der Lebenswelt als transzendentalen Leitfaden für die Konstitutionsanalyse zur Verfügung.[36]

Wir sehen, daß bezüglich der Leitfaden-Funktion eine vergleichbare Unklarheit und Doppeldeutigkeit besteht, wie bezüglich der Boden-Funktion. Einmal gestattet der Begriff der Lebenswelt einen unmittelbaren Übergang in die transzendentale Position, dann nämlich, wenn Lebenswelt als Horizont verstanden wird.[37] Zum anderen aber wird eine Ontologie der Lebenswelt gefordert zur Bereitstellung der transzendentalen Leitfäden, ohne die eine Konstitutionsanalyse nicht auskommen kann. Im letzteren Fall ist Lebenswelt primär als Inbegriff verstanden, als „Universum lebensweltlicher Objekte".

[32] A.a.O. S. 146.
[33] A.a.O. S. 151.
[34] Vgl. a.a.O. S. 159 ff.
[35] A.a.O. S. 176.
[36] Vgl. a.a.O. S. 177.
[37] So scheint Landgrebe die Leitfaden-Funktion zu verstehen, wenn er schreibt (a.a.O., S. 156): „Die philosophische Grundwissenschaft von der Lebenswelt ist daher nichts anderes als die durchgeführte transzendentale Phänomenologie selbst mit ihrer Aufgabe, die weltkonstituierenden Leistungen der transzendentalen Subjektivität in ihrer ‚Tiefendimension' aufzusuchen."

VI

Wir haben in III gesehen, wie es nicht möglich war, sich für einen der beiden in II herausgestellten Lebenswelt-Begriffe zu entscheiden, da keiner für sich allein in der Lage war, die These von der Bodenfunktion der Lebenswelt verständlich zu machen. Wie sich nun in IV und V herausgestellt hat, ist jene Zweideutigkeit der Reflex einer anderen Zweideutigkeit, die jener wohl zugrunde liegt, mit ihr aber nicht deckungsgleich ist.

Angesichts der Tatsache, daß „Lebenswelt" bei Husserl ein ontologisch-transzendentaler Zwitterbegriff ist, kann jene Frage, die früher verneint werden mußte, auf einer neuen Ebene wieder gestellt werden: Ist es möglich, „Lebenswelt" konsequent entweder als ontologisch-mundanen Begriff oder aber als transzendentalen Begriff zu fassen?

Die Möglichkeit, den Begriff der Lebenswelt konsequent als ontologisch-mundanen Begriff zu fassen, scheidet deshalb aus, weil Lebenswelt dann aus der Korrelation mit dem lebensweltlichen Erfahren herausgelöst werden müßte. Lebenswelt wäre der Inbegriff des Seienden, dem, evtl. regional gegliedert, bestimmte Beschaffenheiten von ihm selbst her zukommen. Das aber würde bedeuten, daß Lebenswelt in gewisser Weise eine Welt „an sich" wäre, wobei dieses Ansich natürlich nicht den Charakter der mathematisch-logischen Substruktion zu haben brauchte. Genau genommen dürfte diese Welt, obwohl ihr Begriff als eine Modifikation des weitesten Lebenswelt-Begriffes angesehen werden kann, gar nicht „Lebenswelt" heißen. In der Fassung des weitesten Lebenswelt-Begriffs war zwar schon der ontologische Gesichtspunkt vorherrschend, aber der andere war eben auch im Spiel, sofern Lebenswelt im weitesten Sinn die subjektiv-relativen Welten mitumfaßte.

Eine Boden-Funktion in dem Sinn, wie Husserl den Begriff versteht, kann diese Welt an sich genausowenig übernehmen wie die Lebenswelt in dem früher herausgestellten engeren Sinn, und zwar aus dem gleichen Grund.

Eine Leitfaden-Funktion könnte die Wissenschaft dieser rein ontologisch gefaßten Lebenswelt, also deren Ontologie, nur in dem Sinn übernehmen, wie dies früher bei den regionalen Ontologien der Fall war. Ja, jene Ontologie der Lebenswelt wäre deckungsgleich mit der Gesamtheit der regionalen Ontologien.

Wie aber sieht die Sache aus, wenn „Lebenswelt" konsequent als transzendentaler Begriff genommen wird? Lebenswelt ist dann nicht Inbegriff, sondern Horizont im strengen Sinn. Dieser Möglichkeit, bei der man von engeren Begriff der Lebenswelt ausgehen müßte, da dieser Lebenswelt ursprünglich als Korrelat thematisiert, steht aber eine Schwierigkeit entgegen. Denn wie wir in III gesehen haben, wurde der enge Begriff der Lebenswelt durch die Entgegensetzung von Lebenswelt und Sonderwelt so restringiert, daß er als Korrektiv notwendig des weiteren Begriffes bedurfte. Auf keine der beiden von uns auseinandergenommenen Bedeutungen von Lebenswelt konnte verzichtet werden. Damit ergibt sich die Frage: Welche Bestimmung, die nur dem weitesten Begriff von Lebenswelt, nicht aber dem engeren, zukommt, muß in den engeren Begriff aufgenommen werden? Diese Bestimmung liegt in nichts anderem als in dem Relativismus der sich gegenseitig relativierenden Sonderwelten, zu welchen ja auch die objektive Welt der Wissenschaften gehört. Jener Relativismus der Sonderwelten, die ja alle in der Lebenswelt im weitesten Sinn befaßt sind, kann dadurch in den engeren Begriff aufgenommen werden, daß er (der Relativismus) konsequent als *Struktur des Horizontes* gefaßt wird.[38] Das kann hier nur kurz angedeutet werden. So gefaßt ist der Horizont ein solcher der Okkasionalität bzw. Perspektivität. Dessen Perspektivierung, die keineswegs bloß die Dimension der Raumzeitlichkeit betrifft, ist nicht fixiert, ein für allemal festgelegt, sondern beweglich und veränderlich im Rahmen eigentümlicher Tendenzen. Als jeweils aktueller bezieht der Horizont eine labile Position innerhalb gegenläufiger Dimensionen von Entperspektivierung und Reperspektivierung.[39]

Wie steht es angesichts dieser Fassung des Lebenswelt-Begriffs mit den beiden Funktionen?

Die Boden-Funktion der Lebenswelt könnte hier darin bestehen, daß die objektiven Wissenschaften innerhalb des Hori-

---

[38] Dadurch wird vermieden, daß der Begriff des Horizontes zu eng gefaßt wird, etwa als raumzeitlicher Horizont, der seinerseits auf ein schlicht anschauendes Subjekt bezogen ist. Solch ein schlicht anschauendes Subjekt ist aber eine Fiktion.

[39] Husserl selbst betont, daß dem lebensweltlichen Erfahren eine Tendenz zur Entsperspektivierung innewohnt (vgl. z.B. *Krisis* S. 148). Eine Reperspektivierung liegt z.B. immer dann vor, wenn technische Produkte in alltäglichen Gebrauch genommen werden.

zontes der Okkasionalität eine extreme Position bezögen, etwa
die einer totalen Entperspektivierung, dennoch aber in diesen
Horizont einbehalten oder auf ihn zurückbezogen blieben, indem
ihre Entperspektivierung zugleich eine Perspektivierung oder
Reperspektivierung auf eine extreme methodische Position hin
bedeutete.

Auch eine Art Leitfaden-Funktion könnte Lebenswelt in dieser
Bedeutung übernehmen. Diese wäre aber eine völlig andere als
die von Husserl ins Auge gefaßte. Die Leitfaden-Funktion könnte
nicht darin bestehen, daß eine Ontologie der Lebenswelt transzendentale Leitfäden für die Intentionalanalyse bereitstellt.
Vielmehr müßte eine Methode entwickelt werden, die Korrelation von Lebenswelt und lebensweltlichem Erfahren, unter Be-
achtung der Differenz zwischen dem, was für dieses Erfahren,
und dem, was für die transzendentale Reflexion ist, zu thematisieren.

Dadurch würde die Theorie der Lebenswelt zugleich eine transzendentale Geschichte des Bewußtseins. Ob die Husserlsche Phänomenologie die Möglichkeiten zur Ausbildung einer solchen
Methode bereithält, kann hier nicht untersucht werden. Unser
Versuch der Aufklärung der Zweideutigkeiten im Lebenswelt-
Begriff Husserls wird auch unabhängig davon für die Diskussion
von dessen Spätphilosophie von Nutzen sein.

ANTONIO AGUIRRE

TRANSZENDENTALPHÄNOMENOLOGISCHER RATIONALISMUS

Eine bekannte Stelle aus der *Idee der Phänomenologie* definiert die Vernunft als „schauende Erkenntnis" und setzt sie ab vom Verstand, dem Husserl in der Phänomenologie keinen Platz einräumen will: Er soll – in der Bedeutung und Funktion, die Husserl ihm hier zuteilt – nicht „dazwischen reden," ja er soll zur Vernunft gebracht werden. „Also möglichst wenig Verstand, aber möglichst reine Intuition; (*intuitio sine comprehensione*)" [1]. Husserl sieht sich sogar veranlaßt, die Sprache der Mystiker in Erinnerung zu bringen, „wenn sie das intellektuelle Schauen, das kein Verstandeswissen sei, beschreiben" [2]. Die Vorlesungen aus dem Jahre 1907 erheben die Vernunft zum Mittelpunkt der philosophischen Reflexion, sowohl in dem Sinne, daß sie deren Gegenstand sei, als auch in dem Sinne, daß die reflektierende Beschäftigung mit ihr dazu dienen solle, soviel Vernunft – Intuition, reine Selbstgebung, E v i d e n z – wie möglich zu realisieren. So ist Phänomenologie Vernunfttheorie, Rationalismus. Das ist eine Konstante des Husserlschen Denkens. Nichts anderes besagen die Titel „strenge Wissenschaft," „Erste Philosophie" oder schließ-

---

[1] *Idee der Phänomenologie* S. 62. Dieser Angriff Husserls auf den Verstand erinnert an den Hegels, wie er ihn vor allem in der Differenzschrift vorträgt. Spricht Heg-l vom Verstand als der „Kraft des Beschränkens" (*Sämtliche Werke*, Bd. I, S. 44), der durch die immer fortschreitende Bildung und Entwicklung der „Äusserungen des Lebens" (a.a.O., S. 47) zu einer Macht der Entzweiung und Entgegensetzung wird, so meint Husserl im Grunde dasselbe, wenn er die „Äusserungen des Lebens", ob des wissenschaftlichen oder des alltäglichen, als die falsche Verselbständlichung des Wirklichen auffaßt, also als ihre illegitime Entgegensetzung zum absolut konstituierenden Bewußtsein. In beiden Fällen kommt die Setzung des Seienden einer Beschränkung gleich, und beide Male ist die Vernunft das Heil. Wenn Husserl aber die philosophische Reflexion zur Vernunft hin lenkt, so nicht so sehr, um „solche festgewordenen Gegensätze aufzuheben" (a.a.O., S. 46), worin nach Hegel „das einzige Interesse der Vernunft" (ebd.) besteht, sondern vielmehr, um den Gegensatz selbst aus den Leistungen des Bewußtseins verständlich zu machen.
[2] Ebd.

lich ,,Wissenschaft von der Lebenswelt" in der Krisisabhandlung.
Die Krisisabhandlung ist ein klares Beispiel für die Eigenart
der Begriffe Vernunft, Evidenz bzw. Rationalismus innerhalb des
phänomenologischen Systems der Philosophie. Die Leidenschaft
der Vernunft durchzieht dieses Werk und gipfelt in der Aufstellung des dogmatisch klingenden Satzes: ,,Denn von neuem
betone ich: wahre und echte Philosophie bzw. Wissenschaft und
wahrer und echter Rationalismus ist einerlei." [3] Nur eine Philosophie, die Vernunft als das ,,Spezifische des Menschen" [4], als
ihm ‚eingeborene' [5] ansieht und folglich den Menschen von
seinem Streben her begreift, Vernunft zu verwirklichen, um auf
diese Weise in einem Höchstmaß von Autonomie, Verantwortung,
Freiheit zu leben, ist nach Husserl imstande, der ursprünglichen
Intention jedes echten Philosophierens Rechnung zu tragen.
Vernunft, oder in der Sprache der *Krisis*: Selbstverantwortung,
Apodiktizität, Freiheit als höchstes Ziel menschlichen Daseins
muß deshalb oberstes Ziel der philosophischen Besinnung sein.
Philosophie muß sich als rationale, als Vernunfterkenntnis,
ἐπιστήμη, verstehen, weil sie in der Reflexion die Limessituation
der absoluten Herrschaft der Vernunft als Richtmaß für menschliches Denken und Handeln widerspiegeln soll.
Weil dem Menschen die Vernunft eingeboren, also sein ,,Spezi-
fisches" ist, weil er das καθόλου gegenüber dem Tier hat und
daher schließen, argumentieren und sich ,,vernünftig" entscheiden kann,[6] weil der Mensch also *animal rationale* ist, deswegen
kann eine Philosophie, die ihren Ausgangspunkt im Bewußtsein
hat, nichts anderes als Rationalismus sein.
So gesehen scheint das Husserlsche Bekenntnis zum Rationalismus eine ziemlich naiv-unkritische Übernahme des alten Krite-
riums für die Legitimität des philosophischen Tuns und würde
rechtfertigen, daß man ihn als den ,,Erben der großen Rationa-
listen" bezeichnet.[7]
Nun ist die *Krisis* selbst, wie auch alle transzendentalphäno-

[3] *Krisis* S. 200. Vgl. auch S. 273: ,,So ist Philosophie nichts anderes als Rationalismus..."
[4] A.a.O., S. 272.
[5] Vgl. a.a.O., S. 14, 272, 273.
[6] Vgl. *Krisis* S. 270. Das bezieht Husserl auf den Menschen des alltäglichen Lebens.
Wieviel mehr gilt es für den Menschen der Wissenschaft!
[7] So W. Biemel in der Einleitung zur *Krisis* S. XXI.

menologischen Schriften Husserls, eine klare Absetzung gegen den klassischen Rationalismus. In demselben Passus, wo Husserl Philosophie und Rationalismus identifiziert, können wir lesen: „Der Rationalismus des Zeitalters der Aufklärung ist nicht mehr in Frage, ihren großen Philosophen und denen der Vergangenheit überhaupt können wir nicht mehr folgen." [8] Die geschichtsphilosophischen und noch mehr die systematischen Darlegungen der *Krisis* dienen Husserl dazu, die alte Form des Rationalismus in ihrer philosophischen Untauglichkeit zu enthüllen. Wenn der Primat der Vernunft dafür entscheidend ist, daß eine Philosophie Rationalismus ist, auf der anderen Seite aber das traditionelle rationalistische Modell nicht mehr in Frage kommt, dann muß die Phänomenologie, die an diesem Primat festhalten und der Tradition zugleich absagen will, ein neues Verständnis von Vernunft und in seiner Folge von Theorie und Wissenschaft ausbilden, eine neue theoretische Betrachtungsweise. Husserl führt sie in der *Krisis* aus in der Form einer Phänomenologie der Lebenswelt, d.h. des Heraklitischen Flußes der Erlebnisse, in denen sich uns zunächst keine allgemeinverbindliche Objektivität, sondern die Welt erschließt, so wie wir sie jeweils m e i n e n, die Welt der δόξα. Der Rationalismus der *Krisis* verzichtet also auf ein Vernunftverständnis ausschließlich von der ἐπιστήμη her. Die Erörterungen der *Krisis* laufen zwar keineswegs darauf hinaus, daß die ἐπιστήμη verworfen würde, sie besagen aber, daß ein „wahrer und echter" Rationalismus die δόξα nicht einfach ignorieren oder gar verachten, sondern sie ganz im Gegenteil als Fundament der Wissenschaft aufnehmen muß.[9] Der neue Begriff von Vernunft, aus dem der neue Rationalismus der Phänomenologie entstehen soll, muß aus seiner Korrelation mit dem Begriff der subjektiv-relativen Lebenswelt verstanden werden. Denn nur eine Wissenschaft von der Lebenswelt kann das Grundübel des alten Rationalismus: seine V e r ä u ß e r l i c h u n g, d.h. seine „Versponnenheit in ‚Naturalismus' und ‚Objektivismus'"[10], die aus ihm einen D o g m a t i s m u s machen, beseitigen. Jedoch

---

[8] *Krisis* S. 200. Diese Ablehnung des Rationalismus klassischer Prägung ist nicht erst Sache der *Krisis*, sondern bestimmte Husserls Denken im Grunde immer. Diese Einstellung wird besonders deutlich in der Vorzugsstellung, die Husserl (vgl. z.B. *Erste Philosophie I* S. 187) dem Skeptizismus vor dem alten Rationalismus einräumt.
[9] Vgl. a.a.O., S. 126–128, 158–159.
[10] *Krisis* S. 347.

bevor wir auf diese Korrelation und damit auf das Hauptanliegen unserer Überlegungen eingehen, müssen wir uns die Husserlsche Charakteristik der Vernunft als „Schauen", „Intuition" näher ansehen, die Husserl schon lange vor der systematischen Einführung des Begriffes „Lebenswelt" benutzte und die schon, wie wir sehen werden, jene Korrelation implizit enthielt.

Vernunft ist „schauende Erkenntnis", „Intuition". Es ist bekannt, welch grundlegende Bedeutung die Intuition im Rahmen der Phänomenologie hat, zumindest, welche Funktion Husserl ihr einräumen möchte. Das „Prinzip aller Prinzipien" in den *Ideen I* unterstreicht diese fundamentale Rolle der Intuition, indem es sie als „Rechtsquelle der Erkenntnis" hinstellt.[11] Dies kann sie sein, weil sie ein originär gebender Akt ist, ein „unmittelbares ‚Sehen' (νοεῖν)"[12]. Dieses Sehen wiederum ist „die letzte Rechtsquelle aller vernünftigen Behauptungen.[13]"

Vernünftig handelt also der Mensch, wenn er „anschauend", „sehend" vorgeht. Wenden wir uns dem Kontext der Stelle aus der *Idee der Phänomenologie* zu – einem Kontext übrigens, dessen Gedanken vielfach in den Schriften Husserls wiederkehren –, so können wir feststellen, daß Husserl unter der Vernünftigkeit, die er für die Phänomenologie fordert, offenbar dasjenige versteht, was dem menschlichen Verhalten normalerweise gerade fehlt; denn der Aufruf zur Vernunft und die Verdammung des Verstandes hat nicht den Sinn einer propädeutischen Empfehlung zur Vorbereitung der philosophischen Einstellung, wie sie die Phänomenologie erreichen will. Husserl will nicht sagen, dafür sei es ratsam, den Schwerpunkt von der einen Erkenntnis- oder Verhaltensmöglichkeit auf eine andere ebenso vertraute Möglichkeit zu verlagern. Es geht ihm vielmehr darum, darzutun, daß die Absage an den Verstand bzw. die Bekehrung zur Vernunft einen radikalen Bruch mit den normalen, natürlichen Erkenntnis- und Verhaltensmöglichkeiten überhaupt darstellt. Grundzug dieser natürlichen Haltung ist das ständige Überschreiten des rein

---

[11] *Ideen I* S. 52.

[12] A.a.O., S. 44. Bei diesem Wort, ebenso wie dort, wo er ἐπιστήμη und δόξα gebraucht, dürfte Husserl nicht allgemein an die griechische Philosophie, sondern konkret an Plato denken. Hatte Plato dem bloßen δοξάζειν das γιγνώσκειν als Wissen des Wahren (ἐπιστήμη) gegenübergestellt (vgl. besonders Politeia V und VI), so will Husserl mit seiner eigentümlichen Auffassung des νοεῖν diesen Gegensatz versöhnen.

[13] Ebd. Von mir hervorgehoben.

Geschauten. Das ,,mit dem Schauen verflochtene transzendierende Meinen, das vermeintliche Mitgegebenhaben, das Mitgedachte und ev. das durch hinzukommende Reflexion Hineingedeutete..." [14], worin sich das natürliche Bewußtsein aufhält, das alles sind uneingelöste Blankoscheine, sie taugen nichts und müssen deshalb ausgeschaltet werden.[15]

Dieselbe Sachlage begegnet uns in den Betrachtungen über die Vernunft, die Husserl in der III. *Cartesianischen Meditation* vorlegt, wenn es auch Husserl hier nicht darum geht, die Vernunft vom Verstand abzusetzen. Danach ist Vernunft ,,kein zufälligfaktisches Vermögen, nicht ein Titel für mögliche zufällige Tatsachen, vielmehr für eine universale wesensmäßige Strukturform der transzendentalen Subjektivität überhaupt" [16]. Diese wesensmäßige Struktur basiert, wie Husserl anschließend erörtert, auf der ausgezeichneten Bewußtseinsweise der Evidenz als der ,,Selbstgegebenheit," des ,,Sich-selbst-Darstellens" der betreffenden Gegenständlichkeit ,,im Endmodus des *Selbst da, unmittelbar anschaulich, originaliter gegeben*" [17]. ,,Für das Ich", fährt Husserl fort, ,,besagt das: nicht verworren, leer vormeinend auf etwas hinmeinen, sondern bei ihm selbst sein, es selbst schauen, sehen, einsehen" [18]. Die Verstrickung der Erkenntnis ins ,,bloß Mitgemeinte", ,,bloß Mitgedachte", oder mit den *termini technici* der Transzendentalphänomenologie: ins ,,bloß im Vorgriff horizonthaft Antizipierte", ist also das Werk des Verstandes, der damit die ,,Veräußerlichung" der Vernunft bewirkt und sie so zu einem ,,Vermögen" des Menschen der Natürlichkeit degradiert.

Der Vorrang der Vernunft gegenüber dem Verstand rührt nach dem bisher Gesagten daher, daß sie als Sehen, Schauen, νοεῖν der Unmittelbarkeit der Selbstgebung fähig ist, während der Verstand nur mittelbar, nämlich auf dem Umweg über den Horizont des Gegebenen seiner Gegenstände habhaft wird. Mit der so gefaßten Unterscheidung stoßen wir aber auf gewisse Schwierigkeiten. Gehen wir dem Unterschied von Verstand und Vernunft in der Systematik der Phänomenologie nach, so stellen wir fest, daß Husserl keineswegs den Begriff Vernunft auf die Fälle un-

---

[14] *Idee der Phänomenologie* S. 62.
[15] Vgl. ebd.
[16] *Cart. Meditationen* S. 92.
[17] Ebd.
[18] A.a.O., S. 93.

mittelbaren Sehens beschränkt und entsprechend dem Verstand die synthetischen Leistungen des Bewußtseins vorbehält. Vielmehr gebraucht er Vernunft sowohl für das Sehen wie für die Synthesis. Die kantische strenge Unterscheidung zwischen Verstand und Vernunft, zumindest wie Kant sie in der *Kritik der reinen Vernunft* prägte, liegt Husserl fern. Ein Beispiel dafür ist eine Stelle aus der *Krisis*, an der Husserl sich auf einige Gedanken der *Kritik der reinen Vernunft* bezieht. Er bemerkt hier, für Kant könne der Ursprung oder die „Ursache" der sinnlichen Daten, also die „Dinge an sich," durch menschliche Wissenschaft nicht erklärt werden, da diese das An-sich nicht in ihren Griff bekommen könne. Diese menschliche Wissenschaft sei nach Kant – fährt Husserl fort – „eine durch das Zusammenspiel der subjektiven Vermögen ‚Sinnlichkeit' und ‚Vernunft' (oder wie Kant hier sagt, ‚Verstand') gebundene Leistung" [19]. Kant sagt also Verstand, wo Husserl von Vernunft sprechen würde; Husserl spricht der Vernunft Funktionen oder Leistungen zu, die Kant als die des Verstandes ansah. An einer anderen Stelle erörtert Husserl die Gedanken des Descartes über Vernunft und Sinnlichkeit. Zunächst referiert er diese Gedanken, dann geht er dazu über, das, „was Descartes meint" [20], in der Sprache der Phänomenologie auszudrücken, und alsbald verwandelt sich die erkennende oder konkreter: urteilende Funktion der Vernunft in das „Apperzipieren", „als etwas Auffassen", was nach Husserl ein „Urteilen" ist. Das Urteilsvermögen ist die Vernunft, „Vernunft im weiteren Sinne...Urteilsvermögen, um dessentwillen wir Menschen vernünftige Lebewesen heißen" [21]. Das Apperzipieren ist, wie wir noch sehen werden, die noetische Beseelung, die „Rationalisierung" der Materie [22] oder die Synthesis des Mannigfaltigen der Anschauung, derart, daß hiermit Bewußtsein von etwas so zustandekommt, daß der Gegenstand „sich darin bekunden, ausweisen und *vernünftig* bestimmen lassen kann" [23].

Daß die Vernunft Synthesis übt, urteilt usw., d.h. Funktionen leistet, die mit einer *intuitio sine comprehensione* nicht viel Ähnlichkeit haben, scheint also im Widerspruch zu stehen mit dem

[19] *Krisis* S. 98.
[20] A.a.O., S. 421.
[21] Ebd.
[22] Vgl. *Ideen I* S. 213.
[23] A.a.O., S. 212; von mir hervorgehoben.

Aufruf in der *Idee der Phänomenologie*. Der Verstand sollte ausgeschaltet werden, weil er nicht die intuitiv-unmittelbare Erkenntniskraft der Vernunft besitzt. Wenn die Vernunft der Partner der Sinnlichkeit bei der Konstitution der Objektivität sein soll, dann ist die Rede von ihrer Unmittelbarkeit zumindest verwirrend; ist doch ein Zusammenspiel von intellektiven und sinnlichen Kräften in der Erkenntnis ein Zeichen von vermittelter Erkenntnis.

Wir wollen jedoch mit diesen Reflexionen keineswegs andeuten, daß die Husserlsche Auffassung von Vernunft irgendwelche logischen Widersprüche enthält. Es geht uns darum, auf die eigentümlichen Züge des Husserlschen Begriffes der Unmittelbarkeit als des Grundcharakters der Vernunft aufmerksam zu machen. Es handelt sich, wie wir sagten, um ein Sehen, ein νοεῖν, das jeweils die Selbsterfassung eines Gegenstandes erwirken soll. Eine solche Selbsterfassung auf Grund von unmittelbarer Anschauung gibt es sowohl von Gegenständen der sinnlichen Wahrnehmung als auch von denen des Denkens. Husserl weist an einer Stelle die Argumente derjenigen, die nur die sinnliche Erfahrung als unmittelbar gebend gelten lassen wollen, mit dem Hinweis zurück, daß auch die letztere „ihre vielfältige Implikation" habe,[24] d.h. ihre Weise der Mittelbarkeit. Mag sie auch passiv verlaufen, so herrscht doch auch bei ihr ebenso wie bei der Spontaneität des Denkens „Synthesis" – eine Synthesis, die einmal zur unmittelbaren Erfahrung des sinnlichen Gegenstandes, einmal zur unmittelbaren Erfahrung einer Reihe von Gedanken oder ihrer Folge führt. Husserl faßt zusammen: „Jede Art Gegenständlichkeit hat ihre Unmittelbarkeit der Gegebenheit, ihre Art der Anschauung, der selbstgebenden Evidenz." [25] Noch einmal gesagt: Unmittelbarkeit, selbstgebende Evidenz und Synthesis schließen sich nicht aus.

Mit der Stelle aus der *Idee der Phänomenologie* muß man also offenbar vorsichtig umgehen. Die „schauende Erkenntnis", die „reine Intuition", das „schauende Auge", das alles sind zwar Ausdrücke für Unmittelbarkeit – aber für eine solche, die in sich selbst und auf eine Weise, die zu zeigen uns noch bevorsteht, die Mittelbarkeit oder Vermittlung enthält. Das läßt sich auch so sagen: Durch die für die Erscheinung jeglicher Gegenständlich-

---

[24] *Erste Philosophie I* S. 131.
[25] Ebd.

keit notwendige Synthesis ist die Vernunft auf den Verstand angewiesen. Dieser, so könnte man die Sachlage auslegen, übt die
Synthesis, die Vernunft sieht ,,unmittelbar'' das Resultat, ist
,,bei dem Gegenstand selbst''.

Und doch bleibt bestehen, daß die antizipationsmäßige Horizonthaftigkeit der Gegebenheiten des natürlichen Lebens das ist,
was der Verwirklichung der Philosophie als vernunftgemäßer
Wissenschaft und in der Folge der Verwirklichung eines Lebens
in Autonomie, Freiheit, Selbstverantwortung im Wege steht.
Weil hier die Momente des ,,bloß Antizipierten'' d.h. des nicht
selbst-Daseins herrschen, verhindert sie die vollkommene Wissenschaftlichkeit, die Letztbegründung des Wissens, wodurch sich
nach Husserl die Philosophie auszeichnet. Das Gegenteil des bloß
Antizipierten stellt das Selbstgegebene dar, dasjenige also, das
aus der Verflechtung mit seinem Horizont befreit wurde. Dem
durch Mitgegebenheit gekennzeichneten Verstand stellt sich die
der Selbstgebung fähige Vernunft entgegen. Den Verstand zur
Vernunft zu bringen, wie die *Idee der Phänomenologie* es will,
hieße also, einen Weg vom bloß Mitgegebenen, bloß leer Vermeinten, horizonthaft Antizipierten zum Selbstgegebenen, Selbst-
anwesenden, Selbstangeschauten einzuschlagen – einen Weg, der
einer Beschränkung gleichkäme, nämlich der ,,auf die Sphäre der
reinen Selbstgegebenheiten...'' [26]. Diese Beschränkung ist
aber nichts anderes als die phänomenologische Reduktion, die
dafür garantieren soll, daß die philosophischen Aussagen einen
wahrhaft wissenschaftlichen Charakter aufweisen, d.h. in letzter
und reiner Evidenz gemacht werden. Nur das Gelingen der reinen
Selbstgegebenheit könnte die Schranken des Verstandes beseitigen, was aber nichts anderes bedeutete, als daß die Synthesis zum
Stillstand käme.

II

Um den Zusammenhang von Vernunft und (vermittelter) Unmittelbarkeit zu verdeutlichen, wollen wir nun einige Betrachtungen durchgehen, die Husserl diesem Fragenkomplex widmete.
Husserl hat sich nämlich nicht damit begnügt, den etwas pathe-

[26] *Idee der Phänomenologie* S. 60.

tischen Aufruf zur Vernunft auszusprechen, sondern er hat das
Sehen, das die Vernunft ist, gründlichen phänomenologischen
Analysen unterzogen. Aus ihnen geht hervor, daß dieses Sehen
sich nicht nur überhaupt auf seinen Gegenstand richtet, sondern
in eins damit ihn als *wirklich seiend* setzt. Das Sehen der Vernunft
schafft Wirklichkeit, Wahrheit. Deshalb fällt die Problematik der
Vernunft in den Zusammenhang der Frage nach der Konstitution
der Gegenstände, und zwar nicht nur, sofern damit deren Relativität auf das Bewußtsein aufgedeckt wird, sondern sofern sie
darüber hinaus als wirklich oder wahr seiend erwiesen werden.
So finden wir etwa in der III. *Cartesianischen Meditation* alle
diese Begriffe vereinigt im Titel dieses Teiles und in dem seines
ersten Paragraphen: ,,Die konstitutive Problematik. Wahrheit
und Wirklichkeit''; Paragraph 23: ,,Prägnanterer Begriff der
transzendentalen Konstitution unter den Titeln ,Vernunft' und
,Unvernunft'''. Dieselben Erörterungen enthält der IV. Abschnitt von *Ideen I*: ,,Vernunft und Wirklichkeit'', in dessen
zweitem Kapitel Husserl eine ,,Phänomenologie der Vernunft''
vorlegt. In beiden Werken ist der Zusammenhang folgender:
Husserl hatte schon in den der Vernunftproblematik vorher-
gehenden Darlegungen phänomenologische Untersuchungen
durchgeführt mit dem Ziel, die Relativität alles Seienden auf das
es in irgendeinem Modus erfahrende Bewußtsein aufzuweisen.
Der Gegenstand – Ding, Zahl, Wesen usw. – erweist sich als not-
wendiges Korrelat eines ,,Systems'' von noetisch-noematischen
Bewußtseinsmannigfaltigkeiten. Der Gegenstand ,,konstituiert''
sich, ,,macht'' sich im bewußtseinsmäßigen Prozeß solcher Mannigfaltigkeiten, d.h. er resultiert aus ihrer Synthesis.
    Nun führt der Aufweis dieser bewußtseinsmäßigen Verfassung
des Seienden nur bis zu der Erkenntnis, daß dem Seienden kein
ontologisches An-sich zukommt, und daß es ausschließlich als
intentionales Korrelat zu gelten hat, d.h. mit der Terminologie
von *Ideen I*: als Sinn und Satz. Ein weiterer Schritt, der sich dann
als nötig erweist, muß darin bestehen, die Systeme von Erlebnissen oder Erscheinungen daraufhin zu prüfen, wie sie geartet
sein müssen, damit der subjektiv-noematische Sinn auch (phänomenologisch verstandene) objektive Wirklichkeit erlangt und als
wirklich seiend erfahren wird. ,,Was besagt dann aber'', fragt sich
Husserl in den *Ideen*, ,,dieses ,wirklich' für Gegenstände, die

bewußtseinsmäßig doch nur durch Sinne und Sätze gegeben sind?... Die Frage ist also, wie in phänomenologischer Wissenschaftlichkeit all die Bewußtseinszusammenhänge...zu beschreiben sind, die einen Gegenstand schlechthin...eben in seiner Wirklichkeit notwendig machen." [27]

Mit der Inangriffnahme dieses Problemkomplexes vollzieht sich der Übergang zur Phänomenologie der Vernunft oder zu den „Problemen der Wirklichkeit und den korrelativen des sie in sich ausweisenden Vernunftbewußtseins" [28]. Man muß zur Vernunft übergehen, weil sie die Instanz ist, die „Rechtsprechungen" vollzieht, d.h. die Entscheidungen über Wirklichkeit, Möglichkeit, Wahrscheinlichkeit des Erfahrenen trifft.[29] Eine Lehre von der Vernunft muß das „Wesen dieses Rechtes und korrelativ das Wesen der ‚Wirklichkeit'" zur Klarheit bringen.[30]

Die Korrelation Vernunft-Wirklichkeit bedeutet des näheren, daß jede Aussage, durch die ein Gegenstand als wahr oder wirklich seiend gesetzt wird, eine vernünftige Aussage sein muß, und dies wiederum besagt soviel wie, daß das Ausgesagte oder Gemeinte sich „begründen", „ausweisen", ja – mit dem für unsere Zwecke wichtigeren Ausdruck – sich „sehen" lassen muß.[31] Begründbarkeit, Ausweisung bürgen für die Vernünftigkeit und demzufolge für die Wirklichkeit des Gemeinten. In der Wirklichkeit herstellenden vernünftigen Ausweisung besteht das Vernunftbewußtsein, bestehen die setzenden, positionalen Erlebnisse. Ihrem Setzungs- oder, „was hier dasselbe sagt" [32], ihrem Seinscharakter entspricht die Wirklichkeit und Wahrheit des Erfahrenen. Sein ist somit Korrelat von Vernunft, oder auch: „Vernunftbewußtsein (bezeichnet) überhaupt eine oberste Gattung von thetischen Modalitäten" [33].

Die Rechtsprechung der Vernunft vollzieht sich als ein Urteil [34] über Sein oder Nichtsein, Vermutlichsein usw. des Vermeinten. Es handelt sich also um eine synthetische Leistung, die Husserl gleichwohl der Vernunft zuschreibt. Nun kommt aber etwas Ent-

---

[27] *Ideen I* S. 332.
[28] A.a.O., S. 333.
[29] Vgl. a.a.O., S. 331/332.
[30] A.a.O., S. 332.
[31] Ebd.
[32] A.a.O., S. 335.
[33] A.a.O., S. 337.
[34] Vgl. a.a.O., S. 331.

scheidendes hinzu: Die seinssetzende Rechtsprechung der Vernunft schöpft ihre Legitimität aus einer ausgezeichneten Bewußtseinssituation, in der der bis dahin nur als Sinn und Satz konstituierte Gegenstand originäre Erfüllung erlangt. Die Originarität motiviert die vernünftige Ansetzung von etwas als seiend und so und so seiend. Die Setzung ist dann nicht beliebig oder willkürlich gemacht, sondern stützt sich auf einen selbstgebenden Grund. „Die Setzung", sagt Husserl, „hat in der originären Gegebenheit ihren ursprünglichen Rechtsgrund" [35], der hier den Vorzug des „ursprünglichen Grundes" [36] hat, was bei anderen, nicht originären Gegebenheitsweisen nicht vorkommt. *An dieser Stelle fließen beide Bedeutungen von Vernunft: einerseits schauende Erkenntnis, reine Intuition (Idee der Phänomenologie), andererseits wirklichkeitsherstellende Setzung (Ideen I), zusammen.* Denn unter einer originären Gegebenheit versteht Husserl diejenige, in der das Erfahrungssubjekt sich „sehend", „wahrnehmend" zum Gegenstand verhält bzw. dieser sich „leibhaftig", „selbst da", eben originaliter präsentiert. Diese ausgezeichnete Weise der Erfahrung ist kein Privileg der sinnlichen Anschauung, sondern erstreckt sich auf jede Aktsphäre: So wie es das anschauliche Sehen eines Hauses gibt, so gibt es die intuitive Vorstellung einer mathematischen Formel, eines Wesens, eines Wesensverhältnisses usw. Aus der originären Gegebenheit schöpft die Vernunft ihren höchsten Wert; hier in der „Urdoxa", wie Husserl sie nennt, in der ursprünglichen Glaubensgewißheit, ist sie, mit den Worten Husserls, „Urvernunft" und korrelativ „Urwahrheit" [37]. Diesen Vernunftcharakter der „einsehenden" Setzung nennt Husserl Einsicht oder Evidenz, und er definiert sie als die „Einheit einer Vernunftsetzung mit dem sie wesensmäßig Motivierenden" [38]. Die originäre Gegebenheit kann Wirklichkeit setzen, weil sie schauende Erkenntnis ist, Evidenz.

Da Vernunft Sein bedeutet, besagt Unvernunft soviel wie Nicht-sein oder Unwirklichkeit. Der Gültigkeit stellt sich die Ungültigkeit entgegen, der Evidenz die Absurdität.[39] Aber zwischen diesen beiden Extremen erstreckt sich eine Gradualität von Ver-

---

[35] A.a.O., S. 335.
[36] Ebd.
[37] A.a.O., S. 342.
[38] A.a.O., S. 336.
[39] Vgl. a.a.O., S. 353.

nunftmodi. Die ursprünglich vollkommene Vernunftkraft der originären Gegebenheit kann sich je nach Erfahrungssituation abschwächen – es treten setzungsentkräftende Motive auf –, oder umgekehrt kann sie steigen – die Fülle der Setzungsmotivationen wird reicher –, womit die Vernunft verschiedene Werte, verschiedenes ,,Gewicht'' bekommt. So steht der originären Gegebenheit die Reihe der nichtsehenden, nicht-wahrnehmenden Akte bzw. derjenigen bewußtseinsmäßigen Möglichkeiten gegenüber, die als ehemals einsehende Akte inzwischen diesen ihren Charakter verloren haben. Dies letztere ist z.B. der Fall bei einer Aussage, die ,,auf Grund eines dunkeln und verworren bewußten Aktuntergrundes'' [40] gemacht wurde. Man kann etwa in einsehender Weise prädizieren, daß $2 + 1 = 1 + 2$ ist, man kann es auch ,,blind'' tun. Umgekehrt kann eine Erinnerung klar und deutlich das Wiedererinnerte zum Vorschein bringen, ein einsehender, selbstgebender Akt ist sie nicht: Der Gegenstand wird nicht anschaulich bewußt, sondern bloß vergegenwärtigt. Das gilt ebenso für die im strengen Sinne vergegenwärtigende Wiedererinnerung wie für die Retention, d.h. die noch im lebendigen Erfahren enthaltenen, gerade verflossenen Phasen der Wahrnehmung (des Denkens usw.). Eine Minderung der Vernunftkraft wie bei allen diesen positionalen Erlebnissen finden wir auch in jenen Fällen, in denen die Seinssetzung selbst sich modifiziert, ,,modalisiert''. Die Ansetzung von etwas als bloß Mögliches, Wahrscheinliches, Wünschenswertes usw. entbehrt hinsichtlich ihres Gegenstandes der Anschaulichkeit und somit der Evidenz, die die originäre Gegebenheit charakterisiert.[41]

Diese Überlegungen über die originäre Gegebenheit haben für Husserl den Sinn zu zeigen, daß alle Bewußtseinsmodi oder Gegebenheitsweisen mit sekundärem Vernunftcharakter auf die Urform der Originarität zurückverweisen als denjenigen Gegebenheitsmodus, aus dem sie ihre Rechtmässigkeit ziehen. Das ist für die Frage der Bestimmung von Vernunft von entscheidender Be-

---

[40] A.a.O., S. 335.
[41] Selbstverständlich gibt es Gradualität der Vernunft nicht nur im Übergang von der Erinnerung zur Wahrnehmung bzw. von der Möglichkeit zur Wirklichkeit oder umgekehrt, sondern schon innerhalb derselben Aktsphäre können die Vernunftwerte verschieden sein: eine anfangs unklare Erinnerung kann sich im Laufe des Erinnerungsaktes verdeutlichen, ,,erfüllen''; die Motive für die Möglichkeit von etwas können allmählich reicher werden usw.

deutung. Die Retention ist das Soeben-gewesensein eines lebendigen Aktes, die Wiedererinnerung die bewußtseinsmäßige Beziehung auf eine damalige lebendige Erfahrung, die Erwartung auf eine ausstehende usw. In anderer Hinsicht ,,(besagt) das ,möglich' in sich selbst soviel wie ,möglich seiend', das ,wahrscheinlich'. . . soviel wie ,wahrscheinlich seiend'." [42] Die originäre Gegebenheit erscheint als der ursprüngliche Ort der Vernunft. Diese kann urteilen, daß etwas ist, weil sie dieses Etwas gesehen hat. Die Synthesis ist somit an das Sehen gebunden.

Jedoch ist diese Bestimmung der originären Gegebenheit noch unvollständig. Die Fälle der Rückverweisung auf sie müssen um einen Fall ergänzt werden, der sich zwar aus den Überlegungen Husserls ergibt, aber von ihm nicht explizit behandelt wird. Ein originär gebendes Bewußtsein ist dadurch charakterisiert, daß sein Gegenstand unmittelbar anschaulich, leibhaftig bewußt wird. Der betreffende Gegenstand ist aber streng phänomenologisch zu verstehen, d.h. als Sinn und Satz, als der ,,vermeinte als solcher", der durch die konstituierenden Leistungen des Bewußtseins hervorgebracht wird. Das originär gebende Bewußtsein ist demnach zwar originär, aber zugleich bloß intentional vermeinend. Als solches kann es nun trotz seiner Unmittelbarkeit *inadäquat* sein, und zwar dann, wenn es in der Setzung seiner Gegenständlichkeit Momente dieser miteinschließt, die nicht selbst da sind, sondern nur dank eines antizipierenden V o rg r i f f e s – einer Mitmeinung – zusammen mit dem ,,eigentlich Erscheinenden" [43] bewußt werden. Ein neuer Gegensatz erscheint hier, nämlich der zwischen diesem selbst Erscheinenden und dem bloß Antizipierten. Die Setzung auf Grund der originären Gegebenheit vollzieht sich nun auf Grund dieses wirklich, leibhaftig Erscheinenden oder der Erscheinung als des einzig originär Präsenten: ,,Vernünftig motiviert ist die Setzung dabei nur durch die Erscheinung (den unvollkommen erfüllten Wahrnehmungssinn) an und für sich, in ihrer Vereinzelung betrachtet." [44]

Damit bekommt die Rede von der ,,originären Gegebenheit" eine fundamentale Präzisierung: Zwar weisen alle anderen Ge-

[42] A.a.O., S. 258.
[43] Vgl. *Ideen I* S. 338.
[44] A.a.O., S. 339.

gebenheitsweisen auf sie, sie selbst enthält aber noch eine Art immanenter Rückverweisung; denn das bloß Antizipierte verweist für seine Vernunftsetzung auf den ursprünglichen Kern des eigentlich Erscheinenden. *Nur diesen Kern, nicht die ganze Breite der originären Gegebenheit kann man als dasjenige bestimmen, worauf Vernunft gründet.* Nicht die ganze originäre Gegebenheit ist originär gegeben.

Auf diesen Urkern des wirklich originär Erscheinenden, auf die *Erscheinung* müssen sich also unsere Bemühungen um die Klärung der Korrelation Vernunft – Lebenswelt konzentrieren. Denn in der Erscheinung meldet sich die Welt, so wie sie *jeweils* für den Erfahrenden da ist, unter den und den situationsgebundenen Umständen, subjektiv-relativ. Thematisiert man die Erscheinung und zieht man in der Reflexion die Konsequenzen, die aus ihrem Status für den Status der Wirklichkeit folgen, so wird die selbstverständlich vorhandene Welt der natürlichen Einstellung zur subjektiv-relativen Lebenswelt. Die Vernünftigkeit, die die Erscheinung dem Ganzen der originären Gegebenheit verleiht, muß sich also erweisen als die Vernünftigkeit der Lebenswelt als des einzig originär Gegebenen, m.a.W. als die Vernünftigkeit der δόξα.

Nun ist die Herausarbeitung des eigentümlichen Charakters der Erscheinung das Werk der allgemeinen Phänomenologie als Kritik oder Theorie der Erfahrung. Deswegen kann Husserl in den *Ideen I* sagen, daß die Phänomenologie der Vernunft oder Noetik ,,durchaus die allgemeine Phänomenologie voraussetzt'' [45]. Wenig später bezeichnet Husserl die Intentionalität als den ,,Problemtitel, der die ganze Phänomenologie umspannt'' [46]. Diese um die Intentionalität zentrierte Phänomenologie ging in den *Ideen I* und in den *Cartesianischen Meditationen* der Phänomenologie der Vernunft vorher und findet sich sonst in allen Schriften, in denen es Husserl darum geht, den Erscheinungscharakter der Welt nachzuweisen, so z.B. auch in der *Krisis*, vornehmlich in den Paragraphen 43 bis 55. Hier ist sie zwar nicht Vorstadium zu einer Phänomenologie der Vernunft, wohl aber die Beschreibung des Weges zum ,,wahren und echten'' Rationalismus, wie wir anfangs andeuteten. Die Phänomenologie der Vernunft der *Ideen I* und der *Cartesianischen Meditationen* führt

[45] A.a.O., S. 353.
[46] A.a.O., S. 357.

uns zur Phänomenologie der Erscheinung oder der Lebenswelt der *Krisis* und somit zur Korrelation Vernunft – Lebenswelt, auf die wir im ersten Teil noch nicht eingehen konnten.

III

Dieser Übergang verdeutlicht sich sofort, wenn wir uns an die Grundcharaktere der Lebenswelt erinnern. Husserl setzt sie bekanntlich der objektiv-logischen Welt der Wissenschaften bzw. allgemeiner, des objektiven Denkens entgegen. Weil die ,,wahre" Welt des objektiven Denkens bloß eine ,,logische Substruktion" [47] ist, entbehrt sie prinzipiell jeder *Anschaulichkeit*, sie ist nicht *selbst da*, sie kann nicht *selbst* wahrgenommen werden, sie ist keiner *unmittelbaren* Erfahrung fähig.[48] Nur die Lebenswelt als der Fluß der subjektiven Gegebenheitsweisen der Wirklichkeit ist in ,,unmittelbarer Präsenz Erfahrenes" [49] und deswegen ein ,,Reich ursprünglicher Evidenzen" [50]. Die Auszeichnung der Welt der δόξα ist diese ihre Evidenzfähigkeit.

Nun hat die Lebenswelt das Widersprüchliche in sich, daß sie trotz dieser ihrer Charaktere der Ursprünglichkeit, Unmittelbarkeit, Evidenz, unmittelbarer Präsenz usw. keinen unmittelbaren Zugang mehr zu sich zuläßt, weil ihre Unmittelbarkeit vom Objektiven überlagert ist. Es bedarf der kritischen Arbeit des Abbaues aller durch das objektivierende Denken gebildeten Schichten, um zu dem Ort der ursprünglichen Evidenzen vorstoßen zu können. Von der eigenen Thematik der *Krisis* her, die die Lebenswelt primär als Gegenpol der objektiv-wahren Welt der Wissenschaften versteht, wird als ein erstes ,,die Epoché von der objektiven Wissenschaft" [51] gefordert. Bald darauf verwandelt sich diese zunächst noch auf die Sphäre der Wissenschaften beschränkte Epoché in eine ,,universale Epoché hinsichtlich der Wirklichkeit der lebensweltlichen Dinge" [52], die nicht nur die objektive Schicht der wissenschaftlichen Auslegung der Welt ausschaltet, sondern zugleich damit ganz allgemein jede

[47] *Krisis* S. 130.
[48] Vgl. a.a.O., § 34, insbes. d).
[49] A.a.O., S. 130.
[50] Ebd.
[51] A.a.O., § 35, Titel.
[52] A.a.O., § 44, Titel.

objektive Wahrheit ,,ob in vorwissenschaftlichem oder wissenschaftlichem Sinne" [53]. Die Anwendung der universalen Epoché räumt den Weg frei für die Phänomenologie der Lebenswelt als die ,,Wissenschaft" vom verdeckten Unmittelbaren. Wir wollen sie im Umriß widergeben, um das Verhältnis von Lebenswelt (Erscheinung) und Vernunft besser in den Griff bekommen zu können. Dabei werden wir Gelegenheit haben, einige von uns schon eingeführte Begriffe wie Horizont, Antizipation, Apperzeption genauer zu bestimmen.

Ausgangspunkt dieser phänomenologischen Betrachtungen ist die *schlichte Seinsgewißheit*, in der sich jeder von uns in der Welt, oder konkreter: in der Lebensumwelt hält. Diese Seinsgewißheit ist eine ,,Einstimmigkeit in der Gesamtwahrnehmung der Welt" [54]. Nun war die Epoché ein Rückgang von dieser Selbstverständlichkeit der Erfahrungswelt auf den Heraklitischen Fluß ihrer Gegebenheitsweisen. Die Absicht Husserls ist also, aus dem Heraklitischen Fluß die Einstimmigkeit folgen zu lassen bzw. die Naivität der Seinsgewißheit bloßzulegen mit dem Ziel, das Korrelationsapriori zwischen den identischen Gegenständen und ihren subjektiven Gegebenheitsweisen aufzudecken. Dafür greift er ein im normalen Leben selbstverständliches Phänomen auf, das aber in seinen Implikationen und Folgen dem natürlichen Leben verborgen bleibt: daß nämlich das Ding – in einer ersten Beschränkung auf Räumliches – sich immer nur in einem Aspekt, einem Teil, einer Seite darbietet, je nachdem ob ich es von nah oder fern, rechts oder links usw. betrachte, je nach den Licht-, Raum-, Zeitverhältnissen, auch je nach den kinästhetischen Verläufen, d.h. nach dem ,,Wenn – So" Zusammenhang zwischen mir als dem in meinen Körper waltenden (ich tue, ich bewege) und den Darstellungen des Dinges. Diese Darstellungen sind die Mannigfaltigkeit subjektiver Phänomene, die durch die Reflexion in der Epoché erschlossen werden.

Aus der Tatsache, daß ich nur eine Seite des Gegenstandes originaliter wahrnehme, zugleich aber die Seinsgewißheit des ganzen Gegenstandes habe, ergibt sich, daß ich mit dem Selbstgesehenen die nicht direkt wahrgenommenen Seiten und Teile des Gegenstandes, auf die das aktuell Erscheinende verweist, mitbewußt

---

[53] A.a.O., S. 178.
[54] A.a.O., S. 166.

habe. Das Ding, das als einzeln „bewußtseinsmäßig nichts für
sich (ist)" [55], befindet sich erstens in diesem *Wahrnehmungsfeld*
aller möglichen Wahrnehmungen von ihm, seinem „Innenhorizont", darüber hinaus in einem *Dingfeld*, d.h. in der Verflechtung
mit anderen Dingen, die dabei seinen Außenhorizont bilden. Im
jeweiligen konkret-gegenwärtigen Erfahrungsakt wird diese Mannigfaltigkeit des Ungesehenen miterfahren in Form des antizipierenden Vorgriffes. Nur dank dieser Antizipation ist es überhaupt möglich, jeweils etwas einzelnes zu erfahren.[56]

Trotz der „schlichten Seinsgewißheit", in der wir immerfort
leben, gibt es also eine Art bewußtseinsmäßigen Riß in dem auf
den ersten Blick so festgefügten Gebäude der Erfahrungswelt.
Die Reflexion nach der Epoché fördert diesen Riß zutage. Das
Eine ist Selbstgegebenes, das Andere bloß Antizipiertes. Zwischen beiden gibt es einen ständig fließenden Durchgang, eine
bewußtseinsmäßige Kontinuität, die mir jeweils erlaubt, ausgehend vom Selbstgesehenen das zwar Bekannte, aber nicht
Präsente mittels der Antizipation „unmittelbar" zu erfahren,
oder gar auf das völlig Unbekannte zu schließen, aber auch umgekehrt mit Hilfe des Horizonts das mir gegenwärtige Begegnende
besser (artikulierter, erfüllter) zu erfassen.

Die Lebenswelt ist die zunächst nur schlicht begegnende, vorwissenschaftliche Erfahrungs- oder Alltagswelt. In der reduzierten Reflexion enthüllt sie sich als ein Komplex subjektiver Phänomene, zentriert um die Grundstruktur des wirklich Erscheinenden und des horizonthaft Antizipierten. „Das ist also der
intentionale Hintergrund jeder schlichten Seinsgewißheit des
präsentierten Dinges" [57], die implizite Intentionalität.

Mit anderen Worten: Die Aufdeckung dieses Hintergrundes
legt dieselbe Struktur frei, die in den *Ideen I* der originären Gegebenheit eigen war: nur deren Urkern war wirklich originär gegeben, nur ein Urkern der Lebenswelt ist leibhaftig, unmittelbar
selbst da.

Diese Struktur läßt sich aber noch vertiefen, wenn wir unser
Augenmerk auf die Tatsache richten, daß der aufgedeckte Hintergrund ein *intentionaler* ist. Wir wollen deshalb im Folgenden

[55] *Krisis* S. 165.
[56] Vgl. a.a.O., § 47.
[57] A.a.O., S. 164. Von mir hervorgehoben.

einige Grundzüge der Intentionalität herrvoheben, die in der *Krisis* zwar vorausgesetzt sind, aber keine Behandlung mehr erfahren.

Auf einer ersten Stufe der phänomenologischen Betrachtung bezeichnet die Intentionalität bekanntlich die Eigenschaft des Bewußtseins, rein immanent Bewußtsein *von etwas* zu sein, rein in sich selbst eine gegenständliche Meinung zu bergen, in jedem seiner Akte auf ein etwas – Wahrgenommenes, Gedachtes, Erinnertes – gerichtet zu sein, etwas zu vermeinen völlig unabhängig davon, ob diesem Vermeinten in der Wirklichkeit etwas entspricht. Das Vermeinte als solches bloß Vermeinte ist der intentionale Gegenstand.

Dieser psychologisch-phänomenologische Sinn von Intentionalität erfährt eine Vertiefung, wenn Husserl das bewußtseinsmäßige Zustandekommen der Erscheinung des immer schon intendierten Gegenstandes erklärt, d.h. wenn er auf den Leistungscharakter der Intentionalität eingeht. Denn die gegenständliche Richtung des Bewußtseins gründet auf gewissen Funktionen oder funktionalen Charakteren, eben denen des Bewußtseins von etwas, die Husserl unter dem Titel ,,Auffassung'' oder ,,Apperzeption'' behandelt und die Bewußtsein im prägnanten Sinne darstellen. Die Auffassung bewirkt die Erscheinung des Gegenstandes, indem sie die hyletischen Daten – die bloß empfundene Materie – ,,vergeistigt'', ,,beseelt'' und auf diese Weise sie zur Abschattung-von, Darstellung-von macht. Die Vergeistigung ist der Vollzug der Synthesis des Mannigfaltigen der Anschauung, das dann aspektmäßige Erscheinung des Dinges wird. Die Erscheinung spiegelt also den subjektiven Charakter des Dinges; in ihr verliert es sein An-sich und stellt sich perspektivisch-orientiert dar. Indem die Hyle aufgefaßt und zur Abschattung-von gemacht wird, transzendiert das Bewußtsein den engeren Rahmen seiner ,,reellen'' Inhalte und wird gegenstandsmeinendes, weltbezogenes, ,,objektives'' Bewußtsein. Dabei ist die Erscheinung die Grenze: bleibt sie unthematisch, so lebt das Bewußtsein gerichtet auf die Objektivität des Erscheinenden. Wird sie selbst zum Thema, so wendet sich der Blick den das Objektive konstituierenden Mannigfaltigkeiten zu. Die Mannigfaltigkeiten zu überspringen und fortwährend beim Objektiven zu sein, ist die Form des normal-natürlichen Lebens.[58]

---

[58] Damit ist nicht gesagt, daß dem natürlichen Leben der Erscheinungscharakter

Die aufgefaßte Materie ist der Gegenstand in seinem Wie, der Gegenstand als aspekt-, aussehensmäßig erscheinendes, d.h. als dasjenige, was sich durch ein Teilmoment darstellt, das dabei das einzig wirklich Selbstgegebene ist. Der selbstgegebene Ausschnitt des Dinges bzw. der Umwelt verweist antizipatorisch auf die Mannigfaltigkeit ungesehener Teile, Seiten usw., die das Selbstgegebene horizonthaft umgeben. Der Horizont ist somit durch die Auffassung intentional impliziert in der Erscheinung. Deswegen ist die Antizipation des Unwahrgenommenen im Grunde nie aufs Geratewohl gemacht, sondern sie hat ihren Ausgangspunkt, ihre *Motivation* in jenem Kern des Selbstgegebenen. Das zeigt sich z.B. darin, daß ich vom Sehen eines Hauses spreche, obwohl ich von meinen Standort aus nur das Dach, die Vorder- oder die Rückseite usw. wahrnehme. Durch die Motivation überschreite ich das Selbstgegebene auf das unwahrgenommene Ganze hin, indem ich das wirklich erscheinende Stück Wirklichkeit analogisch, induktionsmäßig verfahrend als ein Etwas irgendeiner Art auffasse, apperzipiere – eine Stimme für einen Menschen, aber auch einen Laut für eine Stimme oder etwas mich Affizierendes als Laut usw. So vollzieht sich in wesensmäßiger Typik jeder konkret-lebendige Erfahrungsakt, auch dann, wenn es sich um etwas für das Erfahrungssubjekt völlig Neues handelt: es wäre im extremen Fall immer noch apperzipiert als Seiendes irgendeiner ganz allgemeinen Region: der belebten oder unbelebten Natur, als psychisches oder physisches Seiendes, es wäre zumindest ein ganz unbestimmtes Etwas. Dieses Etwas war für mich in einer früheren, ,,urstiftenden" *Genesis* zum erstenmal zustandegekommen und nun, als der immer verfügbare Horizont des Bekannten, *vermittelt* in jeder, aktiven wie passiven Aneignung von Seiendem. Das Bekannte, oder mit dem Begriff Husserls: das Erworbene, ist demnach der Niederschlag aller früheren Erfahrungen; die Wiederholungen derselben Erscheinungsreihen in denselben Gegenständen haben mir zu einer bleibenden, habituellen Habe von Seienden verholfen – zu Seinssinnen, über die ich auf Grund der genetischen Urstiftung ver-

des Wirklichen unbekannt sei. Aber daß die Dinge je nach Erfahrungssituation verschieden aussehen, daß sie sich perspektivisch-orientiert darstellen usw., ist für das natürliche Bewußtsein eine *Selbstverständlichkeit*, die die Mühe einer philosophischen Reflexion nicht lohnt.

fügen und auf die ich immer wieder zurückkommen kann. In diesem Sinne ist das Erworbene Widerspiegelung meines gesamten Lebens als eines Geschehens der Erfahrung, Widerspiegelung meiner eigenen Geschichte.[59]

Damit sind wir zu einer für das volle Verständnis der Intentionalität und damit des Schemas Auffassung – Auffassungsinhalt sehr wichtigen Wendung angelangt: Der Vollzug der Auffassung ist die bewußtseinsmäßige Verflechtung des als Materie fungierenden Selbstgegebenen in den immer schon vorhandenen, schon geltenden und vielfach typisierten subjektiven Horizont des Seienden. Die Auffassung, die Vergeistigung, Sinn- oder Formgebung der Hyle ist also ein von Grund auf geschichtlicher, zeitlich-zeitigender Akt, eine Bewegung innerhalb der immanenten Zeitlichkeit. Das andere Wort, das Husserl für dieses Bewußtseinsvorkommnis gebraucht, nämlich Apperzeption, bringt die zeitliche Struktur dieses Geschehens noch prägnanter zum Ausdruck. Denn Husserl versteht sie als eine *ad-perceptio*,[60] als die *Perzeption* des singulär abgehobenen Selbstgegebenen *mit d*em Horizont des Antizipierten. Die Erfahrung als Perzeption-Apperzeption ist durch die Antizipation Setzung (Konstitution) der zeitlichen Horizonte,[61] – mit der Feststellung Husserls in der *Krisis*: ,,...alle Konstitution jeder Art und Stufe von Seiendem (ist) eine Zeitigung, die jedem eigenartigen Sinn von Seiendem im konstitutiven System seine Zeitform erteilt....''[62] Auf diese zeitliche Grundstruktur der lebensweltlichen, sich in schlichter Seinsgewißheit vollziehenden Erfahrung führt eine Reflexion, die den intentionalen Hintergrund aufdeckt. Die Seinsgewißheit enthüllt sich als die intentionale Geschichtlichkeit des Bewußtseins.

IV

Von der Stelle in der *Idee der Phänomenologie* liessen wir uns über die Phänomenologie der Vernunft der *Ideen I* und der

---

[59] Durch die intentionale Implikation der Anderen und ,,ihrer Welten'' ist die in der Auffassung fungierende Geschichte zugleich die ganze intersubjektive Geschichte.

[60] Vgl. u. a. Manuskript B I 6 I, S. 19; *Logik*, Beilage II, § 2.

[61] Für diesen Zusammenhang verweisen wir auf unsere Abhandlung ,,*Genetische Phänomenologie und Reduktion*'', Den Haag 1970, wo er, besonders im III. Teil, ausführlicher behandelt wird.

[62] *Krisis* S. 172.

Cartesianischen Meditationen zur *Krisis* führen, um die Unmittelbarkeit des Gegebenen, in der nach Husserl die Vernunft gründet, daraufhin zu prüfen, inwieweit sie Unmittelbarkeit schlechthin und inwieweit bzw. in welchem Sinn sie vermittelte Unmittelbarkeit ist. Sie erwies sich als das Selbst-Dasein, als Anwesenheit des Seienden *vermittels* der Antizipation des geschichtlichen Horizonts. Nur in diesem Sinne kann man von der Lebenswelt als „Universum prinzipieller Anschaubarkeit'' [63] sprechen. Zwar sind mir ihre Gegebenheiten unmittelbar evident: das Haus und seine Umgebung sind selbst da, leibhaftig-anschaulich, aber zugleich in unüberwindbarer Einseitigkeit, Bruchstückhaftigkeit, Verzerrung, d.h. als bloße Materie, die die Vermittlung des Unwahrgenommenen zur Schaffung von Sinn und dann von Wirklichkeit notwendig machen. Die Vermittlung ist das Werk der Auffassung, d.h. der Intentionalität; denn durch sie transzendiert das Bewußtsein das „eigentlich Erscheinende'' auf den sinngebenden geschichtlichen Horizont hin. Die Vermittlung ist somit das Werk des Synthesis schaffenden Verstandes.

Die Transzendenz auf den Horizont ist notwendig, damit überhaupt Wirklichkeit entsteht. Geschieht sie aber, dann wird damit der Vernunft ihr Boden, nämlich die Unmittelbarkeit der Erscheinung entzogen. An ihre Stelle tritt der Verstand, der intentional auffassend, also durch Einbeziehung der leeren Horizonte die Materie „rationalisiert'' und auf diese Weise Seiendes „macht''. Die Vernünftigkeit der Erscheinung wird sozusagen vom verstandesmäßigen Horizont umkreist.

Aus dieser Einkreisung durch den Verstand würde sich die Vernunft befreien können, wenn es ihr gelänge, die Adäquation zu vollziehen, d.h. die unvermittelte Koinzidenz mit dem Erfahrenen. Das ist einmal so denkbar, daß sie mit der Totalität der Erscheinungen des Gegenstandes, d.h. durch Erfüllung der leeren Horizonte mit der Ganzheit schlechthin koinzidiert, zum andern in der Weise, daß die Vernunft in der Reflexion die einzelne Erscheinung herausgreift, um sie horizontlos zu erfassen. In beiden Fällen würde die Adäquation von Vermeinen und Vermeintem eine solche von Gemeintem und Selbsterfaßtem sein. Das Ideal der Vollständigkeit von Vernunft wäre damit verwirklicht.

---

[63] A.a.O., S. 130.

Keine dieser Möglichkeiten jedoch kann die Vernunft realisieren. Die Unmöglichkeit der ersten Adäquation erkennt Husserl an,[64] aber nur deshalb, weil er sie auf Seiendes bezieht, das ausschließlich horizonthaft erfahren werden kann, d.h. auf Seiendes der äußeren Erfahrung. Die Horizonte bilden hier eine offene Unendlichkeit: jede gelungene Erfüllung verweist auf neue Horizonte, die, wenn sie erfüllt werden, auf neue verweisen *in infinitum*. Die Erfassung der Unendlichkeit der Horizonte würde eine Unendlichkeit der Vernunft erfordern.

Hingegen scheint Husserl keinen Zweifel an der horizontlosen Erfassung der Erscheinung zu haben, solange er sie zum immanenten Seienden zählt. Denn als immanent Seiendes ist die Erscheinung nach Husserl dadurch charakterisiert, daß sie sich nicht wieder in Erscheinungen darstellt, durch Erscheinungen hindurch erscheint, sondern „...selbst durch sich selbst, in einem absoluten Fluß..." [65]. Die Erfassung der reinen Erscheinung würde das Ideal der „Beschränkung auf die reine Selbstgegebenheit" oder die phänomenologische Reduktion und damit reine Vernunft verwirklichen.

Allerdings stellt sich diesem Vorhaben die Tatsache entgegen, daß von Erscheinung nur dann gesprochen werden kann, wenn die Mannigfaltigkeit des Stofflichen durch die verstandesmäßige Auffassung auf den Gegenstand hin transzendiert wird. Vor der Auffassung ist die Erscheinung bloße Materie; die reflektive Wahrnehmung, die das Werk des Verstandes auszuschalten versuchte, würde als Ergebnis des Abbaues nur diese Materie behalten. Aber auch dann wäre für die reine Selbstgebung suchende Reflexion kein Ende: die Materie ist kein „Gewühl", kein Chaos von sinnlichen Daten, sondern selbst schon Ergebnis einer zwar vorgegenständlichen, aber nicht minder Einheit stiftenden Synthesis.[66] Auch auf dieser passiv konstituierenden, oder besser: vorkonstituierenden Ebene gibt es eine Art verstandesmäßiger Tätigkeit; also müßte die reduzierende Reflexion auch hier alles

---

[64] Vgl. *Ideen I* §§ 42, 44, 138; *Erste Philosophie II* S. 48; *Cart. Meditationen* §§ 28, 29.

[65] *Philosophie als strenge Wissenschaft*, S. 36. Vgl. *Ideen I*, S. 85: in der immanenten Wahrnehmung „bilden Wahrnehmung und Wahrgenommenes wesensmäßig eine *unvermittelte* Einheit" (von mir hervorgehoben). Die Beschreibung einer Phase des Erscheinens eines Gegenständlichen *als* eines Erscheinenden dieser Phase ist adäquat (*Phän. Psychologie*, S. 177).

[66] Vgl. *Erfahrung und Urteil*, S. 75 ff.

ausschalten, was durch die passive Assoziation an bleibendem Sein zustandekommt. Mit anderen Worten: die durch Ausschaltung der synthetischen Leistungen des Verstandes allmähliche Gewinnung reinen im Sinne voraussetzungslosen Seins ist in eins damit progressiver Verlust des Zugangs zum Wirklichen, den nur die Synthesis verschaffen kann.

Die verstandesmäßige Synthesis verschafft den Zugang zum Wirklichen, weil sie das eigentlich Erscheinende in die zeitlichen Horizonte verwebt bzw. diese damit konstituiert. Die vollkommene Erfüllung der Horizonte wie die Beseitigung der Antizipation wären also nichts anderes als der Versuch, die Zeitlichkeit des Bewußtseins aufzuheben. Die zeitliche Struktur des Stromes des Bewußtseins, das aus der Urgegenwart (Vernunft) retentional und protentional, also rück- und vorgreifend (Verstand) Seiendes gewahren und nur so gewahren kann, ist das Scheitern der Adäquation, der *„intuitio sine comprehensione"*. Die Adäquation bleibt für das Bewußtsein nur eine I d e e, der es sich unendlich annähern kann.[67]

Die Unmöglichkeit der Adäquation besagt aber nicht die Unmöglichkeit von Vernunft oder die Unvernünftigkeit des menschlichen Tuns. Die Vernunft wird keineswegs ausgeschaltet; denn das Ganze wird immer durch jeweils eine Erscheinung getragen werden müssen, die die Voraussetzung dafür ist, daß Etwas und nicht Nichts ist. Vernunft hört nicht auf, Vernunft – schauende Erkenntnis, Intuition, Evidenz – zu sein, aber da sie durch die Mitmeinungen des Verstandes in die antizipierten Horizonte eintreten muß, verliert sie den Charakter eines festen menschlichen

---

[67] Genau genommen hatte Husserl schon in der *Idee der Phänomenologie* nur von „möglichst" wenig Verstand gesprochen und damit im Grunde auch dort bereits ein bloßes Desiderat formuliert. Die Selbstgebung als bloße Idee finden wir *Erste Philosophie II*, S. 34: „...ein Bewußtsein stetiger und freier Annäherung an ein bewußtseinsmäßig ... mitbeschlossenes Ziel, das als solches – also nur als Idee – evident wird, während es trotz der Evidenz der Annäherung doch – und evidenterweise – unerreicht bleibt". Noch klarer in einer Stelle aus einer Beilage von 1916 zu den *Ideen I:* „Man könnte sagen: auch das immanente Sein ist für die Erkenntnis gegeben nur als Idee, da es eines Prozesses der ‚Annäherung' bedarf. Die adäquate Gegebenheit ist eine Idee, die den Charakter einer Grenze hat, der man sich beliebig annähern kann". (S. 419). Jedoch ist diese Einsicht – die ganze Ausführungen der *Ideen I* selbst ungültig macht – ohne durchgehende Konsequenzen geblieben. Zwar hat Husserl in den späteren Schriften (*Cartesianische Meditationen* und *Krisis* vor allem) das Hauptgewicht von der Adäquation auf die Apodiktizität verlegt, doch ist er nie von der Idee einer „reinen Schau" abgekommen, als welche in der *Krisis* die Erfassung der ursprünglichen Evidenzen fungiert und die die v o r a u s s e t z u n g s l o s e Grundlegung der Wissenschaft gewährleisten soll.

Vermögens mit Korrelaten wie „rational-logische Wissenschaft",
„apodiktische Evidenz" usw. und wird zu einer „Strukturform
der transzendentalen Subjektivität überhaupt", wie wir am
Anfang zitierten,[68] oder, als Evidenz, zu einem „Grundzug des
intentionalen Lebens überhaupt" [69]. Sie ist dann der Prozeß der
intentionalen Konstitution von wirklichem Seienden, die Vermöglichkeit, Seiendes auf Grund der Evidenz zu konstituieren.
Keine einzelne Evidenz kann dann Seiendes konstituieren, sondern dieses ist nur denkbar als – jeweils vorläufiges – Resultat
eines Prozesses der Bewährung der einzelnen evidenten Erfahrungen, in dem Bestätigung, Korrektur, Wiederholbarkeit, Habitualität, Durchstreichung usw. des bloß Antizipierten Identitäts-
synthesen herstellen und damit erst Wirklichkeit und Wahrheit
des Gegenständlichen möglich machen.[70] Das ist aber der Punkt,
an dem die Leistung der Vernunft – Evidenz – und die des Verstandes – Synthesis – verschmelzen.

Die wesensmäßige Struktur des Bewußtseins besteht also darin, die Evidenz der subjektiven Gegebenheitsweisen zu überspringen, um Objektivität zu konstituieren. Solange diese Konstitution unreflektiert bleibt bzw. die Darstellungsweisen des
Objektiven als eine Selbstverständlichkeit angesehen werden,
lebt das Bewußtsein im Glauben an die objektive Vorhandenheit
der Welt, ist natürliches Bewußtsein. Weil das phänomenologische, auf die Gegebenheitsweisen durch die Epoché reflektierende
Ich den Interessen des normalen Lebens entsagt und sich auf
seine Erlebnisse *als* Gegebenheitsweisen des Wirklichen einstellt,
ist es dann imstande, eben dieses Leben des natürlichen Ich in
seinen Funktionen zu beschreiben. Die Selbstverständlichkeit
des natürlichen Lebens wird durch die transzendental-phäno-
menologische Reflexion aufgehoben. Die verstandesmäßige Setzung
der Horizonte vollzieht sich nicht mehr im anonymen Untergrund
des Bewußtseins. Die Tätigkeit des Verstandes bzw. das wahre
Wesen der Vernunft werden verstanden und damit ihrer Natürlichkeit entzogen. Dies zu verstehen heißt aber, die intentionale
Verfassung des Seins des Seienden aufzudecken: die Welt als
lebensweltliche Erscheinung, als – wie Husserl an einer Stelle der

[68] Oben, S. 106.
[69] *Cart. Meditationen* S. 93.
[70] Vgl. a.a.O., III. Meditation.

Cartesianischen Meditationen sagt – ,,konstituiertes Gebilde der transzendentalen Subjektivität'' [71]. ,,Diese Art Verständlichkeit,'' fügt er hier hinzu, ,,ist die höchste erdenkliche Form der Rationalität'' [72]. Obwohl also Betätigung der Vernunft im Sinne einer reinen *intuitio sine comprehensione* nicht möglich ist, kann doch – das können wir der zuletzt angeführten Stelle entnehmen – von einer phänomenologischen Vernunftbetätigung im strengen Sinne, von einer uneingeschränkten Befolgung der Maxime ,,möglichst wenig Verstand'' in der Phänomenologie die Rede sein. Diese Vernunftbetätigung ist die genannte Aufhebung der Anonymität der konstituierenden Leistungen der transzendentalen Subjektivität.

So ist der transzendentalphänomenologische Rationalismus ein Ergebnis der intentionalen Auslegung der Welt. Nun hat Husserl seinen Rationalismus nicht als bloße Theorie konzipiert, sondern er knüpfte an ihn eine praktische Intention. Die Wissenschaft von der Lebenswelt ist von ihm ganz konkret gedacht als der einzige Ausweg aus der Krisis, in die die Menschheit zufolge der Veräußerlichung der Vernunft durch das positiv-objektive Denken und damit der Verabsolutierung des Dinglichen geraten ist. Nur eine Reflexion auf die Strukturen der lebensweltlich erscheinenden Wirklichkeit kann dem Menschen dazu verhelfen, sich wieder auf seine wahre Bestimmung – Leben in Autonomie, Freiheit, Selbstverantwortung – zu besinnen. Überlegen wir zum Schluß, wie bzw. in welchem Maß die Möglichkeit der Autonomie in der Wissenschaft von der Lebenswelt enthalten ist.

Die Erscheinung vor der Setzung des Ganzen, oder das, was die vernünftige Setzung des Gegenständlichen motiviert, ist, sagten wir, die vorgegenständliche, streng subjektive Sicht, die jedem Erfahrungssubjekt und nur jeweils ihm eigen ist. Die Affektion zur Setzung von Objektivität, die von diesem eigentlich Erscheinenden ausgeht, geht also von mir selbst aus. Die Determination zur Setzung ist kein von außen auf mich einwirkendes und in diesem Sinne meine Autonomie einschränkendes natürliches Ereignis, sondern spielt sich in der reinen Immanenz ab. Die untranszendierte Erscheinung oder Hyle ist mein Eigenes: ich bin von mir selbst affiziert.

Diese Selbstaffektion des Ich besagt, daß es passiv oder aktiv

[71] A.a.O., S. 118.
[72] Ebd.

erkennend, wollend, handelnd usw. nie mit einer objektiv vorhandenen, bewußtseinsunabhängigen Welt zu tun hat, aus der die Affektion *kausal* herrührte, sondern immer nur mit Dingnoemen, also schon konstituierten Einheiten, die – weil sie nicht ,,wirklich'' sind – keiner äußerlichen Kausalität fähig sind, sondern nur einer immanenten Motivation. In diesem noematischen der Welt der Naturkausalität Enthobensein manifestiert sich die ursprüngliche Freiheit des Ich.

Jedoch ist dieser Sinn von Freiheit nicht zu verstehen als die Selbstherrlichkeit einer über jegliches Gesetz erhabenen Vernunft. Denn zwar ist das Ich durch seine bloß noematische, motivationsmäßige Beziehung zum Wirklichen der Naturkausalität entzogen, aber durch das Noema selbst – den *Gegenstand* im Wie – tritt es bereits in die Horizonte der Erfahrung ein, die erst die Setzung von Wirklichkeit ermöglichen. Die Autonomie wird hier nicht mehr durch eine äußerliche Naturkausalität eingeschränkt, sondern durch dasjenige, was in der Setzung nicht selbst Erscheinendes ist, d.h. die horizontmäßige Antizipation. Die Antizipation ist, wie wir sagten, die passive Vergegenwärtigung der zu erwartenden Zukunft durch Rückgriff auf die sedimentierte Vergangenheit. In den Bereich des Selbstgegebenen und es substantiell bedingend geht also alles ein, was das Ich als seine Geschichte ansprechen kann bzw. alles, was für es durch den Erwartungshorizont vorbestimmt ist. Durch Retention und Protention dringen in die ursprüngliche Sphäre vor allem die Erfahrungen der Anderen, ihre ,,Welten'', ein, die das Ich mitaufnimmt und die zur erweiterten, eigentlichen Setzung der Objektivität beitragen. In diesem Sinne kann man zwar immer noch von einem Raum a u ß e r h a l b des Ich sprechen, aus dem die Affektion kommt. Aber dieser scheinbar selbstständige Raum hat nur Sinn als getragen von der selbstgegebenen originären Erscheinung, er ist nur ihr Horizont; er kann also keine ontologische Selbständigkeit für sich beanspruchen.

Zwischen der Unfreiheit der naturalkausalen Welt und der absoluten [Freiheit der reinen (apperzeptions-, geschichtslosen) Erscheinung, zwischen dem Dogmatismus der Positivität und dem der reinen Vernunft, kann man dank einer lebensweltlichen Auslegung [des Wirklichen einen transzendental-phänomenologischen Sinn von Vernunft und Freiheit entdecken, der, da dem

Bewußtsein die Adäquation versagt bleibt, keinen Anspruch auf
Totalität erhebt, sondern eher das Leben als ein „Angelegtsein
auf ‚Vernunft'" [73] versteht. Die Vernünftigkeit des Lebens, nach
der wir zu Beginn fragten, stellt sich als ein Leben „auf Vernunft
hin" „in apodiktischer Freiheit" heraus [74], die sich als die
Aufgabe erweist, Freiheit zu verwirklichen.

[73] *Logik* S. 143.
[74] *Krisis* S. 275. Dem möglichen Einwand, die Transzendentalphänomenologie
erweise sich damit als das reaktionäre Unternehmen einer bloßen „Ehrenrettung des
Rationalismus", begegnet Husserl 1935 mit der politischen Erklärung: „Es möchte
mir scheinen, daß ich, der vermeintliche Reaktionär, weit radikaler bin und weit
mehr revolutionär als die sich heutzutage in Worten so radikal Gebärdenden."
(A.a.O., S. 337).

RAM ADHAR MALL

PHENOMENOLOGY OF REASON

The term "reason" is one of the most deceitful in philosophy and it has given rise to a number of theories ranging from reason as a supernatural God-like faculty to reason as a fixed entity with a priori principles constituting human experience, actual as well as possible. Reason, as against experience, is generally thought to be the source of certainty, universality and truth. Reason, according to Blanshard, "is the function of grasping necessary connections." [1] This definition is no doubt clear and short, but it lays much stress on demonstration in opposition to description, explication, understanding and justification.

Since the beginning of philosophy although philosophers have struggled hard with the problem of reconciling reason with experience and experience with reason, all their attempts ended more or less in surrendering either reason to experience or experience to reason, giving rise to an age-old controversy between empiricism and rationalism. Phenomenology, standing primarily for a method of philosophical investigation, will not provide us a direct answer to such controversies; for it is not one theory amongst others informing us about the ontological status of what is.[2] In order to understand the course of development of Husserl's phenomenology, we must keep in our mind the fact that Husserl was ceaselessly struggling to reach the ideal of „presuppositionlessness". This ideal he seems to have reached in the very idea of rationality

---

[1] Cf. B. Blanshard: *Reason and Analysis*, London 1962; W. H. Walsh: *Reason and Experience*, Oxford 1942; G. Santayana: *The Life of Reason*, N. York 1954; A. C. Ewing: *Reason and Intuition*, Oxford 1954.

[2] Pure phenomenology, Husserl writes, is "nur Wesensforschung und gar nicht Daseinsforschung." *Ideen I* p. 59. Although the influence of phenomenology as a method has been more remarkable, it stands no doubt also for a philosophical system which is as much against closed systems of ontologies and speculative metaphysics as against speculative thinking.

as a goal (Zweck) to be realized continuously through approximation. Husserl is never tired of mentioning the first and foremost
discovery of Greek thought in this context, but in conformation
to the spirit of his philosophy we find a new way of grasping and
defining reason. Reason, for phenomenology, is no longer a fixed
faculty with a priori principles constituting human experience for
all time to come; it becomes rather itself a process aiming at the
realization of a goal set by itself. In the execution of setting the
goal to be realized, our reason shows its real nature of being a
teleological unfolding which is no theoretical possibility as such,
but which is our ultimate freedom to act and to risk for the fulfilment of our intentionality. But this fulfilment, Landgrebe
writes, "ist nicht Verwirklichung einer 'an sich' schon bestehenden, a priori festliegenden Möglichkeit – deren Festliegen nur wie
bei Hegel gedacht werden könnte in bezug auf den absoluten
Geist – sondern sie ist erst Möglichkeit als erschaute und ergrif-
fene Möglichkeit." [3]

Phenomenology treads on a middle path in that it disregards
neither reason nor experience; it credits both and shows that the
ideal goal of rationality can be reached only through a cooperation of experience with reason. Phenomenology seeks to describe
and work out the essential relationships that can be grasped
through some mode of non-sensuous intuition. The call of phenomenology "zu den Sachen selbst" does not mean by "Sachen"
"Tat-sachen", say in the sense of Hume's "matters of fact", but
it means the perpetual discovery of the deeper operations
(Leistungen) of our consciousness. The science of phenomenology
is neither empirical nor rational in the traditional sense; for it
takes reason as well as experience in a wider sense without any
essential disparity between them and preaches their constant
cooperation. Such a cooperation takes place in and through the
acts of perpetual reflection; reflection mediates between reason
and experience.

The thesis of the present paper is twofold: (i) to show that the
concept "reason", made in philosophy to stand for an indepen-
dent entity endowed with a priori principles, like a store room, is
downright dynamized in phenomenology and is made to stand

---

[3] *Phänomenologie und Geschichte*, p. 165, Gütersloh 1967.

for a process qualifying the historical developments [4]; it is not a description of some fixed entity, it is rather an invocation to an end hinting at a historical task of humanity and (ii) to show that the process of "iterative reflection" mediates between reason and experience.

In his last great work "Krisis", Husserl struggles with the solution of the most important problem which is nothing else than the determination of humanity as such. The essence of humanity, according to Husserl, is a being essentially linked up with a "telos" and the philosophers as the "Funktionäre der Menschheit" [5] have to work for a gradual realization of this telos. This telos, being the real import and significance of, the whole humanity, is to be taken not as something fixed and ready-made, but as a task to be worked out and completed. Reason is thus a dynamic force manifesting itself through history. But it is not like the "absolute idea" of Hegel; it is rather a goal of humanity set by itself. This goal, this force, need not always be explicit to us. In order to realize this goal of "verborgenen Teleologie", Husserl asks us to be philosophers in all seriousness.[6]

How to understand reason as a purpose, project, intention (Vorhaben), as a task (Aufgabe), as a process and as a goal is the main problem we want to discuss here. In his "Philosophie als strenge Wissenschaft", Husserl takes the "naturalists" to task for their "naturalizing" reason although he praises their undaunted zeal in favour of exactness. This central notion of exactness – misunderstood by the naturalists as "exakt naturwissenschaftlich" –, rightly understood, hints at reason. Husserl writes regarding the idea of science: "In idealer Vollendung gedacht, wäre sie die Vernunft selbst." [7]

Husserl does accept the Greek definition of man as endowed with reason, but he does not take reason solely to be an equipment of knowledge. Reason is not just like the equipment, say eyes or ears which are there just only to fulfill the functions of seeing and hearing respectively; it stands rather in an essential relationship with life as a whole. As life, so also reason is in the

---

[4] Cf. C. A. van Peursen: *Phänomenologie und analytische Philosophie*, Köln/Mainz 1969, pp. 145 ff.
[5] *Krisis* p. 15.
[6] Cf. *ibid.* p. 16.
[7] *Philosophie als strenge Wissenschaft* p. 16.

process of evolution in the sense of a better realization of itself. The phenomenological reason is thus no faculty to account for or to generalize or to derive conclusions, but it manifests the very style of human development. It does not copy the mathematical model and fix itself as a formal reason to construct systems and to account for the different relations in these systems. Such a mathematical reason aims at a total control of all it surveys and stands for a faculty of determining what is scientifically objective, whereby the term "objectivity" means nothing else than its own construction. Husserl makes this very clear in his "Krisis" while showing the development of mathematical sciences in Galileo. It is this reason, with the unlimited passion for ruling the world we live in, that ends in a blind alley when it goes on the task of comprehending the real world of human experience. Our real human reason cannot be fixed for all time to come if we want to avoid such deadlocks. "Die erkennende Vernunft", Landgrebe writes, "scheint in eine Falle geraten zu sein, die sie sich selbst gestellt hat, so daß sie keinen Ausweg aus ihr finden kann." [8]

Phenomenology makes reason stand for something practical, historical, intersubjectively objective, for a process in a lively touch with human experience. Reason determines also the goal from which all human practice is attracted like a magnet. It is in this very sense that reason determines and controls our practice although, as we shall see here further down, it is really practice that occasions the coming of reason to itself without being the creator of reason.

Husserl mentions over and over again the all importance of what he terms "Selbstbesinnung", "Selbstverantwortung" in order to show the nature of reason not only as a process, but also as the goal never to be lost sight of. In his "Krisis" Husserl writes of philosophy "als menschheitliche Selbstbesinnung der Vernunft" [9]. Humanity in its creative freedom is nothing else than this reason itself. The phenomenological reason is "in der ständigen Bewegung der Selbsterhellung", writes Husserl in his "Krisis". Reason, considered phenomenologically, cannot be speculative in nature; it must remain open both as a means and

---

[8] L. Landgrebe: *Der Weg der Phänomenologie*, Gütersloh 1963, p. 133.
[9] Cf. *Krisis* p. 269.

as an end[10]. Reason really stands for that which human beings as human beings aim at. This reason does not allow any distinction between "theoretical", "practical" and "aesthetic" reason[11].

In the process of understanding ourselves, our history and our world, we understand the life of our reason standing for the ideal of autonomy. This autonomy of our reason consists in our freedom to give meaning which means giving our life a unitary direction. Phenomenological reason is nearer to an idea of structure which Merleau-Ponty places in the centre of his philosophical literature. In relation to the autonomous sense-giving activity of reason, Husserl uses generally the verb "gestalten". Reason stands thus at the cross-section of the development of the human mind in the cosmic evolution. The whole cosmic evolution seems to point to a goal of universal gradual progress and "die Struktur 'Vernunft'", Robberrechts writes, "deren Ausarbeitung die Menschheit zur Aufgabe hat, ist die Wiederholung, und zwar diesmal die bewußte Wiederholung, des Gesetzes von der universalen Fortschrittlichkeit." [12] In the process of the realization of this goal we are in no way passive; for no realization can take place unless we do our best actively to realize it. This goal of "Teleologischsein und Sein-sollen" (Husserl) of human being governs all our activities.

But phenomenology does not predetermine the end of history; for that would amount to a confession not only ontological but also religious in nature. Phenomenology is an open method of search and research aiming at the perpetual discovery of the correlation of founding, explanation and understanding.[13] Its findings are just the different landmarks on the road we travel to realize the goal of complete rationality. Husserl limits his inquiry to the analysis of European intellectual history and the question must be left open for further discussion whether the Greek idea of rationality can be taken to be the ultimate point of all orientation for the whole humanity. Husserl himself seems to

[10] Cf. L. Robberrechts: *Edmund Husserl: Eine Einführung in seine Phänomenologie*, translated by K. and M. Held, Hamburg 1967.
[11] Cf. *Krisis* p. 275 ff.
[12] Robberrechts: *Edmund Husserl*, p. 38.
[13] Phenomenological philosophy, G. Funke writes, "Stellt kein System von Lehrstücken dar...; sie entwickelt Begründungszusammenhänge, womit Philosophie als Philosophieren, nämlich als stetiger kritisch-rationaler Begründungsvorgang, vorgeführt wird." (*Phänomenologie-Metaphysik oder Methode?* Bonn 1966, p. 2).

leave the question open, at least in fact if not in principle, and waits for the verdict of future events in the course of human history.

What is this ideal, this end, this goal, of rationality we always strive to reach? The Greek idea of reason is characterized by the will to give our life and the world we live in a fundamental basis full of certainty in opposition to all myths and traditions. In this rigour of will lies the strength of European philosophy as a, to use an expression of Husserl, "strenge, apodiktische Wissenschaft". It is for this reason that Husserl calls reason the progressive element of and in history. Phenomenological reason is no objectified something; it does not consist of abstract ideas and their relations like the reason reigning supreme in the field of Hume's "relations of ideas". Phenomenological reason differentiates itself from the commonsense reason in that it does not live in sheer convictions, but wants to go deeper and to know more. Husserl speaks of a "continuously unbroken" "Zwecksinn der Philosophie"[14] and takes it to be the very meaning of our "teleological reason". In the opening pages of his "Krisis", Husserl speaks of an absolute reason (absolute Vernunft), "aus der die Welt ihren Sinn hat". To lose this "Glauben an eine Vernunft" is nothing else than to lose the very meaning of humanity. The real ideal being of humanity comes to clarity not in the "doxa", but in the reason; for "überall ist wahres Sein ein ideales Ziel, eine Aufgabe der Vernunft", says Husserl.[15] Even in our daily lives we realize the character of reality as an end we follow.

It must not be overlooked that reason in Husserl's phenomenology seems to have a twofold meaning; reason as a process, as a means and reason as the end, goal, ideal, telos. Reason" ist zugleich Zweck und Mittel, in der Ferne liegendes Ziel und unmittelbare Verwirklichung"[16]. Reason as "Streben", as "Aufgabe" always comes to know itself better and deeper in that it moves towards the complete realization of its own goal through approximation. Reason, considered phenomenologically, must realize its own nature in the course of actual developments of

[14] *Krisis* p. 512.
[15] Cf. *ibid.* p. 11.
[16] Robberechts: *Edmund Husserl*, p. 40.

human life. It is human experience in which our reason has to get its fulfilment.

The goal of complete clarity and restless explanation was mis-interpreted in the modern mathematical sciences by limiting it to a purely formal and constructed clarity of ideas and their relations.[17]

This deviation takes place in our modern mathematical and natural sciences and Husserl chooses Galileo as the key-figure to examplify it. The unusual success of modern mathematical sciences along with a partial correspondence between the ideal world of mathematical sciences and our real world tempted the scientists to "mathematize" and "formalize" the whole world. Husserl tries to show that the Euclidean geometry instead of accounting for the world we live in is, on the contrary, accounted for by it, although Husserl does not mention the different branches of non-Euclidean geometry which revolutionizes the whole field of mathematical sciences placing them at a different level of pure and complete "axiomatization" and "formaliza-tion".

Husserl's main criticism of the so-called objectivistic and posi-tivistic sciences is that they forget the main transcendental motive in all the workings of human mind. It is our transcen-dental subjectivity which explains and all the sciences without exception are nothing but "operations" (Leistungen) of this subjectivity. Because of this forgetting on the part of modern sciences, philosophers, like Descartes and Hume, tried to restore this transcendental motive in all human searches and re-searches. Although Descartes was deeply engrossed in the objec-tivism of modern mathematical sciences, he undertook the radical taks of a methodological doubt in order to arrive at and establish the last point of certainty which he discovered in "cogito". Husserl, no doubt, praises this radical undertaking of Descartes over and over again, but he takes him to task for his ending into the deadlock of the parallelism of mind and body.[18] This trans-

---

[17] Phenomenology does not start with a consciously invented method and forces the facts to tally with it; it rather preaches to "win over" the method from perpetual reflection over the peculiarity of the subject-matter. No wonder that phenomeno-logical method has been profitably applied to different fields of human research.

[18] Cf. L. Landgrebe: *Der Weg der Phänomenologie*, ch. VIII: "Husserls Abschied vom Cartesianismus," p. 163 ff.

cendental motive, called into life by Descartes, is fully misunderstood by Locke and partly by Berkeley and revived by Hume who in a masterly way brings the role of the subject to bear on all problems of constitution. Hume is rightly a forerunner of phenomenology[19]. Hume destroyed the claims of objectivity of all the categories of sciences in that he showed their fundamental relatedness to the subject; they all are relative to human nature. But both, Descartes and Hume, failed to show that the constructed universe of the modern mathematical sciences as well as the perceptual world of common experience have to be traced back to human consciousness; both must be shown as "cogitata" of "cogitationes", deriving their existence and meaning from the operations (Leistungen) of our consciousness.[20] It goes to the credit of Husserl's phenomenology to have worked out this point in all clarity and to have shown, taking the help of the methods of phenomenological reduction and transcendental constitution, the all importance of his transcendental phenomenology. Phenomenology as a philosophical system is the result of consciously applied methods, and Husserl clearly admits that phenomenological method has been unconsciously applied by the geniuses of the past.

We have already mentioned in the foregoing paragraphs that phenomenological reason is in lively contact with life, with practice. The world we live in, our "Lebenswelt", is our first evidence beyond all doubt. This "universe of discourse", to use an expression of James, is essentially related to our consciousness. The relation between the two is as real as they are themselves. We do not start with a chaotic situation; we always start with the "Lebenswelt" we are related to in so very many different

---

[19] Hume's positive view of reason is not less instructive than his criticism of objectivity. He means by reason what he himself entitles "experimental reason" (reason viewed as a creative agency) to distinguish it from a discursive reason to which the activities of analytic thinking are due. It is this "synthetic reason" he is referring to when he states in the "Treatise" that reason is itself "nothing but a wonderful and unintelligible instinct in our souls." (Book I, pt. III, sec. xvi). In his "dialogues" he writes that the "essence of reason is incomprehensible" (sec. VII) and "in its internal fabric and structure (it) is really as little known to us as instinct or vegitation." But, inspite of all this, Hume fails to work out the full constructive implications of his otherwise very instructive view of reason. The process of making reason more intelligible is what we call philosophy.

[20] Cf. A. Gurwitch: "The Last Work of Edmund Husserl," in: *Philosophy and phenomenological Research*, vol. XVII, 1957.

ways. Life as unreflected practice belongs to what we may term here as "not-or pre-philosophy", including our social, political, scientific, religious life. Our conscious philosophical reflection "thematizes" this not-philosophy. This reflection shows not only the presence of reason on all different levels of practice, but also lays bare the developing character of reason.

In order to bring out the process-character of reason, we must go further into the structure of human practice in its relation to life-world in general. All practice starts with a dialogue with the world we live in. This original and unreflective dialogue is the object of philosophical reflection, and reason is, so to say, the gradually evolving result of the intercourse between reflection and practice. The famous and very central notion of the "disinterested observer" (uninteressierter Zuschauer) is not just comprehending a ready-made rationality – for there is no such thing – but it it-self establishes this rationality. No human practice at any stage of its development is completely devoid of rationality; for, cor-responding to different levels of practice, there are different stages of development in the life of our reason. Human rationality is a matter of more or less and poses no problem to be solved; it is rather a goal to be realized. "Rationalität", Merleau-Ponty writes, "ist streng genommen kein 'Problem', es verbirgt sich hinter ihr keine Unbekannte, die von ihr aus deduktiv zu be-stimmen oder induktiv zu beweisen wäre." [21]

Our human reason, as a process of comprehending our ex-perience with all its complexities, no doubt starts from a present rationality, already there, but it never takes this or that stage of it to be a fixed substantial reason. Reason as a process, not only mediates between its own different levels, but it brings about itself, too. The structure we call "reason" is capable of development; human reason is a reason in the making. In order to give a new and justified sense to our experience, reason thematizes our pre-reflective experience from anew.

We may thus venture the statement: Reason is the perpetual process in which practice and reflection alternate giving rise to ever new philosophical questions which human reason has to tackle. As history is in the making so reason, too. Reason

---

[21] *Phänomenologie der Wahrnehmung*, translated by R. Boehm, Berlin 1966, p. 17.

learns from progresses (and also from regresses) in history and utilizes its own learnings in guiding human practice.[22] Reason is thus only seemingly speculative; it is really an incessant reflective repetition of human practice.

Our reason, considered phenomenologically ,is open learning and realizing itself better and deeper. This openness of reason is ultimately grounded in and explained by the openness of our process of philosophical reflection which theoretically knows no end. Phenomenology wants to regulate the realtionship between reason and experience with the help of a third instance, namely the instance of reflection. The process of reflection as sketched here may serve the purpose of overcoming the traditional opposition between reason and experience; for this iterative reflection is placed above reason as well as experience and shows that neither reason nor experience can undermine each other. They rather come to each others help.

Phenomenological reason is essentially "intentional" in character which means that reason invariably tends towards reason. This intentional reason is not exhausted through acts of our understanding. If so, it would be no longer reason, for it would mean its coming to a stand-still. In our each and every understanding of a concrete situation, our reason as the very instance of perpetual comprehension transcends such concreteness. It thus shows its open character which can never be objectified in terms of certain concretely fixed qualities. The phenomenological reason, writes Landgrebe, "ist 'intentionale' Vernunft, die sich als Intention schon immer vorweg und übersteigend ist...Die phänomenologische Vernunft ist keine durch ein festliegendes und zu vergegenständlichendes Apriori begrenzte, sondern eine 'offene Vernunft'." [23] The gradual fulfilment of this intention takes place in our experimental and experiential situations, in different "experiments" which have to be dared inspite

---

[22] P. Krausser speaks of a "limited reason" (endliche Vernunft) in his book "*Kritik der endlichen Vernunft: Diltheys Revolution der allgemeinen Wissenschafts- und Handlungstheorie*" and emphasizes its character of learning and learning from learning. He writes: "Die 'endliche' Vernunft muß doch wohl unumgänglich als eine endliche 'Vernunft' anerkannt werden. . . : weil es angesichts der Geschichte schwer zu leugnen ist, daß die endliche menschliche Vernunft, ohne offenbar ihre Fehlbarkeit dadurch in irgendeiner Hinsicht je zu überwinden, dennoch in all jenen Hinsichten lernen und sogar dieses Lernen lernen kann." Frankfurt a.M. 1968, pp. 13-14.
[23] *Phänomenologie und Geschichte*, p. 165.

of the fear of suffering a setback. Husserl speaks in his "Krisis" of "unvollkommener Erfüllung" which demonstrates our failures to master the very task we set to ourselves. Whitehead defines reason as a factor in experience "which directs and criticizes the urge towards the attainment of an end realized in imagination but not in fact". [24] To realize an end in imagination is not what phenomenological reason strives at; it rather asks us to dare and to accomplish in free acts of executions.

In sum: phenomenological reason is neither an absolute faculty endowed with infallible fixed a priori principles nor just purely speculative in character. It is as much against the dualistic prejudice of Descartes as against the Kantian limitation of science and knowledge; for it aims at a universal science as a goal to be realized gradually. Phenomenology defends reason and its role in experience without its "deification". There is neither a pure theoretical reason nor a pure practical reason but there is an "experimental reason" which guides human practice and experience in its capacity of an end and which learns from practice in its character of a process. Phenomenological reason is dynamic and it rightly replaces the static a priori reason as a faculty. There is a means-end relationship in the progressive life of our reason.

Phenomenological reason may thus be said to possess both the characteristics of growth as well as of being an end (telos) not undergoing any change. Thus, there is no disparity between the two sides of reason; for it is one and the same reason discovering its own nature from two directions. It is only the very idea "rationality" which phenomenology defends and not its different historical forms which represent nothing else than the different stations on the zigzag road which our philosophical reflection untiringly marches on. A reason fixed for all time to come is merely impotent to take up a lively dialogue with the world we live in; this reason lives the solitary life of a Robinson Crusoe and is dead while living.[25]

Our human reason is no eternal truth; it is rather a progres-

---

[24] *The Function of Reason*, Princeton, N.J., 1929, p. 5.

[25] Mere verbal definitions and formal determinations no doubt clarify but do not solve our real philosophical problems. Instead of solving them, they explain them away. Husserl writes: "...gewisse Formeln, ausgesprochen in Definitionen, hat jeder, aber nur die sekundären Denker mit ihren Definitionen beruhigt, schlagen mit den Wortbegriffen das problematische Telos des Philosophierens tot." (*Krisis* p. 512).

sive occurrence of our practice along with our reflection on it. Phenomenological reason is thus necessarily connected with human practice and experience, and it can never be separated from the being of man in this world. Husserl rightly asks: "Ist Vernunft und Seiendes zu trennen, wo erkennende Vernunft bestimmt, was Seiendes ist?" [26] In the last paragraphs of his "Krisis", Husserl speaks of reason as a "rigorous rational attitude" and comes very near to what James terms "The Sentiment of Rationality" [27].

The end, the goal (Aufgabe) we term rationality seems to stand for an ideal of complete clarity implying a total understanding and explanation of all that is. That this ideal lies far ahead in the future is clear at the first sight. That this ideal can only be realized through gradual approximation is not only corroborated by actual developments of history, but is also strengthened by an inductive tendency implying our coming nearer to this ideal.

Supposing, humanity has reached this ideal stage; how could we identify it for what it is? It is difficult, if not impossible, for us to form a clear and very distinct idea of what a stage of complete clarity would look like. William James speaks of "the sentiment of rationality" and asks whether all that it means is just the absence of any feeling of "irrationality". Venturing to explicate further the meaning of the phrase "absence of irrationality", we may do no better than to describe it as a state of "sufficiency" which can be realized if only there is a total lack of the very need of explanation. One could hardly succeed in giving a positive description of this stage of complete rationality. Put in our context, such a realization would mean the absence of the difference between reason as a means and reason as an end which is difficult to imagine. Since this stage can only be realized through gradual approximation, we can well be sure that our reason would never lose its character of being a process. Our reason as a factor in our practice and experience would have to continue so long as our practice continues. Since there is no end to human practice, there can be no end to reason as a process. Reason would ever guide and learn from our experience and practice.

[26] Cf. *Krisis* p. 9.
[27] Cf. *The Will to believe*, London.

It seems hopeless to look for a literal agreement among mankind, not only regarding the stage of complete clarity and sufficiency, but also regarding the criteria establishing its identity. Husserl speaks of philosophy as an occupation which never ceases to be a mystery, a problem. "Was ich unter dem Titel Philosophie erstrebe, als Ziel und Feld meiner Arbeit, das weiß ich natürlich. Und doch weiß ich es nicht. Welchem Selbstdenker hat jemals dieses sein 'Wissen' genügt, für welchen hat in seinem philosophierenden Leben 'Philosophie' aufgehört ein Rätsel zu sein..." [28].

Our human reason manifests itself in and through this occupation of philosophizing with philosophers as the officials of humanity to use an expression of Husserl.

[28] *Krisis* p. 512.

II

ZUR NEUEREN WISSENSCHAFTSTHEORIE

PAUL JANSSEN

ONTOLOGIE, WISSENSCHAFTSTHEORIE UND GESCHICHTE IM SPÄTWERK HUSSERLS

Im Verlauf der Ausgestaltung seines Werkes gewinnt für Husserl die Unterscheidung von passiver und aktiver Konstitution eine wachsende Bedeutung.[1] Husserl skizziert diese Unterscheidung in systematisch allgemeiner Weise in den *Cartesianischen Meditationen* im Rahmen einer Kennzeichnung der Phänomenologie als universal genetischer, konstitutiver Transzendentalphilosophie.[2] Aber die in den *Cartesianischen Meditationen* entwickelte Unterscheidung zweier Grundformen der konstitutiven Genesis bestimmt – was auf den ersten Blick nicht in die Augen fällt – den systematischen Ort und den Aufbau zahlreicher wichtiger Arbeiten Husserls seit den zwanziger Jahren. Das gilt für die *Analysen zur passiven Synthesis*, für die *Formale und Transzendentale Logik* und für *Erfahrung und Urteil*. In den *Cartesianischen Meditationen* faßt Husserl mit dieser Unterscheidung nur das Ergebnis langen Nachdenkens zusammen. Außerdem hängt die Problematik der Idealisierung und ihres Verhältnisses zur Lebenswelt, die in der *Krisis-Abhandlung* einen wichtigen Platz einnimmt, unmittelbar mit der Stufung der gesamten Konstitutionssphäre nach "Prinzipien der aktiven und passiven Genesis" zusammen.[3] Die Endgestalt der transzendentalen Phänomenologie erfährt durch diese Gliederung eine spezifische Strukturierung, die für ihr Verständnis als Einheit von Transzendentalphilosophie, Ontologie und Wissenschaftstheorie von grundlegender Bedeutung ist.[4]

[1] *Passive Synthesis* S. 64 f.
[2] *Cart. Meditationen* S. 111 f.
[3] Vgl. *Krisis* S. 18 ff., S. 123 ff., S. 349 ff.
[4] Es ist zu beachten: Was die Ausdrücke Transzendentalphilosophie, Ontologie und Wissenschaftstheorie hier besagen, bestimmt sich genau nur aus der Art und Weise, wie sie in der Phänomenologie zueinander im Verhältnis stehen und eine Einheit bilden.

Wir wollen im folgenden darauf aufmerksam machen, welche
Bedeutung die Stufung der Konstitutionssphären nach passiver
und aktiver Genesis für Husserls Fassung des Verhältnisses von
Ontologie und Theorie der (objektiven) Wissenschaften hat; genauer gesagt: Es soll deutlich gemacht werden, daß und wie
Husserl mithilfe dieser Unterscheidung noch einmal die Einheit
von Ontologie und Wissenschaftstheorie (als Theorie der objektiven Wissenschaften) in spezifischer Weise zu begreifen versucht. Dabei soll zugleich geklärt werden, warum und in welcher
Weise er zur Lösung dieser Aufgabe eines bestimmten Begriffes
von Geschichtlichkeit bedarf.

Die methodologisch restriktive Wissenschaftstheorie unserer
Tage verzichtet bekanntlich weitgehend darauf, die (objektive)
Wissenschaft ontologisch zu fundieren. Liegt jenseits der metho-
dologischen-wissenschaftstheoretischen Reflexion nur noch die
Sphäre des Lebens, seiner Erhaltung und seiner Bedürfnisse? Ist
etwa außerhalb der wissenschaftlichen Tätigkeit selber – abgesehen von dieser methodologischen Reflexion auf die Wissenschaften – nur noch eine Besinnung auf ihre gesellschaftlich-
politische Bedeutung zulässig und möglich, deren Fähigkeit, dem
Sachgehalt und dem Geltungsanspruch der Wissenschaften gerecht zu werden, problematisch ist? Oder gilt es, in der Weise
hinter den Ansatz des die Wissenschaften tragenden Wirklich-
keitsverständnisses zurückzugehen, daß die Wissenschaften im
Horizont des Daseins und seines Verstehens ihre eigene Leistung
und ihre eigene „Seinsweise" nicht mehr wiedererkennen? Was
in diesen angedeuteten Möglichkeiten, zur objektiven Wissenschaft von außerhalb ihrer Stellung zu nehmen, auseinanderfällt,
hat Husserl in seiner Fassung des Verhältnisses von objektiver
Wissenschaft, (mundaner) Ontologie und (transzendentaler) Subjektivitätsphilosophie noch einmal zusammengedacht. Darin
liegt einer der Gründe für die Unzeitgemäßheit seines Denkens.
Diese nötigt dazu, Verlorengegangenes zu erinnern, um gegenwärtigen Aufgaben des philosophischen Nachdenkens besser gerecht werden zu können.

Alles, was ist, ist – transzendental gesehen – im universalen
Leben des ego als cogitatum synthetisch vereinheitlicht konstituiert. Die synthetischen Bewußtseinsleistungen, durch die sich
jeder Seinssinn und jede Seinsgeltung für mich machen, haben

notwendig Rückbezug auf das Formensystem der universalen Zeitlichkeit.[5] Das „allumspannende innere Zeitbewußtsein" ist die formale „Grundform," „die alle sonstigen Bewußtseinssynthesen möglich macht."[6] Es baut sich „in einer beständigen passiven und völlig universalen Genesis" auf und bildet die unterste Stufe, auf der sich alle anderen synthetischen Leistungen des Bewußtseins erheben und der sie sich „fügen"[7]. „Aber innerhalb dieser Form verläuft das Leben als ein motivierter Gang besonderer konstituierender Leistungen mit vielfältigen besonderen Motivationen und Motivationssystemen, die nach allgemeinen Gesetzmäßigkeiten der Genesis eine Einheit der universalen Genesis des ego herstellen."[8]

Der innerhalb der gesetzmäßigen Form des strömenden Zeitbewußtseins sich gestaltende Aufbau des Universums des Seienden interessiert uns im folgenden nur im Hinblick auf seine unterschiedliche Herkunft aus passiven und aktiven Konstitutionsleistungen. Es ist zu untersuchen, was die unterschiedliche Genesis für den Seinssinn und die Seinsart des Konstituierten bedeutet. In welchem Verhältnis stehen passiv und aktiv Konstituiertes zueinander? Was folgt daraus für die Beziehungen von Welt-Ontologie und Weltidee der objektiven Wissenschaft?

Im alltäglichen Leben wie in der wissenschaftlichen Praxis haben wir es zumeist mit solchem zu tun, was aktiven Bewußtseinsleistungen entsprungen ist. Wissenschaftliches Forschen geht gewöhnlich so vor sich, daß man auf schon gewonnenen Ergebnissen aufbaut oder von ihnen aus fortschreitet. Die werktägliche Praxis pflegt schon Geleistetes zu benutzen, um daraus Neues zu gewinnen oder um damit etwas Neues anzufangen. Es ist also keineswegs so, daß das passiv Konstituierte für das alltägliche Bewußtsein und die Wissenschaft das Naheliegendste und Sichtbarste wäre. Die „Vernunft" ist in den Gestalten, in denen sie zunächst und zumeist im menschlichen Leben wirksam ist, viel zu sehr praktisch ausgerichtet, als daß das wesensmäßig Frühere auch das für unsere durchschnittliche Lebensweise Frühere wäre. Es ist im Auge zu behalten, daß in diesem Zusam-

---

[5] Vgl. *Cart. Meditationen* S. 108.
[6] Vgl. a.a.O. S. 81.
[7] Vgl. a.a.O. S. 114.
[8] A.a.O. S. 109.

menhang von Husserl alle wissenschaftlichen Leistungen, auch die der Formal-Wissenschaften, als Resultate aktiver praktischer Vernunfttätigkeit angesehen werden. „Hierher gehören alle Leistungen der in einem weitesten Sinne praktischen Vernunft. In diesem Sinne ist auch die logische Vernunft praktisch." [9]

Der selber nicht mehr praktisch engagierten Betrachtung zeigt sich, daß alle aktiven Konstitutionsleistungen und alle ihnen zugehörigen Gebilde und Bereiche nur auf dem Fundament von Vorgegebenheiten möglich sind, die ihrerseits wiederum passiv konstituiert sein müssen. „Jedenfalls aber setzt jeder Bau der Aktivität notwendig als unterste Stufe voraus eine vorgebende Passivität, und dem nachgehend stoßen wir auf die Konstitution durch passive Genesis." [10]

Indem Husserl die „Unterlagen" und „Vorgegebenheiten" der objektiv-wissenschaftlichen Aktionen, die hier allein von Bedeutung sind, in dieser Weise kennzeichnet, ist bereits eine wesentliche Entscheidung für seine Sicht des Verhältnisses von vorgegebener Wirklichkeit und aktiver objektiv wissenschaftlicher Erkenntnisleistung gefallen. Die objektiv wissenschaftliche Aktivität hat eine für sie selber notwendige Voraussetzung. Diese bedingt ihre Leistungsfähigkeit. Auf sie muß sich die objektive Wissenschaft zurückbeziehen, wenn sie ihr Tun und den mit ihm verbundenen Erkenntnisanspruch verstehen und begründen will. Verzichtet sie darauf, so kann sie keine Grundlegung ihrer selbst gewinnen. Sofern die moderne Wissenschaftstheorie gegenüber der Forderung einer fundierenden Rückbeziehung objektiv wissenschaftlicher Erkenntnisleistung auf die Struktur der Wirklichkeit und des welterfahrenden Lebens Abstinenz übt, kann sie im Sinne Husserls keine Theorie der Wissenschaft sein; denn als solche müßte sie die notwendige Basis-Voraussetzung aller wissenschaftlichen Erkenntnisleistungen thematisieren und selber

---

[9] *Cart. Meditationen* S. 111. Husserl fährt fort: „Das Charakteristische ist, daß Ichakte, ..., sich in vielfältigen Synthesen der spezifischen Aktivität verbindend, auf dem Untergrund schon vorgegebener Gegenstände (in vorgebenden Bewußtseinsweisen) neue Gegenstände ursprünglich konstituieren. Diese treten dann bewußtseinsmäßig als Erzeugnisse auf. So im Kolligieren die Menge, im Zählen die Zahl, im Teilen der Teil, im Prädizieren das Prädikat bzw. der prädikative Sachverhalt, ..." Diese Akzentuierung des Übergewichts der praktisch-aktiven Vernünftigkeit im Leben ist nicht mit der Beurteilung der Wesens- und Rangverhältnisse von theoretischer und praktischer Vernunft durch die philosophische Reflexion zu verwechseln.

[10] A.a.O. S. 112.

(wissenschaftlich) zu erkennen beanspruchen (selbstverständlich nicht objektiv wissenschaftlich). Was das des näheren besagt, ist aus den folgenden Ausführungen zu entnehmen.

Vorweg ist auf die universale inhaltliche Reichweite, in der Husserl das Verhältnis von passiv und aktiv konstituierter Sphäre sieht, hinzuweisen. Es müssen nicht nur alle Materialien, mit denen die außerwissenschaftliche und die wissenschaftlich-technische Praxis arbeitet, passiv vor-konstituiert sein, sondern es müssen auch die grundlegenden Vorgegebenheiten von Logik, Mathematik und Naturwissenschaft zunächst passiv konstituiert sein, damit diese Wissenschaften ihr Werk vollbringen können. Aber mehr noch: Der Weltbegriff einer an sich seienden universalen Natur, wie ihn nach Husserl die neuzeitliche Philosophie und Wissenschaft aufgrund einer Verwandlung des antiken Seinsdenkens konzipiert haben, hat auch den Charakter eines Produktes aktiver Konstitutionsleistungen. Dieser Weltbegriff hat ebenfalls die sinnlich passiv vorgegebene Welt und ihre Struktur als Unterstufe zur Voraussetzung.[11]

Zur rechten Abgrenzung unseres Themas ist ferner daran zu erinnern, daß der Gesamtzusammenhang des Konstituierten nach Husserl ein komplexes, vielschichtiges Gebilde darstellt. Passive und aktive Konstitutionsleistungen gehen in vielerlei Weisen ineinander über. Schon die schlichteste passive Leistung drängt das Ich zu einfachen ,,aktiven Reaktionen'' – z.B. zum Festhalten, Identifizieren und Zusammen-nehmen – unter der Voraussetzung, daß das Ich von einem Gegebenen affiziert wird, das sich von einem Hintergrund abhebt.[12] Die in der sinnlichen Erfahrung vorgegebene Welt ist so, wie wir sie vorfinden, insgesamt eine bereits durch eine Vielheit von passiven und aktiven Leistungen zustande gekommene Leistungseinheit. Alles aktiv Konstituierte schlägt sich außerdem als Sediment nieder und gewinnt von daher sekundär passiven Charakter, so daß die Gesamtheit des Konstituierten eine Einheit von passiv-aktiv Geleistetem und Erworbenem ist.[13] Darauf soll hier nicht näher eingegangen werden, da wir nur die Leistung und die Funktion der höchststufigen aktiven Konstitutionsvollzüge in ihrem Verhält-

---

[11] Vgl. z.B. *Krisis* S. 127, 448 f.
[12] Vgl. *Erfahrung und Urteil* S. 24 ff., S. 74 ff.
[13] Vgl. z.B. a.a.O. S. 51 ff.; vgl. auch *Cart. Meditationen* S. 113.

nis zur fundamentalen Sphäre der passiven Synthesis in den Blick nehmen wollen.

Diejenigen aktiven Konstitutionsvollzüge höchster Stufe, welche in der objektiven Wissenschaft getätigt werden, sind von ganz spezifischer Art und setzen mannigfache einfachere aktive Leistungen voraus. Die höchste Weise aktiven Konstituierens gewinnt ihre Eigenart in einem ausgezeichneten Können und Tun des Subjektes. Bedeutung und Funktion dieses subjektiven Könnens und Tuns stehen im Hinblick auf den in der Welt lebenden Menschen wie auf die durch sie gewonnene objektive Welterkenntnis zur Diskussion.

Aktive Vernunfttätigkeiten im objektiv wissenschaftlichen Sinne und ihre Erzeugnisse scheinen nicht jedem konkreten ego als solchem zuzugehören.[14] Erst mit der Ausbildung von Philosophie und Wissenschaft ist die spezifisch wissenschaftlich-vernünftige Aktivität in die Welt gekommen. Sie hat sich im Verlauf der Geschichte des Denkens gewissermaßen von Generation zu Generation „vererbt". Wir praktizieren sie heute weltweit in Selbstverständlichkeit, ohne daran zu denken, daß sie ihre geschichtlichen Wurzeln hat.

Wenn es sich so verhält, ist dann nicht die objektiv wissenschaftliche aktive Vernunfttätigkeit von der Art des Geschichtlich-Faktischen? Können dann die Erkenntnisbauten der objektiven Wissenschaften nicht rechtmäßig als „Kulturtatsachen" verstanden werden, die ihr „Dasein" bestimmten idealisierend-objektivierenden Tätigkeiten der Menschen verdanken, die auch ohne diese auszuüben in der Welt gelebt haben und leben können; die allerdings gegenwärtig an einem Punkt ihres geschichtlichen Werdens angelangt sind, an dem sie qua Gesamtheit nicht mehr ohne die Wissenschaft zu überleben vermögen? Aber diese Abhängigkeit des menschlichen Lebens von der Wissenschaft hat sich in der Geschichte herausgebildet. Sie hat sich aus einem Zustand herausentwickelt, in dem die Natur dem Menschen noch

---

[14] Kindern ist diese Weise der Vernunftaktivität z.B. fremd. Vgl. *Cart. Meditationen* S. 108, 111 f. – Aber sie ist nicht nur Kindern, Ungebildeten und „primitiven" Menschen anderer Kulturkreise fremd, vielmehr vermag ein jedes konkretes ego prinzipiell so zu leben, daß es diese Vernunftaktivität nicht tätigt und nicht über ihre Erzeugnisse verfügt. Bekanntlich sind die terminologischen Titel für das objektive wissenschaftliche Handeln bei Husserl Idealisierung, Mathematisierung und Formalisierung. Diese drei Titel sind keine Synonyma.

vor- und außerwissenschaftlich vorgegeben war. Und alles, was die objektive Wissenschaft an Welt-Erkenntnis gewonnen hat, hat sie aus der ihr vorgegebenen Natur heraus-gearbeitet. Auf sie muß und kann sie jederzeit zurückgreifen. Weil sie dies aber prinzipiell vermag, tut sie es nicht und braucht sie es nicht zu tun, sondern schreitet in der Gewißheit dieses Könnens in ihrer Arbeit weiter und verwandelt dadurch die vorgegebene Erfahrungswelt, von der sie ausgegangen ist, immer mehr. Sie verliert dabei die vorwissenschaftlich vorgegebene Natur aus den Augen, so daß ihr unvermerkt ,,Sinnverschiebungen'' unterlaufen.

Das wirft Husserl der modernen Wissenschaft vor und weist darauf hin, daß die Rückgangsmöglichkeit auf die der objektiven Wissenschaft vorgegebene sinnliche Erfahrungswelt wesentlich zur objektiv wissenschaftlichen Tätigkeit und zum Sinn ihrer Ergebnisse hinzugehört; und zwar wesensmäßig, weil die Erfahrungswelt jedem konkreten ego als solchem zugehört. Ohne sie vermag überhaupt kein konkretes ego als Mensch in der Welt zu leben.[15] Die Art und Weise dagegen, wie die moderne Menschheit in ihrer Zeitstelle innerhalb der einmaligen Geschichte Europas aufgrund objektiv wissenschaftlicher Beherrschung der Natur in der Welt lebt, ist nur die geschichtlich-faktische Realisierung einer bestimmten Möglichkeit menschlichen Welt-Lebens, die keineswegs immer ergriffen sein muß, wenn ein ego als Mensch in der Welt lebt. Allerdings ist die hier realisierte Möglichkeit dadurch ausgezeichnet, daß sie zu jeder Zeit auf das erfahrungsweltliche Fundament zurückgreifen kann, das vorgegeben sein muß, sofern ein ego überhaupt als Mensch in der Welt lebt. Hat die Welt nicht vor aller wissenschaftlich objektivierenden Vernunfttätigkeit und vor der durch sie ,,erzeugten'' objektiven Welt ihre Eigenart und ihre ontologische Struktur? Ist sie nicht vor dem Einsatz aller objektiv wissenschaftlichen Konstitutions-

---

[15] Husserl bemerkt zum Prinzip der passiven Synthesis der Assoziation: ,,Durch die Phänomenologie, die sehr spät Zugänge zur Erforschung der Assoziation gefunden hat, erhält dieser Begriff ein völlig neues Gesicht, eine wesensmäßig neue Umgrenzung mit neuen Grundformen, wohin z.B. die sinnliche Konfiguration in Koexistenz und Sukzession gehört. Phänomenologisch evident, aber für den traditionsbefangenen befremdlich ist, daß Assoziation nicht ein blosser Titel für eine empirische Gesetzlichkeit der Komplexion von Daten einer S e e l e ist, nach dem alten Bilde so etwas wie eine innerseelische Gravitation, sondern ein, und zudem höchst umfassender Titel für eine intentionale Wesensgesetzlichkeit der Konstitution des reinen ego, ein Reich des e i n g e b o r e n e n Apriori, ohne das also ein ego als solches undenkbar ist.'' (*Cart. Meditationen* S. 114).

leistungen „konstituierte" Welt – konstituiert in der passiven Synthesis des Zeitbewußtseins und der sinnlichen Erfahrung –, auch wenn das ego davon vor den Einsichten der transzendentalen Phänomenologie nichts weiß? Dies passive Konstituieren ist nicht einmal zu einer bestimmten Zeit von den in der Welt lebenden Subjekten ergriffen worden und hat dann als Resultat von frei und aktiv getätigten Vernunftleistungen ein „objektives Seinsuniversum" hervorgebracht.

Halten wir fest: Das aktive Konstituieren der objektiven Wissenschaft kann im beschriebenen Sinn als ein geschichtlich-kontingentes Faktum verstanden werden, das einmal in der Welt aufgetreten ist, sich seither durchgehalten hat und von uns wie selbstverständlich weiter getätigt wird. Das passive Konstituieren dagegen zeigt sich als ein Geschehen, das sich „von selbst" macht, sofern ein Ich überhaupt intentional in der Welt lebt. Indem es für das Sein der Erfahrungswelt, in der wir leben, aufkommt, ist es dem Subjekt nicht frei gestellt, dies konstitutive Leisten in freier Aktivität zu vollziehen oder zu unterlassen. Es hat nicht den Charakter der geschichtlich-faktischen Kontingenz, sondern geschieht vielmehr immer, sofern Subjekte in der natürlichen Einstellung als Menschen in der Welt leben. Seine Aufdeckung und Erfassung allerdings sind an eine bestimmte geschichtliche Stunde gebunden: die des Durchbruchs der transzendentalen Phänomenologie, welcher von Husserl als spätes Resultat der Geschichte des objektiven Denkens von Philosophie und Wissenschaft der Tradition verstanden wird.

Aber ist diese erste Kennzeichnung der Grundverschiedenheit der beiden Konstitutionsweisen durch die Begriffe des in freier Aktivität geschichtlich-faktisch Vollzogenen und des im welterfahrenden Leben eines jeden Menschen sich notwendig und immer von selbst „Machenden" ausreichend? Wir haben doch bisher die geschichtliche Faktizität der objektiv wissenschaftlichen Konstitutionstätigkeit nur vom Moment des freien, aktiven Handlungsvollzuges her beschrieben. Aber es ist noch gar nicht das, was durch objektiv wissenschaftliche Tätigkeit geleistet wird, und sein Verhältnis zur objektiv wissenschaftlichen Tätigkeit zur Sprache gekommen. Erst wenn das geschieht, tritt das Befremdliche der Husserlschen Konzeption und ihrer Verwendung des Begriffes geschichtlich-faktisch ans Licht.

Das objektive Ansichsein, von dem Logik, Mathematik und Naturwissenschaft der europäischen Tradition sprechen, hat doch offensichtlich den Charakter dessen, was identisch als das verbleibt, als was es erfaßt ist. Es hat überzeitlichen Seinsgehalt und wird durch geschichtlichen Wandel nicht berührt. Was die Naturwissenschaft erfaßt, gilt zu allen Zeiten bei allen Völkern und ist allem bloß Geschichtlich-Faktischen entrückt. Erfassen Logik und Mathematik nicht die ,,ewigen, unveränderlichen'' Formen, denen sich alles zeitlich veränderlich Seiende fügt? Strebt die Naturwissenschaft nicht einem Seinsall entgegen, das in sich absolut fest strukturiert ist?

Ist es nicht ungewöhnlich und fragwürdig, die Handlungsvollzüge, in denen Erkenntnisse dieser Art gewonnen werden, als geschichtlich-faktisch aufzufassen? Gehören nicht die dem Seinssinn und dem Geltungsanspruch der objektiv wissenschaftlichen Erkenntnisse zugehörigen Handlungen untrennbar diesen Erkenntnissen zu? Sind sie nicht von ihrer Seinsweise her qualifiziert und haben sie nicht insofern Anteil am allzeitlich-übergeschichtlichen Seinssinn des Objektiven und Idealen?

Die vor- und außerwissenschaftlichen Handlungsvollzüge des in der Welt lebenden Menschen, die nicht der objektiv-wissenschaftlichen Erkenntnisgewinnung dienen, sind doch von ganz anderer Art. Sie werden in bestimmten Situationen vom Menschen getätigt. In ihnen stellt sich der Mensch dem, was in einer bestimmten geschichtlichen Gegenwart ansteht. Geht es in ihnen etwa um die Erfassung eines überzeitlich identisch verharrenden Seinsgehaltes? Muß das Merkmal des Geschichtlich-Faktischen nicht den angedeuteten Lebensvollzügen vorbehalten werden, die durch den Unterschied gegenüber Tätigkeiten, in denen sich objektiv wissenschaftliche Erkenntnisse bilden, bestimmt sind?

Es ist jedoch auf jeden Fall klar, daß derartige Handlungen nichts mit dem Seinssinn und der Seinsweise objektiv wissenschaftlicher Erkenntnisse und den Tätigkeiten, in denen diese gewonnen werden, zu tun haben. Ihr geschichtlicher Faktizitätscharakter unterscheidet sie gerade von jenen andersgearteten Handlungsvollzügen.

Nun ist daran zu erinnern, daß die Phänomenologie Transzendentalphilosophie ist und sich daher nicht mit einer säuberlichen Scheidung von geschichtlich-faktisch gearteten Lebensvollzügen einerseits und objektivem Ansichsein und ihm zugehörigen Erkenntnishandlungen andererseits zufrieden geben kann. Sie muß vielmehr die objektiven Erkenntnisse der Wissenschaften selber zu verstehen suchen. Das aber vermag sie als Transzendentalphilosophie nur, sofern sie konsequent und universal die objektiv wissenschaftlichen Seinsgehalte in ihrer Rückbezüglichkeit auf subjektive Vollzüge und umgekehrt die subjektiven Tätigkeiten in ihrer seinskonstituierenden Funktion thematisiert. Seinssinn und Seinsweise der objektiv wissenschaftlichen Erkenntnisprodukte sind daher für die Phänomenologie keineswegs außerwesentlich, wenn es um die objektiv wissenschaftliche Tätigkeit als geschichtlich-faktische geht. Das ist der Fall, wenn die geschichtlich-faktischen Lebensvollzüge durch den Unterschied zu den Handlungen bestimmt werden, die der objektiv wissenschaftlichen Erkenntnis wesensmäßig zugehören. Husserl aber definiert gerade diese Handlungen als geschichtlich-faktisch. Das ist zu verdeutlichen.

Die transzendentale Phänomenologie muß, da sie den objektiven Charakter wissenschaftlicher Erkenntnisse nicht in Frage stellt, sondern zu erklären trachtet, diesen von der transzendentalen Subjektivität her phänomenologisch „interpretieren". Sie muß nachweisen, daß seine wesentlichen Kennzeichen – in ihrer subjektfreien Objektivität genommen – durch die Auffassung des der konstitutiv fungierenden Subjektivität vergessenen natürlich eingestellten Bewußtseins bedingt sind. Auf ein derartiges Subjektives hat die Phänomenologie zurückzugehen, nicht dagegen auf ein Subjektives im modernen „psychologischen" Sinne des Wortes, das für die Seinsweise der idealen Gegenständlichkeiten belanglos ist. Ginge sie auf geschichtlich-faktische Lebensvollzüge zurück, die die Seinsweise der objektiv wissenschaftlichen Erkenntnisse nicht erklärten und begründeten, so könnte sie ihre transzendentale-konstitutive Aufgabe nicht erfüllen. Husserl selber kennzeichnet bekanntlich die Seinsweise der idealen Gebilde der Formalwissenschaften als Überzeitlichkeit und versteht die Überzeitlichkeit des näheren als „irreale Allzeitlichkeit" [16]. Das Verhältnis der Ergebnisse der mathematischen Naturwissenschaften zur empirischen Realität beschreibt Husserl

---

[16] Vgl. *Cart. Meditationen* S. 155 f. und *Erfahrung und Urteil* S. 303 ff.

durch den Begriff eines Prozesses unendlicher Annäherung und Vervollkommnung an „Ideen", die für die Erfahrungswelt selber den Charakter des Limes haben.[17]

Dieser Seinsweise der idealen Gegenständlichkeiten entsprechend muß die aktive konstituierende Tätigkeit beschaffen sein, in der und durch die sich jenes objektive Ansichsein der idealen Gegenständlichkeiten macht.[18] „Ihre Überzeitlichkeit erweist sich als Allzeitlichkeit, als Korrelat einer beliebigen Erzeugbarkeit und Wiedererzeugbarkeit an jeder beliebigen Zeitstelle."[19] Damit ist die Eigenart einer derartigen konstitutiven Tätigkeit

[17] In den objektiv-mathematischen Weltwissenschaften geschieht nach Husserl folgendes: Sie versuchen in ihren Erkenntnisprozessen das real-zeitlich Seiende mit den Möglichkeiten und Mitteln der „Idealwissenschaften" zu erfassen, deren Gebilde ontologisch einen gänzlich anderen Status haben. Die Art und Weise, wie die Naturwissenschaften das getan haben und tun, ist nach Husserl problematisch. Solange diese Wissenschaften glauben, auf diesem Weg an ein endgültiges Ziel gelangen und das Sein der Welt selber erfassen zu können, sind sie über ihr eigenes Wesen im unklaren. Solange sie das angestrebte objektiv exakte „Sein" als Maßstab betrachten hinsichtlich dessen, was Sein der Welt besagen kann, verkennen sie das Rangverhältnis zwischen eigentlich sinnlich-realem Sein und „seinsfreier" Idealität (deren „Seinsweise" eben in jener „Seinsfreiheit" beruht). Vgl. *Krisis* S. 40 ff.

[18] Ingarden hat gegen die konsequente Rückbeziehung aller „echten idealen Gegenstände" auf die leistende Subjektivität Bedenken angemeldet. „Ich könnte nicht sagen, daß die e c h t e n idealen Gegenstände: die Ideen, die idealen Begriffe und die Wesenheiten, ,Produkte', ,intentionale Gebilde' sind, die in subjektiven Operationen g e s c h a f f e n werden. Und dies nicht nur aus dem Grunde, weil mir meine Intuition diese Gegenständlichkeiten als unschaffbar, unentstehbar zeigt, sondern auch aus dem wissenschaftstheoretischen Grunde, daß dann die Idee einer eidetischen W i s s e n s c h a f t sich widersinnig zeigt oder sich in die Idee: ,Schöpfung besonderer Art' verwandelt." (*Cart. Meditationen* S. 218, Kritische Bemerkungen v. Pr. Dr. R. Ingarden). Es sind Seinsweise und Seinssinn der idealen Gegenständlichkeiten, die für Ingarden eine derartige wesenhafte Relativierung auf die Subjektivität unmöglich machen. Im Rahmen einer universalen Transzendentalphilosophie dagegen muß konsequent die Seinsweise der idealen Gegenständlichkeiten als besonderer Seinssinn aus subjektiven Operationen verständlich gemacht werden. Dadurch verlieren die idealen Gegenständlichkeiten nicht ihren seinsursprünglichen Charakter der Idealität. Dieser soll vielmehr dadurch aus seinen Ursprüngen verständlich gemacht werden. Er erweist sich dabei allerdings als „abkünftig". Es ist unschwer zu sehen, daß Ingardens Einwand die Preisgabe der Idee der Phänomenologie im Sinne einer universalen intentionalen Subjektivitätsphilosophie, an der Husserl festgehalten hat, impliziert.

[19] *Cart. Meditationen* S. 155 f. – Die Überzeitlichkeit, die für das natürlich eingestellte Bewußtsein ohne weiteres gar nichts mit der Seinsweise eines zeitlichen Wesens und mit raum-zeitlich Realem zu tun hat, erweist sich, wenn sie im Blick auf das Subjekt als Allzeitlichkeit verstanden wird, als subjektive Vermöglichkeit einer jederzeitigen sinnidentischen Erzeugbarkeit und Wiedererzeugbarkeit. Diese „epistemologische" Auszeichnung der idealen Gegenständlichkeiten aber ist zugleich ihr „ontologischer" Mangel – wenigstens wenn daran festgehalten wird, daß es im Erkennen um Erkenntnis des Seienden geht. Denn alle realen Gegenstände sind dadurch bestimmt, daß sie in der Zeit individuiert sind und gerade nicht an jeder Zeitstelle erzeugt werden können. Sein im eigentlichen und fundamentalen Sinn besagt eben, in einer bestimmten Zeitdauer sein und darin seine Identität haben.

angedeutet.[20] Ist ein ideales Gebilde an jeder Zeitstelle in Identität durch freie, aktive Leistung erzeugbar, so muß die erzeugende
Tätigkeit selber aus einem frei vermöglichen Können resultieren,
das prinzipiell an keine bestimmte Zeitstelle gebunden ist und das
prinzipiell von mir und jedermann immer wieder in derselben
Weise realisiert werden kann. Nur sofern dies gewährleistet ist,
vermag eine aktive Konstitutionsleistung objektiv-ideales Ansichsein zu konstituieren. Geht es um objektive Erkenntnis der
Natur, so muß der Erkennende methodische Wege in Richtung
auf eine Annäherung an die Idealität einschlagen, wie sie der
idealwissenschaftlichen Erzeugungstätigkeit wesensmäßig zugehört.[21]

Bilden subjektive Konstitutionsleistung und objektiv wissenschaftliches Ansichsein eine Einheit dieses Sinnes, so wird deutlicher, inwiefern ein derartiges subjektives Handeln gemäß einem
weit verbreiteten Sprachgebrauch gerade als nicht-geschicht-
lich-faktisch verstanden werden kann. Ein derartiges Handeln
ist in bezug auf die objektiven Gegenständlichkeiten „konstitutiv", „begründend". Da diese Gegenständlichkeiten den Seinscharakter überzeitlicher Identität haben, muß die sie konstituierende Handlung selber allzeitlich in Identität vollzogen werden
können. Sie ist daher nicht an eine bestimmte Zeit und Situation
gebunden. Wird eine Handlung, die in einer bestimmten Zeitstelle und in einer bestimmten Situation vom Menschen getätigt
wird oder nur getätigt werden kann, als geschichtlich-faktisch

---

[20] Husserl selber scheint bezüglich des Mathematischen in diesem Punkte nicht
immer konsequent verfahren zu sein. Zumindest hat es den Anschein, als ziehe er
im Falle der Seinsweise des Mathematischen nicht immer die Konsequenzen aus
seiner Forderung nach subjektiver Konstitution. Das gilt besonders für einige wesentliche Stellungnahmen in der *Formalen und Transzendentalen Logik* und in der *Krisis-
Abhandlung*, an denen er die Vollendung der Mathesis universalis in der Lehre von
der definiten Mannigfaltigkeit erblickt. Eley hat dieses Problem aufgegriffen und die
hier vorliegende Antinomie im Denken Husserls dargestellt. (Vgl. L. Eley, Einleitung
des Herausgebers zu *Arithmetik*, S. XIV ff.) Hätte Husserl nicht vom Gedanken der
konstituierenden Subjektivität aus den „Seinssinn" des Mathematischen relativ auf
die Vollzüge endlicher Subjekte bestimmen und den Begriff der aktualen Unendlichkeit verabschieden müssen? Ließe sich dann an der Kennzeichnung des Mathematischen durch Beherrschbarkeit einer Unendlichkeit von Gestaltungen aufgrund
eines definiten Axiomensystems festhalten? Wir gehen hier auf dieses wichtige Problem nicht näher ein. Damit soll nicht behauptet sein, daß Husserl in diesem Punkte
immer konsequent verfahren sei, sondern es wird nur an einer aus dem Prinzip der
transzendentalen Phänomenologie folgenden Forderung festgehalten.
[21] Vgl. *Krisis* S. 359 ff.

verstanden, so haben derartig methodisch-konstitutive Handlungen gerade nicht den Charakter geschichtlicher Faktizität. Aber eine geschichtlich-faktische Tätigkeit dieses Sinnes vermag auch nicht den Seinssinn und den Geltungsanspruch der objektiv wissenschaftlichen Erkenntnisprodukte konstitutiv zu fundieren. Das vermögen nur methodisch-konstitutive Handlungen, die aber deswegen nicht in jenem Sinn geschichtlich-faktisch sein dürfen, sondern aus der Perspektive jenes anderen Sprachgebrauchs von geschichtlich-faktisch als ungeschichtliche-allzeitliche Konstitutionsleistungen bestimmt werden müssen, die in ihrer Eigenart durch ihre objektiv wissenschaftliche Abzweckung bedingt sind.

Nichtsdestoweniger kann Husserl seine Kennzeichnung derartiger Tätigkeiten als geschichtlich-faktisch aus dem Zusammenhang seines phänomenologischen Denkens legitimieren. Sie hat darin ihren Rechtsgrund, daß die höchststufigen aktiven Konstitutionsleistungen frei getätigt werden durch das Subjekt. Sie sind im Blick auf den (vor- und außerwissenschaftlich) in der Welt lebenden Menschen faktisch und kontingent. Sie können getätigt werden, sie können aber auch unterbleiben. Sie müssen getätigt werden, wenn objektiv wissenschaftliche Erkenntnisprodukte zustande kommen sollen. Daß diese zustande kommen und zustande kommen sollen, hat allerdings Gründe, die ihrer Erzeugung vorausgehen und das Subjekt allererst zu ihrer Erzeugung motivieren. Das Subjekt kann sich dafür entscheiden, sie zu tätigen. Tut es das nicht, so ändert sich deswegen nichts an seinem vor- und außerwissenschaftlichen Weltleben und dessen Strukturen. Diese Gründe, Motivationen und Entscheidungen sind von den konstitutiv erzeugenden Tätigkeiten zu unterscheiden. Sie sind in einem anderen Sinne ,,geschichtlich'' als die methodisch konstitutiven Handlungsvollzüge.

Die Bedeutung und Tragweite der Husserlschen Sicht der geschichtlichen Kontingenz der methodisch objektivierenden Leistungen, durch die sich objektives Ansichsein ,,herstellt'', kann nicht zureichend aus der Gegenüberstellung zu dem gerade beschriebenen anderen Verständnis von geschichtlich-faktischen Lebensvollzügen begriffen werden. Sie gewinnt ihren phänomenologisch spezifischen Sinn erst aus ihrer Rückbeziehung auf die passive Konstitution. Von ihr kann jetzt, nachdem die Eigenart der höchststufigen Konstitutionstätigkeiten aus ihrer Objektivationsleistung verdeutlicht worden ist, ein vertieftes Verständnis gewonnen werden.

Auch die passive Konstitutionstätigkeit muß transzendental-philosophisch von ihrer (Objektivations-)Leistung her verstanden werden.[22] Diese ist wesentlich anders als die objektiv wissenschaftliche Erzeugungsleistung.[23] In den passiven Synthesen bilden sich Seinssinn und Seinsgeltung der Welt selber – ihren allgemeinen Strukturen nach. Aber auch in den objektiv wissenschaftlichen aktiven Synthesen wird doch nach Husserl, sofern sie auf Erkenntnisgewinnung abzielen, das Sein der Welt zu erfassen beansprucht. In welchem Verhältnis stehen der vorwissenschaftlich-natürliche und der objektiv wissenschaftliche Weltbegriff zueinander?

Der objektiv-wissenschaftliche Weltbegriff „erzeugt" sich in ideal frei getätigten Vernunftaktivitäten, die als aktuell vollzogene den Charakter geschichtlicher Faktizität und Kontingenz haben. Durch die passiven Konstitutionsleistungen kommt dagegen (in einem Zusammenspiel passiver und aktiver Synthesen) die natürliche Erfahrungswelt zustande. Diese geht allen frei getätigten geschichtlich-faktischen Erkenntnisleistungen der objektiven Wissenschaft voraus. Die Erfahrungswelt hat ihre invarianten Strukturen, die auch wissenschaftlich erfaßt werden

---

[22] Die ontologischen Strukturen der Welt sind selbstverständlich als passiv konstituierte aus transzendentalen „Leistungen" des Subjekts verständlich zu machen. Sie vollziehen sich hinter dem Rücken des natürlich eingestellt dahin lebenden Menschen, für den die Welt und alles in ihr zunächst einfach „fertig" da ist. Dieser „passiv vorgegebenen Seinssphäre" gegenüber ist es weit schwieriger, ihren konstituierten Charakter herauszuarbeiten als gegenüber allem, was objektiv wissenschaftlich als Ergebnis erarbeitet ist. Daß für dieses eine spezifische subjektive Tätigkeit als Voraussetzung erforderlich ist, leuchtet schnell ein. Die Schwierigkeit für die Transzendentalphilosophie besteht hier darin, diese Tätigkeit als „konstitutive" verständlich zu machen. Hinsichtlich der passiven Konstitution der Erfahrungswelt dagegen liegt die transzendentalphilosophische Schwierigkeit darin, aufzuweisen, daß sich im Erfahrungsleben des in der Welt lebenden Menschen in anonymer Weise überhaupt Tätigkeiten vollziehen, durch die sich das Sein der Welt „macht". Die Leistungen, in denen dies geschieht, fungieren notwendig. Wenn sie nicht geschähen, könnte die Welt, von der wir allein sinnvoll reden können, nämlich unsere Erfahrungswelt, gar nicht vorliegen. Sie konstituieren ein vor-logisches, vor-objektives Apriori, das seinem Seinssinn nach von anderer Dignität ist als das objektiv wissenschaftliche.

[23] In einem weiteren Sinn kommen beide Konstitutionsweisen darin überein, objektivierend zu fungieren. Das vorwissenschaftliche sinnliche Erfahrungsleben ist in sich selber bereits „instinktiv" objektivierend. Bei dieser Redeweise kommt allerdings der wesentliche Unterschied zwischen der Weise von Objektivation, welche die objektive Wissenschaft vollzieht, und der Objektivationsleistung des Erfahrungslebens selber nicht zum Ausdruck. Auf ihn kommt es hier an.

können. ,,Als Grundstufe fungiert die in einem neuen Sinne ,,transzendentale Ästhetik (...). Sie behandelt das eide- tische Problem einer möglichen Welt überhaupt als Welt ,,reiner Erfahrung", als wie sie aller Wissenschaft im ,,höheren" Sinne vorangeht, also die eidetische Deskription des universalen Apri- ori, ohne welches in bloßer Erfahrung und vor den kategorialen Aktionen (...), einheitlich Objekte nicht erscheinen und so über- haupt Einheit einer Natur, einer Welt sich als passiv synthetische Einheit nicht konstituieren könnte." [24]

Ohne sich in bestimmter Weise auf den Sinnesboden dieser Er- fahrungswelt zurückzubeziehen, könnten die objektiv wissen- schaftlichen Konstitutionsvollzüge ihr Ziel nicht erreichen: die Welt in ihrem Ansichsein zu erfassen. Dieser Sinnesboden der Erfahrungswelt ist jedem konkreten ego zugehörig – unange- sehen einer bestimmten, frei ergriffenen Möglichkeit aktiver, idealisierend-objektivierender ,,Weltkonstitution," wie sie in der Geschichte Europas ergriffen worden ist. Hierin liegt der Grund dafür, daß für Husserl die Lebenswelt eine Basisfunktion erfül- len muß und als der Geschichte des Denkens zugrunde liegend be- griffen wird. ,,Diese (sc. die Menschen) haben nicht immer wissen- schaftliche Interessen und selbst Wissenschaftler sind nicht immer in wissenschaftlicher Arbeit; auch gab es, wie die Geschich- te lehrt, in der Welt nicht immer ein Menschentum, das habituell in längst gestifteten wissenschaftlichen Interessen lebte. Lebens- welt gab es also für die Menschheit immer schon vor der Wissen- schaft, wie sie denn ihre Seinsweise auch fortsetzt in der Epoche der Wissenschaft." [25]

In welcher Weise ist die Rückbezogenheit der konstitutiven objektiv wissenschaftlichen Erkenntnisleistungen auf die Erfah- rungswelt näher zu verstehen?

Die objektiv wissenschaftliche Erzeugungstätigkeit muß auf strukturell Erfahrungsweltliches, das sich in verborgener Weise in passiven Synthesisvollzügen gebildet hat, zurückgehen. Sie darf sich nicht an bloß geschichtlich-faktische Bestände der Lebenswelt binden, sondern bedarf strukturell-invarianter Aus- gangsgegebenheiten. Nur wenn sie diese als ,,Material" ihres idealisierenden Tuns ergreift, vermag sie ihre methodische Objek-

[24] *Logik* S. 256 f.
[25] *Krisis* S. 125.

tivationsleistung gelingend zu realisieren.[26] Dies Erfahrungsweltliche muß daher invariant sein und solches betreffen, was wesensmäßig immer zur Welt gehört. Als Ontologisch-Apriorisches ist es
die „notwendige (Geltungs-)Voraussetzung" der objektiv wissenschaftlichen Weltkonstitution – welche Resultat idealisierender
Handlungsvollzüge ist, die als in freier Aktivität getätigte geschichtlich-faktisch sind.[27]

Also: Die „vorliegende" (passiv konstituierte) Welt bildet das
ontologische Fundament der Welterkenntnis der objektiven Wissenschaft. Seinssinn und Seinsweise objektiv wissenschaftlicher
Welterkenntnis sind ermöglicht durch die Seinsweise der Erfahrungswelt selber, die in sich apriorisch-invariant strukturiert ist.
Nur sofern sich die frei getätigten Handlungen der objektiven
Wissenschaft auf dieses ontologische Sinnesfundament beziehen,
können sie ihren Erkenntnisanspruch realisieren; und das heißt,
sie können dies nur, sofern sie nichts bloß Geschichtlich-Fakti-
sches zum Ausgang nehmen und sofern sie selber nicht geschichtlich-faktisch in dem oben ausgegrenzten Sinne sind.[28]

---

[26] Husserls Sätze aus den Schlußseiten seines Aufsatzes *Über den Ursprung der
Geometrie,* der sich als Beilage III in der *Krisis-Abhandlung* findet, sind in diesem
Zusammenhange sehr erhellend. Vgl. *Krisis* S. 383 ff.

[27] Husserl wirft bekanntlich in der II. Beilage zur *Krisis-Abhandlung* die Frage
auf, ob nicht „alle Wahrheit im Sinne der Wissenschaft" „aus einer Idealisierung"
stamme, „die selbst im historischen Raum ist"? (Vgl. *Krisis* S. 363). Wenn das in
unbeschränkter Allgemeinheit zutreffen sollte, so müßte auch die apriorische Strukturtypik der Erfahrungswelt „Resultat" idealisierender Leistungen sein, die im historischen Raum frei vollzogen würden. Setzt diese These nicht eine andere Fassung
des Verhältnisses von Erfahrungswelt und objektiv wissenschaftlicher Weltidee voraus als diejenige, die sich z.B. aus zentralen Textstücken der *Formalen und Transzendentalen Logik* und der *Krisis-Abhandlung* entnehmen läßt – und der wir hier
gefolgt sind? Es scheint mir fraglich zu sein, ob sich dieses Problem allein anhand
der erwähnten Beilagen-Textstelle entscheiden läßt. Im Kontext des hier beschrit-
tenen Interpretationsweges läßt sich diese Stelle evtl. in folgender Weise auslegen:
Alle objektiv wissenschaftliche Wahrheit, die relativ ist auf Konstitutionsvollzüge,
die in freier Aktivität getätigt werden, ist aus Idealisierung im historischen Raum.
Das erfahrungsweltliche Apriori dagegen ist nicht aus Idealisierung. Es wird vielmehr
eidetisch-deskriptiv erfaßt als die das vor- und außerwissenschaftliche Leben selber
konstituierende Strukturtypik. Seine wissenschaftlich-reflexive Fixierung durch die
Methode der Variation ist gerade nicht idealisierende Erzeugung, sondern deskriptive
Erfassung des Wesens von Welt und korrelativ von welterfahrendem Leben. Diese
Erfassung selber ist außerwesentlich bezüglich dessen, was sie erfaßt, da sie nur erfaßt, was sich im intentionalen Leben notwendig „von selber macht", sofern es
welterfahrendes Leben ist; nicht dagegen (wie im Falle objektiv wissenschaftlicher
Konstitutionsleistung) durch frei und „willkürlich" getätigte Handlungsvollzüge die
apriorischen Wahrheiten „hervorbringt". (Vgl. z.B. *Passive Synthesis* S. 319)

[28] Wenn Husserl vom „radikalen Problem der historischen Möglichkeit objektiver
Wissenschaft spricht" (vgl. *Krisis* S. 360), so kann diese Redewendung auf die Aufgabe zielen, zu klären, wie die objektive Wissenschaft historisch dadurch möglich

So sind die objektiv wissenschaftlichen Konstitutionsleistungen wesensmäßig der Seinsweise der Welt und des welterfahrenden Lebens zugehörig. Aufgrund dieser Zugehörigkeit ist der Mensch prinzipiell in der Lage, sie zu vollziehen, wenn keine ,,außerwesentlichen'', ,,empirischen'', ,,praktisch bedingten'' Hindernisse im Wege stehen. Diese wesensmäßige Zugehörigkeit ist also potentieller Natur. Sie betrifft eine in der Seinsweise von ego und Welt begründete Vermöglichkeit. Ihre Aktualisierung aber hat faktisch-kontingenten Charakter. Sie ist in der Geschichte Europas erfolgt und wird in der geschichtlichen Gegenwart weiterhin praktiziert. Ihre frei vollzogene, geschichtlich-faktische Realisierung aktualisiert nur, was wesensnotwendig immer und überall zur Welt und zum welterfahrenden Leben gehört.[29]

Das Spätwerk Husserls erscheint in einem ganz anderen Licht, wenn die in freier Aktivität getätigten Konstitutionsleistungen der objektiven Wissenschaften als wesentlich geschichtlich-faktisch begriffen werden; wenn ihre Erkenntnisleistung nicht in der Seinsweise der Welt und des welterfahrenden Lebens als Geltungsfundament fundiert, sondern als Resultat einer bestimmten faktischen Möglichkeit des Lebens- oder Daseinsvollzuges verstanden wird. Wird diese Verstehensmöglichkeit ergriffen, so kann das objektiv wissenschaftliche Tun nicht mehr unter dem Aspekt begriffen werden, daß die Seinsweise seiner objektiven Erkenntnisleistungen in ihrem immanenten Seinssinn aus den Wesensstrukturen der Welt und des Lebens selber evident gemacht wird. Dann wird dieses Tun nur als eine Weise des Daseins thematisch, sich in der Welt zu verhalten und zu verstehen, die vom Wesen des Daseins her zu ,,interpretieren'' ist. Wird evtl. durch eine derartige Weise, sich in der Welt zu halten, der Sinn von Sein auf beständige Vorhandenheit hin nivelliert? Oder äußert sich im Mathematisieren das Bedürfnis des Lebens nach Sicherheit? Oder treiben die Menschen Naturwissenschaft im Interesse an der Verfügung über Naturprozesse, die sie den Zwecken des Lebens dienlich machen? Soll etwa darin der tran-

geworden ist, daß sie im strukturell-invarianten Seinsbestand der Lebenswelt ihr Geltungsfundament hat.

[29] Obwohl Husserls Konzeption der Idealität in einigen Grundzügen mit der Dinglers verwandt ist, zeigen sich doch bei der Bestimmung des Verhältnisses der objektiv exakt wissenschaftlichen Erkenntnis zu Welt und Leben wesentliche Unterschiede.

szendentale Gesichtspunkt für die Ausbildung und Ausübung objektiv wissenschaftlicher Tätigkeit bestehen?

Soviel ist im Blick auf derartige Relativierungen objektiv wissenschaftlicher Tätigkeit und ihrer Leistung auf Dasein oder menschliches Leben klar: Objektiv wissenschaftliche Handlungsvollzüge vermögen hier nicht mehr als das Sein der Welt betreffend verstanden zu werden (auch nicht in der Weise der Idealisierung), da sie selber einem spezifischen Weltentwurf, dem Selbsterhaltungsbedürfnis des Lebens oder bestimmten Interessen des Lebens entspringen. Als subjektive Lebensvollzüge dieser Art hätten sie aufgrund ihres Ursprungs aus dem Dasein oder dem Leben und aufgrund ihrer Bedeutung für Dasein und Leben geschichtlich-faktischen Charakter, nicht aber aufgrund ihrer spezifischen Weise von objektiver Erkenntnisleistung. Deren wesensimmanenter Seinssinn würde durch sie gerade nicht mehr geklärt und im Wesensgefüge von Welt und Leben selber fundiert.[30] Er würde vielmehr – von Husserl her gesprochen – ,,anthropologisch'' relativiert. Eine derartige subjektive, psychologisch-anthropologische Relativierung aber vermag nicht mehr die Erkenntnisleistung der objektiv wissenschaftlichen Tätigkeit von der Seinsweise von Welt und Leben her zu erklären. Darauf jedoch kommt es der transzendentalsubjektiven Relativierung an.

Verzichtet eine Wissenschaftstheorie dagegen gänzlich darauf, den Rückbezug des objektiv wissenschaftlichen Tuns als wesentlich in ihren eigenen Themenkreis einzubeziehen, so gibt sie damit die Aufgabe preis, die Einheit des Zusammenhangs von Wissenschaft, Welt und Leben zu bedenken. Da gleichwohl, wenn auch außerhalb der wissenschaftstheoretisch-methodologischen Reflexion, irgendwelche Auffassungen über diesen Zusammenhang vorhanden sein werden, fragt sich nur, welcher Art diese jetzt sind und sein können. Zieht man sich etwa auf ,,präzisierte'' Grundunterscheidungen des gesunden Menschenverstandes zurück? Werden alle Reden von Welt und Leben nur noch im Horizont eines beschränkten vorreflexiven und vorkritischen Verständnisses fixiert und in dieser restringierten Weise als ,,Voraussetzung''

---

[30] Eine wissenschaftstheoretische Grundlegung der Geometrie, die konsequent an der Einheit dieser Zusammenhänge festhält, liegt in E. Strökers *Philosophischen Untersuchungen zum Raum* vor (Frankfurt a.M. 1965).

und „Wurzelboden" benutzt, von dem objektive Wissenschaft ausgeht und in dem sie eingebettet ist? [31]

Im Gegensatz zu Standorten dieser und ähnlicher Art steht Husserl in der Tradition des Denkens, die das Denken universal und einheitlich auf das Ganze von Leben, Welt und Wissenschaft bezieht und es für kompetent hält, von diesem Ganzen begründet Rechenschaft abzulegen. Indem Husserl das intentionale Leben und die Welt selber und von ihnen her die objektive Wissenschaft in den „Logos" einbehält, kann er einerseits nicht die Wissenschaftstheorie auf bloße Methodologie beschränken und andererseits nicht den Seinssinn der objektiv wissenschaftlichen Erkenntnisleistung auf „Kategorien" des Lebens oder des Daseins relativieren. Das Leben selber wird von ihm vielmehr als intentional-objektivierend verstanden – als „logisch" in der Weise des „Proto-Logischen" („Vorlogischen"). Aus seiner Vollzugsweise kann die exakte Objektivierung und Logifizierung, wie sie die objektiven Wissenschaften vollziehen, erwachsen. Aber das ist nur um einem Preis zu haben: (lebensweltlich) passive Konstitutionsleistung und objektiv wissenschaftliche Konstitutionsleistung müssen miteinander verwandt sein. Die Erfahrungswelt und die objektiv wissenschaftliche „Weltidee" müssen strukturelle Ähnlichkeiten aufweisen. Andernfalls kann kein Fundierungsverhältnis (ontologischen Charakters) zwischen ihnen bestehen.[32] Mag diese Konzeption auch heute fremd geworden sein und in ihrer Eigenart nicht wiederholt werden können, vielleicht läßt sich aus ihrer Aneigung lernen, strukturelle Mängel, die gegenwärtigen wissenschaftstheoretischen Positionen anhaften, deutlich zu sehen und Schwierigkeiten, mit denen jede aktuelle Wissenschaftstheorie zu rechnen hat, in den Blick zu bekommen.

[31] Man kann zweifellos eine derartige Entscheidung treffen und sich weigern, über die selbstgezogenen Grenzen hinauszugehen. Für denjenigen, der sie nicht mitmacht, besagt sie nur eine Problemverlagerung durch Ausklammerung.
[32] Was für die Späteren bei Husserl wie eine „Logifizierung" und „Verwissenschaftlichung" des Lebens aussieht, ist das Indiz dafür, daß Husserl am Begriff einer einheitlichen (Seins-)Wahrheit von Leben, Welt und Wissenschaft festgehalten hat.

LOTHAR ELEY

ZEITLICHKEIT UND PROTOLOGIK

I

In der deutschen Sprache können wir Begriffspaare wie Krankheit – krank, Bestimmtheit – bestimmt, Zeitlichkeit – Zeit bilden.

Die Metaphysik begreift diesen Unterschied als Differenz von Was (Wesen) und dem Singulären, von Grund und Begründetem: Krankheit ist das, was den Kranken zum Kranken macht. (So fragen wir: Ist A krank? – Wir fragen nach dem Singulären, dem Fall. – Ferner: Was ist die Krankheit von A? – Die Krankheiten lassen sich ihrerseits in Gattungen und Arten differenzieren. –) Entsprechend: Das, was das Bestimmte zum Bestimmten macht, d.i. das, wodurch das Bestimmte bestimmt ist, kurz: das Was (Wesen) des Bestimmten ist seine Bestimmtheit. Zeitlichkeit besagt nach der Metaphysik das, wodurch die Zeit Zeit ist. Wie die Bestimmtheit *als solche* nicht das Bestimmte ist, wenngleich ein Bestimmtes nur Bestimmtes ist kraft seiner Bestimmtheit, so ist auch die Zeitlichkeit *als solche* nicht zeitlich, wenngleich die Zeit nur Zeit ist kraft der Zeitlichkeit. Dies ist *die These der Metaphysik*.

Mögen auch die genannten Begriffspaare selber noch in einem Ordnungsverhältnis stehen – und dieses werden wir sogleich entwickeln müssen –, in der Sicht der Metaphysik ist ihnen jedenfalls eine *Form* gemeinsam, nämlich die Beziehung Wesen – Singuläres (Grund – Begründetes). Und gerade diese Bestimmung der Form versperrt den Weg der Untersuchung, wie sich sogleich zeigen wird.

Hegel hat darauf aufmerksam gemacht, daß das Begriffspaar *Bestimmtheit – bestimmt* gegenüber den Paaren: Krankheit –krank,

Gesundheit – gesund usw. besonders ausgezeichnet ist.[1] Bemerkenswert ist nun, daß wir in der deutschen Sprache nicht nur die Begriffe „Bestimmtheit" und „bestimmt" unterscheiden, sondern diesen Unterschied selber noch begreifen, d.h. sprachlich ausdrücken, nämlich als *Bestimmung*.[2] Das Bestimmte, z.B. der Mensch, ist nicht nur Bestimmtes; es *hat vielmehr Bestimmtes zu sein*, und zwar Bestimmtes seiner Bestimmtheit.

Noch einmal sei an die Metaphysik erinnert. In ihrer Sicht ist in bezug auf unser letztes Beispiel zu sagen: *Bestimmtheit* ist das Menschsein (das Wesen des Menschen = humanitas), das *Bestimmte* der singuläre Mensch (= homo), *Bestimmung* das Menschsein, insofern es Mensch zu sein hat. Die Metaphysik behauptet also eine bestimmte Ordnung, die durch das folgende Schema verdeutlicht werden kann. Als Beispiel wählen wir das Begriffspaar Menschsein – Mensch (ein anderes Beispiel ist das Begriffspaar Krankheit – krank).

Menschsein   – Mensch
Bestimmtheit – Bestimmtes
Wesen (Grund) – Singuläres (Begründetes)

Bestimmung

Nehmen wir jedoch die Dreiheit von „Bestimmtheit", „bestimmt", „Bestimmung" nicht von vornherein in metaphysischer Normierung auf; verbleiben wir vielmehr *in der Sprache*. Die drei Begriffe sprechen offenbar eine *sprachliche Differenzierung* aus. Wählen wir ein allbekanntes Beispiel unserer Umgangssprache: Paris ist die Hauptstadt von Frankreich, *und* London ist die Hauptstadt von Großbritannien. Der Junktor „und" läßt unterscheiden; er ist daher *Distinktionsbasis*. „Und" ist – wie Frege schreibt – *ergänzungsbedürftig*; genauer: „und" *ist zu ergänzen* (zu erfüllen), soll die (zusammengesetzte) Aussage (soll die Verknüpfung durch den Junktor „und") eine *bestimmte* sein. „Und" ist *Bestimmung* und als Distinktionsbasis *Bestimmtheit*. „Und" als Bestimmtheit ist aber keineswegs als Wesen anzusehen. (Auch läßt sich in Ansehung unseres Beispiels nicht sinnvoll nach einer

---

[1] S. G. W. F. Hegel, *Wissenschaft der Logik*, Phil. Bibliothek Bd. 56, Leipzig 1951, S. 96 ff.
[2] A.a.O. S. 110 ff.

distinctio rationis oder distinctio rationis cum fundamento in re –
sei es als distinctio formalis oder realis – fragen.[3]

Daß z.B. Krankheit und krank als Bestimmtheit und bestimmt
differenziert sind und diese Differenzierung sich als Bestimmung
zeigt, dürfte offenkundig sein. Auch hier kann auf seiten der
Sprache nicht vom Wesen gesprochen werden.

Es ist sogleich auf eine Eigenart der Sprache aufmerksam zu
machen. ,,Und'' z.b. ist ein Ausdruck, den wir *geradehin* redend
gebrauchen; man kann sagen: er ist ein *objektsprachlicher* Ausdruck. Das Tripel ,,Bestimmtheit'', ,,Bestimmung'', ,,bestimmt''
wird indes nicht im Geradehin gemeint. Der Ausdruck: ,, ,und'
ist ein ergänzungsbedürftiger Ausdruck'' ist nicht eine Aussage,
wie z.b. ,,Paris ist die Hauptstadt von Frankreich, *und* London
ist die Hauptstadt von Großbritannien'' eine Aussage ist. ,,Und''
zeigt sich im Gebrauch; die Partikel ist zugleich *für* den Gebrauch.
Daß ,,und'' Bestimmung ist, *zeigt sich*; dieses kann *nicht* in einer
Metasprache gesagt werden, *in dem Sinn*, daß sie als eine *ontische*
Stufe *über* die *gleichzeitig vorhandene* niedere Stufe spricht; in
diesem Fall hätte die höhere Stufe der niederen die Sprache aus-
getrieben. ,,Und'' zeigt sich *im Gebrauch für den Gebrauch*; darin
liegt aber doch, daß *ausgesprochen wird, wie* ,,und'' *fungiert*,
nämlich als Bestimmung. Dieses Aussprechen ist offenbar gegenüber dem Gebrauch, der *Synthesis*, explikativ, *analytisch*. Wie ist
ein solches Aussprechen möglich? Was meint das ,,für''? Diese
Fragen sind später zu beantworten.

Auch die *Zeitlichkeit* ist gegenüber der jeweils bestimmten Zeit
Bestimmung. Von der Sprache her gesehen ist die Zeitlichkeit
zunächst *das Jetzt*, das sich in seine Momente distinguiert; das
Jetzt ist insofern dem Hier gleich, als auch das Hier sich in seine
Momente (in analoger Weise) differenziert. Es sei an die Anfangs-
bestimmung der ,,sinnlichen Gewißheit'' der ,,Phänomenologie
des Geistes'' Hegels erinnert.[4] Ein jedes, was das Bewußtsein
meint, ist ihm *unvermittelt unmittelbar: es ist, weil es ist*. Das
Meinen ist *Hinweisen*. Auch das Wahrnehmen ist z.b. Meinen;
in ihm ist allerdings das Meinen aufgehoben, insofern es – nach

---

[3] S. dazu: L. Eley, *Metakritik der Formalen Logik. Sinnliche Gewißheit als Horizont
der Aussagenlogik und elementaren Prädikatenlogik*, Den Haag 1969, S. 45 ff.
[4] G. W. F. Hegel, *Phänomenologie des Geistes*, Philosophische Bibliothek Bd. 114,
Hamburg 1952, S. 86 ff.; s. dazu: L. Eley, *Metakritik* ..., pass., bes. S. 302 ff.

Hegel – schon Allgemeines als Wahres nimmt. Das Meinen fällt als *Hinweisen* aus dem Wahrnehmen in einer ausgezeichneten Einstellung heraus. Und gerade diese Einstellung gewinnt im Rahmen unserer Untersuchung ihre Bedeutung. Nach Husserl wie Frege ist diese Einstellung Anfangsbedingung formaler Logik.[5] Das Hinweisen hat seine Funktion in einem *okkasionellen* Umstand; es erfährt seine Bestimmtheit allein durch *das Hier* (bzw. *Jetzt*). Das Hier (bzw. Jetzt) ist daher *nicht*, wie das Bewußtsein zunächst meint, unvermittelt unmittelbar. Hier *vermittelt*; es läßt nämlich *unterscheiden*; es ist *Grenze*. Das Analoge läßt sich vom Jetzt sagen.

Nach Hegel besteht das *Gemeinsame* vom Hier und Jetzt darin, daß sie Grenzen sind, und zwar als *Allgemeines*; d.h. die Grenze ist *vollständige Disjunktion*. Daß das Hier wie Jetzt Grenzen sind, *zeigt sich*; daß die Grenze als vollständige Disjunktion begriffen wird, ist eine *Voraussetzung*, die sich nicht von der Grenze her zeigt. Ist die Grenze Allgemeines, so ist die Bestimmung selber *nicht* zeitlich. Hier wie Jetzt sind dann *Beispiele* der *nichtzeitlichen* Bestimmung. Meine *These* ist hingegen: *Die Bestimmung zeigt sich selber als zeitlich*. Ich versuche zu erweisen, *daß ein sprachlicher Ausdruck sich nur als Bestimmung zeigt, wenn er sich als zeitlicher darstellt*. Darüber hinaus wird sich anzeigen, daß ein sprachlicher Ausdruck allein durch Zeitlichkeit seine Bestimmtheit erfährt.

Vorerst ist es notwendig, denn *Sinn des Zeitlichen* näher zu explizieren:

Hier wie Jetzt sind (1.) *phänomenal (pragmatisch) unterschiedene Distinktionsfelder*. Diese Phänomene sind *an der Sprache* als *Meinen* aufgenommen. (Das Hier distinguiert sich z.B. als Baum, Haus, . . . ; das Jetzt z.B. als Nacht, Tag, . . .). Das phänomenale Hier hebt sich durch seine Distinktionsbasis von dem phänomenalen Jetzt abstraktiv ab. Die Frage nach dem *Verhältnis* von Raum und Zeit setzt schon die sprachliche Distinktionsmöglichkeit von Hier und Jetzt *voraus*.

An der Grenze des Jetzt und Hier erscheint Anderes und Anderes als zu Bestimmendes. In Ansehung des Jetzt kann das Andere und Andere durchaus *Äußerliches* sein, wie z.B. Tag,

---

[5] S. dazu: L. Eley, *Metakritik* . . ., pass.

Nacht, welche durch sprachliche Distinktion bestimmte Andere und Andere sind; das Jetzt kann aber auch *immanente Bewußtseinszeit* sein; das Andere und Andere ist dann am Bewußtseinsstrom aufgenommen; keineswegs ist aber das phänomenale Jetzt mit der Bewußtseinszeit identisch, wie Husserl behauptete, da es ursprünglich *an der Sprache* und nicht am Bewußtsein aufgenommen wird. Husserl meinte ferner, daß Protention und Retention sich nur als Momente der Bewußtseinszeit zeigten. Dies ist aber ein Irrtum, wie sich sogleich herausstellt, wenn wir uns der Explikation dieser Momente zuwenden.

Vom phänomenalen Jetzt ist (2.) die *Uhrzeit* zu unterscheiden. Das Phänomen der Zeit wird nicht ursprünglich an der Ortsveränderung gewonnen, vielmehr setzt diese schon die sprachliche Distinktionsmöglichkeit von Hier und Jetzt *voraus*.

Schließlich ist (3.) im obigen Kontext Zeit in einem ausgezeichneten Sinn in Frage. In Ansehung der Grenze, und zwar in Ansehung vom Hier und Jetzt, fragten wir nach dem Charakter der Grenze, nach der Bestimmung. Die Frage war: Als was zeigt sich die Bestimmung? Nach Hegel ist die Grenze *Allgemeines*. Die Frage nach der Zeit, die hier in Frage ist, stellt sich als *Kommentar*. In bezug auf das Hier wie in bezug auf das Jetzt hat dieser die sprachliche Form: ,,Schreiben wir jetzt auf..., schauen wir jetzt (später) nach...." Diese Zeit setzt sich ins Sinnliche herab, indem sie sich als Moment des Allgemeinen aufhebt; die Zeit ist *als* Zeit das ,,Tempus der Unzeitlichkeit", wie Frege sie nannte. So erscheinen das Jetzt wie Hier als *Beispiele* der selber *unzeitlichen* Bestimmung. Nach meiner *These zeigt die Bestimmung sich als zeitlich*, und zwar als *Protention*. Protention und Retention sind nicht deskriptive Momente der Bewußtseinszeit, wie Husserl meinte; sie sind vielmehr die Weisen, durch die Sprache sich ausdrückt, insbesondere sich im Hier und Jetzt distinguiert. Zeit ist daher (3.) *Sprachzeit*.

Man könnte vermuten, daß die Frage nach dem Charakter der Bestimmung sich in der Metasprache vollziehe; äußert sie sich doch im Kommentar. Dieses ist – auch nach Hegel – nicht der Fall. Die Bestimmung zeigt sich *in ihrer Darstellung*, also als zeitlich. Die Darstellung vollzieht sich in der Weise, daß sie ihre eigene *Semantik* – im Sichzeigen – mitbringt. Die Bestimmung zeigt sich indes *dialogisch*. Der Kommentar ist, wie sich ergeben wird, vielmehr *die Proposition des Proponenten; Sprachzeit entwickelt sich als Zeitlichkeit des Dialogs.*

Ich bin der Explikation vorausgeeilt, um die Richtung anzuzeigen, in der hier nach der Zeit gefragt wird: In Frage ist das phänomenale Jetzt nur insofern, als es sich selber schon in der Sprachzeit distinguiert; in Frage ist *die Sprachzeit.* Das phänomenale Jetzt ist ein – wenn auch ausgezeichnetes – *Beispiel* der Sprachzeit. Wir werden die Sprachzeit auch am Beispiel des Junktors ,,und" demonstrieren. Wiewohl die Darstellung sich im Medium der Zeit vollzieht, wird Zeit notwendig zunächst nur beiläufig ausgesprochen. In Ansehung der Bestimmung ist sichtbar zu machen, wie diese ihre eigene Semantik mitbringt. Die Semantik stellt sich zunächst als Sichzeigen im *Objektsatz* dar; auf dem notwendigen Umweg über *Pseudo-Objektsätze* verkehrt die Semantik sich in *Schein;* Zeit kommt *als* Zeit zur Sprache.

Die Bestimmung stellt sich, so wurde behauptet, zeitlich dar. Zur Verdeutlichung dieser These sei wieder die Konjunktion zweier Aussagen als Beispiel gewählt. ,,Und" *zeigt sich* als zu Ergänzendes *an,* d.h. es zeigt sich als *Künftiges,* d.i. als *Protention;* ,,künftig" meint nicht die kommende Zeit, sondern Ermöglichung des Jetzt und kommenden Jetzt, d.i. des *Präsenten* und *fortgesetzt* Präsenten, das die Protention behält, *retiniert.* ,,Und" zeigt sich also als *Bestimmung,* d.h. als *Anzeige,* d.h. als *Protention.*[6] ,,Und" erfüllt sich *im Falle* besagt: ,,und" *präsentiert* sich durch die Grenze als Protention an der Grenze. Die Grenze zeigt sich als Protention an, d.h. ein jedes Bestimmte erfolgt aus der Protention als Geschehendes; es ist durch die Protention behalten, *retiniert. Retention und Präsentation sind die Momente der Protention* (und es sind nicht – wie in der Metaphysik – Protention und Retention die Momente des Präsenten = Gegenwärtigen = Allgemeinen.)

Die Konjunktion zweier Aussagen ist bestimmt an der Grenze des ,,und"; damit ist sie zugleich auch unbestimmt: Sie ist *unbestimmt* in bezug auf die *Protention;* als *geschehende* Protention ist sie hingegen *bestimmt,* d.h. sie spricht sich kraft der *Erinnerung*

---

[6] Inwiefern Partikel wie ,,d.h.," ,,d.i.," ,,m.a.W." und ähnliche für das Philosophieren konstitutiv sind, hat M. Lang gezeigt, S. M. Lang. *Wittgensteins philosophische Grammatik. Entstehung und Perspektiven der Strategie eines radikalen Aufklärers*, Köln 1971 (Diss).

aus. In Ansehung unseres Beispiels ist die Protention *stumm*. Ist die Protention stumm, so daß sie erst als *geschehende* Protention sich ausspricht, so ist die Bestimmung als Handlung, und zwar als *Sprachhandlung*, zu begreifen.

Die Protention ist *angezeigt*. In Ansehung der Konjunktion zweier Aussagen können wir als Anzeige *das Komma* wählen. Die Protention schreibt als stumme Anzeige dem Handeln *die Regel* vor; das Handeln gemäß der Regel vollzieht sich daher stumm; allererst das *Resultat* spricht sich aus. Die Regel ist zu schreiben:

$$(1) \qquad\qquad A, B \Rightarrow (A \wedge B)$$

(,,$\wedge$'' notiert die Konjunktion).

Inwiefern in unserer Überlegung von Zeitlichkeit gesprochen wird, dürfte zureichend angezeigt sein. Zeitlichkeit zeigt sich als *Sprachzeit*, d.h. sie zeigt sich als Entwicklung der Sprache, insbesondere als Sprachhandlung. Sprache entwickelte sich am Beispiel des Junktors ,,und''. Dieser ist eine Partikel, die der Aussagenlogik entnommen ist. In welchem Sinn wird hier von *Logik* gesprochen?

Verbleiben wir hier zunächst bei unserem Beispiel aus der Aussagenlogik. ,,Und'' zeigt sich als ergänzungsbedürftiger Sinn, und zwar ist er zweiseitig zu erfüllen. Die zu ergänzenden Stellen können wir durch Klammern oder Variable andeuten:

$$( ) \text{ und } ( )$$

oder:

$$a \quad \wedge \quad b$$

Man nennt einen solchen Ausdruck ,,Aussageform''. a, b,... sind Variablen für Aussagen; von ihnen sind die Metavariablen A, B,...zu unterscheiden; diese sind Variable für Formeln. Formeln sind: a, b,...als Primitivformeln wie die mit den Junktoren (z.B. ,,$\wedge$'') zusammengesetzten Formeln.

Man kann nun offenbar von der Aussageform ,,A $\wedge$ B'' zu der Aussageform ,,A'' übergehen. Ein solches Übergehen nennt man auch *Schließen*. Man sagt auch ,,A $\wedge$ B'' impliziert logisch ,,A''. Notieren wir mit Lorenzen die logische Implikation (den Schluß) durch das Zeichen ,,$\prec$'', so ist die logische Implikation zu schreiben:

$$(2) \qquad\qquad A \wedge B \prec A$$

Logik ist nun z.B. Aussagenlogik, z.B. elementare Prädikatenlogik, z.B. Relationslogik...Allgemein aber kann die *formale Logik* als *die Wissenschaft von den Implikationen der Aussageformen* definiert werden.[7]

Daß wir rechtens von „A ∧ B" nach „A" übergehen, daß ein solcher Übergang offenbar (evident) ist, d.h. daß die Implikation eine *logische* ist, das ist zu begründen.

In der Aussagenlogik kann man nun z.B. für die Konjunktion und Subjunktion (notiert: →) ein Axiomensystem angeben, d.h. ein System von Grundimplikationen und Grundregeln, das andere und andere Implikationen und Regeln *abzuleiten* gestattet.[8] Eine *abgeleitete* Implikation ist selbstverständlich (evident, begründet) *auf Grund* des Axiomensystems. Setzt aber eine solche Ableitung aus den Axiomen nicht wieder eine Logik voraus? Antwort: Das Axiomensystem ist ein *Kalkül*: „Erst durch diese auf Leibniz... zurückgehende *Kalkülisierung* löst sich der Zirkel, der in einer *axiomatischen Theorie* der Logik steckt und der darin besteht, daß jede axiomatische Theorie Logik voraussetzt. *Kalküle setzen keine Logik voraus.*"[9] Der Kalkül gibt freilich keine Auskunft darüber, warum man die Grundimplikationen als evident ansieht.

Zur näheren Klärung des Verhältnisses von Begründung (= Evidenz) und Ableitung können wir uns im Rahmen unserer Abhandlung mit der Betrachtung zweier logischer Implikationen der Aussagenlogik begnügen:

$$A \wedge B \prec A$$
$$A \wedge B \prec B$$

Der Übergang von einer Aussageform zur anderen ist eine geregelte *Handlung*. Wir können daher schreiben:

$$A \wedge B \Rightarrow A$$
$$A \wedge B \Rightarrow B$$

Fügen wir noch die Regel zur Erzeugung von Formeln hinzu, notieren wir ferner die benutzten elementaren Zeichen (Atom-

---

[7] P. Lorenzen, *Formale Logik*, Berlin 1970, S. 5.
[8] S. P. Lorenzen, *Formale Logik*, S. 80.
[9] A.a.O. S. 62.

figuren), aus denen alle anderen Zeichen zusammengesetzt sind, so erhalten wir einen Kalkül:

$$\text{Atomfiguren: } \wedge, (,), a, b, c, \ldots$$
$$\text{Grundregeln: } \Rightarrow a \text{ (für jede Variable)}$$
$$A, B \Rightarrow A \wedge B$$
$$A \wedge B \Rightarrow A$$
$$A \wedge B \Rightarrow B$$

Der Übergang von einer Form zur anderen ist eine *geregelte* Handlung. Eine Regel besagt, daß wir sie zu befolgen haben. Befolgen wir aber eine Regel, so kümmern wir uns im Handeln gerade *nicht* um den Sinn; ja, der Sinn käme in Ansehung des Handelns zu spät. Das Handeln vollzieht sich *im Geradehin*; es hat sich im Handeln *vergessen*; es vollzieht sich daher *stumm*; es vollzieht sich *technisch*. Das Übergehen von einer Form zur anderen bedarf daher selber nicht wieder einer Logik. Die logischen Implikationen finden vielmehr ihre Begründung (= Evidenz) nicht durch Logik, sondern aus der *Sprache*. Wir nennen die Reflexion auf die Sprache zum Zweck der Begründung der Logik *Protologik*.[10]

In diesem Aufsatz soll nur die Bestimmung der Aussage und die Möglichkeit der Verknüpfung von Aussagen durch Junktoren reflektiert werden. Daß und wie die Sprache protologische Bedingung der Aussagenlogik ist, ist zu zeigen.

Die Regel der Konjunktion entspringt der Sprache, und zwar der Sprache als *Sprachhandlung*. Insofern Sprache sich als Sprach-*handlung* zeigt, hat sie sich in der Handlung *vergessen*: sie terminiert *im Geradehin*, sie entwickelt sich als *Kalkül*.

Dieser These steht ein verbreitetes Verständnis des Kalküls entgegen.[11] Man versucht den zweiten Schritt vor dem ersten zu tun: Sprache wird *von vornherein* idealisiert, und zwar in syntaktischen Regeln. Ein solcher Kalkül verbleibt jenseits der Sprach-*welt*. Um die Beziehung zur Welt herzustellen, werden den Syntaxregeln Bezeichnungsregeln hinzugefügt. Der Charakter der Handlung bleibt indes auf solche Weise unbestimmt. Einerseits

---

[10] S. dazu: L. Eley, *Metakritik* ..., S. 302 ff.

[11] So schreibt auch Bocheński: „Unter Logikkalkül verstehen wir die Menge der logisch gedeuteten Kalküle." „Ein Kalkül heißt logisch gedeutet, wenn seinen Elementen logische Kategorien und deren Beziehungen zugeordnet sind. – Die wichtigsten logischen Kategorien sind Individuen, Prädikate, Klassen und Aussagen." („Grundriß der Logistik", S. 13).

hat die Bezeichnung nur als *Synthesis a posteriori* einen Sinn; andererseits ist doch offenbar der Kalkül eine *reine Handlungsvorschrift* und damit die nämliche Synthesis *Synthesis a priori*. Ist der Kalkül wahrhaft eine Handlungsvorschrift, so ist in Ansehung der Sprache die Scheidung von uninterpretiertem und interpretiertem Kalkül verfehlt. Die Frage ist vielmehr: *Wie kann die Synthesis der Handlung a priori und a posteriori sein?* Sprache hat aber nun das Empirische nicht als Fremdes, sondern sie hat es an ihr. So kann sie als Grenze Bestimmtes (also Empirisches) distinguieren, und zwar im jeweilig in Frage stehenden Distinktionssystem, im Kontext. Als Distinktionssystem ist aber Sprache *unversehens* in einen Kalkül übergegangen. Die hier genannten Verhältnisse sind näher zu entwickeln; vornehmlich ist das Verhältnis von Zeichen, Sinn und Handlung zu klären.

II

In Ansehung des Junktors ,,und" sprechen wir vom ,,und" als ergänzungsbedürftigen *Ausdruck*, aber auch vom ergänzungsbedürftigen *Sinn*. Frege bemerkt: ,,Eigentlich kommt das Ungesättigtsein im Gebiete des Sinnes vor und wird von da aus auf das Zeichen übertragen." [12] Das Zeichen wird vom Sinn dirigiert; allgemeiner läßt sich sagen: Die Syntax bringt ihre eigene Semantik schon mit. ,,Und" zeigte sich aber als Regel des Sprachhandelns; das geregelte Sprachhandeln erwies sich als *schon geschehende Protention*. Wir vollziehen hier also eine *methodische Rekonstruktion*. Die methodische Rekonstruktion der schon vollzogenen Sprachhandlung begreifen wir als *Pragmatik*. *Sinn und Zeichen haben ihre Einheit in der Handlung*. Die Syntax bringt ihre eigene Semantik schon mit, weil der Einheitsgrund beider Hinsichten sich als Pragmatik bestimmt.

Dem hier entwickelten Verhältnis von Zeichen, Sinn und Bedeutung steht das herrschende Verständnis der *Semiotik* entgegen. Vornehmlich J. J. Katz hat gezeigt, daß das Gerüst der Semiotik einer kritischen Reflexion nicht standhält.[13] Die Argu-

---

[12] G. Frege, ,,Logische Untersuchungen. Dritter Teil: Gedankengefüge", in: *G. Frege, Logische Untersuchungen*, herausgegeben und eingeleitet von G. Patzig, Göttingen 1962, S. 75.
[13] J. J. Katz, *Philosophie der Sprache*, Frankfurt a. Main, 1969, S. 24 ff.

mente von Katz sind indes nur dann zwingend, wenn sie sich durch das angezeigte Verhältnis von Zeichen, Sinn und Bedeutung legitimieren. Nur insoweit sind hier seine Argumente vorzutragen, als sie unserer Absicht einer Neubestimmung der Pragmatik dienlich sind.

Die *Semiotik* unterscheidet Syntax (= die Beziehung zwischen den Sprachzeichen), *Semantik* (= die Beziehung zwischen den Sprachzeichen und dem Objekt der Welt) und Pragmatik (= die Beziehung zwischen der Sprache und dem Organismus, der sie gebraucht).[14] Nach dieser Bestimmung setzt die Pragmatik Semantik und Syntax, die Semantik Syntax voraus; die Syntax ist schließlich unabhängig von Semantik und Pragmatik.

Carnap versuchte, ein System einer Syntax zu entwickeln, und zwar einer idealisierten, logischen Syntax. (*Logische Syntax der Sprache*, Wien 1934). Es zeigte sich aber, daß die rein syntaktische Betrachtung der Sprache einseitig ist und nicht genügt. Bei der Konstruktion von Sprachsystemen ist der formale Aspekt durch *semantische* Untersuchungen zu ergänzen. Inwiefern? Betrachten wir in Kürze, was eine syntaktische Theorie zu leisten hat und tatsächlich leistet.

Aussage ist offenbar: ,,Die Rose ist rot." Carnap nennt die Redeweise, in der wir unsere Aussage sagen, die *inhaltliche*, den Satz nennt er *Objektsatz*. Auch der Satz: ,,Die Rose ist ein Ding" scheint in inhaltlicher Redeweise gesagt zu sein (ähnlich wie der Satz: ,,und ist ergänzungsbedürftig"). In Wahrheit ist nach Carnap dieser Satz ein *Pseudo-Objektsatz*. Ein solcher Satz läßt sich nach ihm vermeiden, wenn man von der *inhaltlichen* Redeweise in die *formale* übergeht. Denn es wird, so scheint es, nicht von dem Objekt Rose, sondern von dem Wort ,,Rose" gesprochen. Der Satz muß dann lauten: ,, ,Rose' ist ein Dingwort" (so ist doch auch nicht zu sagen: ,,Und ist ergänzungsbedürftig," sondern: ,, ,und' ist ein ergänzungsbedürftiger Ausdruck"). Unsere Beispiele ließen sich in syntaktische Sätze umformen; sie sind *übersetzbare* Pseudo-Objektsätze. Sätze wie ,,Das Absolute ist vollkommen," ,,das Nichts nichtet" lassen sich hingegen nach Carnap nicht in syntaktische Sätze umformen; sie sind *nicht übersetzbar*.

---

[14] S. zu Folgendem auch: L. Krauth, *Die Philosophie Carnaps*, Wien, New York 1970.

Die *synthetische* Bestimmung der Objektsätze (wie z.B. des Satzes: „die Rose ist rot") wird der Alltagserfahrung oder der empirischen Wissenschaft überlassen. Philosophie hat lediglich die von anderswoher, nämlich auf Grund der Empirie, aufgestellten Sätze zu *analysieren*. Sie hat z.B. zu überprüfen, ob der aufgestellte Satz den syntaktischen Regeln gemäß gebildet ist.

Eine solche Analyse, die die Synthesis außerhalb ihrer beläßt und Sprache von der Welt fernhalten möchte, muß jedoch scheitern. Katz bemerkt: „So fehlt für die theoretischen Kategorien ,echter Objektsatz', ,übersetzbarer Pseudo-Objektsatz' und ,nicht übersetzbarer Pseudo-Objektsatz,' die für Carnaps Theorie wesentlich sind, jede Beschreibung. Keine Möglichkeit wird aufgezeigt, weder von Carnap noch von anderen Autoren, wie sich entscheiden ließe, wann ein Satz einer natürlichen Sprache der einen oder der anderen Kategorien zuzuordnen sei, oder was es bedeutet, Sätze so zu klassifizieren." [15]

Über die Kritik von Katz hinaus ist dieses zu sagen: Ein Kriterium der von Carnap geforderten Art läßt sich nicht aufweisen, weil seine Unterscheidung von Objektsätzen und Pseudo-Objekt-Sätzen genau die Differenz wegbringt, die sie allererst verständlich werden läßt. Betrachten wir noch einmal unseren Beispielsatz: „Die Rose ist rot". Der Ausdruck: „Die Rose ist ein Ding" ist indes nicht wiederum ein Objektsatz; er spricht das aus, als was die Rose *sich zeigt*; er spricht *die Bedingung der Möglichkeit* des Objektsatzes aus; *die Bedingung der Möglichkeit eines Objektsatzes kann nicht wieder ein Objektsatz sein.* Ferner: syntaktische Regeln bestimmen Distinktionen. Distinktionen setzen das, was distinguieren läßt, voraus (in unserem Beispiel ist die vorausgesetzte Hinsicht: Ding – Eigenschaft). Die Syntax der Sprache kann also die Synthesis, den Gegenstandsbezug, nicht außerhalb ihrer belassen.

Carnap erkannte, daß Sprache sich nicht allein syntaktisch aufbauen läßt; er erkannte, daß Sprache der *Semantik* bedarf. Doch fügte er in seinen ersten Versuchen einer Theorie der Semantik (*Introduction to Semantics*, Cambridge, Mass., 1942) lediglich den syntaktischen Regeln Bezeichnungsregeln und Wahrheitsregeln hinzu. „Eine Darstellung der Semantik einer Sprache liegt dem-

---

[15] J. J. Katz, *Philosophie der Sprache*, S. 43. Ich wiederhole nur dieses Argument gegen die These Carnaps; weitere Argumente s. a.a.O. S. 37 ff.

nach vor, wenn die *Syntaxregeln* ergänzt sind durch *Bezeichnungs-regeln*, die die Dinge spezifizieren, auf die sich Begriffe und Aus-drücke der Sprache beziehen, und durch *Wahrheitsregeln*, die Sätze mit den Wahrheitsbedingungen für sie vereinigen. Die Syntaxregeln liefern das Vokabular für die Sprache, das aus zwei Symboltypen besteht: *deskriptiven* und *logischen Symbolen.*" [16] Katz bemerkt kritisch, daß die Semantik sich nicht auf die Ein-führung von Bezeichnungsregeln und Wahrheitsregeln beschrän-ken kann; im Anschluß an Freges These bemerkt er, ,,daß Be-deutung ⟨nach Frege ,,Sinn''⟩ von Bezeichnung und Wahrheits-bedingungen zu trennen sei" (nach Frege ist sowohl das durch den Eigennamen Bezeichnete wie der Wahrheitswert die Bedeu-tung).[17] Über die Kritik von Katz hinaus ist festzuhalten: Die Funktion der ,,deskriptiven Symbole" ist in der Sprache eine andere, als sie in dem Kalkül von Carnap erscheint. Es geben nicht die Bezeichnungsregeln eine Interpretation der deskriptiven Symbole in der Form spezifizierter Designate; die Sprache diffe-renziert sich vielmehr in ihren deskriptiven Ausdrücken, vor-nehmlich in ihren Prädikaten; sie bildet insbesondere Prädikate (Lorenzen spricht von ,,Prädikatoren") als Distinktionsbasen aus, wie Lorenzen und Lorenz dargelegt haben.[18]

Die Semantik hat in ihrem weiteren Ausbau allerdings Freges Anregung aufgenommen, doch so, daß sie ,,eine scharfe Distink-tion zwischen Bedeutungs- ⟨genauer: Sinn⟩ und Referenztheorie" traf[19]. Die *Einheit* von Bezeichnen (= Bedeuten) und Sinn als ,,Art des Gegebenseins", auf die Frege vornehmlich hinwies, wird nicht gesehen[20]. Carnap erweiterte die semantische Struktur der Sprache durch *Bedeutungspostulate und Semantikregeln* (vgl. *Meaning and Necessity*, Chicago² 1956, im Anhang der Artikel: ,,Meaning Postulates"). In Ansehung der Bedeutungspostulate sei noch bemerkt: Bedeutungspostulate sind offenbar Prädika-torenregeln im Sinne von Lorenzen. Prädikatorenregeln gehören

---

[16] A.a.O. S. 46.
[17] A.a.O. S. 49. Nach Frege ist der Sinn von der Bedeutung (= Einheit der Sinne) zu unterscheiden.
[18] S. z. B. W. Kamlah, P. Lorenzen, *Logische Propädeutik oder Vorschule des ver-nünftigen Redens*, Mannheim 1967. – K. Lorenz, *Elemente der Sprachkritik. Eine Alternative zum Dogmatismus und Skeptizismus in der Analytischen Philosophie*, Frankfurt a. Main 1970.
[19] J. J. Katz, *Philosophie der Sprache*, S. 49.
[20] S. dazu: L. Eley, *Metakritik* ..., S. 81 ff.

aber in dem Sinne zur Sprache, daß sich in ihnen die Sprache differenziert. Dann kann aber Sprache nicht mehr jenseitig der Welt sein: Sprache hätte sich nämlich in ihren Differenzierungen darzustellen; und als sprachliches (semantisches) Darstellungsfeld würde sich *Welt* konstituieren. Sprache und Welt stünden nicht mehr durch Ostension in Beziehung und damit in *äußerlichem* Verhältnis; Freges Hinweis wäre zu erwägen: das Bezeichnete wäre als das Bedeutete von seinen Gegebenheitsweisen (Sinnen), durch die es bestimmt wird, zu unterscheiden.

Kehren wir noch einmal zu Carnaps Bestimmung der Bedeutungspostulate zurück. In Ansehung von Postulaten stellt sich die Frage, was einen Prädikator P von einem Prädikator Q unterscheiden läßt, was sie insbesondere als unvereinbar erkennen läßt. Carnap schreibt: ,,Wer Systeme aufstellt..., ist darin frei, ihre Postulate zu wählen, und nicht von seinem Glauben in Hinsicht auf Tatsachen der Umwelt geleitet, sondern von dem, was er mit Rücksicht auf die Bedeutungen beabsichtigt, d.h. die Art und Weise des Gebrauchs der deskriptiven Konstanten.'' [21] Die Bedeutungspostulate sollen einzig von analytischem Interesse sein; sie müssen ihre Synthesis in Konventionen verscheuchen. Sind die Bedeutungspostulate pure Konventionen, so verliert die Sprache jegliche Verbindlichkeit; statt Begründung zu ermöglichen, weicht sie dieser aus; darauf weist auch Katz hin. [22]

Es zeigte sich, daß Sprache sich nicht rein syntaktisch aufbauen läßt, sondern der Semantik bedürftig ist. Um die Bedeutungspostulate und Semantikregeln zu rechtfertigen, sah Carnap sich schließlich genötigt, die Semantik um die *Pragmatik* zu erweitern. ,,Nach Carnap versucht der Sprachwissenschaftler für die deskriptiven Begriffe der Sprache Stichwörter im Lexikon zu finden, die deren Bedeutung oder, wie er manchmal auch sagt, deren ,Intension' ausdrücken. Mit der Bedeutung oder Intension eines deskriptiven Begriffs t in einer Sprache L meint Carnap die allgemeine Bedingung C, die Dinge oder Geschehnisse erfüllen müssen, damit Sprecher von L willens sind, t ihnen zuzuschrei-

---

[21] ,,Meaning Postulates'', zit. nach J. J. Katz, *Philosophie der Sprache*, S. 52.
[22] *Philosophie der Sprache*, S. 52/53.

ben. Eine explizite Aussage über C ist dann das Stichwort im Wörterbuch für t.'' [23]

Pragmatik ist nach dieser Bestimmung schon selber Wissenschaft, nämlich jene, die die psychologischen, biologischen und soziologischen Dimensionen des Bezeichnungsvorganges untersucht. Das Begründen wird selber von dem abhängig, was allererst auf Grund eines Begründungszusammenhanges verständlich wird. Den Sprachgebrauch testen wollen, setzt schon ein Verständnis dessen voraus, das man zu testen beabsichtigt.[24] Mit Lorenzen ist Sinn und Funktion der Pragmatik neu zu bestimmen: Handeln ist *pragmatisch*, wenn es aus einer im Handeln schon vorausgesetzten Perspektive erfolgt. *Pragmatik* ist die Rekonstruktion solchen Handelns.

Betrachten wir nunmehr den *Zusammenhang von Semantik und Pragmatik*, wie er sich ergeben hat. Bedeutungspostulate sind Prädikatorenregeln, d.h. das Bedeutete ist durch sie den Prädikatoren gemäß bestimmt. Das Bestimmen vollzieht sich im pragmatischen Handeln. Die Rekonstruktion wird möglich, insofern das Bedeutete *Fall* der *Distinktionsbasis*, insbesondere des *Prädikators* ist. Als Fall ist das Bedeutete *Exempel*. Auf Grund ihrer Exemplarizität lassen sich Prädikatoren wiederholen; Prädikatoren werden von Lorenzen *exemplarisch* eingeführt. *Das Exemplarische ist die in Ansehung des pragmatischen Handelns schon mitgebrachte Semantik.* Diese Neubestimmung der Semiotik hat Lorenzen aufgewiesen.

Der Ansatz von Lorenzen ist weiterzuentwickeln. Das Bedeutete bestimmt sich als *Fall eines Prädikators*; das Bedeutete ist an ihm selbst offenbar *x fortzusetzender Erfüllung*; es ist Darstellung (Erfüllung) an der *Grenze*. Stellen nun die semantischen Regeln (die Prädikatorenregeln) *Welt* dar, so ist die Grenze *Welthorizont*. Der Welthorizont ist nicht selber Gegenstand, wie Husserl erkannte. Er ist nur im Sonderbewußten, also in Welten, in Systemen, in Perspektiven *aktuell*.[25] Ist dieses wahr, so bestimmt sich notwendig der Welthorizont als *Protention*. Der Welthorizont ist nur im Sonderbewußten aktuell, da die *Protention sich als vergehende Präsentation zeigt*. Zeigt die Protention sich in der Weise,

[23] A.a.O. S. 55.
[24] S. a.a.O. S. 60.
[25] *Krisis* S. 154.

daß das vergehende Präsentieren prävaliert, d.h. daß die Protention in sprachlicher Darstellung stumm ist, so ist die sprachliche Darstellung *Sprachhandlung*. Prävaliert in Ansehung der Protention das vergehende Präsentieren, so stellt sich der Welthorizont in *stummer Gleichzeitigkeit* in Welten dar: das auf solche Weise sich zeigende Handeln nennen wir *pragmatisch*.

Der Welthorizont stellt sich im Sonderbewußten dar. Umgekehrt: Die Subjektivität lebt *stumm* in den *Welt*horizont. Der Sprachhorizont artikuliert in Ansehung des Handelns Distinktionsmöglichkeiten des Handelns; und insofern er einen *Kanon* von Distinktionsmöglichkeiten festlegt, bestimmt er ein *System von Handlungen*.

In Ansehung der Aussagenlogik hat Lorenzen einen Kanon von Junktoren aufgewiesen. Die Junktoren: ∧, ∨, → sind dadurch ausgezeichnet, ,,daß sie gewisse Möglichkeiten, Aussagen *logisch* zusammenzusetzen..., erschöpfen.'' [26]

III

Pragmatisches Sprachhandeln ist an *okkasionelle Umstände* gebunden; die Ausdrücke sind *okkasionell*. Logik erstrebt aber *objektive* Ausdrücke; sie will von der Alltagssprache unabhängig sein.[27] So wurde der Junktor ,,und'' durch Regeln eingeführt, d.h. die Bildung von Konjunktionen vollzog sich rein *technisch*. Andererseits ist Logik auf Sprache verwiesen, da wir nur von ihr her wissen, was z.B. logisches Begründen meint. Logik als Theorie käme zu spät, sollte durch sie das Begründen *allererst* verständlich werden. Am Beispiel der Konjunktion haben wir gesehen, daß das sprachliche ,,und'' nicht nachträgliche Interpretation einer Kalkülregel ist. ,,Und'' zeigte sich vielmehr sprachlich als Bestimmung; die Bestimmung zeigte sich als Regel, so daß sie damit *unversehens* in *technisches* Handeln übergeht, d.h. daß das Handeln im Handeln aufgeht. Die Dialektik dieses Unversehens-in-technisches-Handeln-Übergehens ist zu entwickeln. Nur zwei Momente seien hervorgehoben:

1) Insofern die Subjektivität stumm in den Horizont hineinlebt, handelt sie, und zwar pragmatisch; da die in den Horizont

---

[26] W. Kamlah, P. Lorenzen, *Logische Propädeutik* ..., S. 198.
[27] *Log. Untersuchungen II/1* S. 79 ff.

hineinhandelnde Subjektivität *stumm* handelt, muß ihr der Horizont sprachlich *proponiert* sein – und damit der Kanon der Distinktionsmöglichkeiten, im Fall der Aussagenlogik z.B. der oben angegebene Kanon der Junktoren. Der Horizont ist *für* die handelnde Subjektivität; daher ist das Proponieren selber *Subjektivität, Proponent*. Protention und vergehendes Präsentieren entwickeln sich *intersubjektiv*.

Da die in den Horizont hineinhandelnde Subjektivität die Proposition zu erfüllen hat, hat die proponierende Subjektivität Macht. Andererseits ist sie auch ohnmächtig, da der Horizont nur im Sonderbewußten aktuell ist. Das Sonderbewußte ist, so gesehen, das Vermögen, das gegen den Horizont *opponiert*, so daß die Proposition sich zu behaupten hat. Der Kanon der sprachlichen Distinktionsmöglichkeiten ist daher durch den *Dialog* bestimmt. Die Junktoren und Quantoren sind durch Dialogregeln festgelegt, wie Lorenzen gezeigt hat.[28] Erwähnt sei nur die Regel für die Konjunktion. Die Regel:

$$A, \ B \Rightarrow A \wedge B$$

läßt sich schreiben:

$$A$$
$$\cdot$$
$$\cdot$$
$$\cdot$$
$$B$$
$$\cdot$$
$$\cdot$$
$$\cdot$$
$$A \wedge B$$

Damit hat man sofort die Dialogregel: Wird $A \wedge B$ proponiert, so kann der Opponent (die opponierende Subjektivität) jede der beiden Teilaussagen angreifen. Es muß zur Verteidigung dann A bzw. B behauptet werden.

2) Lorenz nennt die hier angezeigte Gesprächssituation die *„sekundäre dialogische Situation"* [29]. Die Opposition erfolgt *im Rahmen* der Proposition. Der proponierte Kanon von Distinktionsmöglichkeiten bedarf seinerseits der Kritik, will man nicht

---

[28] S. W. Kamlah, P. Lorenzen, *Logische Propädeutik* ..., S. 197 ff. ferner: P. Lorenzen, *Formale Logik*, S. 160 ff.
[29] *Elemente der Sprachkritik* ..., S. 234.

in eine beliebige Setzung der Sprachmöglichkeiten und damit in
die Pragmatik der herkömmlichen Semiotik zurückfallen, die wir
bereits überwunden hatten. Das Handeln ist pragmatisch, insofern es stumm in den Horizont hineinhandelt. Eben wegen dieser
Stummheit terminiert das Handeln *im* Handeln, *im* Geradehin,
in einer *Einstellung*. Unversehens sind wir in solcher Einstellung
in technisches Handeln geraten. Der Ausdruck „pragmatisch"
benennt den Charakter der Einstellung. Daß das Begründen,
Schließen, selber schon sprachlich ist, gründet aber nicht darin,
daß wir in einer Einstellung leben; es gründet vielmehr darin,
daß *Welt schon sprachlich erschlossen* ist und eine jede Einstellung
gehalten ist, sich sprachlich zu artikulieren. Die Einstellung
gründet in der *Sprach-Praxis*, denn diese ist als Ermöglichung
technischen Handelns selber nicht „technische Welt". Oben
sahen wir, daß in Ansehung der Regel der Konjunktion vom technischen Handeln eine andere Fragerichtung zu unterscheiden ist;
eben diese erweist sich nunmehr als *Praxis*. *Die primäre Dialogsituation ist die Dialektik von Pragmatik und Praxis; sie hat ihre
Bestimmtheit in der Sprachzeit.*

Wir haben in unserem Beispielsatz wie selbstverständlich vorausgesetzt, daß der Junktor „und" durch *Aussagen* ergänzt wird.
Als was bestimmt sich aber die Aussage? Sie bestimmt sich in der
primären Dialogsituation. Das Hineinleben in den Horizont begreift Husserl als *Meinen*. Meinen kann ein vielfältiges sein; es
kommt auf die Situation an: *Das Hineinleben in den Horizont ist
als Handeln pragmatisch, insofern es Meinen ist.* Das Meinen hat
den Charakter des *Hinzeigens*, gleichgültig, ob es unaufgehoben
oder aufgehoben (z.B. im Wahrnehmen) fungiert. Das Hinzeigen
hat seine Bestimmtheit im *Hier* (bzw. *Jetzt*). Naives Alltagsbewußtsein verharrt insofern in einer Einstellung, als es einzig im
Geradehin am „es ist, weil es ist" interessiert ist; es hält sich
nicht nur nicht in seinen Distinktionsmöglichkeiten, sondern es
unterschlägt gerade diese. Die Konstitution eines Kanons von
Distinktionsmöglichkeiten erfolgt, so gesehen, *gegen* das Alltagsbewußtsein. Diese Konstitution vollzieht sich in der *Protologik*;
die Protologik ist *insofern* praktisch.

Als was fungiert nun die proponierende Subjektivität? Sie hat
die naive, pragmatische Alltagseinstellung schon praktisch
hinterlaufen, indem sie dieser deren Bestimmtheit an der Grenze

vorhält, der das Alltagsbewußtsein auszuweichen trachtet. Wie geschieht dieses *in Ansehung der Bestimmung der Aussage?* Das meinende Bewußtsein kann nicht umhin, das Meinen in bezug auf das Hier (bzw. Jetzt) zu bestimmen und auszusprechen. Vorläufig wollen wir das Beispiel Hegels aufnehmen. Das proponierende Bewußtsein läßt das andere Bewußtsein dieses Hier meinen und aussprechen. Es spricht sein anfängliches Meinen im Namen aus: der Baum. Es läge nahe, dem Meinen ein Bezugsfeld, ein Ortsnetz, zu unterschieben; wir hätten aber dann die *sprachliche* Situation schon übersprungen. Das Bewußtsein findet sich im Hier, in der Situation, schon zurecht, und zwar stumm. Es findet seine Sprache im *Namen*; aber andererseits läßt der Name es nicht reden; es wird zu einem ungrammatischen Satz verführt: *das Hier* ist der Baum. (Wohlgemerkt; der Satz ist nicht: ,,Hier ist der Baum; wir fügen einem solchen Satz hinzu: ,,den ich meine." Damit ist das Meinen *vorausgesetzt*; es geht aber gerade darum, dieses *vorausgesetzte Meinen selber zu versprachlichen, d.h. zu verzeitlichen.*) Die Verführung und Verunsicherung geschieht mit Bedacht. Seiner naiven Einstellung gemäß nimmt das Bewußtsein Hier als *Gegenstand*, als *das* Hier (als das *Ding an sich*), in der Weise, daß es das Meinen wegzubringen gedenkt, indem es dem Gegenstand den Namen aufzukleben versucht. Würde das Bewußtsein andererseits nicht dazu gebracht, ,,das Hier" zu sagen, so würde es die *Wahrheit des Meinens* wegbringen; es würde z.B. das Meinen in den Nebensatz verdrängen: ,,Hier ist der Baum, den ich meine." Das Meinen hat Wahrheit: es ist zu versprachlichen; allerdings vom *Hier her als Grenze.* Die Wahrheit des Artikels ist der *Singular* der Grenze. Durch *das Hier* wird das meinende Bewußtsein der Unwahrheit überführt, um die Wahrheit des Meinens hervorzubringen: Das Bewußtsein kann sein Meinen *ändern*, indem es sich umwendet. Das Umwenden soll aber nicht seinerseits zum Gegenstand werden; dann hätte sich *sprachlich* nichts ereignet. Es ist vielmehr vermöge des Umwendens in Ansehung des Hier neuerlich zu sprechen; würde wieder gesagt: das Hier ist das Haus (*in der Umwendung zeigt sich* das Hier als Haus), so hätte das Bewußtsein nichts gelernt; es wäre in den Anfang, in einen neuerlichen Anfang zurückgefallen. Es ist vielmehr zu sagen: Das Hier ist nicht ein Baum, sondern vielmehr ein Haus. Wir sind nämlich zu einem *Anderen* fortgeschritten.

Das Meinen zeigt seine Wahrheit: es ist *Distinguieren* an der Grenze; *Hier ist als Distinktionsfeld anerkannt.* (Das Entsprechende läßt sich vom phänomenalen Jetzt zeigen). Der Anfang ist pragmatisch; daß das Meinen Baum-Meinen ist, ist eben nur im Meinen selber auszumachen. Haus ist indes das, das in Ansehung der Grenze im Prozeß des Distinguierens am Hier *als Zweites* erscheint, nachdem der erste Schritt vergangen ist; auf den zweiten Schritt erfolgt der dritte usw. – in fortgesetzter Zwei-Einheit. Das Bewußtsein kann ein *anderes Mal*, oder ein *anderes* Bewußtsein kann von einem *anderen Umstand* fortschreiten; ein jeder Umstand ist aber, ausgehend von einem beliebigen Anfang, erreichbar, weil er selber aufgenommen ist. Ein jeder pragmatische Anfang ist Anfang geordneter Reihen.

Auch P. Handke läßt sich in seinen Romanen, Sprechstücken und poetischen Texten von der hier entwickelten Sprachmethode leiten. Bezeichnend ist schon der Titel des Sammelbandes: ,,Die Innenwelt der Außenwelt der Innenwelt''. In der Vorrede schreibt er: ,,Weil jeder Satz ein Beispiel für das Modell ist, ergibt sich jeder Text in der Regel als eine Anordnung von syntaktisch ähnlichen Sätzen, die zwar, einzeln genommen, Beschreibungen sind, durch die *Reihung* jedoch das Modell erkenntlich machen und auf diese Weise sowohl *beschreiben* als auch die Beschreibung als Beispiel einer vorgefaßten sprachlichen Struktur, als Satz zeigen''. Und in einem Kommentar zu ,,Die Angst des Tormanns beim Elfmeter'' schreibt er: ,,Das Prinzip war, zu zeigen wie sich jemandem die Gegenstände, die er wahrnimmt, infolge eines Ereignisses (eines Mordes) immer mehr versprachlichen und, indem die Bilder versprachlicht werden, auch zu Geboten und Verboten werden... Der Fortgang der Geschichte richtet sich nicht danach, was im 2. Satz geschehen könnte, sondern *was für ein* Satz der 2. Satz nach dem 1. sein müßte... Danach ergibt sich die Geschichte, ohne daß man dieses Prinzip freilich immer beim Lesen eingebläut kriegt, man merkt es wohl, merkt wie's gemacht wird, folgt aber doch immer der Erzählung.'' [30]

Kehren wir zu unserer Analyse zurück. Das meinende Bewußtsein war dadurch der Unwahrheit überführt, daß es sich ungrammatisch äußern muß (es bildet im Sinne Carnaps einen *Pseudo-*

---

[30] In: *Text und Kritik*, 24 (1969), S. 3 f.

Objektsatz; im Gegensatz zu Carnaps These läßt sich aber hier der Pseudo-Objektsatz genau beschreiben). Das Bewußtsein war genötigt, den Satz zu bilden: Das Hier ist der Baum. Spricht es aber einen Satz aus – und dieses geschieht nur, insofern das meinende Bewußtsein selber *zu sprechen veranlaßt wird* –, so wird es durch die Grammatik des Satzes der Unwahrheit überführt: *der vermeintliche Name ist vielmehr Prädikator* und an der Grenze Erfüllung eines *höheren* Prädikators. Dieses ist näher zu erklären.

Der Kenner der Hegelschen ,,Phänomenologie des Geistes'' wird bemerkt haben, daß die Analyse des Ausdrucks: ,,das Hier ist der Baum'' in der ,,Phänomenologie des Geistes'' einen anderen Weg nimmt als in dieser Untersuchung. Nach dieser wie Hegels Analyse ist *Hier Singular als Grenze*; nach Hegel ist indes Hier *Allgemeines*, d.h. *Hier* distinguiert sich *in vollständiger Disjunktion* in die zwei Seiten. Freilich iteriert sich das Dort – Hier in neuerliches Dort – Hier; in Ansehung des Jetzt folgt auf Nacht und Tag wiederum Nacht, und zwar folgt auf Anderes Anderes und Anderes... Aber nach Hegel fällt dieses Andere und Andere ... schon in die *eine* vollständige Disjunktion, so daß das Andere und Andere nur durch die innere Distinktion dieser vollständigen Disjunktion sich in (vollständigen) Distinktionen zu entwickeln vermag. Hier als Allgemeines unterschlägt damit andere Distinktionsmöglichkeiten, und zwar grundlos. Gefordert ist in Ansehung der Grenze lediglich *fortgesetzte Zwei-Einheit*, nicht aber *prinzipiell*, als *Grundsatz*, vollständige Disjunktion der vollständigen Disjunktion... *Im Fall* kann in der Tat vollständige Disjunktion der vollständigen Disjunktion gefordert sein, nämlich dann, wenn eine vollständige Aufzählung vorliegt; eine solche Möglichkeit ist aber niemals Grundsatz; sie ist eine *finite* Distinktionsmöglichkeit.

Grenze ist vollständige Distinktion, wenn sie sich als *unzeitliche Gegenwärtigkeit* bestimmt; Grenze zeigt sich aber vielmehr als *Protention*. Genau an dieser Stelle wird der Unterschied von *Hegels Bestimmung der Grenze* und *Husserls Horizontbestimmung* deutlich. Nach Hegel ist die Welt durch die Seiten *total* bestimmt, so daß sie sich als Momente des Allgemeinen aufheben; *Protention ist lediglich umgekehrte Retention*. Grenze zeigt sich im Gegensatz zur Hegelschen Bestimmung als *Protention, deren Momente Präsentation und Retention* sind. Die Seiten explizieren sich daher als Perspektiven. Name ist *Perspektive*. Der Anfang ist Seite, und zwar *Vorderseite*, insofern er sich von seiner Protention als (noch) *stummer* Rückseite zeigt. In Ansehung des Beispiels: ,,Das Jetzt ist die Nacht, eine Nacht – ein Tag –...'' ist zu sagen: die wiederkehrende Nacht hat ihr Anderes nicht als unvermittelt Unmittelbares außer ihr, so daß sie nur als vollständige Disjunktion der vollständigen Disjunktion zur Sprache kommen kann, sondern die wiederkehrende Nacht hat ihr Anderes selber als Phänomen; sie ist Perspektive, die ihre Bestimmtheit in *fortgesetzter* Perspektivierung erfährt. *Die Perspektive ist Medium freien Werdens*. Die Welt hat nicht in vollständiger Disjunktion feste Außengrenzen; sie ist vielmehr Welt von Welten, d.h. der Welthorizont setzt sich in Progression fort.[31]

Hier ist nach Hegel *Schema, Prädikator*; es ist Schema der Zwei-Einheit; es zeigt sich als *fortgesetzte* Zwei-Einheit. Es entwickelt sich als Schema des Schemas, als Prädikator des Prädikators; es entwickelt sich aber nicht notwendig – wie Hegel meint – in vollständiger Disjunktion der vollständigen Disjunktion. Inwiefern entwickelt sich die Grenze als Prädikator des Prädikators? Das stumme in den Horizont Hineinhandeln wird möglich, insofern der Horizont dem Hineinhandeln *proponiert* ist; der Horizont ist proponiert im *Überschreiten* des Horizontes; der Horizont ist insofern Prädikator. In Ansehung *des Anfangs* ist er Prädikator 2. Stufe. Das Hineinhandeln in den Horizont ist insofern Prädikator, als es schon *geschehende* Protention ist; es ist Prädikator niederer Stufe (1. Stufe). Der Horizont fungiert als *Prädikator des Prädikators*, als *Schema des Schemas*. Insofern der Horizont schon überschritten ist, spricht er als Prädikator 3. Stufe sich als Prädikator des Prädikators aus.

Daß der Name schon Moment des Allgemeinen ist, ist Hegels These. Es zeigte sich aber, daß der Name vielmehr Schema seines höheren Schemas ist.

Eine Subjektivität ist Proponent in Ansehung einer anderen stumm in den Horizont hineinhandelnden Subjektivität, insofern die letztere Subjektivität den Schein ihrer Eigenständigkeit aufzugeben hat, d.h. insofern sie zu sprechen, den Namen vielmehr als Prädikator niederer Stufe zu erkennen und sich in die

[31] S. dazu: N. Luhmann, ,,Gesellschaft'', in: *Soziologische Aufklärung. Aufsätze zur Theorie sozialer Systeme*, Köln und Opladen 1970, S. 137 ff.

intersubjektive Kooperation des Prädikaten-Prädikates einzu-
fügen hat. *Name ist der Prädikator auf seiten des Opponenten.* Insofern der Name Prädikator auf seiten des Opponenten ist, konstituiert sich die Aussage als Prädikaten-Prädikator, die ihrerseits
wieder Name eines höheren Prädikators ist. *Das Sprachspiel ist
eine geordnete Folge von Aussagen.* Damit hat sich die Pragmatik
des Anfangs verlagert; proponierendes und opponierendes Bewußtsein haben sich in geordneter Folge von Aussagen auszu-
gleichen; *das Ganze* solchen Handelns ist pragmatisch geworden.
Den so bestimmten *dialogdefiniten* Aussagen können neuerlich
Bestimmungen proponiert werden, z.B. der Kanon von Distinktionsmöglichkeiten, den die Aussagenlogik vorlegt (= sekundäre
Dialogsituation).

Anzumerken bleibt noch, in welcher Weise vom ,,Hier" (bzw.
,,Jetzt") gesprochen wurde:

1) Hier ist als *das Hier* die Verunsicherung des geradehin mei-
nenden Bewußtseins (das Hier ist der Baum).

2) *Das Hier* zeigt den *einen* Welthorizont, den Singular als
Grenze an (Ich wende mich um: Das Hier ist nicht ein Baum,
sondern ein Haus).

3) In den ersten beiden Weisen erscheint der Prädikator als
Name. In der Auflösung des Scheins findet *Hier* seinen wahren
Ausdruck: es ist X fortzusetzender Erfüllung; der *Name ist viel-
mehr Prädikator, das Hier* ist das jeweilig Erfüllte an der Grenze =
Hier, es ist der gegenüber der Grenze als Prädikator niedere Prädi-
kator. (Grenze als Protention, d.h. als Prädikaten-Prädikator).

Das Analoge gilt vom *phänomenalen* Jetzt.

IV

Sprache zeigte sich in *drei* Weisen:

1) Diese Untersuchung versucht, das, *was sich zeigt*, zur
Sprache zu bringen. Von Zeitlichkeit kann sie handeln, insofern
diese sich als *Sprachzeit* zeigt. Sprachzeit lebt in ihrer *Darstellung*.
Daher hatte sich in diesem Artikel Sprache *zu entwickeln*, so daß
in Ansehung *der Darstellung* Zeit zur Sprache kam; notwendig
war daher oftmals nur *beiläufig* von Zeit die Rede, wiewohl sie als
Leitfaden im Thema war. Sprachzeit entwickelte sich zunächst
als Handlung.

Wenn jedoch Sprache einzig sich als Handlung zeigen würde, so wäre diese Abhandlung zumeist nur Erläuterung, deren Sprache *Erläuterungssprache.* Die Erläuterungssprache kann eliminiert werden, übrig bliebe der Kalkül. So verliert auch die Anleitung zum Klavierspielen ihre Funktion, wenn dieses beherrscht wird.

2) Daß die Sprache sich in der Handlung zeigt, ist jedoch selber *Resultat,* nämlich *praktische* Auflösung des pragmatischen Anfangs. Der Kalkül (die sekundäre Dialogsituation) nimmt seinen Anfang in dem ersten praktischen Dialog. Diese Praxis wird jedoch selber wieder pragmatisch; sie bedarf daher neuerlicher Kritik. Sprache ist somit *pragmatische Praxis.* Sie ist insofern abgesichert, als Aussagen nur als *geregelte* Aussagen maßgeblich werden. Die Logik ist mit diesem Resultat befriedigt. Der jeweilige Kanon von Distinktionsmöglichkeiten, der dem jeweiligen Sprachspiel proponiert ist, ist selber wieder pragmatisch, wie das Ganze der Handlungen, das Sprachspiel, pragmatisch ist. Das Sprachspiel bedarf daher der neuerlichen *praktischen Kritik,* und es setzt sich kraft der Kritik in *neuen* pragmatischen Spielen fort. Was ist also die Aufgabe einer *pragmatisch-praktischen Kritik*? Sie versucht, in Verunsicherung der pragmatisch eingenommenen Einstellungen neue Felder zur Bestimmung, neue Sprachspiele, zu eröffnen, welche selber wieder pragmatisch sind. Da ein jedes System sich als Regelsystem entwickelt, ist der Kalkül *das Subsystem* eines jeden neuen Sprachspieles.

3) Insofern unsere Abhandlung *praktische* Kritik ist, zeigt sich die Protention nicht nur in der Darstellung, sondern in praktischer Kraft *über die Darstellung hinaus.* Die Protention als solche verbleibt indes *stumm.* Praktisch ist jedoch die Subjektivität, insofern sie aus der *einen* Protention heraus praktisch ist. Bliebe die *eine* Protention stumm, so wäre Erscheinung ohne Erscheinendes. In jedem Handeln ist die *eine* Welt schon *mitgesetzt*; sie ist freilich kein Gegenstand; sie hat sich insofern darzustellen; sie ist *Erscheinung.* Die Praxis wird Pragmatik, Welt, Einstellung; d.h. Erscheinung stellt sich als *Ganzes des Scheins* dar. Sinn und Kraft der Praxis zeigte sich gerade darin, daß sie den *Schein* der Einstellung aufzulösen hatte. Die Pragmatik löste sich indes in der Weise auf, daß sie in *weitere* Pragmatik fortgetrieben wurde. Dieses war dadurch bedingt, daß die mitgesetzte *eine* Welt nicht selber Gegenstand werden kann; dennoch muß sie als *Ganzes des*

Scheins zur Sprache kommen, soll Kritik nicht in dumpfen Protest verenden. *Das Gedoppelte von Pragmatik und Praxis* verlangt selber sprachlichen Ausdruck. Dieses Gedoppelte sprach sich als vergehende Protention aus, in der Weise, daß das vergehende Präsentieren *prävaliert*. Was legitimiert eine solche Aussage? Sie ist kein Pseudo-Objektsatz wie „das Hier ist der Baum," sie ist aber auch kein Objektsatz; sie expliziert sich nicht im Sprachspiele; sie ist *Schein*; auch wenn die *eine* Welt nicht Gegenstand sein kann, so kann die *eine* Welt sich im Schein *verkehren*. Was besagt das? Sprachhandeln ist offenbar Handeln *in den Welthorizont*; es ist qua Handeln *Subjektivität*; *Subjektivität ist für Subjektivität*. In diesem Anspruch entwickelte sich der Dialog, ohne daß die Subjektivitäten selber *Anerkennung* fanden; sie verharrten in stummer Kooperation. Die Subjektivität ist *für* die Subjektivität, weil Sprache nur *für* Sprache ist (eben darum kann Welt nicht Gegenstand werden!); und dieses: weil *Zeit nur für Zeit* ist. Das vergehende Präsentieren ist *für* die Protention. Es zeigte sich indes die Protention im stummen Handeln, d.h. die Protention zeigte sich *für* das vergehende Präsentieren, dasselbe besagt: in Ansehung der Protention prävaliert das vergehende Präsentieren. *Protention und Präsentation verharren in Ungleichheit, darum wird die Protention stumm fortgetrieben.* Die Protention zeigt sich und zeigt sich sogleich nicht: *also soll sie sich zeigen!* Das Weltleben hat in diesem Sollen seine Aufgabe. Daß aber die Subjektivität für die Subjektivität ist, bleibt in dem Weltleben vorausgesetzt, bleibt stumm; die Subjektivität verharrt in Ungleichheit. *Das Sollen hat sich zu verkehren: die vergehende Präsentation hat für die Protention zu sein.* Freilich, der Zwang des Weltlebens verbleibt; insofern die Protention *für* die Präsentation ist; die Verkehrung dieser Welt, die bleibt, wäre zu erhoffen, damit der Zwang dem Fortschritt dienen würde, auf daß Freiheit und Gleichheit Realität würden.

HANS-ULRICH HOCHE

GEGENWART UND HANDLUNG
EINE
SPRACHANALYTISCH-PHÄNOMENOLOGISCHE
UNTERSUCHUNG

I. „Gegenwart" bei Husserl, Sartre und Findlay

Zeitauffassungen, die davon ausgehen, daß im genauen Verstand „gegenwärtig" immer bloß der jeweilige ausdehnungslose oder wenigstens infinitesimale „Jetztpunkt" sei – man könnte sie, um dieses eine charakteristische Merkmal herauszuheben, unter Vernachlässigung ihrer oft sehr tiefgreifenden Unterschiede allesamt als „Jetztpunkttheorien" bezeichnen –, können auf eine lange und achtbare philosophische Tradition zurückblicken. Nachdem sie in Edmund Husserls Phänomenologie des inneren Zeitbewußtseins noch einmal einen in mancher Hinsicht bemerkenswerten Höhepunkt erreicht hatten, sind sie erst in den letzten Jahrzehnten, und zwar vor allem einerseits durch die „Existentialontologen" und andererseits durch die „Philosophen der normalen Sprache", ihres Ansehens gründlich beraubt worden. Die Absicht des vorliegenden Aufsatzes ist es, diesen Wandel in den philosophischen Zeitauffassungen etwas näher zu untersuchen, wobei sich zugleich auch Gelegenheit bieten wird, das Verhältnis zwischen phänomenologischen und sprachanalytischen Methoden, das in den jüngstvergangenen Jahren zunehmendes Interesse gefunden hat,[1] innerhalb eines begrenzten Problembereiches sichtbar werden zu lassen.

Schon Aristoteles hat davon gesprochen, daß die Zeit aus dem Nicht-mehr und dem Noch-nicht zusammengesetzt zu sein scheine,[2] und Augustinus hat diese Schwierigkeit zum Gegen-

---

[1] Vgl. etwa C. A. van Peursen, *Phänomenologie und analytische Philosophie*, Stuttgart 1969 (Urban-Buch 123), und E. Tugendhat, „Phänomenologie und Sprachanalyse", in: *Hermeneutik und Dialektik* (Gadamer-Festschrift), hrsg. v. R. Bubner, K. Cramer, R. Wiehl, Tübingen 1970, Band II, S. 3–23.

[2] *Phys.* IV, 10, 217ᵇ32–218ᵃ3. Wie diese Aristotelische Aporetik bei Augustinus

stand einer berühmt gewordenen Diskussion gemacht. Auf ihn wiederum nimmt Husserl am Anfang seiner *Vorlesungen zur Phänomenologie des inneren Zeitbewußtseins* ausdrücklich Bezug: „Die Kapitel 14–28 des XI. Buches der *Confessiones* muß auch heute noch jedermann gründlich studieren, der sich mit dem Zeitproblem beschäftigt." [3] In der Tat spielt das Augustinische Problem der Ausdehnungslosigkeit der Gegenwart – „praesens autem nullum habet spatium" [4] – in der Husserlschen Phänomenologie des inneren Zeitbewußtseins die entscheidende Rolle. Immer wieder ist hier vom „Jetztpunkt" die Rede, von dem allein es die prägnante Wahrnehmungsform der „Urimpression" geben könne, „wobei Wahrnehmung und Nicht-Wahrnehmung kontinuierlich ineinander übergehen", nämlich primäre Erwartung oder Protention in Urimpression und Urimpression in primäre Erinnerung oder Retention. „Nur eine punktuelle Phase ist jeweils als jetzt gegenwärtig, während die anderen sich als retentionaler Schweif anschließen." [5]

Sartre hat Husserls „jetztpunkthafte Konzeption des Bewußtseins" (conception instantanéiste de la conscience) entschieden zurückgewiesen[6] – allerdings nicht, ohne zuvor noch die Paradoxie des abgelehnten Jetztpunktbegriffes für die Dialektik von Sein und Nichts, durch die er der *réalité humaine* gerecht zu werden versucht, nutzbar gemacht zu haben: „Es gibt eine der Gegenwart eigentümliche Antinomie: Auf der einen Seite bestimmt man sie gern durch das *Sein*: gegenwärtig ist das, was ist – im Gegensatz zum Zukünftigen, das noch nicht ist, und zum Vergangenen, das nicht mehr ist. Andererseits jedoch würde eine strenge Analyse, die die Gegenwart von allem, was sie nicht ist, d.h. von der unmittelbaren Vergangenheit und der unmittelbaren Zukunft, frei machen wollte, nichts anderes vorfinden als einen unendlich kleinen Augenblick, nämlich, wie Husserl in seinen *Vorlesungen zur Phänomenologie des inneren Zeitbewußtseins* gesagt

---

und Husserl wirksam wird, hat G. Eigler, *Metaphysische Voraussetzungen in Husserls Zeitanalysen*, Meisenheim 1961, bes. S. 14, 39–42, 104–117, gezeigt.

   [3] *Zeitbewußtsein* S. 3.

   [4] *Confessiones* XI, Kap. 15.

   [5] Husserl, a.a.O., S. 39. – Zum Vorrang der Protention gegenüber der Retention und zum Zusammenhang der Zeitlichkeit mit dem Handeln vgl. L. Landgrebe, „Das philosophische Problem des Endes der Geschichte", in: Landgrebe, *Phänomenologie und Geschichte*, Gütersloh 1968, S. 182–201 (bes. S. 194–197).

   [6] *L'être et le néant*, Paris 1943, S. 543.

hat, den idealen Grenzpunkt einer ins Unendliche fortgetriebenen Teilung: ein *Nichts.*" Nun schließt sich aber nicht etwa der Versuch an, diese Antinomie innerhalb des Bereiches, in dem sie exponiert worden ist, zu lösen, sondern der unvermittelte Übergang von der „Präsenz" als Zeitspanne zu der „Präsenz" als Existential: „Wie immer, wenn wir die Untersuchung der menschlichen Realität von einem neuen Gesichtspunkt aus unternehmen, finden wir also auch hier das unzertrennliche Paar: das Sein und das Nichts." [7]

Das Recht zu diesem Übergang nimmt Sartre offensichtlich aus seiner Überzeugung, daß nur das menschliche Bewußtsein, das Für-sich oder pour-soi, im eigentlichen Sinne „Gegenwart" (présent) genannt werden dürfe. Denn von ihm allein könne man sagen, daß es eine „Präsenz" sei, nämlich „Anwesenheit" bei der Welt, bei den innerweltlichen Dingen, bei seiner eigenen Vergangenheit, mit einem Wort, beim An-sich oder en-soi. Als eine solche Präsenz aber sei das Für-sich in der Tat eine dialektische Einheit von Sein und Nichtsein. Denn – so lautet die in ähnlichen Formulierungen immer wiederkehrende, ganz auf die „Existenz" abgestellte „Wesens"-Bestimmung des Menschen – „als Gegenwart ist das Für-sich gerade nicht das, was es ist (Vergangenheit), und gerade das, was es nicht ist (Zukunft)." [8]

Daß die Gegenwart „Nichts" sei, fügt sich also in Sartres Lehre vom Menschen ein – nicht hingegen die These, daß sie einen ausdehnungslosen „Grenzpunkt" zwischen Zukunft und Vergangenheit darstelle. Die eigentliche Gegenwart, das Für-sich, existiert für ihn nämlich gerade nicht momentan, sondern „diasporisch", „ekstatisch," „in Distanz zu sich selber", und die Dimensionen der ersten und grundlegenden „Ekstase", die Dimensionen der Nichtung (néantisation), sind nichts anderes als die „Dimensionen der Zeitlichkeit": „Gegenwart, Vergangenheit und Zukunft *zugleich,* sein Sein in drei Dimensionen zerstreuend, ist das Für-sich allein deswegen zeitlich, weil es sich nichtet." [9]

Diesen ursprünglichen Zusammenhang der drei Dimensionen der Zeitlichkeit habe Husserl nicht zu erfassen vermocht: „Da das Cogito Husserls von Anfang an als augenblicklich gegeben ist,

[7] A.a.O. S. 164 f.
[8] A.a.O. S. 168.
[9] A.a.O. S. 183 ff. (bes. 187 f.).

kann man nicht aus ihm herausgelangen''; die Protentionen stoßen – wie Fliegen – ,,vergeblich an die Fensterscheiben der Gegenwart, ohne sie zerbrechen zu können'', und das gleiche gilt von den Retentionen. ,,Husserl war während seiner ganzen philosophischen Laufbahn von der Idee der Transzendenz und des Überstiegs besessen. Aber das philosophische Instrumentarium, über das er verfügte, insbesondere seine idealistische Auffassung der Existenz, erlaubte ihm nicht, diese Transzendenz verständlich zu machen: seine Intentionalität ist nichts als deren Karikatur. Das Husserlsche Bewußtsein kann sich in Wirklichkeit weder zur Welt noch zur Zukunft noch zur Vergangenheit hin transzendieren.'' [10]

Diese ohne Zweifel geistreiche Husserl-Kritik hat aber mindestens zweierlei Mängel. Zum ersten kann sie im günstigsten Falle den überzeugen, der sich Sartres Ontologie des Für-sich und An-sich wirklich zu eigen macht, und das scheint mir vor allem angesichts der außerordentlichen Fragwürdigkeit und Kurzschlüssigkeit seines grundlegenden ,,ontologischen Beweises'' [11] eine unüberwindliche Schwierigkeit darzustellen. Aber selbst wenn man sich auf den Boden der Sartreschen Ontologie des Menschen stellt, läßt seine Kritik an Husserls Zeittheorie noch zu wünschen übrig. Denn wie Heidegger nicht nur die ,,Zeitlichkeit'' des menschlichen ,,Daseins'' kennt – die als ontologisches Existential zu verstehende ,,Sorge'' –, sondern auch der ,,vulgären Zeitvorstellung'' ihr ,,natürliches'' und ,,eigenständiges'' Recht nicht bestreiten will,[12] so läßt auch Sartre neben der ,,ursprünglichen Zeitlichkeit'' des Für-sich durchaus noch die ,,psychische Dauer'' gelten, und zwar als Konstitutionsprodukt der ,,unreinen'', das Bewußtsein in Psychisches umdeutenden Reflexion, die sich nach seiner Meinung im Alltag als die zunächst und zumeist vorkommende Gestalt der Reflexion erweist.[13] Aber gerade für die gegenwärtige ,,Dauer'' hat sich die Antinomie der Gegenwart in ihrer ursprünglichen Form ja gestellt, und für diesen Bereich hat Sartre eine Lösung nicht angeboten.

Dagegen ist wenige Jahre vor dem Erscheinen von *L'être et le*

---

[10] A.a.O. S. 152 f., vgl. S. 145.
[11] A.a.O. S. 27–29.
[12] *Sein und Zeit*, Tübingen ⁷1953, S. 18, 426.
[13] *L'être et le néant*, S. 205 ff.

néant vonseiten eines damals sprachanalytisch arbeitenden Philosophen eine solche Lösung wenigstens in Umrissen vorgeführt worden. Ich meine den Aufsatz *Time: A Treatment of some Puzzles*, den J. N. Findlay 1941 geschrieben hat.[14] Findlay weist auf den Umstand hin (,,der sicherlich für *einige* unserer Schwierigkeiten mit der Zeit verantwortlich ist"), ,,daß man einen Menschen in einem nahezu unmerklichen Prozeß dazu überreden kann, gewisse vertraute Redewendungen so zu gebrauchen, daß sie nach der einen Seite ständig umfassender und allgemeiner oder nach der anderen ständig enger und schärfer werden... Das Ergebnis ist in beiden Fällen die Perversion einer zweckdienlichen Redeweise in eine völlig unbrauchbare." [15] ,,Hinsichtlich der Zeit besteht nun in der Sprache offenbar eine starke Tendenz, mit der ,Gegenwart' zusammenhängende Ausdrücke in immer strengerer Weise zu gebrauchen, so daß, wenn man diese Tendenz bis an ihre Grenze verfolgt, die fraglichen Ausdrücke schließlich gar keine oder bestenfalls nur noch eine neuartige und gekünstelte Anwendung haben... Da nun unsere Tendenzen in diese Richtung gehen, sind wir leicht davon abzubringen, von irgendetwas zu sagen, es geschehe *jetzt*, wenn es eine gewisse Zeit dauert." [16] Findlay bespricht dann die Augustinischen Paradoxien und schlägt verschiedene Wege zu ihrer Vermeidung vor. Von diesen scheint mir der weitaus interessanteste der zu sein, der von Whiteheads Begriff der ,,epochebildenden Spannen" (epochal durations) Gebrauch macht: ,,Der Begriff der Teilbarkeit *aller* Ereignisse ist... ohne genaue Bedeutung", weil ,,die Zerlegung von Ereignissen durch das menschliche Urteil oder mit Hilfe von Instrumenten an eine Grenze kommen muß" [17].

Den bedeutsamen Implikationen, die in dieser Feststellung stecken, ist Findlay allerdings nicht mehr nachgegangen, wie er sich im übrigen offenbar auch damit begnügt hat, die genannte Tendenz zu einem immer strengeren und schärferen Gebrauch der Ausdrücke *jetzt, gegenwärtig* usw. als eine ,,natürliche Entwick-

[14] *Australasian Journal of Philosophy*, 1941. Im folgenden zitiert nach der Übersetzung ,,Die Zeit: Zur Behandlung einer Gruppe von Rätseln", in: *Philosophie und normale Sprache*, hrsg. v. E. v. Savigny, Freiburg i. B. 1969, S. 63–84.
[15] A.a.O. S. 66 f., vgl. S. 70, 74.
[16] A.a.O. S. 68 f., vgl. S. 80. Vgl. ferner E. v. Savigny, *Die Philosophie der normalen Sprache*, Frankfurt a. M. 1969, S. 355 f.
[17] Findlay, a.a.O., S. 79, 73, vgl. S. 77, 78. Vgl. ferner A. N. Whitehead, *Wissenschaft und moderne Welt*, Zürich 1949, S. 164–167, 178.

lung der Sprachformen" [18] zu betrachten, ohne nach den mutmaßlichen Gründen dafür zu fragen. In beiden Hinsichten möchte ich seine Ausführungen ein wenig zu ergänzen versuchen.

II. Handlung und Handlungsphasen. Die „gegenwärtige Handlung"

Zunächst scheint mir die Feststellung wichtig, daß wir in der Umgangssprache – abgesehen von dem Rückfluß wissenschaftlicher oder philosophischer Fachausdrücke – nicht von „der Gegenwart" oder gar „dem Jetzt" reden, sondern nur von den entsprechenden Adjektiven oder Adverbien. Die vor allem in der Philosophie seit Jahrtausenden [19] eingebürgerte Gewohnheit, diese Adjektive und Adverbien – vor allem wohl *gegenwärtig* und *jetzt* – von den ihnen ursprünglich zugehörigen Substantiven und Verben zu isolieren und selber substantivisch, als *die Gegenwart* und *das Jetzt*, zu verwenden, ist aber keineswegs harmlos. Denn indem diese Ablösung und Verselbständigung die Ausdrücke *gegenwärtig, jetzt* usw. ihrem ursprünglichen Anwendungsgebiet entfremdet, setzt sie sie überhaupt erst einmal der einen oder der anderen der von Findlay einander gegenübergestellten Tendenzen zur Verengung oder zur Erweiterung des Gebrauches aus. Sie ist also eine notwendige, aber noch keine hinreichende Bedingung für die tatsächlich bestehende Tendenz, diese Ausdrücke immer schärfer und strenger zu verwenden.

Zu ihrer Ergänzung kommt indessen noch eine zweite Gewohnheit hinzu, die im Unterschied zu der ersten wohl nur teilweise eine sprachliche ist, nämlich die nur schwer zu überwindende Neigung, den Versuch, einen Gegenstand *bloß theoretisch* zu betrachten, mit dem ganz anderen Versuch, ihn *als bloß theoretisch* gegebenen zu betrachten, zu verwechseln und zu vermengen. Wenn man auf diese Weise von den praktischen, handlungsbezogenen Charakteren der Dinge absieht und infolgedessen den ganzen Bereich des Handelns und Hervorbringens aus der Betrachtung ausschließt, dann beraubt man sich aber zugleich auch der Möglichkeit, einer immer weitergehenden Zerteilung der Ereignisse in Ereignisphasen eine Grenze zu setzen. Was nun insbesondere Husserl betrifft, so hat er zwar niemals (auch nicht

---

[18] Findlay, a.a.O., S. 69.
[19] Vgl. Aristoteles, *Phys.* IV, 10, 218ᵃ10, *Eth. Nic.* X, 4, 1174ᵇ9, u.ö.: *tò nŷn*.

vor dem Erscheinen von Heideggers *Sein und Zeit,* das dieser Vermengung gründlich zu Leibe gegangen ist) die theoretische Einstellung zu einem Begegnenden mit der Einstellung zu einem theoretisch Begegnenden durcheinandergeworfen, doch hat er andere Gründe (die ich später berühren werde), um seine phänomenologischen Analysen allzu einseitig an den Akten des doxischen Bewußtseinsbereiches – im Gegensatz zu der von ihm freilich oft erwähnten „Gemüts- und Willenssphäre" – zu orientieren. Das Resultat ist daher kein anderes: Er hat es nicht fertiggebracht, seine Phänomenologie des inneren Zeitbewußtseins davor zu bewahren, die Gestalt einer Jetztpunkttheorie anzunehmen. Sein Standardbeispiel ist die Wahrnehmung eines Tones, und der gedanklichen Zerlegung einer Tonwahrnehmung oder eines wahrgenommenen Tones in immer kleinere Ton- oder Tonwahrnehmungsphasen steht in der Tat nichts im Wege, wie schon die Leichtigkeit zeigt, mit der uns der Ausdruck „immer kleinere Ton- oder Tonwahrnehmungsphasen" über die Lippen geht.

Hiergegen könnte man vielleicht einwenden wollen, genau so einfach könne ja auch von „immer kleineren Handlungsphasen" die Rede sein. Das ist zwar richtig, doch würde dieser Einwand etwas Entscheidendes nicht beachten: daß nämlich die Ausdrücke *Handlung* und *Handlungsphase* (und ähnlich auch *Ereignis* und *Ereignisphase*) auf einem viel höheren Abstraktionsniveau als die Ausdrücke *Ton* und *Tonphase* oder *Tonwahrnehmung* und *Tonwahrnehmungsphase* stehen und nicht so sehr mit diesen als vielmehr mit den Ausdrücken *Gegenstand* und *Gegenstandsteil* zu vergleichen sind. Denn der philosophische Fachausdruck *Handeln* ist, wie J. L. Austin mit Recht betont hat, „ein Vertreter für jedes beliebige (oder nahezu jedes beliebige?) Verbum mit einem persönlichen Subjekt, ähnlich wie ‚Ding' ein Vertreter für jedes beliebige (oder, wenn wir daran denken, nahezu jedes beliebige) Substantiv und ‚Eigenschaft' ein Vertreter für das Adjektiv ist"[20].

Die Ausdrücke *Handeln* und *Gegenstand* (oder *Ding*) haben vor allem eines gemeinsam, das für den gegenwärtigen Zusammenhang von Belang ist. Wie ich an anderer Stelle – in einem Aufsatz

[20] J. L. Austin, „A Plea for Excuses", in: Austin, *Philosophical Papers*, ed. by J. O. Urmson and G. J. Warnock, Oxford 1961, pp. 123–152 (übersetzt nach S. 126; vgl. auch S. 127).

über die Rolle von ,,Substanzbegriffen'' beim Zeigen und Zählen von Gegenständen – ausführlicher nachweisen möchte, wäre es eine grundsätzlich nicht durchzuführende und so verstanden sinnlose Aufgabe, etwa ,,die Gegenstände (Dinge), die jetzt auf meinem Schreibtisch liegen'', zu zählen. Denn jedes aktuelle oder potentielle (wirkliche oder virtuelle) Gegenstands- oder Dingstück, und sei es auch noch so winzig, ist seinerseits wieder ein Gegenstand oder Ding. Das Substantiv *Gegenstand* (oder *Ding*) ist aus diesem Grunde ,,zeige- und zahlunfähig'', d.h. nicht dazu tauglich, etwa im Sinne Freges als Einheit stiftendes Begriffs- oder ,,Eigenschaftswort'' beim Identifizieren und Zählen von Gegenständen zu dienen.

Etwas ganz Entsprechendes gilt nun auch für den Ausdruck *Handlung*: jeder Teil einer Handlung kann selbst wiederum als *Handlung* bezeichnet werden, und daher ist das Begriffswort *Handlung* nicht dazu tauglich, zum Identifizieren und Zählen von Handlungen verwendet zu werden. Wir können zwar sagen, daß wir im Laufe des Tages zweimal gefrühstückt und fünf Briefe geschrieben – oder, wenn wir es vorziehen, daß wir vier Brötchen gegessen, zwei Tassen Kaffee und ein Glas Milch getrunken und zehntausendmal eine Schreibmaschinentaste in Bewegung gesetzt – haben, und so weiter, aber nicht, wir hätten im Laufe des Tages 38583 verschiedene Handlungen durchgeführt. Eine so verstandene Zahlunfähigkeit gilt also nicht bloß für die von Gilbert Ryle unter anderem aus diesem Grunde geleugneten ,,Willensakte'' (volitions)[21], sondern durchaus auch für so unbestreitbare Vorkommnisse wie unsere ,,Handlungen''. Austin hat vermutlich auch das im Sinn, wenn er schreibt: ,,So kommen wir leicht dazu, von unserem Verhalten während irgendeiner Zeitspanne und von einem Leben als ganzem zu glauben, es bestehe darin, jetzt die Handlung A, danach die Handlung B, dann die Handlung C zu vollziehen, und so weiter, gerade so, wie wir in anderen Fällen zu der Auffassung neigen, die Welt bestehe aus dieser, jener und noch einer anderen Substanz oder Dingrealität, jeweils mit ihren Eigenschaften.'' [22]
Wenn wir also so abstrakte Ausdrücke wie *Handlung* oder

[21] Vgl. Ryle, *Der Begriff des Geistes*, übers. v. K. Baier, Stuttgart 1969 (Reclams UB), S. 81.
[22] Übersetzt nach Austin, a.a.O., S. 127.

Gegenstand gebrauchen, dann können wir sagen, jeder Gegenstand bestehe aus beliebig vielen und beliebig kleinen Gegenständen und jede Handlung aus beliebig vielen und beliebig kurzen Handlungen. Beim Gebrauch von weniger abstrakten Ausdrücken ist das jedoch nicht mehr möglich: Wir können nicht sagen, jede Schreibmaschine oder gar jede Maschine bestehe aus beliebig vielen und beliebig kleinen Schreibmaschinen bzw. Maschinen, und ebensowenig, jedes Briefeschreiben oder jedes Anschlagen einer Schreibmaschinentaste bestehe aus beliebig vielen und beliebig kurzen Schreibe- bzw. Anschlagshandlungen. Nur wenn wir den Kunstausdruck ,,Phase'' (oder einen ähnlichen gestelzten) heranziehen, können wir unbegrenzt von ,,Briefschreibephasen'' oder ,,Schreibmaschinentastenanschlagphasen'' sprechen – ähnlich wie im Vergleichsfalle unbegrenzt von ,,Schreibmaschinenelementen''. Aber wie diese Elemente (oder Stücke), sobald wir unter die Grenze der einzelnen ,,Konstruktionselemente'' wie Tasten, Hebel und Federn geraten, nicht mehr unterschiedlich oder eigens benennbar sind und gewissermaßen zu ,,Homoiomerien'' werden, so sind auch z.B. die ,,Briefschreibephasen'' nur zu Beginn der Phaseneinteilung differenziert zu benennen, etwa als *Einspannen des Briefbogens in die Maschine, Schreiben der Anrede, Leisten der Unterschrift* usw. Aber bald ist die Grenze erreicht, wo man z.B. nur noch von ,,einer Phase'' der Handlung sprechen könnte, den Buchstaben S beim Schreiben der Anrede anzuschlagen. Irgendwelche ,,Phasen'' der S-Anschlags-Handlung sind aber ebensogut ,,Homoiomerien'' wie irgendwelche ,,Elemente'' der S-Tasten-Feder, d.h. sie entziehen sich grundsätzlich jeder Möglichkeit, als einzelne Dies-da identifiziert und gezählt zu werden.[23]

In dieser Unmöglichkeit steckt nun aber noch mehr, als bisher schon ausdrücklich besprochen wurde: Einen nicht gesondert zu identifizierenden und in diesem Sinne amorphen Gegenstandsteil kann man durch die Angabe *hier* nicht im strengen Sinne lokalisieren, und eine nicht isoliert für sich herauszugreifende Handlungsphase kann man durch die Angabe *jetzt* nicht im strengen

[23] Vgl. Aristoteles, *Eth. Nic.* X, 4, 1174ᵃ14–ᵇ2; Z. Vendler, ,,Verbs and Times'', in: *Phil. Review* 66, 1957, pp. 143–160 (bes. S. 146); J. L. Ackrill, ,,Aristotle's Distinction between Energeia and Kinesis'', in: *New Essays on Plato and Aristotle*, ed. by R. Bambrough, London 1965, pp. 121–141 (bes. S. 128, 136).

Sinne temporalisieren. Man kann also nur eine solche Handlung oder Handlungsphase, die man unter einen eigenen, konkreten, differenzierenden Begriff (im Unterschied zu einem so abstrakten Begriff wie *Handlung* oder *Handlungsphase*, dessen Anwendungsgebiet mit dem Gesamtgebiet der Handlung zusammenfällt) subsumieren kann, als *gegenwärtig* oder *jetzt geschehend* bezeichnen. So kann ich z.B. sagen, daß ich *jetzt* einen Brief schreibe, *jetzt* die Anrede tippe, *jetzt* den Buchstaben S anschlage, und allenfalls noch, daß ich *jetzt* den Finger hebe, um den Buchstaben S anzuschlagen. Weitere Handlungsphasen sind aber nicht mehr zu unterscheiden, und zwar nicht nur wegen der Kürze der schon herausgehobenen Handlungsphasen – diese Schwierigkeit wäre sogar weitgehend überwindbar, etwa mit Hilfe von Zeitlupenaufnahmen –, sondern auch und vor allem wegen der immer größer werdenden und sich asymptotisch der Gleichheit annähernden Ähnlichkeit der zusätzlich noch herauszuschneidenden Handlungsphasen und wegen der völligen praktischen Irrelevanz einer weiteren Unterteilung. Beides – die ständig wachsende Ähnlichkeit und die praktische Belanglosigkeit – ist gemeinsam dafür verantwortlich, daß eine begriffliche und daher auch sprachliche Differenzierung über eine gewisse (aber nicht bestimmbare) Grenze hinaus nicht mehr möglich ist.

Aus diesem Grunde scheint mir Ryles Bemerkung über die Verwendung des Wortes *jetzt* (*now*) nicht auf der Höhe seiner sonstigen kritischen Einsichten zu stehen. Von diesem ,,Indexwort'' (,,wesentlich okkasionellen'' Ausdruck im Sinne Husserls, ,,egocentric particular'' im Sinne Russells) sagt er: ,,Es weist auf jenen besonderen Augenblick hin, in dem der Hörer das Wort ,jetzt' hören soll. Der Augenblick, in dem der Zug die Brücke überfährt, ist der, auf den durch die in diesem Augenblick erfolgende Äußerung des Wortes ,jetzt' hingewiesen wird. Der Augenblick, in dem ,jetzt' ausgesprochen wird, ist der Augenblick, auf den es hinweist ((The moment at which ,now' is breathed is the moment which it indicates)).''[24]

Solche Fälle, die Ryle hier offensichtlich im Auge hat, kommen vor, doch sind sie die Ausnahme. Wenn man bedeutsame ,,Augenblicke'', d.h. unausgedehnte Grenzen zwischen ausge-

---

[24] *Der Begriff des Geistes*, S. 254.

dehnten Phasen, markieren will – z.B. den Augenblick des Rake-
tenstarts; den Augenblick, in dem das neue Jahr beginnt; den
Augenblick, in dem wir mit dem Wagen das Land Nordrhein-
Westfalen verlassen und in das Land Niedersachsen einfahren;
den Augenblick, in dem das 200-Meter-Schwimmen beginnen
soll; oder einfach den Augenblick, in dem sich die 13. Stunde des
heutigen Tages vollendet –, dann schafft man künstliche Handlungen oder Ereignisse, etwa den count-down, einen Startschuß,
einen Gongschlag, einen Pfiff mit der Trillerpfeife oder eben den
Ausruf des Wortes „jetzt!", deren möglichst kurze Verlaufsdauer
den „großen Moment" nach der Art der mathematischen „Inter-
vallschachtelungen" erfassen soll. Aber dieser Gebrauch des
Wortes *jetzt* ist gewiß nicht die Regel. Gewöhnlich besteht überhaupt kein Bedürfnis, die als „gegenwärtig", als „jetzt" geschehend, zu bezeichnenden Ereignisse mit Hilfe solcher künstlich hervorgebrachten Ereignisse zeitlich zu fixieren. Das liegt
daran, daß wir eben gewöhnlich von Ereignissen oder Handlungen,
aber nicht von Ereignis- oder Handlungsgrenzen (z.B. Ereignis-
oder Handlungsanfängen) sprechen wollen. Ausdehnungslos ist
nur eine „gegenwärtige" Grenze zweier Handlungen oder Ereignisse, aber nicht ein „gegenwärtiges" Ereignis oder eine „gegenwärtige" Handlung selber.

Das darf man aber nicht so ausdrücken: „Die Gegenwart ist
zeitlich ausgedehnt". Denn sobald man das tut, also einfach und
unkritisch von „der Gegenwart" redet, erhebt sich natürlich die
Frage, *wie groß* diese zeitliche Ausdehnung, diese Dauer, sei, und
sobald man das fragt, ist man bereits in dem Sog, der uns, gemäß unserem durchaus legitimen Genauigkeitsbedürfnis, un-
weigerlich bis an die Grenze eines infinitesimalen Jetztpunktes
mitreißt. Es gibt nicht „die Gegenwart", sondern z.B. nur die
gegenwärtige erdgeschichtliche Epoche, die gegenwärtige Wetter-
lage in Mitteleuropa und den gegenwärtigen Regenguß auf dem
Universitätsgelände; nur das gegenwärtige Verhalten der Stu-
denten in aller Welt, das gegenwärtige Verhalten der Bochumer
Philosophiestudenten und das gegenwärtige Verhalten des Men-
sabesuchers, der vergeblich nach einem Markstück sucht; nur
meine gegenwärtige Gartenarbeit, mein gegenwärtiges Graben
des alten Erdbeerbeetes und meinen gegenwärtigen Spatenstich.
Von allen diesen gegenwärtigen Handlungen oder Ereignissen

kann man fragen, wie lange sie dauern, und die Antwort wird von Fall zu Fall ganz verschieden sein. Dagegen ist die Frage nach der Dauer „der Gegenwart" eine Scheinfrage, weil der Begriff der Gegenwart ein Scheinbegriff ist.

Das letzte Beispiel – das von der Gartenarbeit – fordert zu einer weiteren Frage heraus. Was ist denn nun eigentlich – so könnte man nämlich wissen wollen – meine „gegenwärtige Tätigkeit": meine Gartenarbeit, die den ganzen Nachmittag währt, oder das Umgraben meines Erdbeerbeetes, das nur zwei-drei Stunden in Anspruch nimmt, oder vielmehr der Spatenstich, den ich „jetzt," in dieser Sekunde, tue? Diese Frage läßt sich anhand eines anderen Beispiels wohl noch besser beantworten. Wenn ich seit Jahren an einer Habilitationsarbeit sitze und heute vormittag in die Stadt fahre, um mir für die Niederschrift des letzten Kapitels neue Tinte zu kaufen: was mache ich denn da „gegenwärtig" – arbeite ich an einer wissenschaftlichen Abhandlung oder kaufe ich Tinte? Muß man hier nicht doch wieder der Genauigkeit die Ehre geben und etwa so sagen: „Was ich *jetzt* mache, ist natürlich nicht die Arbeit an meiner Habilitationsschrift, sondern der Tintenkauf!"? Aber wenn man sich einmal auf diese Auslegung einläßt, dann wird man wohl auch zugeben müssen, daß ich *gegenwärtig* natürlich auch keine Tinte kaufe, sondern einen Parkplatz in der Nähe des Schreibwarenladens suche; oder vielleicht *gerade* die Klinke der Ladentür in die Hand nehme; oder *nun*, beim Bezahlen der Tinte, ein Markstück aus meiner Tasche hole; oder *eben* mit meiner rechten Hand durch die Luft fahre, um in meine Tasche zu greifen; oder... Aber damit dürfte schon wieder die unüberschreitbare Grenze erreicht und die bereits zurückgewiesene Jetztpunkttheorie von neuem erstanden sein.

Die Deutung, die uns zu diesen unerwünschten Konsequenzen geführt hat, ist aber deswegen abzulehnen, weil sie von der falschen Voraussetzung ausgeht, daß ich meine Handlungen in beliebig viele und beliebig kleine Phasen zerlegen kann. Eine solche Zerlegung des Vorganges „Herr N.N. kauft Tinte" ist im Rahmen gewisser Grenzen (die zunächst durch unsere jeweiligen technischen Beobachtungs- und Auflösungsmöglichkeiten und letzten Endes durch die „gequantelte" oder „körnige" Struktur des physikalischen Universums gezogen sind) beliebig weit durchzuführen, *sofern* man diesen Vorgang von außen und zudem nicht

als menschliche Handlung (unter Berücksichtigung der „Motive"
und der intersubjektiv erfahrbaren „Handlungsanweisungen"
aus der Situation), sondern als bloßes Naturgeschehen beschreibt.
Die Beschreibung des Handelns *als Handelns* jedoch, sei es in der
Außeneinstellung, d.h. in der Perspektive des Zuschauers, sei es
in der Inneneinstellung, d.h. in der Perspektive des Handelnden
selber, läßt eine solche beliebig weit fortzusetzende Phaseneinteilung keineswegs zu.[25] Denn (so hoffe ich demnächst in einer
Arbeit über *Handlung, Bewußtsein und Leib* im einzelnen zeigen
zu können) die Handlungsbeschreibung in der Inneneinstellung
beruht unmittelbar – und die in der Außeneinstellung mittelbar –
auf einer bestimmten noematischen Reflexion, nämlich der Objektivierung der beim schlichten Handeln einfach befolgten „Handlungsanweisungen", die mir die Dinge im Lichte meines jeweiligen Projekts („Entwurfs" oder „Motivs") erteilen.[26] Während es
aber die Handlungsanweisungen „Suche ein Markstück!" oder
„Fasse in die Tasche!" noch gibt, kann von vermeintlichen Handlungsanweisungen der Art „Fahre mit der Hand durch die Luft!"
oder „Führe die rechte Hand von Position $x_1y_1z_1$ zu Position
$x_2y_2z_2$!" im allgemeinen nicht mehr die Rede sein[27]. Die „gequantelte" oder „körnige" Struktur der praktisch bedeutsamen
Welt ist also sozusagen viel gröber als die des bloß physikalisch
gedeuteten Universums.

Unabhängig von solchen „noematisch-phänomenologischen"
Überlegungen ist hier jedoch ein ganz anderes Argument am
Platz, das man „sprachanalytisch" nennen könnte. Man muß
sich klar machen, daß man über seine eigenen Handlungen und
Handlungsphasen gewöhnlich nicht nur nicht spricht, sondern sie
nicht einmal für sich selber objektiviert. Oder genauer gesagt:
Während man handelt, befolgt man die Handlungsanweisungen,

[25] Nach F. Kaulbach, *Der philosophische Begriff der Bewegung*, Köln 1965, S. 11–12,
hat Aristoteles, wenn auch unter einem anderen Gesichtspunkt, die entgegengesetzte
Auffassung vertreten (obzwar „nur indirekt ausgesprochen": S. 13): „Weil also die
Bewegung immer als ganzer Vollzug gegenwärtig ist, deshalb muß sie auch ins End-
lose geteilt werden können... Die Entelechie ist deshalb unteilbar im Sinne des
Durchdrungenseins vom Ganzen, weil und insofern sie im Sinne der Teilung in homo-
gene Abschnitte endlos teilbar ist."
[26] Vgl. bes. Thure v. Uexküll, *Grundfragen der psychosomatischen Medizin*, Hamburg 1963 (rde), S. 93–98, 102–104, 111–120 u.ö. Vgl. zur Sache auch Sartre, *Die
Transzendenz des Ego*, Hamburg 1964, S. 15, 18 f., 35, sowie M. Merleau-Ponty,
Phénoménologie de la perception, Paris 1945, S. 123, 130 u.ö.
[27] Vgl. die Diskussion des Unterschiedes von „konkreter" und „abstrakter" Bewegung bei Merleau-Ponty, a.a.O., S. 120–140 (bes. S. 129 mit Anm. 3).

aber man objektiviert sie nicht. Ihre Objektivierung ist ein Vorgang der noematischen Reflexion, und diese Reflexion tritt niemals ohne Veranlassung ein. Insbesondere ist das Aussprechen eines Satzes der Art „Ich kaufe gerade Tinte" als mehr oder weniger passende Reaktion auf irgendeine Herausforderung zu begreifen. Einer der häufigsten Herausforderungstypen dürfte dabei die Frage eines anderen sein: „Was machst du da?" oder „Was machst du gerade?" Auf diese Frage geben wir nun fast nie eine Standardantwort, an deren Stelle zur Not etwa auch das Vorführen eines Films oder die Publikmachung meines Handelns mit Hilfe der elektronischen Kamera oder in vielen Fällen einfach die flegelhafte Auskunftsverweigerung „Das siehst du doch!" treten könnte. Vielmehr müssen wir, wenn wir wirklich antworten wollen, eine Antwort „ad hominem" geben, was hier besagen soll: eine auf den Fragesteller zugeschnittene Antwort. Wenn ich beim Tintenkauf einen alten Freund wiedertreffe, den ich seit Jahren nicht mehr gesehen habe, werde ich auf seine Frage „Na, was machst du denn?" schwerlich sagen: „Ich angele gerade ein Markstück aus meiner Jackentasche", sondern eher z.B.: „Ich arbeite jetzt an einer Habilitationsschrift". Diese Antwort wäre aber im höchsten Grade grotesk, wenn mich meine Frau im Schreibartikelgeschäft mit den gleichen Worten und vielleicht sogar mit derselben Betonung (mit dem Akzent auf dem „machst" oder auf dem „du") angesichts meiner unbeholfenen Bewegungen fragen würde: „Na, was machst du denn?" Hier könnte die Antwort nur etwa so lauten: „Ich versuche, ein Markstück aus meiner Jackentasche zu angeln." Zusammengefaßt besagt das: Es hängt immer von der Situation, beispielsweise von der Person des Gesprächspartners und seinen „Vorkenntnissen," ab, welche meiner Handlungen als „die gegenwärtige" zu bezeichnen ist, und je nachdem wird meine gegenwärtige Handlung von längerer oder kürzerer Dauer sein, sich aber in jedem Fall über eine bestimmte Zeitspanne hinweg erstrecken und niemals zur bloßen Erfüllung eines infinitesimalen Jetztmomentes zusammenschnurren.

III. *Aristoteles und Ryle. Die „Aktionsarten" des Verbums*

Den wesentlichen Unterschied zwischen der Zeitlichkeit einer menschlichen Handlung und der Zeitlichkeit eines bloßen Naturgeschehens, d.h. eines Ereignisses, das wir nicht als menschliche Handlung auffassen, sehe ich demnach darin, daß die Phaseneinteilung bei einem bloßen Naturgeschehen oder bei einer als bloßes Naturgeschehen interpretierten menschlichen Handlung im Rahmen der schon erwähnten technischen und letztlich mikrophysikalischen Grenzen kontinuierlich möglich ist, während sie bei einer menschlichen Handlung, die auch als solche verstanden wird, entsprechend der Verteilung der praktisch relevanten noematischen Charaktere oder Handlungsanweisungen nur ,,diskret'', ,,epochal'' oder sprunghaft durchgeführt werden kann. Bisher ist es also ausschließlich um die Grenzen der möglichen Phaseneinteilung und noch nicht um die Grenzen der Ereignisse selber gegangen. Wenn man aber *diesen* Gesichtspunkt zugrunde legt, dann kommt man zu einer anderen Unterscheidung, die sich mit der zwischen Handlungen und bloßen Naturereignissen kreuzt. Denn sehr viele, aber keineswegs alle menschlichen Handlungen kommen deshalb an ein natürliches Ende, weil wir mit ihnen einen außerhalb ihrer selber liegenden Zweck verfolgen, und ganz ähnlich trifft es für viele, aber keineswegs für alle Naturgeschehnisse zu, daß sie eine natürliche ,,Grenze'' oder ein ,,Ziel'' erreichen und sich daher der ,,finalen'' oder ,,teleologischen'' Naturbetrachtung in besonderem Maße anbieten.[28]

Bei den Naturvorgängen hat dieser Unterschied allerdings nicht die gleiche Bedeutsamkeit wie bei den menschlichen Handlungen, da es wohl nur von unseren Fähigkeiten und Interessen abhängt, ob wir einen Vorgang als zielbezogenen auffassen oder nicht. Teleologisch verstehen wir insbesondere alle überschaubaren Ausgleichsvorgänge beim Vorliegen eines deutlich abzugrenzenden Druck-, Spannungs-, Niveau- oder Temperaturgefälles usw., also z.B. den Wasserabfluß aus einer Schleuse oder einen osmotischen Vorgang, aber z.B. nicht das Wogen des Meeres oder das Wehen des Windes, obwohl doch auch diese Vorgänge eine (aber eben nicht überschaubare) Summe von Ausgleichsvorgängen darstellen.

Demgegenüber ist der vergleichbare Unterschied bei den menschlichen Handlungen wesentlich, und zwar in dem Sinne, daß es nicht nur für die phänomenologische Beschreibung in der

---

[28] Vgl. die etwas andere Auffassung bei E. Straus, *Vom Sinn der Sinne*, Berlin 1935, S. 188, 190 f.

Innen-, sondern auch für die in einem weiteren Sinne „behavioristisch" zu nennende Beschreibung in der Außeneinstellung [29] etwas völlig anderes ist, ob ich beispielsweise ein Glas Wein trinke, um meinen Durst zu löschen oder um endlich in Laune zu kommen oder weil es der Arzt verordnet hat, oder ob ich es einfach deswegen (und vielleicht sogar im Übermaß und ungeachtet im voraus befürchteter Folgen) tue, weil es mir Spaß macht und weil ich den Wein genieße.[30] Wie *trinken*, so bezeichnen auch viele andere Handlungsverben – und oft noch viel ausgeprägter – je nach ihrem Gebrauch den einen oder anderen Typ von Handlung. Einen Nagel in die Wand schlagen, ein auf die Butterseite gefallenes Brötchen wieder auf die richtige Seite drehen oder vom Startloch zum Zielband laufen: das sind Handlungen, die nach kürzerer oder längerer Zeit ihr natürliches Ziel erreichen und darüber hinaus nicht fortgesetzt werden können. Dagegen kann ich – im Rahmen meiner Geduld, meiner sportlichen Kondition usw. – beliebig lange die Trommel schlagen, eine Steichholzschachtel zwischen den Fingern drehen oder auf der Aschenbahn laufen. Wenigstens bei den meisten Zeitwörtern der Fortbewegung trägt die deutsche Sprache diesem Unterschied dadurch Rechnung, daß man im einen Falle *wohin?*, im anderen aber *wo?* fragt und das Perfekt einmal mit *sein* und einmal mit *haben* (gelegentlich auch mit *sein*) bildet: man sagt z.B. „Ich bin ans andere Ufer geschwommen", aber „Ich habe (oder auch: bin) heute morgen im Hallenbad eine Stunde geschwommen", und drückt damit aus, daß es im einen Fall darauf ankam, ein äußeres – und zwar räumliches – Ziel zu erreichen, im anderen aber nicht. (Im zweiten Fall kann man geschwommen haben, weil man Spaß daran hat, oder im Hinblick auf Gesundheit und schlanke Linie, die ebenfalls äußere Ziele der Handlung sind, sich aber sprachlich nicht ausprägen.)

Man könnte daher mit Aristoteles eine Handlung von der ersten Art als kínesis oder poíesis („Hervorbringen") und eine

---

[29] Diese herrscht bei den „ordinary language philosophers" auffällig vor. Vgl. etwa den ganzen Argumentationsstil bei G. E. M. Anscombe, *Intention*, Oxford 1957, sowie die kritischen Ausführungen von S. Hampshire, „Ryle, The Concept of Mind", in: *Mind* 59, 1950, pp. 237–255 (bes. S. 246–252), und R. Norman, „Les notions de personne et de disposition chez Ryle", in: *Revue philosophique de Louvain* 68, 1970, pp. 145–173 (bes. S. 165).

[30] Vgl. Ryle, *Der Begriff des Geistes*, S. 142–143, 176, und Ryle, *Dilemmas*, Cambridge 1954, Section IV („Pleasure").

Handlung von der zweiten Art als enérgeia, entelécheia oder prâxis („Handeln") bezeichnen.[31] Denn eine kínesis oder poíesis wie der Bau eines Hauses (oikodómesis), das Lernen (máthesis) oder die Durchführung einer Schlankheitskur (is-chnasía) ist nicht selber Ziel oder Zweck (télos), sondern bloß Mittel zum Zweck (perì tò télos) und daher von begrenzter Dauer: irgendwann einmal kommt sie an eine ihr eigentümlich zugehörige Grenze (péras). Dagegen hat eine enérgeia oder prâxis ihr Ziel in sich selber („entelécheia"), und weil ihr ein *äußerer* Zweck somit fehlt, kommt sie auch niemals an eine natürliche Grenze, über die hinaus ihre Fortsetzung nicht mehr möglich wäre. Zu den Handlungen dieser zweiten Art zählt Aristoteles lauter Tätigkeiten, die gemäß einem Wort des Lao-tse „zwecklos" und gerade deswegen „sinnvoll" sind,[32] nämlich das Musizieren (kitharízein),[33] das Leben und zumal das rechte Leben (zên, eû zên), das Glücklichsein (eudaimoneîn), das Sehen (horân), das Verstehen (phroneîn), das geistige Schauen (theoreîn) und das Denken (noeîn) [34] – dieses wohl in Übereinstimmung mit dem Ideal der göttlichen „noéseos nóesis" [35] und im schärfsten Gegensatz zu den gebrannten Kindern unserer Zeit wie Peirce („Das Denken in Aktion hat als einzig mögliches Motiv, das Denken zur Ruhe zu bringen, und was nicht auf eine Überzeugung verweist, ist kein Teil des Denkens selbst" [36]) oder Wittgenstein, der davon spricht, „daß die philosophischen Probleme vollkommen ver-

---

[31] Vgl. *Met.* IX, 6, 1048ᵇ18–35; IX, 8, 1050ᵃ15–ᵇ2; *Eth. Nic.* VI, 4, 1140ᵃ1–23; *Magn. Mor.* I, 34, 1197ᵃ3 ff.; sowie Ackrill, „Aristotle's Distinction between Energeia and Kinesis", S. 121. – Vendler, „Verbs and Times," bes. S. 145 f., 150, unterscheidet in einem nur wenig anderen Sinne zwischen „accomplishment" (ungefähr = kinesis) und „activity" (ungefähr = enérgeia); vgl. Ackrill, a.a.O., S. 135 f. – In der Aristotelischen *Physik* (vgl. etwa III, 1, 201ᵃ11, ᵇ5) stehen die drei Termini kinesis, enérgeia und entelécheia wohl in einer anderen Beziehung zueinander (vgl. jedoch Ackrill, a.a.O., S. 138–140), die aber ebenfalls für das hier erörterte Problem nicht ohne Belang ist; vgl. Kaulbach, *Der philosophische Begriff der Bewegung*, S. 1–23.
[32] Vgl. Ackrill, a.a.O., S. 137 f.
[33] *Magn. Mor.* I, 34, 1197ᵃ10.
[34] *Met.* IX, 6, 1048ᵇ18–35; IX, 8, 1050ᵃ23–ᵇ2; *Eth. Nic.* X, 7, 1177ᵃ18–21; vgl. Ackrill, a.a.O., S. 126, 133.
[35] *Met.* XII, 9, 1074ᵇ34–35.
[36] C. S. Peirce, *Schriften I: Zur Entstehung des Pragmatismus*, hrsg. v. K.-O. Apel, Frankfurt a. M. 1967, S. 334. – Auf die vielfachen Gebrauchsweisen des Wortes *denken* (als Dispositions-, Unternehmens-, Erfolgs- und „Nach-Erfolgs"-Verb) kann ich hier nicht systematisch eingehen, doch werde ich diese Unterscheidungen im folgenden gelegentlich berühren. Vgl. bes. Vendler, „Verbs and Times", S. 152 f., und Ryle, *Der Begriff des Geistes*, S. 390 ff.

schwinden sollen'': ,,Der Philosoph behandelt eine Frage; wie eine Krankheit.'' [37]

Wie wesentlich der Unterschied zwischen einer Kinesis-Handlung und einer Entelechie-Handlung ist, läßt sich auch an wohlbekannten Konflikten zwischen Handlungen des einen und des anderen Typs erkennen. So ist z.B. der Liebesakt, dessen ,,biologischer Zweck'' gewöhnlich kein deskriptives Merkmal dieses Handlungsphänomens, d.h. kein ,,Handlungszweck'', ist, in den meisten Fällen (nämlich immer dann, wenn er nicht als bloßes Mittel zu diesem oder jenem anderen Zweck mißbraucht wird) nicht nur zielbezogene Kinesis, sondern zugleich auch ein auf Dauer angelegter, ,,zweckloser'', ,,sinnvoller'' Entelechie-Akt,[38] und diese charakteristische Zweiseitigkeit kann zu Konflikten im Geschlechtsleben führen. Oder ein anderes Beispiel, das ich ebenfalls nur andeuten, aber nicht ausführen will: Die Herstellung von Gebrauchsgegenständen ist ihrer eigenen Natur nach eine Poiesis, ein ,,Hervorbringen'' oder ,,Machen'', das im Vorliegen des geschaffenen Gegenstandes sein Ziel und seine Erfüllung hat, doch ist sie in unserer modernen Produktionsgesellschaft mit Arbeitsteilung, Fließband, festgelegter Arbeitszeit usw. zu einer (wie man aristotelisch sagen könnte) ,,Pseudo-Praxis'' geworden, und die daraus immer von neuem entstehenden sozial-psychologischen und wohl auch sozial-medizinischen Konflikte sind um so schwererwiegend, als zwischen dieser ,,Pseudo-Praxis'' und den echten ,,praktischen'' Entelechie-Handlungen als ,,zwecklosen'', aber ,,sinnvollen'' Tätigkeiten ein wahrer Abgrund des ,,Sinnes'' klafft.

Gilbert Ryle bezieht sich bei seiner Herausarbeitung des verschiedenen ,,logischen Verhaltens'' von ,,Erfolgsverben'' (success words) auf der einen und ,,Unternehmensverben'' (task words) auf der anderen Seite ausdrücklich auf diese Aristotelische Unterscheidung in *Met.* IX, 6, und zwar derart, daß er Erfolgszeitwörter mit Entelechie-Verben (und entsprechend vermutlich Unternehmenszeitwörter mit Kinesis-Verben) zwar nicht gleichsetzt, aber immerhin vergleicht.[39] Tatsächlich fällt die Unter-

---

[37] *Philosophische Untersuchungen*, §§ 133, 255.
[38] Vgl. etwa Platon, *Symposion*, 192 c–e.
[39] Vgl. *Der Begriff des Geistes*, S. 200, mit *Dilemmas*, Section VII (,,Perception''), S. 102 f. – Den Ausdruck *task word* gebe ich, dem Vorgang von Savignys in *Die*

scheidung zwischen Unternehmens- und Erfolgsverben keineswegs genau mit der zwischen Kinesis- und Entelechie-Bezeichnungen zusammen.

Unternehmungswörter – Ryles Standardbeispiele sind insbesondere *suchen, behandeln* und *schießen* – stimmen jedoch mit vielen Kinesis-Wörtern wenigstens insofern überein, als sie Tätigkeiten bezeichnen, die sich auf außerhalb ihrer selber liegende Zwecke richten und daher in glücklichen Fällen an ein natürliches Ende kommen. Was dagegen die reinen Erfolgswörter anbelangt – Ryles Standardbeispiele sind entsprechend *finden, heilen* und *treffen* –, so unterscheiden sie sich von den Entelechie-Verben in wenigstens einer Hinsicht fundamental. Denn während diese Tätigkeiten bezeichnen, die ihr Ziel in sich selber haben und daher beliebig lange fortgesetzt werden können, bezeichnen Erfolgsverben überhaupt keine Tätigkeiten, sondern „einfach das Faktum, daß gewisse Taten, Bemühungen, Operationen oder Verrichtungen gewisse Ergebnisse gezeitigt haben" [40]. Sprachanalytisch läßt sich das gemäß der besonders von Ryle geübten Methode an den unterschiedlichen Möglichkeiten des Gebrauchs von Adverbien deutlich machen.[41] So kann man z.B. einen ververlorenen Hausschlüssel stundenlang suchen (reines Unternehmenswort) oder eine Schreibmaschine stundenlang reparieren (gemischtes Unternehmens-Erfolgs-Wort),[42] aber auch stundenlang schauen, denken und glücklich sein (Entelechie-Zeitwörter), jedoch den verlorenen Hausschlüssel nicht stundenlang finden (reines Erfolgswort): Finden ist keine Tätigkeit, sondern entweder bloß ein „glücklicher Zufall" [43] oder eine der beiden denkbaren Arten, die Suchtätigkeit zu beenden, also eine Grenze des Suchens – ähnlich, wie ein Punkt die Grenze einer Strecke und ein „Augenblick" die Grenze zwischen zwei Zeitspannen ist.

Auf der anderen Seite kann man durch die gleiche sprachanalytische Methode – indem man gemäß der „linguistisch-phänomenologischen" Maxime J. L. Austins das „geschärfte Bewußtsein

---

Philosophie der normalen Sprache folgend, nicht mit *Aufgabenwort*, sondern mit *Unternehmenswort* wieder.

[40] *Der Begriff des Geistes*, S. 202. Vgl. die Kritik bei Ackrill, a.a.O., S. 125 f.

[41] Auch Aristoteles hat diese Methode schon angewandt: vgl. etwa *Eth. Nic.* X, 3, 1173ª32–ᵇ5; vgl. Ackrill, a.a.O., S. 136.

[42] Vgl. weiter unten die letzten 5 Absätze des vorliegenden Abschnittes III.

[43] Ryle, *Der Begriff des Geistes*, S. 202.

für die Worte" nicht etwa als den „endgültigen Schiedsrichter für
die Phänomene", sondern bloß als Mittel zu ihrer „geschärften
Wahrnehmung" einsetzt[44] – auch gewisse Verwandtschaften
zwischen den Entelechie-Bezeichnungen und den Erfolgszeitwörtern ans Licht bringen. Daran mag Ryle gedacht haben, als er
sich bei der Diskussion des Unterschiedes zwischen Erfolgs- und
Unternehmensverben ausdrücklich auf Aristoteles berufen hat.
Z.B. kann man zwar Unternehmenswörter, nicht aber Erfolgs-
und Entelechie-Wörter mit adverbialen Bestimmungen der Aufmerksamkeit, der Geschwindigkeit oder des Erfolgs und der
Erfolglosigkeit verbinden.

Etwa können wir den verlorenen Hausschlüssel sorgfältig oder
unsorgfältig, schnell oder langsam, erfolgreich oder vergebens
suchen – wir können ihn aber nicht auf eine dieser Arten auch
finden.[45] Allerdings gibt es hier eine Reihe von scheinbaren Aus-
nahmen, deren wenigstens flüchtige Betrachtung für unsere gegenwärtigen Überlegungen nicht belanglos ist. Daß man den
Schlüssel nicht sorgfältig, unsorgfältig oder vergebens finden
kann, bedarf keiner Diskussion, und wenn man wirklich gelegentlich davon spricht, man habe etwas vergeblich gefunden (wobei
vergeblich als Adverb und nicht als Adjektiv zu verstehen ist),
dann will man damit nur sagen, man habe es nicht mehr brau-
chen können, hinterher wieder verloren, oder anderes dieser Art.
Ebenfalls ist es klar, daß man einen Pleonasmus beginge, wenn
man behaupten wollte, man habe etwas erfolgreich gefunden (natürlich wiederum nicht in dem Sinn, in dem man vielleicht einen
Außenminister „erfolgreich findet"). Aber sagt man z.B. nicht
oft, man habe den verlorenen Schlüssel oder die Lösung eines
Problems sehr schnell gefunden? Gewiß; aber damit meint man
dann nur, man habe das Gesuchte bereits nach kurzem Suchen
gefunden, worauf auch der Umstand hinweist, daß man wohl
niemals sagen würde, man habe den Schlüssel nur langsam gefunden. Freilich kann man die Lösung eines Problems, im Gegensatz zu einem verlorenen Schlüssel, nicht nur langsam, sondern
sogar allmählich [46] finden. Aber mit dieser Ausdrucksweise bezieht man sich nicht auf die endgültige Gesamtlösung, sondern

---

[44] „A Plea for Excuses", S. 130.
[45] Ryle, *Der Begriff des Geistes*, S. 202 f.
[46] Vgl. von Savigny, *Die Philosophie der normalen Sprache*, S. 287.

auf das Wechselspiel von „Versuch und Irrtum", auf eine Folge
von nur scheinbaren oder partiellen Lösungen, usw.

Solche Einschränkungen sind tatsächlich immer zu machen,
wenn man mit Ryle behaupten will, daß „Aufmerksamkeits-
adverbien wie z.B. ‚sorgfältig', ‚aufmerksam', ‚eifrig', ‚wachsam',
‚gewissenhaft' und ‚hartnäckig' nicht dazu verwendet werden"
können, „Erkenntnisverben ((cognitive verbs)) wie ‚entdecken',
‚beweisen', ‚lösen', ‚ertappen' oder ‚sehen' zu bestimmen" [47].
Denn mit *lösen* oder *beweisen* bezeichnet man nicht nur das Finden, sondern oft auch das Suchen oder Versuchen der Lösung
bzw. des Beweises, und das wiederum in doppelter Gestalt, nämlich mit oder ohne Hinblick auf die Vollendung des Unterneh-
mens. Mit anderen Worten heißt das: *lösen* und *beweisen*, aber
auch viele nicht-kognitive Verben wie z.B. *reparieren*,[48] können
als reine Erfolgszeitwörter oder als reine Unternehmenszeitwörter oder als gemischte Unternehmens-Erfolgs-Zeitwörter verwendet werden.

Welche Verwendung im einzelnen Falle vorliegt, kann man
durch eine Untersuchung der wirklichen oder möglichen Kombi-
nationen sowie der Umschreibungsmöglichkeiten im allgemeinen
sehr schnell herausfinden. Wenn ich z.B. sage „Ich versuche meine
Schreibmaschine zu reparieren", dann ist es klar, daß ich *reparieren* als Erfolgsverb gebrauche, und genau so klar ist das Gegenteil, wenn ich z.B. sage „Ich fange jetzt an, meine Schreibmaschine zu reparieren" oder „Ich bin dabei, meine Schreibmaschine zu reparieren" oder „Ich repariere meine Schreibmaschine mit großer Sorgfalt." In den letzten Fällen muß man
freilich noch herausfinden, ob ich *reparieren* als reines Unternehmenswort oder als gemischtes Unternehmens-Erfolgs-Wort
verwende. Das ist im Deutschen nicht immer leicht, doch kann
man sich etwa fragen, ob man den Satz „Ich repariere meine
Schreibmaschine mit großer Sorgfalt" eher durch den Satz „Ich
bemühe mich mit großer Sorgfalt, meine Schreibmaschine zu
reparieren" oder eher durch den Satz „Ich werde meine Schreibmaschine aufgrund meiner gegenwärtig mit großer Sorgfalt
durchgeführten Bemühungen wieder in Ordnung bringen" para-
phrasieren würde. Im ersten Falle dürfte ein reiner Unterneh-

[47] *Der Begriff des Geistes*, S. 202 f.
[48] Vgl. *Der Begriff des Geistes*, S. 201 oben.

mensgebrauch, im zweiten ein gemischter Unternehmens-Erfolgs-Gebrauch vorliegen.

Im Englischen gibt es den bekannten und besonders von Vendler [49] philosophisch fruchtbar gemachten Unterschied zwischen Verben, die die Bildung von „Dauerformen" (continuous tenses) zulassen, und solchen, die das nicht tun. Zu jenen gehören Vendlers „activity terms" und „accomplishment terms" (woran sich übrigens zeigt, daß diese Unterscheidung nicht genau mit der Aristotelischen zwischen entelécheia und kínesis zusammenfällt [50]), zu diesen aber seine „achievement terms" and „state terms," die im wesentlichen den Erfolgs- bzw. Dispositionszeitwörtern bei Ryle entsprechen.[51] Während man jedoch im Englischen oft erst nachprüfen muß, ob ein gegebenes Verb eine „Dauerform" zulasse oder nicht, kann man in den slavischen Sprachen diese und ähnliche Unterschiede fast allen Verben in jeder ihrer Flexionsformen ansehen. Denn bei den von Ryle, Vendler und anderen Sprachanalytikern vorgenommenen Klassifizierungen handelt es sich um etwas sehr Ähnliches wie bei der grammatischen Unterscheidung von „Aktionsarten" („Anschauungsformen", „Aspekten", russisch „vídy") beim slavischen Verbum. Die meisten slavischen Verbalstämme haben mindestens zwei verschiedene Formen, nämlich eine für den „perfektiven" und eine für den „imperfektiven" (oder „durativen") Gebrauch. (Weitere Formen können hinzutreten, um vor allem den „iterativen" Gebrauch sowie den Unterschied zwischen „konkretem" Ereignis-Gebrauch und „abstraktem" Dispositions-Gebrauch anzuzeigen.) Die imperfektiven Verben entsprechen wohl ziemlich genau den reinen Unternehmenszeitwörtern, während zu den perfektiven Verben sowohl die reinen Erfolgszeitwörter wie die gemischten Unternehmens-Erfolgs-Zeitwörter gehören dürften.[52]

Der Zusammenhang zwischen perfektiven Verben und reinen oder vermischten Erfolgszeitwörtern wird besonders bei der Betrachtung der eigentümlichen Verwendung der präsentischen

---

[49] „Verbs and Times", bes. S. 144–148, 153. Vgl. Ryle, *Dilemmas*, S. 102–109, bes. S. 103.

[50] S.o. Anmerkung 31 dieses Aufsatzes.

[51] „Verbs and Times", bes. S. 146–148, 150.

[52] Vgl. A. Leskien, *Grammatik der altbulgarischen (altkirchenslavischen) Sprache*, Heidelberg 1909, §§ 178–181, und Berneker-Vasmer, *Russische Grammatik*, Berlin [5]1947 (Slg. Göschen), §§ 76, 80.

Verbformen deutlich. „Das Präsens des Perfektivverbums...
kann nicht eine in der Gegenwart andauernd verlaufende Handlung ausdrücken, da in der Vorstellung die Vollendung der Handlung im Blickpunkt des Bewußtseins steht, die Vollendung aber
ein Moment ist. Entweder ist die perfektive Handlung *momentan*,
dann will der Redende sie zwar als gegenwärtig aussprechen, aber
so wie er den Satz ausspricht, ist sie schon vorüber, es fehlt also
hier ein als gegenwärtig zu beobachtender Zeit*raum*. Oder aber,
und das ist in der zusammenhängenden Rede der bei weitem ge-
wöhnlichere Fall, es wird gesprochen von einer nicht momentanen Handlung; dann liegt notwendig der Moment der Vollendung der Handlung, von der in der Gegenwartsform (Präsens-
form) berichtet wird, in der Zukunft, und da die Vorstellung an
dem Moment der Vollendung, nicht an dem dazu führenden Verlauf haftet, wird die ausgesprochene Handlung als in der Zukunft
liegend empfunden. Gewöhnlich drückt man das so aus: das
Präsens des Perfektivverbums hat Futurbedeutung; es ersetzt
also, soweit es sich eben um perfektive Verba handelt, ein for-
males tempus futurum." [53]
Etwas ganz Entsprechendes gilt aber auch für reine und ver-
mischte Erfolgszeitwörter. Wenn wir z.B. sagen „Ich finde (gerade) den Schlüssel" oder „Ich finde (gerade) die Lösung", dann
sprechen wir nicht von einem gegenwärtigen, sondern entweder
von einem unmittelbar vergangenen (so vor allem im ersten
Beispiel) oder von einem unmittelbar bevorstehenden Ereignis
(so vor allem im zweiten Beispiel).[54] Dieses Ereignis ist allerdings
nach den Einsichten Ryles keine „momentane Handlung"
(Leskien), sondern das momentane Ende oder Resultat einer
Handlung. (In der litauischen Grammatik spricht man tatsächlich statt vom „perfektiven" vom „resultativen" Verbge-
brauch.[55]) Ähnlich sprechen wir in dem Satz „Ich repariere (gerade) meine Schreibmaschine mit großer Sorgfalt" – falls er wirklich als Beispiel eines vermischten Erfolgsgebrauchs dienen kann
und nicht bloß soviel besagen soll wie „Ich bemühe mich (gerade)
mit großer Sorgfalt, meine Schreibmaschine zu reparieren" –
nicht von einer gegenwärtigen Tätigkeit oder einem anderen

[53] Leskien, a.a.O., § 189.
[54] Vgl. Vendler, a.a.O., S. 147.
[55] Vgl. Leskien, a.a.O., § 186.

gegenwärtigen Ereignis, sondern von dem zukünftigen Erfolg meiner gegenwärtigen Bemühung: „Ich werde meine Schreibmaschine aufgrund meiner gegenwärtig mit großer Sorgfalt durchgeführten Bemühungen wieder in Ordnung bringen" [56].

IV. „Seeing" und „horân"

Nicht nur beim reinen Unternehmensgebrauch, sondern auch beim vermischten Unternehmens-Erfolgs-Gebrauch können also adverbiale Bestimmungen der Aufmerksamkeit (oder der Geschwindigkeit; Erfolgs- und Mißerfolgs-Adverbien sind jetzt natürlich auszunehmen) verwendet werden. Dagegen ist das beim reinen Erfolgsgebrauch niemals möglich, und darin kommt dieser Gebrauch tatsächlich (wie Ryle anzunehmen scheint) dem Gebrauch von Entelechie-Verben nahe. Wie wir auf sorgfältige oder unsorgfältige, schnelle oder langsame, erfolgreiche oder erfolglose Weise weder einen verlorenen Schlüssel zu finden, zu entdecken oder zu erblicken (wohl aber zu suchen) noch einen Patienten zu heilen (wohl aber zu behandeln) imstande sind, so können wir auf eine dieser Arten auch weder glücklich sein oder leben und lieben noch etwa sehen, verstehen und denken – jedenfalls dann, wenn das Denken (noeîn) aristotelisch als ein geistiges Schauen (*perceiving by the mind*: Liddell-Scott) verstanden wird. Hat es freilich das Ziel, eine Überzeugung hervor- und sich selber zur Ruhe zu bringen (Peirce), dann kann es sorgfältig oder unsorgfältig, schnell oder langsam, erfolgreich oder erfolglos sein, und dasselbe gilt für eine künstlerische prâxis wie das Musizieren. Es ist daher unumgänglich, das Verhältnis der kognitiven oder theoretischen Entelechie-Verben *sehen* (horân), *verstehen* (phroneîn) und *denken* (noeîn) zu den von Ryle so genannten Erkenntnisverben (cognitive verbs)[57] sehr viel genauer zu untersuchen. Es liegt im Interesse unserer leitenden Frage nach der „gegenwärtigen Handlung", dies vor allem anhand der Verben *sehen* oder *erblicken* (see), *hören* (hear) und *wahrnehmen* (perceive) zu tun.

Ryle spricht wiederholt von dem Gegensatz von *looking and seeing*, den sein Übersetzer einmal mit *sehen und erblicken*, im

[56] Vgl. weiter oben den viertletzten Absatz des vorliegenden Abschnittes III.
[57] *Der Begriff des Geistes*, S. 203, 205.

übrigen aber meist mit *schauen und sehen* wiedergibt,[58] was vielleicht den strengen Grundsätzen einer philosophischen Übersetzung nicht entsprechen mag, aber doch von der Sache her möglich ist und den Leser auf die verschiedenen Gebrauchsweisen des Verbums *sehen* aufmerksam macht. Die Behauptung, jemand „schaue und sehe", entspricht nach Ryle ihrer logischen Struktur nach nicht der Behauptung, er gehe spazieren und singe, sondern der, „er fische und fange oder suche und finde" [59]. *Schauen* (look) wird hier als Unternehmenswort, *sehen* oder *erblicken* (see) als Erfolgswort interpretiert. Zum Vergleich ein Beispiel aus der *Russischen Grammatik* von Berneker-Vasmer (§ 76): „ ,Er *blickte* lange zum Fenster hinaus, endlich *erblickte* er ihn.' ,Blicken' ist imperfektiv; die Handlung dauerte (lange) fort. Da trat endlich das Resultat der Handlung des Blickens ein, er ,erblickte' ihn, die Handlung ist vollendet: ,erblicken' ist perfektiv." Hier ist, anders als bei Leskien, nicht von einer „momentanen Handlung", sondern von dem „Resultat der Handlung" die Rede. Das ist sachlich besser und entspricht genau dem, worauf es Ryle in seiner Philosophie des Geistes ankommt: daß nämlich nicht nur Dispositionsverben, sondern auch Erfolgsverben keine Handlungen und damit erst recht keine seelischen oder geistigen Handlungen in dem Sinne bezeichnen, daß sie sich im Verborgenen, „hinter den Kulissen" oder „auf der inneren Bühne", abspielen. „Erkenntnistheoretiker haben manchmal eingestanden, daß sie die vorgeblichen Erkenntnistätigkeiten des Sehens, Hörens und Schließens merkwürdig unfaßbar finden. Wenn ich einen Habicht erspähe, dann finde ich den Habicht, aber ich finde nicht mein Sehen des Habichts. Mein Habichtsehen scheint eine sonderbar durchsichtige Art von Vorgang zu sein, durchsichtig insofern, als man beim Entdecken des Habichts nichts entdeckt, was dem Zeitwort in ,einen Habicht sehen' entsprechen könnte. Das Rätsel löst sich jedoch, wenn wir begreifen, daß ,sehen,' ,erspähen' und ,finden' nicht Vorgangswörter, Erlebniswörter oder Handlungswörter sind. Sie beziehen sich nicht auf verwirrend unentdeckbare Handlungen oder Reaktionen, genausowenig wie sich ,siegen' auf ein verwirrend unentdeckbares Stück Laufen be-

---

[58] A.a.O., S. 200, 203; vgl. S. 202, 204, 415–420. Von Savigny, *Die Philosophie der normalen Sprache*, S. 286, übersetzt noch treffender mit *hinschauen und sehen*.
[59] *Der Begriff des Geistes*, S. 203.

zieht, oder ‚aufschließen' auf ein Stück unberichtetes Schlüssel-
drehen. Der Grund, warum ich mich nicht beim Sehen oder Folgern ertappen kann, ist der, daß diese Zeitwörter nicht zu der Art
gehören, mit der man die Redensart ‚sich ertappen bei...' ver-
vollständigen kann. Die Frage: ‚Was machst du da?'...kann
nicht mit ‚sehen' oder ‚folgern' oder ‚schachmattsetzen' beantwortet werden." [60]

Erkenntnisverben wie *sehen* und *folgern* können nach Ryle also
nicht zur Bezeichnung meiner „gegenwärtigen Tätigkeit" verwendet werden, und zwar deswegen nicht, weil sie überhaupt
keine geistigen oder anderweitigen Tätigkeiten, sondern Resultate von Tätigkeiten bezeichnen. Ryle hat zwar keineswegs übersehen, daß sie oft genug auch in anderer Weise verwendet werden,
doch erklärt er ihren Erfolgsgebrauch als „primär" (primary),
womit er freilich, wie von Savigny wiederholt betont, einen in der
Philosophie der normalen Sprache weit verbreiteten Fehler be-
geht.[61] „Wenn jemand diese Zeitwörter in der zeitlosen Gegenwart verwendet, wie z.B. in ‚ich schließe', ‚er folgert', oder ‚wir
beweisen,' benützt er sie in einem vom primären Sinn hergeleite-
ten ((derivative)) Sinn. Sie berichten nicht unmittelbar ein Erlangen, sondern etwas dem Besitzen näher Verwandtes." [62]

Diese Stelle zeigt mit besonderer Deutlichkeit, daß Ryles
Unterscheidungen nur als Anfänge zu verstehen sind und von ihm
selber wohl auch nicht anders verstanden werden. Da *besitzen* für
ihn ein ausgeprägtes Dispositionswort ist [63], könnte man hier
daran denken, daß sich an die Erwerbshandlung und ihren Erfolg,
das Erlangen, nun die Disposition des Verfügenkönnens über das
Erworbene anschließt. Doch käme in diesem Falle wohl noch viel
eher das in Betracht, was F. N. Sibley in einer kritischen Weiter-
führung und Korrektur der von Ryle getroffenen Unterscheidungen als *retention* (Behalten oder Behaupten) bezeichnet, nämlich eine erfolgreich durchgehaltene Tätigkeit. Beispiele für
„retention verbs" (Verben des Behaltens oder Behauptens,
„Durchhalteverben"), die nach Sibley eine Untergruppe der

---

[60] *Der Begriff des Geistes*, S. 203 f.; vgl. *Dilemmas*, S. 102, 103, und Vendler, „Verbs
and Times", S. 155 versus S. 159.
[61] Ryle, *Der Begriff des Geistes*, S. 414; von Savigny, a.a.O., S. 432 u.ö.
[62] *Der Begriff des Geistes*, S. 414.
[63] A.a.O., S. 153.

Unternehmenszeitwörter ausmachen,[64] wären etwa *das Geheimnis wahren, den Feind hinhalten, die Führung behaupten* oder *den Habicht nicht aus den Augen lassen*, also genau die Beispiele, die Ryle [65] – nach der Meinung Sibleys zu Unrecht – für „hingezogene Erfolge" anführt. Wenn man einen einmal erspähten Habicht im Auge behält, liegt in der Tat kein bloßer (und sei es noch so hingezogener) Erfolg, sondern eine zwar ununterbrochen erfolgreiche, aber doch echte und oft sogar recht beschwerliche Tätigkeit vor, und wenn man wirklich nach Beispielen für hingezogene Erfolge (protracted achievements) suchen wollte, so hätte man mit Sibley viel eher an Sätze wie „After much effort he succeeded in reaching a place of eminence in his profession "zu denken.[66] Daß die Entscheidung, ob im gegebenen Fall eine Disposition oder ein (Sich-) Behaupten (retention) vorliegt, keineswegs immer einfach ist, zeigt sich übrigens nicht nur an den soeben betrachteten Verben *schließen* oder *beweisen*, sondern auch, ja vielleicht noch besser, an den Verben des „Wollens": Wenn ich nach langem Hin und Her (Unternehmen) einen Entschluß gefaßt habe (Erfolg), wird es nicht selten zweifelhaft sein, ob mein Den-Entschluß-gefaßt-haben-und-daran-festhalten eine bloße Disposition zu angemessenen Handlungen oder selber eine kompliziert gegliederte „Durchhaltetätigkeit" ist.

Was nun das Verbum *sehen* (see) anbelangt, so gesteht ihm Sibley den von Ryle für „primär" gehaltenen Erfolgsgebrauch zwar als eine Möglichkeit unter anderen zu (und auch das nicht ohne Bedenken)[67], doch diskutiert er vor allem die übrigen Verwendungsweisen dieses Wortes. Für den gegenwärtigen Zusammenhang scheint mir besonders seine Feststellung wichtig, daß sich das Sehen (seeing) von einer „Durchhaltetätigkeit" (retention) wie z.B. dem Im-Auge-behalten des glücklich erspähten Habichts im wesentlichen durch seine geringere „logische Komplexität" unterscheide: „Der Hauptunterschied zwischen *im Auge behalten* und *sehen* ist einer der Bemühung, der Schwierigkeit, der Zwecktätigkeit oder der Unternehmens-Aktivität: the main difference between ‚keeping in sight' and ‚seeing' is one of

[64] F. N. Sibley, „Seeking, Scrutinizing and Seeing," in: G. J. Warnock (ed.), *The Philosophy of Perception*, Oxford 1967, pp. 127–149; hier: S. 142.
[65] *Der Begriff des Geistes*, S. 200.
[66] Sibley, a.a.O., S. 139–142; vgl. von Savigny, a.a.O., S. 287 f.
[67] Sibley, a.a.O., S. 144.

effort, or difficulty, or purposefulness, or task-activity.'' [68] Nur um diesen Unterschied kenntlich zu machen, zählt Sibley das Verbum *sehen* nicht zu den ,,Durchhalte-'', sondern zu den ,,Habe- oder Besitzzeitwörtern'' (verbs of ,,having'' or ,,possession'') – die für ihn aber keineswegs eine Untergruppe der Dispositionsverben bilden –,[69] und zwar bemerkenswerterweise unter ausdrücklichem Bezug auf die Äußerung Ryles, die uns soeben Anlaß gegeben hat, das Verhältnis zwischen bloßer Disposition und Durchhaltetätigkeit zu erörtern, nämlich die Äußerung, ein in der zeitlosen Gegenwart verwendeter Ausdruck wie *ich schließe* oder *er folgert* bezeichne ,,nicht unmittelbar ein Erlangen, sondern etwas dem Besitzen näher Verwandtes''.

So gibt es nach Sibley mindestens drei verschiedene Möglichkeiten des mehr oder weniger tätigen Verhaltens, das sich an das ,,Unternehmen'' des Ausschauhaltens (,,seeking'') und den ,,Erfolg'' des Erblickens (,,descrying,'' ,,spotting,'' ,,espying'' [70]) anschließen kann: entweder das völlig mühelose ,,Sehen'' (,,seeing'') oder das vielleicht recht beschwerliche Im-Auge-behalten (als eine Art von ,,retention'') oder schließlich die mehr oder weniger sorgfältige und gründliche Tätigkeit des Beobachtens oder ,,Musterns'' (,,scrutinizing'').[71] Für unseren gegenwärtigen Zweck sind nicht die von Sibley minutiös herausgearbeiteten Unterschiede zwischen diesen drei Verhaltensweisen interessant, sondern die bloße Tatsache, daß es im Bereich der Sinneswahrnehmung zwei ganz verschiedene Arten von Tätigkeiten oder Handlungen gibt, wobei der Erfolg einer Tätigkeit der ersten Art die Voraussetzung für eine Tätigkeit der zweiten Art darstellt: Die ,,Unternehmung'' des Suchens, z.B. des Ausschauhaltens, kann zum ,,Erfolg'' des Erblickens führen, und nur wenn dieser Erfolg erzielt worden ist, kann das Erblickte ,,gesehen'', ,,im Auge behalten'' oder sogar ,,beobachtet und gemustert'' werden.

Diese durch ,,scrutiny verbs'' [72] bezeichneten Tätigkeiten der zweiten Art haben sehr häufig nichts, was man als den zu ihnen gehörigen ,,Erfolg'' ansehen könnte, und oft nicht einmal einen

[68] Sibley, a.a.O., S. 145.
[69] Sibley, a.a.O., S. 146 f.
[70] Vgl. Sibley, a.a.O., S. 144.
[71] Sibley, a.a.O., S. 127 ff.; vgl. von Savigny, a.a.O., S. 286 f.
[72] Sibley, a.a.O., S. 128.

anderweitigen „Standardabschluß." Beobachten (watching), Mustern (scrutinizing) und Untersuchen (examining) sind teilweise sehr verschiedene Tätigkeiten, von denen man zwar in einigen Fällen sagen kann, sie seien erfolgreich gewesen (etwa dann, wenn der Arzt den Patienten untersucht hat, um die Ursache seiner Schmerzen herauszufinden), und in anderen, sie seien wenigstens vollständig durchgeführt worden (etwa bei einer ärztlichen Routineuntersuchung „auf Herz und Nieren")[73], die jedoch in vielen anderen Fällen – man denke an die Beobachtung unseres Habichts oder an die bloße Betrachtung einer Landschaft, eines Gemäldes oder eines Werkes der Architektur – beliebig lange, ohne „Erfolg" (success) und „Vollendung" (completion),[74] fortgesetzt werden können.

Daraus ergibt sich nun zweierlei, was für den gegenwärtigen Zusammenhang von Belang ist. Die erste Folgerung hat Sibley selber gezogen: Die Auffassung Ryles, daß das Sehen keine Tätigkeit und daher erst recht keine geistige Tätigkeit sei, beruht auf der falschen Annahme, daß die Wahrnehmungsverben zu den Erfolgszeitwörtern gehören, und kann daher nicht aufrechterhalten werden.[75]

Zweitens dürfte jetzt klar sein, daß die Aristotelische Entelechie-Handlung des „horân", von der es heißt, daß derselbe Mensch zugleich gesehen hat und noch sieht[76], nicht mit dem zu vergleichen ist, was durch das Erfolgsverbum *sehen* (oder *erblicken*), sondern viel eher mit dem, was durch das Habe- oder Besitzverbum *sehen* (oder *sehen können* in dem nicht-dispositionalen Sinn, in dem wir z.B. sagen würden: „Ja, ich kann ihn gut sehen"[77]) oder durch das Untersucheverb (scrutiny verb) *sehen* im Sinne von *sich ansehen, beobachten, betrachten* oder *anschauen*[78] bezeichnet wird. Denn obwohl sich mit Mühe ein paar Gemeinsamkeiten zwischen den kognitiven Erfolgszeitwörtern und den

---

[73] Sibley, a.a.O., S. 133.
[74] Sibley, a.a.O., S. 136.
[75] Sibley, a.a.O., S. 149.
[76] *Met.* IX, 6, 1048ᵇ33–34: heórake dè kai horâ háma tò autó. Vgl. *Soph. El.* 178ᵃ9, *De sensu* 446ᵇ2.
[77] Vgl. Sibley, a.a.O., S. 146 f., und Vendler, a.a.O., S. 148 f., 156 f.
[78] Vgl. von Savigny, a.a.O., S. 288. – Der Gegensatz von „Sehen" und „Ansehen", „Hören" und „Zuhören" usw. bei Straus, *Vom Sinn der Sinne*, S. 249, 293, entstammt einem anderen Problemkreis, ist aber wohl nicht ganz ohne Beziehung zu dem gegenwärtigen Problem.

kognitiven Entelechie-Verben herausstellen lassen,[79] sind doch
die Gemeinsamkeiten zwischen diesen und den kognitiven ,,Nach-
Erfolgs-Wörtern" (wie ich Sibleys ,,possession verbs", ,,retention
verbs" und ,,scrutiny verbs" zusammenfassend nennen möchte)
erheblich größer.[80] Das zeigt sich unter anderem daran, daß es
nicht ausgeschlossen ist, von einem Menschen, von dem man
behaupten darf, daß er den Gegenstand G untersucht, beobachtet
oder betrachtet *habe*, gleichzeitig auch zu sagen, daß er den
Gegenstand G *weiterhin* untersuche, beobachte oder betrachte,
während das so uneingeschränkt weder für die ,,Vor-Erfolgs-
Wörter" vom Typ *nach G Ausschau halten* oder *G ausfindig zu
machen versuchen* noch für die Erfolgswörter *G erblicken* usw. in
Frage kommt. Nach meinem Verständnis will Aristoteles in *Met.*
IX, 6, also nicht sagen, daß man von dem, der sieht, notwendigerweise behaupten könne, er habe bereits gesehen, sondern umgekehrt, daß man von dem, der gesehen hat, nicht notwendigerweise nicht (also möglicherweise) behaupten könne, er sehe noch
immer. Ryle bekennt sich zu der anderen Deutung,[81] und allein
aus diesem Grund, glaube ich, kann er sich bei seiner Unterscheidung zwischen Unternehmens- und Erfolgszeitwörtern auf
Aristoteles berufen.

V. Wahrnehmen und Handeln. Noematische Phänomenologie

Nach diesen Vorbereitungen möchte ich versuchen, eine Antwort auf die Frage zu finden, warum Husserls Phänomenologie
des inneren Zeitbewußtseins – wenn wir von allen anderen Zügen,
durch die sie sich von den übrigen philosophischen und vor allem
von den naturwissenschaftlichen Zeitauffassungen unterscheidet,
einmal absehen und nur dieses eine Charakteristikum hervorheben – zu jenen Zeit-Philosophien zu rechnen ist, die ich anfangs als ,,Jetztpunkttheorien" gebrandmarkt habe. Warum ist
bei Husserl, und konsequenterweise in einem doppelten Sinne,[82]

[79] Vgl. weiter oben den ersten Absatz des vorliegenden Abschnittes IV.
[80] Vgl. Ackrill, a.a.O., S. 126.
[81] *Dilemmas*, S. 102: ,,Aristotle points out, quite correctly (*Met.* IX, VI, 7–10)
that I can say ‚I have seen it' as soon as I can say ‚I see it' ". – Eine sehr differenzierte
Diskussion dieser Frage findet sich bei Ackrill, a.a.O., S. 122–128.
[82] Vgl. etwa *Erfahrung und Urteil* S. 467 f., sowie K. Held, *Lebendige Gegenwart*,
Den Haag 1966, S. 29–31, und G. Eigler, *Metaphysische Voraussetzungen in Husserls
Zeitanalysen*, S. 91–101.

vom „Jetztpunkt," vom „Gegenwartspunkt", von der „punktuellen Gegenwart" immer wieder die Rede, und warum ist daher das jeweils Begegnende nicht „en bloc" oder „flächenhaft" gegeben, sondern „immer schon zu einer gegenwärtigen Einheit zusammengeschlossen, aktiv oder assoziativ geeint, das heißt aber: zusammengehörig durch *Synthesis*"[83]? Im Schlußsatz meiner Dissertation habe ich es als einen großen Vorzug der Husserlschen Synthesis gegenüber der Kantischen gepriesen, daß sie im eigenen Wesen des Bewußtseins – in Intentionalität und Horizontintentionalität – verwurzelt sei und daher einer äußerlich angewandten einheitbringenden Kategorie im Kantischen Sinn nicht bedürfe.[84] Ich möchte jetzt aber weitergehen und fragen: Warum hat Husserl bloß die von außen herangetragenen Einheitsprinzipien der Bewußtseinssynthesen und nicht zugleich auch die ursprüngliche passive Synthesis selbst über Bord geworfen?

Mindestens ein entscheidender Grund scheint mir der zu sein, daß Husserl seine phänomenologischen Analysen, auch wenn er programmatisch immer wieder auf die „Gemüts- und Willenssphäre" verweist, allzu einseitig an der Sphäre der „doxischen" (seinsglaubenden) Akte orientiert. Diese Sphäre ist der Bereich der „theoretischen" Verhaltensweisen in einem weiteren Sinne, nämlich der Bereich des „Sehens" und Erkennens, also der Bereich der „theoretischen Praxis" des horân, phroneîn, theoreîn und noeîn. So kann man geradezu sagen, daß Husserl, indem er – neben einem Teil der „praktischen" Handlungen im alten, Aristotelischen Sinne – den gesamten Bereich der „poietischen", technisch-hervorbringenden Unternehmungen, der Kinesis-Aktivitäten oder „Bewegungen", außer Acht läßt, nur das „Rollstuhlverhalten" des Menschen beschreibt: jene Aktivitäten nämlich, zu denen auch ein nahezu völlig gelähmter Mensch noch imstande wäre.

Von diesem „Rollstuhlverhalten" – diesem bloß theoretischen Entelechie-Handeln – haben wir aber gesehen, daß es durch „Erfolgs-" oder „Nach-Erfolgs-Verben" wie *sehen, hören, wahrnehmen, phantasieren, verstehen, urteilen, schließen* usw. beschrieben wird und daher im allgemeinen keine ihm eigentümlich zuge-

[83] Held, a.a.O., S. 27.
[84] *Nichtempirische Erkenntnis*, Meisenheim 1964, S. 143.

hörigen ,,Erfolge'' und oft sogar nicht einmal ihm eigentümlich zugehörige anderweitige ,,Standardabschlüsse'' hat. So kann die sinnliche Gegenstandswahrnehmung (oder eine ihrer Modifikationen wie Erinnerung oder Phantasie) beliebig lange fortgesetzt werden, und selbst wenn sie nicht ein bloßes Anstarren ihres Gegenstandes, sondern explizierende und Beziehungen suchende Wahrnehmung ist, kann man zu keinem Zeitpunkt behaupten, ,,jetzt'' sei endlich ihr Ziel erreicht. Wenn die explizierende und Beziehungen suchende Wahrnehmung jedoch auf prädikative ,,Feststellung'' [85] aus ist und in Urteilen übergeht – wenn sich also an die sinnliche Erfahrung eine ,,kategoriale'' oder ,,syntaktische'' anschließt –, dann liegt kein ,,Nach-Erfolgs-Handeln'' vor, sondern auf höherer Stufe ein neuer ,,Erfolg'', so daß auch hier wiederum von einer natürlichen ,,Verlaufsdauer'' nicht die Rede sein kann.[86]

Der Fall liegt aber ganz anders, wenn die sinnliche Wahrnehmung, z.B. die visuelle Beobachtung, keinem Gegenstand (,,Raumding'') wie z.B. dem Habicht, sondern einem Vorgang oder Ereignis wie z.B. dem Niederstoßen des Habichts auf seine Beute gilt: In dem Moment, in dem der Habicht die Beute packt, ist die Wahrnehmung seines Niederstoßens auf die Beute beendet. Solche Fälle hat Husserl jedoch, soweit ich sehe, nicht eigens diskutiert. Die akustische Wahrnehmung ist für ihn z.B. nicht das Hören der Symphonie, sondern de facto die Wahrnehmung von ,,Takten'', ,,Tönen'' und ,,Tonphasen'', selbst wenn er hin und wieder versucht, die ,,Wahrnehmung der Melodie'' als ganzer zu analysieren.[87] Daher fehlt den von ihm betrachteten doxischen Akten die natürliche Gliederung und Begrenzung, was die Frage nach der Identität und Identifizierung dieser Akte aufwerfen muß und schließlich in der schon beschriebenen Weise zu einer von unserem Genauigkeitsstreben diktierten ,,Intervallschachtelung'' führt, durch die man einem infinitesimalen ,,Jetztpunkt''

---

[85] Vgl. *Erfahrung und Urteil* § 13.

[86] Die Begründung für diese Behauptung muß ich hier leider schuldig bleiben. Bei der Diskussion des damit angeschnittenen Fragenkomplexes dürfte es sich als nützlich erweisen, u.a. auch die interessanten Beziehungen zwischen Ryles Theorie des ,,Verstandes'' (intellect) – vgl. bes. *Der Begriff des Geistes*, S. 390–420 – und der Aristotelischen Logik ins Auge zu fassen. Sehr instruktiv ist in dieser Hinsicht E. Kapp, ,,Syllogistik'', in: Pauly-Wissowa, *Realencyclopädie der classischen Altertumswissenschaft*, 2. Reihe, 7. Halbband, Stuttgart 1931, Spalten 1046–1067 (besonders 1053–55, 1063–64).

[87] Vgl. etwa *Zeitbewußtsein* S. 38–40.

beliebig nahekommt – es sei denn, man entscheidet sich ganz und gar für die Lösung von Hermann Schmitz, der aufgrund seiner äußerst fragwürdigen Entgegensetzung von Bewußtsein und Intentionalität die folgende Feststellung trifft: „Von vorn herein steht für keinen intentionalen Akt des Bewußtseins fest, mit welchen Akten er identisch und von welchen er verschieden ist; bestimmte Gliederung wächst dem Bewußtsein, diesem Gewoge, erst durch seine Intentionalität – sein Sichübersetzen in Gegenständliches – zu...Etwas muß ihm gegeben sein, weil Bewußtsein Einheit und Eindeutigkeit dessen, was es ist, nicht von sich aus hat; eindeutige Bestimmtheit wird ihm erst gegeben, indem es sich an einem Gegenstande individuiert...Die Rede von intentionalen Akten des Bewußtseins" sei also nicht so zu verstehen, „als wäre Bewußtsein von sich aus in verschiedene Akte gegliedert, sondern bloß so, daß diese Verschiedenheit dem Bewußtsein von außen, von den Gegenständen her, als eine auferlegte Bestimmung – determinatio mere extrinseca im Sinne der Scholastiker – zugeschrieben wird" [88].

Husserls Philosophie der Zeit scheint mir also vor allem deswegen die Gestalt einer „Jetztpunkttheorie" angenommen zu haben, weil er die beiden einzigen Bewußtseinsweisen, die für die Identifizierung des „gegenwärtigen Vorganges" ursprünglich in Betracht kommen – nämlich das zielgerichtete oder hervorbringende Handeln (Poiesis) und die doxische Anschauung eines solchen Handelns –, wenigstens in seinen grundlegenden phänomenologischen Analysen nahezu vollständig vernachlässigt hat.

Was ihn dazu bewogen hat, ist eine ganz andere Frage, die gewiß nicht leicht zu beantworten ist. Vermutlich spielen die traditionellen Interessenrichtungen der abendländischen Philosophie (die sich schon in dem Vorrang der theoría und práxis gegenüber der poíesis bei Aristoteles deutlich ausgeprägt haben) sowie das Bestreben, die Phänomenologie des Bewußtseins von den einfachsten „Elementen" her aufzubauen, eine nicht zu unterschätzende Rolle. Doch scheint mir auch noch ein ganz anderes Motiv beteiligt zu sein, auf das ich durch die böse Vokabel „Rollstuhlverhalten" schon hindeuten wollte: nämlich der für die Husserlsche Phänomenologie so charakteristische „horror corpo-

---

[88] H. Schmitz, *System der Philosophie I: Die Gegenwart*, Bonn 1964, S. 411 f.

ris," der im Gegenstoß vor allem bei Sartre und Merleau-Ponty zu einer starken Betonung der Leiblichkeit des Menschen geführt hat.[89]

Zwar hat auch Husserl selber keineswegs übersehen, daß schon das bloße Wahrnehmen eines ruhenden festen Körpers die Mitwirkung des „fungierenden Leibes" erfordert, daß also beispielsweise nicht nur der „aktiv" veranlagte Junge, der sich als Mittelstürmer auf dem Fußballplatz austobt, sondern auch sein „kontemplativer" Bruder, der statt dessen lieber die jungen Schwalben im Nest unter der Dachrinne beobachten will, körperliche Anstrengungen auf sich nehmen muß und dabei ziemlich viel Geschick und Ausdauer zu beweisen hat. Husserl hat aber versucht, dieses Problem durch die phänomenologische Analyse der Bewegungsempfindungen oder „Kinästhesen" zu lösen,[90] und es erscheint mir durchaus verständlich, daß er sich nie entschließen konnte, den II. Band der *Ideen*, in dem diese Untersuchungen eine entscheidende Rolle spielen, herauszugeben.[91]

Daß dem fungierenden Leib in der transzendentalen, d.h. transzendental reduzierenden, Phänomenologie nicht Rechnung zu tragen sei, wird zwar nur der behaupten können, der den von Husserl deutlich genug herausgearbeiteten Sinn der transzendentalen Reduktion nicht verstanden hat und in diesem Verfahren nicht (wie mit vollem Recht etwa Robberechts und Tugendhat hervorheben [92]) eine „Bereicherung," sondern, von dem Ausdruck verführt, im Gegenteil eine „Verarmung" und Isolierung sieht, die an die Stelle des konkreten menschlichen „In-der-Welt-Seins" eine bloß abstrakte und „weltlose" Subjektivität setzen möchte.[93] Aber ich glaube, daß sich für die noetisch verfahrende transzendentale Phänomenologie hier eine andere Schwierigkeit

---

[89] Vgl. hierzu besonders L. Landgrebe, „Merleau-Pontys Auseinandersetzung mit Husserls Phänomenologie", in: Landgrebe, *Phänomenologie und Geschichte*, S. 167–181.

[90] Vgl. dazu L. Landgrebe, „Seinsregionen und regionale Ontologien in Husserls Phänomenologie", in: Landgrebe, *Der Weg der Phänomenologie*, Gütersloh 1963, S. 143–162, und Landgrebe, „Die Phänomenologie der Leiblichkeit und das Problem der Materie", in: *Phänomenologie und Geschichte*, S. 135–147.

[91] Die Veröffentlichung erfolgte postum als Band IV der Reihe *Husserliana*, Den Haag 1952.

[92] L. Robberechts, *Edmund Husserl: Eine Einführung in seine Phänomenologie*, übers. v. K. u. M. Held, Hamburg 1967, S. 90; E. Tugendhat, *Der Wahrheitsbegriff bei Husserl und Heidegger*, Berlin ²1970, S. 200.

[93] Vgl. etwa Sartre, *L'être et le néant*, S. 38.

bietet. Bei den doxischen Handlungen der bloß ,,theoretischen Praxis" kommt das Fungieren des Leibes zwar auch, wie gesagt, ins Spiel, aber da diese Art von ,,Praxis" (um ein Wittgenstein-Wort [94] hier in einem etwas anderen Sinne zu verwenden) ,,alles läßt, wie es ist", braucht uns die Leibbeteiligung hier nicht eigens zu interessieren: sie kommt zwar ins Spiel, auf sie jedoch kommt nichts an. Das ist in den Fällen völlig anders, in denen wir auf Veränderung aus sind. Die hervorzubringende Veränderung, wenigstens in der materiellen Natur, scheint auf Leibbeteiligung in einem viel prägnanteren Sinne angewiesen zu sein als das bloße Schauen, das ,,alles läßt, wie es ist": Obwohl in beiden Fällen die körperlichen Strapazen und die Gefahren ,,für Leib und Leben" einander ungefähr gleichen, hat die Aktivität des militärischen ,,Stoßtrupps", der hinter den feindlichen Linien Unordnung stiften soll, eine ganz andere Relevanz als die eines ,,Spähtrupps", dem es um bloße Erkundung geht. In dem einen Falle, so scheint es, braucht das Fungieren des Leibes nicht unbedingt in die phänomenologische Beschreibung hineinzukommen (wir würden es auf den ersten Blick nicht vermissen), während es in dem anderen eigentlich um nichts anderes geht als gerade um dieses Fungieren. Wie aber soll dieses Fungieren als ein noetisches Bewußtseinsvorkommnis zu beschreiben sein, wenn es wirklich mehr sein soll als das bloße ,,Sich-entschließen" und ,,Wollen", das schon terminologisch nicht nur bei Husserl, sondern sogar bei Scheler in charakteristischer Weise gegenüber dem ,,Handeln" vorwiegt? Sprengt das weltverändernde Handeln nicht schon seinem Begriff nach den Rahmen des reinen Bewußtseins, den Bezirk des – wenn auch transzendental reduzierten – ,,Psychischen", das nur der Reflexion als einem – wenn auch variativ-eidetischen – Verfahren der ,,Introspektion" zugänglich sein soll? Oder ist für den Phänomenologen mein Handeln gar nichts anderes als mein noetisches Handlungsbewußtsein?

Solche Fragen bedrängen uns, solange wir keine Möglichkeit sehen, auf die – wie ich demnächst in einer etwas umfangreicheren Arbeit hoffe plausibel machen zu können [95] – sachlich unbe-

---

[94] *Philosophische Untersuchungen*, § 124.
[95] Diese Arbeit habe ich unter dem Titel *Handlung, Bewußtsein und Leib: Vorstudien zu einer rein noematischen Phänomenologie* im Sommersemester 1971 der Abteilung für Philosophie, Pädagogik, Psychologie der Ruhr-Universität Bochum als

gründete und von Husserl selber anscheinend zunehmend über-
wundene Unterscheidung zwischen noetischen und noematischen
Bewußtseinsstrukturen zugunsten der letzteren zu verzichten und
eine rein „noematische Phänomenologie" – mit der Polarität von
„noematischer Einheit" und „noematischen Mannigfaltigkeiten"
– in Angriff zu nehmen. Für eine so betriebene Phänomenologie
dürfte die Beschreibung von Handlungen in der Inneneinstellung
und unter Wahrung des Husserlschen Grundsatzes von der „Einheit möglicher Erfahrung" nichts anderes sein als die Beschreibung der ständig wechselnden handlungsbestimmenden noematischen Charaktere, d.h. der Handlungsanweisungen, die mir die
noematischen Gegenstände im Lichte meines jeweils vorherr-
schenden „Motivs" erteilen. Auch je mein eigener fungierender
Leib dürfte sich unter diesem Gesichtspunkt als ein Charakter
meiner noematischen Welt erweisen. Das aber würde heißen:
„Draußen" bei meinen Noemata ist der Ort, an dem nicht nur
Bewußtsein und Welt, sondern auch Bewußtsein und Leib in
verständlicher Weise zusammenkommen.

Habilitationsarschrift vorgelegt. Ihr Schlußkapitel deckt sich im wesentlichen mit
dem vorliegenden Aufsatz.

KLAUS DÜSING

DAS PROBLEM DER DENKÖKONOMIE
BEI HUSSERL UND MACH

Im Jahre 1903 bemerkte Richard Hönigswald, daß Ernst Mach „unzweifelhaft zu den meistgelesenen philosophischen Autoren unserer Zeit" gehöre.[1] Das wird man heute sicherlich nicht mehr sagen können. Seine Schriften zur Methodologie der Naturwissenschaften sind inzwischen fast in Vergessenheit geraten oder werden zumindest selten beachtet, obwohl sie mit ihrer Kritik an der objektivistischen Auffassung der Natur in der damaligen Physik die Anfänge für das Selbstverständnis der modernen Naturwissenschaft bilden. Die Methoden der Gewinnung, Erweiterung und Zuordnung von Erkenntnissen in den Naturwissenschaften sind nach Mach geleitet vom Prinzip der Denkökonomie. In diesem Prinzip ist der weiterführende Gedanke enthalten, daß die Naturerkenntnisse nicht notwendige und objektive Gesetze aufstellen, sondern nur mehr oder minder zweckmäßige begriffliche Einheiten bzw. Hypothesen für die Zusammenfassung des Mannigfaltigen der Empfindungen, Wahrnehmungen und Anschauungen. Mit dem Prinzip der Denkökonomie werden daher zugleich die Fragen nach dem Erkenntniswert der naturwissenschaftlichen Forschung und darüber hinaus nach der Möglichkeit von Erkenntnissen überhaupt sowie nach der konstitutiven Funktion des Denkens für alles Erkennen aufgeworfen. Mach hat es vielfach abgelehnt, auf diese von ihm selbst aufgewiesenen Probleme mit einer philosophischen Theorie zu antworten, und erklärt, er wolle kein Philosoph, sondern nur Naturwissenschaftler sein.[2] In der philosophisch wohl bedeutungsvollsten unter den

---

[1] R. Hönigswald, *Zur Kritik der Machschen Philosophie*. Eine erkenntnistheoretische Studie, Berlin 1903, S. 5.

[2] Vgl. z.B. *Erkenntnis und Irrtum*. Skizzen zur Psychologie der Forschung, (1. Aufl. 1905) 5. Aufl. Leipzig 1926 (Nachdruck Darmstadt 1968), S. V, VII und VII Anm. Mach wendet sich hier dagegen, daß seine methodologischen Überlegungen von

damaligen Stellungnahmen zu Machs Prinzip der Denkökonomie, in Husserls *Logischen Untersuchungen,* wird dagegen gezeigt, daß eine philosophische Erörterung und Klärung dieser mit der Denkökonomie verbundenen Probleme unumgänglich ist.

Mit der Auseinandersetzung zwischen Husserl und Mach stehen zugleich zwei verschiedene Positionen hinsichtlich der Erklärung des Denkens und Erkennens sowie ihrer Prinzipien zur Diskussion. Einerseits ist es möglich, Denken und Erkennen, die sowohl abstrahierend als auch symbolisierend sein können, in ihrer Bedeutung für das Weltverhalten entwicklungsgeschichtlich und in ihren höheren Leistungen und Gesetzen kulturgeschichtlich, d.h. prinzipiell empiristisch und realistisch zu erklären; andererseits kann man der Auffassung sein, daß sie nur durch eine immanente Betrachtung der ihnen wesentlichen idealen Prinzipien und Begriffe und der entsprechenden Vollzugsweisen, also nur in einer apriorischen Theorie verstanden werden können. Die beiden Erklärungsversuche betreffen also das Verhältnis der Erfahrung zur Logik und Erkenntnistheorie und enthalten unterschiedliche Konzeptionen zur systematischen Stellung der Logik und Erkenntnistheorie selbst. – Diese grundsätzlichen Fragen, die im Problem der Denkökonomie impliziert sind, sollen an Hand der Auseinandersetzung zwischen Husserl und Mach angeschnitten und miterörtert werden.

I

Das Prinzip der Denkökonomie gilt, wenn auch in jeweils verschiedener Weise, bei Husserl und bei Mach für das vorwissenschaftliche und für das wissenschaftliche Denken.[3] Hier soll nun

Hönigswald als Philosophie behandelt und kritisiert werden. Vgl. ferner *Die Analyse der Empfindungen und das Verhältnis des Physischen zum Psychischen,* (1. Aufl. 1886) 6. Aufl. Jena 1911, S. VI, 24 Anm., 39, 299 f.

[3] H. Lübbe macht m.E. als erster die Beziehungen zwischen Mach und Husserl ausdrücklich zum Problem in seinem Aufsatz: „Positivismus und Phänomenologie (Mach und Husserl)", in: *Beiträge zu Philosophie und Wissenschaft.* W. Szilasi zum 70. Geburtstag, München 1960, S. 161–184. Zu Beginn (S. 164–168) geht er auf das Problem der Denkökonomie ein und hebt die Analogie zur technischen Praxis hervor. – Das eigentliche Gewicht seiner Abhandlung liegt aber wohl auf dem Nachweis, daß Machs Analyse der Empfindungen, besonders der Raum- und Zeitempfindungen, und der natürliche Weltbegriff bei Avenarius und Mach mit Husserls Begriff der Kinästhesen, des Raum- und Zeitbewußtseins und seinen späteren Überlegungen zum Weltbegriff zusammenhängen. – Zu Machs Wirkungsgeschichte im weiteren Sinne vgl. J. Thiele, „Zur Wirkungsgeschichte Ernst Machs", in: *Zeitschrift für philosophi-*

zunächst auf Machs Ausführungen eingegangen und insbesondere deren philosophisch-systematische Bedeutung aufgezeigt werden. – Die Bildung von Gedanken beruht nach Mach auf dem Zusammenspiel von psychischen Funktionen, die selbst wieder in der Ökonomie eines hochentwickelten Organismus begründet sind. Daher gibt es für ihn keinen grundsätzlichen, sondern nur einen quantitativen Unterschied zwischen Tier und Mensch. Für das Zustandekommen von Gedanken ist die Vergleichung mehrerer Fälle notwendig. Diese steht aber unter dem Prinzip der Zweckmäßigkeit. Die Vergleichung des vorgefundenen Mannigfaltigen hebt etwas Einheitliches heraus; dadurch können zahlreiche Eindrücke und Empfindungen durch die beweglichere und eine weitere Übersicht gewährende Einheitsvorstellung, den Gedanken, ersetzt werden. Zur Entstehung von Gedanken sind nach Mach ferner Reproduktion und Assoziation, auch Instinkt als überindividuelles Gedächtnis und leibliche Bewegung erforderlich. Der Mensch hat im Unterschied zum Tier eine höhere Kombinations- und Variationsgabe im Zusammenwirken dieser verschiedenen psychischen und psychophysischen Funktionen und vermag zugleich im Wechsel der Empfindungen und Bilder etwas relativ Beständiges festzuhalten. Der Gedanke und die menschliche Erfahrung, die einen größeren und besseren Überblick über die Vorkommnisse der Umwelt gewähren, werden also biologisch und psychologisch erklärt.[4] Hierbei muß der Gedanke dem Prinzip der Anpassung an die Tatsachen gerecht werden, da er sonst nicht zur Lebenserhaltung dient.

Diese Anpassung an die Tatsachen durch den stellvertretenden und vereinfachenden Gedanken kann aber, wie Mach darlegt, wesentlich erleichtert und gefördert werden durch die Sprache. Die Sprache ist geknüpft an die Kommunikation, an die gemeinsamen Interessen und Tätigkeiten in einer gemeinsamen Welt. Die verlautbarende Mitteilung, deren Sinn und Bedeutung verstanden wird, vermag die Kenntnisse des Einzelnen erheblich zu

---

sche Forschung 20 (1966), S. 118–130. Ders., „Zur Wirkungsgeschichte der Methodenlehre Ernst Machs", in: Symposium aus Anlaß des 50. Todestages von Ernst Mach, Freiburg 1966, S. 85–95.
4 Vgl. dazu „Die ökonomische Natur der physikalischen Forschung", in: Populärwissenschaftliche Vorlesungen, Leipzig 1896, S. 206 f. „Über Umbildung und Anpassung im naturwissenschaftlichen Denken", a.a.O. S. 235 ff., 246 f. Erkenntnis und Irrtum, S. 31–49 und S. 50 f., 60 ff.

erweitern und erspart ihm selbst zugleich eine Fülle von Erfahrungen. Die Sprache hat also eine zentrale ökonomische Funktion für alles Erfahren. Zwar gibt es auch unsprachliches Denken nach Mach; aber da die Sprache einen eigenen Bereich der Beziehung von Zeichen und Bedeutungen schafft, vermag sich das Denken vor allem durch sie weiter zu entwickeln.[5]

Die Sprache ist als Überlieferung von Kenntnissen und Fertigkeiten zugleich eine Bedingung der Entwicklung und des Fortschritts der Kultur. Die primitiven Kulturen unterscheiden sich nun nach Mach von den höheren Kulturen und von den Wissenschaften durch eine geringere Anpassung der Gedanken an die Tatsachen. Insofern ist das primitive und auch das alltägliche Denken weniger wahr bzw. zutreffend als das wissenschaftliche Denken. Es untersteht jedoch denselben Grundsätzen der Ökonomie des Vorstellungslebens bei allem Reichtum der Vorstellungen und damit dem Prinzip der biologischen Zweckmäßigkeit. Mach wendet sich allerdings gegen den Vorwurf der Vermischung von vulgärem und wissenschaftlichem Denken.[6] Der entscheidende Unterschied besteht nach Mach darin, daß das vulgäre Denken unmittelbar der Befriedigung der Bedürfnisse dient, während das wissenschaftliche Denken sich aus der Verflechtung mit den praktischen Interessen, aus Handwerk, Gewerbe und dgl. herausgelöst hat, sich zu einer eigenen unabhängigen Theorie ausbildet und von seinen Resultaten her sogar das alltägliche Erfahrungsverständnis kritisiert.[7]

Die wissenschaftliche Forschung vermag also die Tatsachen genauer und verläßlicher zu erfassen als das alltägliche Denken. Sie wird damit der Aufgabe, ,,uns in der Natur zurecht zu finden'', damit wir ihren ,,Vorgängen nicht fremd und verwirrt gegenüber... stehen'' [8], besser gerecht als die vulgäre Erfahrung. Mach zeigt dies anhand der Ausbildung der selbständigen Naturwissenschaften und der allmählichen Verfeinerung und Verbesserung ihrer jeweiligen Methodik. Diese Untersuchungen Machs sind

---

[5] Vgl. z.B. *Die Prinzipien der Wärmelehre.* Historisch-kritisch entwickelt, (1.Aufl. 1896) 3.Aufl. Leipzig 1919, S. 406–414. *Die Mechanik in ihrer Entwicklung.* Historisch-kritisch dargestellt, 1. Aufl. Leipzig 1883, S. 453.

[6] Mach entnimmt diesen Vorwurf aus Husserls Kritik. Vgl. *Die Mechanik in ihrer Entwicklung.* Historisch-kritisch dargestellt, 4. Aufl. Leipzig 1901, S. 526 f.; auch *Erkenntnis und Irrtum*, S. 2.

[7] Vgl. z.B. *Erkenntnis und Irrtum*, S. 85.

[8] A.a.O. S. 453 f.

weitgehend wissenschaftsgeschichtlich. Das leitende Interesse bei seinen wissenschaftsgeschichtlichen Betrachtungen z.B. zur Mechanik oder zur Wärmelehre ist aber die Begründung der geschichtlichen Veränderung der Naturforschungen und ihrer Methoden in der Darwinschen Entwicklungslehre.

Mach stellt zwei allgemeine Prinzipien für das erfahrungswissenschaftliche Denken auf: die Anpassung der Gedanken an die Tatsachen und die Anpassung der Gedanken aneinander. Er sucht damit die von Whewell aufgestellten Anforderungen an das naturwissenschaftliche Erkennen, nämlich Ideen und Beobachtungen, zu präzisieren.[9] Das Prinzip der Anpassung der Gedanken an die Tatsachen ist eine besondere Form des biologisch-teleologischen Prinzips der Anpassung an die Umwelt. Diese Anpassung, der die Wissenschaft zu dienen hat, erfolgt methodisch durch Beobachtung und Experiment. Auch die Bildung von Gedanken und die alltägliche Erfahrung sucht diesem Prinzip bereits gerecht zu werden, wenn auch nur mit unvollkommenen Erfolg.

Das zweite Prinzip, die Anpassung der Gedanken aneinander, betrifft die ökonomische und letzten Endes organisch zweckmäßige Anordnung der Gedanken selbst; es setzt die Notwendigkeit der Anpassung der Gedanken an die Tatsachen voraus. Auch dieses Prinzip ist also empiristisch begründet. Die Ökonomie der Gedanken untereinander ist Prinzip für die Entwicklung wissenschaftlicher Theorien. Das entscheidende Problem wird bei dieser Auffassung die Gültigkeit von logischen und mathematischen Gesetzen bilden. – Jede Theorie muß, wie Mach erklärt, auf ursprünglichen Erfahrungen aufbauen, die in ihr zu evidenten Axiomen werden. Diese Evidenzen, die in den Axiomen formuliert werden, sind nach Mach instinktive, nicht individuell und willkürlich erworbene Erkenntnisse.[10] Bei zunehmendem Reichtum und fortschreitender Differenzierung der Erfahrungen müssen nun die Gedanken in ein Verhältnis des Ausgleichs zueinander gebracht werden; ihre Beziehungen müssen in einer Theorie vereinfacht werden. Eine wissenschaftliche Theorie muß also möglichst viele Erfahrungen mit möglichst geringem Gedanken-

---

[9] Vgl. „Über Umbildung und Anpassung", a.a.O. S. 247.
[10] Vgl. „Die ökonomische Natur der physikalischen Forschung", a.a.O. S. 207. *Die Mechanik*, 1. Aufl. S. 1.

aufwand zu erfassen suchen.[11] Mach zeigt dies anhand von Beispielen aus der Naturwissenschaft und ihrer Geschichte. – Ein
solches Prinzip der Ökonomie des Denkens hatte unabhängig von
Mach auch Avenarius entwickelt in seiner Schrift *Philosophie als
Denken der Welt gemäß dem Prinzip des kleinsten Kraftmaßes*
(1876).[12] Mach bezieht sich später mehrfach auf Avenarius und
stellt Übereinstimmung in den Grundfragen fest, betont jedoch,
daß er schon früher als Avenarius die Grundzüge der Denkökonomie konzipiert habe.[13] Seine Beschäftigung mit Avenarius
scheint aber nicht sehr gründlich gewesen zu sein. Die Bestimmung seines Verhältnisses zu ihm in der *Analyse der Empfindungen* fällt jedenfalls einigermaßen unbefriedigend aus.[14] Husserl
weist zur Klärung der Beziehungen und Unterschiede zwischen
Mach und Avenarius wohl mit Recht darauf hin, daß Avenarius
das Prinzip der Denkökonomie in einer zweifelhaften Theorie aus
dem empirischen Begriff der Seele zu rechtfertigen sucht, während es Mach gelingt, in seinen wissenschaftsgeschichtlichen Ausführungen die Denkökonomie mit einiger Evidenz aufzuweisen.[15]
Daß Mach dagegen in den Ansätzen zu einer systematischen
Theorie stecken bleibt, bedeutet noch keineswegs, daß eine solche
Theorie zur Rechtfertigung der Denkökonomie unmöglich wäre.

Die naturwissenschaftlichen Begriffe und ihre Verbindung in
naturwissenschaftlichen Theorien müssen also möglichst einfach
sein und eine möglichst große Zahl von Phänomenen erfassen.
Mach leugnet hierbei, daß Naturerkenntnisse apodiktische und
objektive Gültigkeit haben. Die einfachere Theorie, z.B. das
Weltsystem des Kopernikus, verdient gegenüber der komplizier-
teren etwa des Ptolemäus den Vorzug, nicht weil die Natur selbst
unabhängig von uns so eingerichtet wäre, sondern weil es die

---

[11] Vgl. z.B. „Die ökonomische Natur der physikalischen Forschung", a.a.O. S. 214.
Die Mechanik, 1. Aufl. S. 457. *Prinzipien der Wärmelehre*, S. 391 ff. Vgl. zum ganzen
Gedankengang *Erkenntnis und Irrtum*, S. 164–182. Mach betont dort, daß auch die
Beobachtungen von der Theorie beeinflußt werden.
[12] Auch für Avenarius ist in dieser Schrift das Prinzip des kleinsten Kraftauf-
wandes in der Verbindung unserer Vorstellungen ein Prinzip der Zweckmäßigkeit
der Seele.
[13] Vgl. z.B. *Die Mechanik*, 1. Aufl. S. VI f. Die früheren Aufsätze, in denen die
Denkökonomie schon angedeutet wird, sind: *Die Geschichte und die Wurzel des Satzes
von der Erhaltung der Arbeit*, Prag 1872, S. 26, 31 ff. *Die Gestalten der Flüssigkeit*,
Prag 1872, S. 18.
[14] Vgl. *Die Analyse der Empfindungen*, S. 38–46, auch 289, 295.
[15] Vgl. *Log. Untersuchungen I* S. 194.

Ökonomie des Denkens erfordert. Die naturwissenschaftlichen Begriffe sind ebenso durch neue Beobachtungen und Erfahrungen, also durch fortschreitende Anpassung der Gedanken an die Tatsachen revidierbar. Sie haben also nur den Erkenntniswert einer Hypothese von größerer oder geringerer Zweckmäßigkeit. – Bedeutsam zur Vergewisserung dieser Auffassung dürfte für Mach seine eigene Kritik an der Newtonschen Physik und ihren anscheinend allgemeinen und notwendigen Gesetzen gewesen sein. Er bestritt mit Erfahrungsargumenten den absoluten Raum und die absolute Zeit und stellte selbst eine neue Formulierung des Trägheitsgesetzes ohne die Vorstellung des absoluten Raumes auf. Deshalb sah Einstein in ihm einen Vorläufer der Relativitätstheorie. Die denkökonomische Konzeption Machs in der Wissenschaftstheorie wurde dann vom Wiener Kreis aufgenommen und umgewandelt, z.T. unter Einschränkung der darin enthaltenen skeptischen Argumente; insbesondere aber hat Popper sie kritisch rezipiert und ihren eigentlichen Gehalt wissenschaftstheoretisch präziser entwickelt.[16] – Mach selbst befolgt seine empirisch-kritischen Grundsätze allerdings nicht ausnahmslos, insofern er es für möglich hält, daß gewisse Begriffe den Forderungen der Denkbarkeit bestimmter Tatsachen überhaupt und unwiderleglich entsprechen und daher als gesichert angesehen werden können.[17] Nach seinen Prinzipien kann diese Annahme nicht gerechtfertigt werden.

Da Mach im Grundsatz bestreitet, daß Naturerkenntnisse die vorliegenden Objekte der Natur in apodiktischer Gültigkeit erfassen können, leugnet er auch die objektive Gültigkeit des Substanz- und des Kausalbegriffs. Er beruft sich dafür z.T. auf Hume; leider setzt er sich mit Kant nicht gründlich auseinander, der Humes Lehre gerade in dieser Frage entscheidend kritisiert hatte. Den Gedanken der objektiven Bedeutung dieser Kategorien, die nach Kant als Bestimmungen des Mannigfaltigen der Zeit und des Raumes apriorische Prinzipien der Erfahrung dar-

---

[16] Vgl. K. R. Popper, *Logik der Forschung*, 3. Aufl. Tübingen 1969, z.B. S. 47 ff., 97 ff., 106 ff., 198 ff. – Zu Mach und Einstein seien noch genannt F. Herneck, „Ernst Mach und Albert Einstein", in: *Symposium aus Anlaß des 50. Todestages von Ernst Mach*, Freiburg 1966, S. 45 ff.; H. Hönl, „Entwicklungsstufen des Mach'schen Prinzips", a.a.O. S. 62 ff. – Vgl. auch *Die Mechanik*, 1.Aufl. S. 207 ff.
[17] Vgl. *Erkenntnis und Irrtum*, S. 248; zum Begriff der Hypothese vgl. S. 232–250, ferner „Über Umbildung und Anpassung", a.a.O. S. 244 f. Zur Argumentation vgl. auch *Die Mechanik*, 1. Aufl. S. 454 ff.

stellen, sucht Mach in der Entwicklung der menschlichen Intelligenz sowie in bestimmten, aber auch begrenzten Stadien des Forschens zu begründen und damit zuletzt in der Darwinschen Entwicklungslehre aufzulösen.[18] Die Erörterung der Prinzipien der Erkenntnis wird also im Grunde durch eine Auskunft über Tatsachen umgangen.

Die einzelwissenschaftliche Forschung, die eine größtmögliche Ökonomie der Gedanken anstrebt, läßt sich nun, wie Mach zeigt, leiten von den Hinsichten der Stabilität, der größtmöglichen Vereinfachung bei größtmöglicher Differenzierung und vom Gedanken der Kontinuität. Bei Kopernikus und Galilei seien diese Hinsichten schon als „Leitmotive" der Simplizität und Schönheit aufgetreten.[19] Man muß nach Mach allerdings jede metaphysische Deutung dieser Leitmotive aufgeben und sie nur als ökonomische Forderungen betrachten. – Auch bei dieser Frage diskutiert Mach seine erkenntnistheoretischen Voraussetzungen nicht. Hier hätte eine Auseinandersetzung mit Kant nahegelegen, für den die Prinzipien der Homogenität, Spezifikation und Kontinuität als regulative Maximen der Naturforschung nicht bloß logische Gültigkeit, sondern transzendentale, d.h. zugleich inhaltliche, die Natur als Erscheinung selbst betreffende Bedeutung haben. Auch für Mach haben diese Hinsichten bloß regulativen Sinn. Aber sie dienen nur der ökonomischen Anordnung unserer eigenen Gedanken, die von Mach selbst zuletzt biologistisch begründet wird.[20]

Die Vereinfachung in einer naturwissenschaftlichen Theorie kann nun durch Abstraktion und durch Symbolisierung erreicht werden. Mach sieht zwischen beiden Verfahren des Denkens keinen wesentlichen Unterschied. Durch die Abstraktion wird

---

[18] Vgl. z.B. *Die Mechanik*, 1. Aufl. S. 455 ff. „Über Umbildung und Anpassung", a.a.O. S. 238 f. *Prinzipien der Wärmelehre*, S. 423 ff. u.a. Vgl. auch Avenarius, *Philosophie als Denken der Welt gemäß dem Prinzip des kleinsten Kraftmaßes*. Prolegomena zu einer Kritik der reinen Erfahrung, Leipzig 1876, S. 45 ff.

[19] Vgl. *Die Mechanik*, 4. Aufl. S. 525; *Die Analyse der Empfindungen*, S. 47, 260, 267 f. Zu diesen Grundsätzen im einzelnen vgl. die ausführliche Darstellung von F. Kallfelz, *Das Ökonomieprinzip bei Ernst Mach*. Darstellung und Kritik. Das Prinzip der Maximalleistung des Denkens, Diss. München 1929, S. 44–77. In seiner Kritik (S. 78–122) berücksichtigt er leider Husserl nicht.

[20] Nicht einmal Hönigswald, der Mach von Kant und Riehl her kritisiert, geht auf diese Prinzipien bei Kant ein. Er vertritt die Ansicht, daß Mach sein eigenes Ökonomieprinzip konsequenterweise als Kategorie, d.h. als konstitutives Prinzip der Erfahrung hätte verstehen müssen. Vgl. *Zur Kritik der Machschen Philosophie*, S. 32 ff., auch 39.

stellvertretend für viele Einzelvorstellungen eine allgemeine Vorstellung gebildet: der Begriff. Mach erklärt die Begriffsbildung
wieder physiologisch und psychologisch. Er übernimmt dabei die
Grundzüge der empiristischen Abstraktionstheorie z.B. Berkeleys, nach dessen Auffassung Abstraktion durch Aufmerksamkeit
auf bestimmte Teile einer reicheren Anschauung zustande kommt
und der abstrahierte Inhalt zur Repräsentation anderer ähnlicher Einzelvorstellungen dient. Mach sieht auch hier keine
prinzipielle, sondern nur eine graduelle Differenz zwischen der
menschlichen und der tierischen Intelligenz. Da die ökonomische Funktion des Begriffs die Stellvertretung ist, bezeichnet er
einen naturwissenschaftlichen Begriff auch einfach als Symbol.[21]
– Das Verfahren der Symbolisierung wird nach Mach aber am
vollständigsten in der Mathematik durchgeführt. Auch die Zahlvorstellungen und das Zählen sind für Mach empirischen Ursprungs. Die Ersetzung der Zahlvorstellungen und des Zählens
durch arithmetische und algebraische Zeichen und Operationen
erspart jedoch das anschauliche Vorstellen und den aktuellen
Vollzug der sukzessiven Synthesis; diese Ersetzung ermöglicht
sogar erst die Entwicklung und Ausbreitung der Mathematik, da
die vereinfachende Symbolisierung auch auf die Symbole selbst
wieder angewandt werden kann. Schließlich können sogar Operationen durch Rechenmaschinen übernommen werden. Die Mathematik ist damit für Mach die überzeugendste Bestätigung der
Ökonomie des Denkens.[22] H. Dingler teilt aus Machs Tagebuch-
notizen den prägnanten Satz mit: ,,Am ausgebildetsten ist die
Gedankenökonomie in...der Mathematik.'' [23] Die Mathematik
ist also für Mach nicht deshalb vorbildlich für alles wissenschaftliche Denken, weil sie etwa stringente und gesicherte Erkenntnis
lieferte, sondern weil in ihr die Ökonomie des Denkens am weitesten entwickelt ist.

Die erkenntnistheoretischen Implikationen von Machs Begriff
der Denkökonomie, die er selbst nicht näher erörtert, lassen sich

[21] Vgl. ,,Die ökonomische Natur der physikalischen Forschung'', a.a.O. S. 219.
Vgl. zu Abstraktion und Begriff *Die Analyse der Empfindungen*, S. 262 ff. *Prinzipien
der Wärmelehre*, S. 403 f., 415 ff. ,,Über das Prinzip der Vergleichung in der Physik'',
in: *Populärwissenschaftliche Vorlesungen*, Leipzig 1896, S. 267 f. *Erkenntnis und Irrtum*, S. 126 ff. – Berkeleys Theorie entspringt aus der Kritik an Locke.
[22] Vgl. *Die Mechanik*, 1. Aufl. S. 457 ff. *Prinzipien der Wärmelehre*, S. 65 ff.
Erkenntnis und Irrtum, S. 323 ff. u.ö.
[23] H. Dingler, *Die Grundgedanken der Machschen Philosophie*, Leipzig 1924, S. 102.

nun wohl anhand der Machschen Bestimmung des Verhältnisses des Subjekts der Empfindungen zur Welt der Dinge noch genauer darstellen. Ein Ding ist nach Mach nichts anderes als ein gedankliches Symbol für einen relativ beständigen Komplex von Empfindungen. Auch alle physikalischen Erfahrungen gehen zuletzt auf Empfindungen zurück. Die Elemente der Empfindungen sind für Mach die eigentlichen Tatsachen, die durch die naturwissenschaftlichen Theorien nur in möglichst einfach und ökonomisch vorzustellende Verhältnisse gebracht werden. Da die Dinge also Vorstellungen von Empfindungskomplexen sind, kann man von keiner selbständigen, von uns unabhängigen Welt der Objekte reden. Der Gegensatz von Ich und Welt entfällt. ,,Es ist dann richtig, daß die Welt nur aus unsern Empfindungen besteht.'' [24] Mach gelangte zu dieser Auffassung durch physiologische und psychologische Betrachtungen und zeigte vor allem die Abhängigkeit der physikalischen und chemischen Forschung von den Elementen der Empfindung auf.[25] Diese Überlegungen erwiesen sich als zukunftsträchtig; Husserl z.B. nahm sie auf und entwickelte sie in vielfacher Weise weiter.[26] Mach selbst wandte sich damit gegen den damaligen Objektivismus der Naturwissenschaften und gegen den dogmatischen Materialismus, indem er unter anderem zeigte, daß die Vorstellung der Materie nur ein gedankliches Abstraktionsprodukt ist, das schließlich auf Empfindungen beruht. – Mach bestreitet, im ganzen gesehen zu Recht, ein Anhänger Berkeleys zu sein, obwohl er die Nähe zu dessen

[24] *Die Analyse der Empfindungen,* S. 10. Vgl. zur Argumentation bes. S. 1–30. Vgl. ferner ,,Die ökonomische Natur der physikalischen Forschung'', a.a.O. S. 225–230. *Die Mechanik,* 1. Aufl. S. 454.
[25] Gegen diese Lehre von den Empfindungselementen wandte z.B. Carnap später ein, daß solche reinen Elemente selbst schon Abstraktionen und nicht letzte Tatsachen seien; er gibt als Grundlage für alles Erkennen den Erlebnisstrom an. Diese Verbesserung Machs wird von ihm nur wissenschaftstheoretisch verwendet; sie wird nicht fruchtbar gemacht für die Prinzipien der Erkenntnistheorie und die prinzipiellen Probleme der Subjektivität. – Zum Begriff des Elements als Tatsache bei Mach vgl. Habermas, *Erkenntnis und Interesse,* Frankfurt a.M. 1968, S. 104–115. Habermas erklärt Machs Wissenschaftstheorie jedoch für objektivistisch, da sie von der Selbstreflexion abgesehen habe.
[26] Vgl. H. Lübbe, ,,Positivismus und Phänomenologie'', S. 169 ff. – Vgl. zur späteren Entwicklung dieser Problematik die längst von der empiristisch-kritischen Lehre Machs losgelösten Untersuchungen von L. Landgrebe, die von der Gestaltpsychologie seit Ehrenfels und von Husserls phänomenologischer Reduktion ausgehen und dann das Empfinden als Modus des In-der-Welt-seins bestimmen: ,,Prinzipien der Lehre vom Empfinden'', in: *Der Weg der Phänomenologie,* Gütersloh 1963, S. 111–123.

Erkenntnistheorie nicht leugnet.[27] Machs Gedanke, daß die Elemente der Welt nichts als unsere Empfindungen sind, ist zwar eine psychologisch präzisere Fassung des Berkeleyschen Satzes, daß das Sein der Dinge ihr Perzipiertsein bedeutet. Aber Berkeley begründet das Gegebensein und die zweckmäßige und harmonische Anordnung unserer sinnlichen Vorstellungen in Gott, während Mach – in Ablehnung jeder Transzendenz – als Grund dafür einerseits die Rezeptivität der Empfindung selbst und andererseits die Denkökonomie angibt. So läßt sich, da metaphysische Gegenstände für Mach unerkennbar sind, die Behauptung, die Welt bestehe nur aus unseren Empfindungen, auch umkehren zu dem Satz, daß unsere Empfindungen und das jeweilige Ich der Empfindungen die Welt sind und nichts darüber hinaus. Wir selbst sind dabei als individuelle leibliche Subjekte nur ein Teil der Welt und unterscheiden von uns selbst die äußere Welt.[28] Aber in beiden Fällen ist die Welt lediglich Korrelat des Empfindens; eine Position außerhalb dieser Relation von Empfindung und Empfundenem läßt sich nicht einnehmen.

Hierbei ist nun aber immer vom empirischen Subjekt und seiner Beziehung zur Welt die Rede. Mach weist Berkeleys metaphysische und Kants transzendentalphilosophische Begründung ab. Das Prinzip, das er für das Empfinden und ökonomische Denken angibt, ist das der biologischen Zweckmäßigkeit. Auch die Psychologie, von der Chemie und Physik abhängig sind, muß in der Darwinschen Entwicklungslehre begründet werden.[29] Denn das Vorstellungsleben bleibt in seinen Leistungen nicht konstant, sondern entwickelt sich. Ein Teil dieser Entwicklung ist aber die Wissenschaft mit ihrer fortschreitenden Ökonomisierung der Gedanken. Aus diesem Grunde bestreitet Mach nicht

[27] Vgl. *Die Analyse der Empfindungen*, S. 295, 299. Lenin beschuldigt Mach und die Machisten in Rußland des subjektiven Idealismus. Dieser wird von Lenin abgewiesen, weil er mit dem Marx-Engelsschen Materialismus unverträglich ist. Die fortschrittlichen erkenntnistheoretischen und psychologischen Motive bei Mach erkannte Lenin nicht. Vgl. *Materialismus und Empiriokritizismus*. Kritische Bemerkungen über eine reaktionäre Philosophie, *Werke* (deutsch nach der 4. russischen Ausg.), Bd. 14, Berlin 1962, S. 165–171, 86 u.ö. Zu Berkeley und Mach vgl. auch Popper, „A Note on Berkeley as Precursor of Mach", in: *British Journal for the Philosophy of Science* 4 (1953), S. 26 ff.
[28] Vgl. *Erkenntnis und Irrtum*, S. 137, 459, 462. Zum Verhältnis von Leib und empfundener äußerer Welt vgl. z.B. *Die Analyse der Empfindungen*, S. 6 ff.
[29] Vgl. *Die Analyse der Empfindungen*, S. 64. *Erkenntnis und Irrtum*, S. 451, 115; ferner auch S. 2, 14 Anm., 164, 176, 453 f. „Über Umbildung und Anpassung", a.a.O. S. 235. *Prinzipien der Wärmelehre*, S. 390. *Die Mechanik*, 4. Aufl. S. 526.

nur, daß sich Erkenntnisse auf Objekte in der Natur außerhalb unserer Empfindungssphäre beziehen können, sondern auch, daß es apodiktische und unveränderliche Naturerkenntnisse gibt. Denn bei wissenschaftlichen „Erkenntnissen" handelt es sich immer nur um eine möglichst ökonomische Anordnung unserer Gedanken auf der Grundlage unserer Empfindungen.[30] Da Mach hierbei vom empirischen realen Subjekt ausgeht, das er nach dem Prinzip der biologischen Zweckmäßigkeit betrachtet, könnte man die von ihm vorausgesetzte erkenntnistheoretische Position als empiristischen Realismus, und zwar in biologistischer Spielart, bezeichnen.[31] – Über die Gültigkeit des teleologischen Prinzips in der Entwicklungslehre selbst hat Mach sich nicht näher geäußert. Innerhalb der Wissenschaften gestand er die Verwendung teleologischer Prinzipien in regulativem Sinne zu. Man kann wohl annehmen, daß er das biologistisch verstandene Prinzip der Zweckmäßigkeit ebenfalls nicht in ontologischer oder in konstitutiver, sondern nur in regulativer Bedeutung zur Bestimmung der Entwicklung des empirischen Subjekts voraussetzte.

II

Husserl geht auf Machs Konzeption der Denkökonomie vor allem im neunten Kapitel der *Prolegomena zur reinen Logik* ein, das „das Prinzip der Denkökonomie und die Logik" [32] behandelt. Husserl konnte sich dabei zwar nur auf die Schriften Machs vor 1900 beziehen, aber Machs Auffassungen zu diesem Thema haben sich später nicht mehr wesentlich gewandelt.[33]

[30] Mach selbst hat seinen erkenntnistheoretischen Standpunkt nicht speziell als „Positivismus" bezeichnet. Dennoch wurde er bedeutsam für den „Positivismus" des Wiener Kreises, in dem Machs Ansatz allerdings, wie schon erwähnt, nicht unerheblich verändert wurde. Vgl. z.B. V. Kraft, *Der Wiener Kreis*. Der Ursprung des Neopositivismus, Wien 1950, S. 1 ff., 21, 80 ff., 130 u.a. – Der Terminus „Empiriokritizismus" wurde von Avenarius zur Kennzeichnung seiner eigenen Theorie verwandt.
[31] H. Dingler versucht, nicht-empiristische Tendenzen bei Mach in den Begriffen des Konstanten und der Regel im Denken aufzuzeigen; vgl. bes. *Die Grundgedanken der Machschen Philosophie*, S. 60 f. Dies ist aber kein zureichendes Argument gegen Machs Empirismus, da die Konstanz un ddie Regel nicht als Gesetze von strenger Allgemeinheit verstanden werden, sondern bei Mach der biologistisch begründeten Ökonomie der Gedanken unterliegen, die selbst nur Abstraktionen von Empfindungen sind.
[32] *Log. Untersuchungen II/1* S. 192. Bei diesem Kapitel hat Husserl in der zweiten Auflage nur einige wenige Wörter aus rein stilistischen Gründen geändert.
[33] In der oben ausgeführten Interpretation wurden spätere Schriften Machs bzw. spätere Auflagen einzelner Werke lediglich mitberücksichtigt, um ein zuverlässigeres und besser nuanciertes Verständnis der Machschen Lehre zu gewinnen.

Hinsichtlich der grundsätzlichen Fragen stellt Husserl zunächst fest, daß das Prinzip der Denkökonomie bei Mach bzw. das Prinzip des kleinsten Kraftmaßes bei Avenarius in der Darwinschen Entwicklungslehre begründet ist. Diese hat, wie Husserl wohl im ganzen deutlicher als Mach hervorhebt, teleologischen Charakter. – Eine solche Verbindung von Zweckmäßigkeit in biologischem Sinne und Denkökonomie läßt sich nun, wie Husserl zeigt, beim vorwissenschaftlichen Erfahren und Denken unmittelbar evident machen. Durch Empfindungen, Assoziation der Empfindungen und Eingewöhnung dieser Assoziationen sowie durch Gedanken, die andere Vorstellungen stellvertretend ersetzen, werden Erfahrungen, Zusammenhänge von Erfahrungen und schließlich die Überzeugung vom Dasein einer gemeinsamen Welt zustande gebracht. Husserl interpretiert hierbei die von Mach aufgezeigten Akte des vorwissenschaftlichen Denkens mit Humes Begriffen der Assoziation und des ,,belief''. Insbesondere der Gedanke, daß sich im alltäglichen Erfahren der Glaube an eine solche natürliche Welt ausbildet, in der wir uns orientieren, geht auf Hume zurück; er ist implizit auch in Machs Überlegungen enthalten. Die einzelnen psychischen Handlungen, die zu einem solchen ,,Weltglauben'' hinführen, werden von Mach jedoch organologisch und psychologisch differenzierter untersucht. Er wendet sich damit zugleich radikaler als Hume gegen die vermeintliche Objektivität der wissenschaftlichen Erkenntnis. – Bereits das vorwissenschaftliche Denken ist aber nach Husserl wie auch nach Mach in der Lage, durch Symbolisierungen leistungsfähige Verfahren zur Förderung und Erweiterung der Kenntnisse und Erfahrungen zu entwickeln. Alle diese vorwissenschaftlichen Erfahrungen dienen schließlich der Orientierung in der Umwelt und sind damit unmittelbar zweckmäßig für die Erhaltung des Lebens.[34]

Auch die Begründung der alltäglichen Erfahrung und ihrer Ökonomie in der Zweckmäßigkeit findet Husserl aber bereits bei Hume vorgezeichnet. Schon in der Abhandlung *Zur Logik der Zeichen (Semiotik)*, in der Husserl zehn Jahre vor Erscheinen der *Logischen Untersuchungen* eine Reihe von Überlegungen zum berechtigten Sinn der Denkökonomie vorwegnimmt, und dann in

---

[34] Vgl. hierzu *Log. Untersuchungen* I S. 194 f., 201, 205.

den *Logischen Untersuchungen* selbst erwähnt Husserl die These Humes, daß die Gewohnheit für eine Übereinstimmung unserer Gedanken mit dem Naturlauf sorge, daß sie unser Verhalten in den verschiedenen Situationen regele und daher lebens- und arterhaltende Funktion habe.[35] Diese Gewohnheit gründet nach Hume nicht in der Vernunft, sondern in einem Instinkt der Seele. Eine solche Übereinstimmung und Anpassung, die Hume an die Stelle der prästabilierten Harmonie setzt, kann man nach Husserl auch darwinistisch als biologische Zweckmäßigkeit verstehen. So verdeutlicht Husserl auch hier die von Mach angenommenen Prinzipien mit Hilfe der Theorie Humes. – Die teleologischen Betrachtungen der Ökonomie des Erfahrens und Denkens geben nach Husserl freilich keine Einsicht in gesetzliche Notwendigkeiten, er selbst akzeptiert sie zwar als nützlich und lehrreich;[36] aber die Teleologie hat hier für ihn ebenso wie für Mach nur Berechtigung als regulative Maxime.

Unter die berechtigte Bedeutung der Zweckmäßigkeit kann nun nach Husserl auch das Verhältnis des vorwissenschaftlichen zum wissenschaftlichen Denken subsumiert werden. Das vorwissenschaftliche Denken gelangt – im allgemeinen, für die Lebenserhaltung notwendigen Durchschnitt – ebenso zu richtigen Resultaten wie die wissenschaftliche Erkenntnis. Darin sieht Husserl eine ,,Teleologie der vor- und außerwissenschaftlichen Verfahrungsweisen" bzw. eine ,,natürliche Teleologie unserer geistigen Organisation" [37]. Das bedeutendste, natürlich sich entwickelnde ökonomische System von Zeichen, das also nicht durch wissenschaftliche Einsicht und Planung künstlich geschaffen wurde, ist nun die Sprache. Das alltägliche Denken bedient sich ihrer und verwendet in Wörtern, Sätzen und Satzkompositionen Surrogatvorstellungen und Regeln, ohne sich Aufklärung über die rechtfertigenden Gründe zu verschaffen. Dieses Verfahren reicht zur Verständigung und Orientierung hin; es scheint logisch geregelt zu sein. Es gelangt jedoch nur zu sicheren Ergebnissen,

---

[35] Vgl. Husserl, ,,Zur Logik der Zeichen (Semiotik)", in: *Arithmetik* S. 358 f., *Log. Untersuchungen I* S. 195. Husserl bezieht sich auf Hume, *Enquiry concerning Human Understanding*, Sect. V. Part II. Vgl. Hume, *The Philosophical Works*, ed. by Th. H. Green and Th. H. Grose, Vol. 4, London 1882 (Reprint Aalen 1964), S. 46 f.
[36] Vgl. *Log. Untersuchungen I* S. 194, 196. Auf diesen Gedanken Husserls weist auch Hönigswald hin (*Zur Kritik der Machschen Philosophie*, S. 14).
[37] A.a.O. S. 201, 208.

wenn es mit wissenschaftlichen und logischen Gesetzen überein-
stimmt. Das Ziel aber, die wahre Erkenntnis, wird in das natürliche Denken erst hineingetragen, es ist ihm selbst nicht immanent.[38] Daher darf man den Unterschied von natürlichem und
logischem Denken nicht nivellieren. Diese Argumentation setzt
die Idee einer reinen Logik voraus, von der aus der Erkenntniswert des natürlichen Denkens erst bestimmt werden kann. Eine
solche Teleologie des vorwissenschaftlichen Denkens entwirft
Husserl hier unabhängig von Mach; sie ist mit Machs Position
nicht vereinbar, da sie auf einem bestimmten normativen Verhältnis von psychischen Akten zur reinen Logik beruht. Dieses
systematische Verhältnis empfand Husserl aber wohl selbst bald
als unzureichende Grundlage zur Lösung des Problems, wie das
vorwissenschaftliche sprachliche Denken, das eine im allgemeinen
zutreffende Weltvorstellung hervorbringt, zum wissenschaftlichen
Erkennen steht. Sowohl in der Analyse von logischen Strukturen
der Sprache in den *Logischen Untersuchungen* als auch in den
späteren phänomenologischen Ausführungen, in denen Husserl
die vorwissenschaftliche Welt mit Recht zu einem eigenen Problem machte, blieben jedoch die Sprache und das natürliche intersubjektive Bewußtsein in ihren weltkonstituierenden Leistungen
unterbestimmt. Hier wurde ein bedeutendes Gebiet phänomenologischer Untersuchungen offen gelassen.

Nicht nur für den Bereich des vorwissenschaftlichen Denkens,
auch für den der wissenschaftlichen Erkenntnis gesteht Husserl
dem Machschen Prinzip der Denkökonomie eine berechtigte Bedeutung zu. Husserl sieht in Machs wissenschaftshistorischen Darstellungen sogar dessen eigentliches Verdienst.[39] Das naturwissenschaftliche Denken verfährt nun abstrahierend und symbolisierend, worauf später noch genauer einzugehen ist. Die bedeuten-
den wissenschaftlichen Fortschritte kommen dabei in der Regel
durch Vereinheitlichung und Vereinfachung der Begriffe und
Gesetze bzw. durch die Auffindung neuer leistungsfähigerer Methoden zustande. Zu beiden Ökonomisierungstendenzen gehört
aber wissenschaftlicher ,,Instinkt'' und wissenschaftliches ,,In-
genium''. Dadurch müßte schließlich, wie Husserl mit einem

[38] Vgl. ,,Zur Logik der Zeichen (Semiotik)'', in: *Arithmetik*, S. 358–365, 368. *Log. Untersuchungen I* 208 f.
[39] Vgl. *Log. Untersuchungen I* S. 202.

Rückbezug auf Leibniz sagt, eine spezialwissenschaftliche „ars inventiva" entwickelt werden können.[40] Husserl deutet damit wohl gewichtige historische Hintergründe für das Problem der naturwissenschaftlichen „Denkökonomie" in der Philosophie der Neuzeit an. Leibniz entwarf mit seiner „ars inveniendi" eine Logik des Besonderen, d.h. eine der algebraischen parallele Methode der deduktiven Gewinnung besonderer Naturgesetze aus allgemeineren Gesetzen, die auch dem Kriterium der Einfachheit gerecht werden sollte. Kant nahm dann, was hier noch hinzuzufügen wäre, diese Problematik in kritischer Veränderung auf und bestimmte den wissenschaftlichen „Instinkt" und das „Ingenium" als reflektierende Urteilskraft, die nach dem Prinzip der Zweckmäßigkeit und im besonderen der Spezifikation vorgeht.

Am überzeugendsten ist die Denkökonomie nun aber an der Mathematik aufzuweisen. Husserl erkennt diesen Gedanken Machs zwar an, wirft ihm jedoch vor, daß seine Bemühungen in dieser Frage über Anfänge nicht hinausgekommen seien. Dieser Mangel in der Darstellung ist nach Husserl nicht zufällig, sondern beruht auf „erkenntnistheoretischen Mißdeutungen"[41]. Mach konnte von seiner biologistischen Auffassung her die Stringenz und Notwendigkeit der mathematischen Erkenntnisse nicht begreiflich machen. Husserl dagegen entwirft Grundzüge der Denkökonomie gerade auf dem Felde der rein deduktiven Methodik. Das signitiv-symbolische Denken vermag mit fortschreitender Entfernung von dem ursprünglich evident Gegebenen durch wiederholte Symbolisierungen die Sphäre seiner Denkobjekte ganz erheblich zu erweitern. Diese Inhalte sind a priori, aber nur symbolisch vorzustellen; aus ihnen lassen sich deduktiv gemäß vorausgesetzten Operationsregeln weitere Ergebnisse gewinnen. Die ökonomische Entlastung des Denkvollzuges durch mathematisch-technische Mechanismen, etwa durch Benutzung von Logarithmentafeln oder Rechenmaschinen, ist allererst eine Folge davon.[42] – Die arithmetischen Zeichen stehen aber nicht für

---

[40] Vgl. a.a.O. S. 253 f.; auch S. 219 ff., 31.
[41] A.a.O. I, S. 203.
[42] Vgl. etwa *Log. Untersuchungen I* S. 198 f., 23 f. Nach Adorno verfällt Husserl, indem er diese „Denkmaschinerien" hinnimmt, dem „Fetischismus" und der „Verdinglichung" der Logik, da er die gesellschaftlichen Bedingungen nicht reflektiert. Adorno vermeidet es dabei, auf das erkenntnistheoretische Problem der Denkökonomie selbst und Husserls Lösung einzugehen, sondern argumentiert dort gegen ihn

sich; sie verweisen zunächst auf bestimmte Anzahlen und Größen
als ihre Bedeutung, können aber formalisiert werden zu algebraischen, allgemeineren Zeichen, die allgemeinere, nur durch gesetzliche Operationen bestimmte Inhalte bezeichnen; diesen
Denkobjekten müssen jedoch nach Husserl in der mathematischen Mannigfaltigkeits- oder Mengenlehre eben Mengen zugrunde gelegt werden, die solche Operationen ermöglichen und
in Bezug auf die dann deduktive Erkenntnisverfahren zum Erfolg führen.[43] In der Mathematik gestattet also die Ersetzung der
evidenten und intuitiven Vorstellungen durch Zeichen und sym-
bolische Vorstellungen und die Entwicklung einer deduktiven
Methodik sowohl eine bedeutende Erleichterung und Förderung
des Erkenntnisvorgangs als auch eine unermeßliche Erweiterung
unseres Wissens. – Husserl erwähnt auch, daß die Mathematik
in der Wahl von Zahlensystemen frei ist; sie läßt sich hierbei von
den Gesichtspunkten der Ökonomie und Zweckmäßigkeit leiten.[44] Das Kriterium der Zweckmäßigkeit in der Aufstellung von
Zahlensystemen und in systematischer Hinsicht überhaupt von
mathematischen Axiomen ist hiermit angedeutet. Die allgemeine
Arithmetik ist für Husserl also in dieser ökonomischen Ordnung
die „wunderbarste geistige Maschine, die je erstand"[45]. –
Schließlich kann man in formaler Allgemeinheit bis zur „allgemeinsten Idee einer Mannigfaltigkeitslehre"[46] aufsteigen, einer
Mathesis universalis oder einer reinen Logik, die die Theorie aller
Theorien über Mannigfaltigkeiten enthält. Auch hier müssen sich
in der deduktiven Methodik ökonomische Mechanismen aufzei-
gen lassen, was Husserl jedoch nicht im einzelnen verfolgt.

Die Anerkennung des berechtigten Sinnes der Denkökonomie
beim vorwissenschaftlichen und wissenschaftlichen Denken, insbesondere auf dem Gebiete der Mathematik, bedeutet nun aber
keineswegs, daß Husserl auch Machs erkenntnistheoretische Voraussetzungen akzeptiert. Die Denkökonomie hat nach Husserl
für die praktische Erkenntnislehre bzw. die Methodologie der ein-

mit kultur- und gesellschaftskritischen Betrachtungen. Vgl. Adorno, *Zur Metakritik
der Erkenntnistheorie*, Stuttgart 1956, S. 74 ff.; vgl. auch S. 12 ff.
[43] Vgl. *Log. Untersuchungen I* S. 199 f., 249, *II/1*, S. 69 f.; auch etwa *Arithmetik*
S. 222 f., 237 f.
[44] Vgl. *Arithmetik* S. 236 f.
[45] A.a.O. S. 350. Vgl. S. 239 f.
[46] *Log. Untersuchungen I* S. 249. Vgl. S. 252 f., 200; auch *Logik* S. 77 ff.

zelnen Wissenschaften Bedeutung; die Notwendigkeit idealer
Gesetze der reinen Logik dagegen vermag sie nicht einsichtig zu
machen. Das Prinzip der Denkökonomie oder des kleinsten Kraftmaßes wird bei Mach und Avenarius in der Darwinschen Entwicklungslehre begründet. Diese aber geht von der Zweckmäßigkeit des realen empirischen Subjekts aus. Die Akte und Gesetze
des Denkens werden damit grundsätzlich als psychische Tatsachen behandelt. Sollen also von der Denkökonomie und der
Entwicklungslehre aus die Gesetze der reinen Logik erklärt
werden, so ist diese Theorie ein Psychologismus.[47] Die psychologische Beobachtung realer Denkerlebnisse kann aber z.B. nur
die ,,reale Inkoexistenz von kontradiktorischen Urteilsakten'' [48]
feststellen, nicht dagegen die apodiktische Gültigkeit des Satzes
vom zu vermeidenden Widerspruch für wahre Urteile. Diese notwendige Gesetzlichkeit, gegen die die Denkerlebnisse auch durchaus verstoßen können, ist rein a priori und muß in logischer Betrachtung für sich eingesehen werden können. Dies gilt für alle
logischen Gesetze und Kategorien. Aus der Anwendung der logischen Gesetze auf unser Denken und Urteilen entstehen dann die
normativen und praktischen Regeln, wie gedacht und geurteilt
werden soll.[49] Diese Argumentation gegen den Psychologismus
in der Logik trifft auch Machs Lehre von der Denkökonomie.
Zwar ist Machs Lehre nicht schlechthin Psychologismus, da in
ihr die Gedanken und Denkerlebnisse nicht einfach als gegeben
hingenommen, sondern geschichtlich erklärt und in der Entwicklungslehre begründet werden. Aber auch die Rückführung von
Gedanken auf Denkvollzüge, die in biologischem Sinne zweckmäßig sind, verbleibt im Bereich der empirischen Realitäten; sie
vermag die Allgemeinheit und Apodiktizität der logischen Gesetze
nicht begreiflich zu machen, aufgrund deren die betreffenden psychischen Fakten überhaupt erst als Gedanken angesehen werden
können.

---

[47] Husserl präzisiert in *Formale und transzendentale Logik* seine Ansicht über den
Psychologismus, indem er sagt, mit Psychologismus sei in den *Prolegomena zur reinen
Logik* ein ,,*Psychologismus ganz besonderen Sinnes*'' gemeint, nämlich die ,,Psycho-
logisierung der irrealen Bedeutungsgebilde, die das Thema der Logik sind'' (S. 136).
[48] *Log. Untersuchungen I* S. 83. Zur ontologischen Problematik in der Widerlegung
des Psychologismus vgl. Volkmann-Schluck, ,,Husserls Lehre von der Idealität der
Bedeutung als metaphysisches Problem'', in: *Husserl und das Denken der Neuzeit*,
Den Haag 1959, S. 230 ff.
[49] Vgl. *Log. Untersuchungen I* S. 154 ff., auch 53, 218.

Husserl kritisiert also den in Machs Darlegungen implizierten Versuch, die Gesetze der reinen Logik denkökonomisch und biologistisch aufzuklären.[50] Mach nimmt zu dieser Kritik in einem Zusatz der vierten Auflage der *Mechanik* Stellung. Er verwahrt sich gegen die Vorwürfe, er nivelliere die Differenz zwischen vulgärem und logischem Denken und er unterscheide psychologische und logische Fragen nicht hinreichend. Dem logischen Denken sucht er damit eine gewisse Eigenständigkeit einzuräumen. Die systematische Stellung der Logik bezeichnet er folgendermaßen: Das vulgäre und wissenschaftliche Denken ist „als eine biologische, organische Erscheinung zu betrachten, wobei denn auch das *logische* Denken als ein *idealer Grenzfall* angesehen" wird.[51] In der Erklärung einzelwissenschaftlicher Erkenntnisfortschritte kann man schließlich durch Analyse und Abstraktion bis zu allgemeinsten logischen Gesetzen vordringen. Auch die Denkökonomie kann als logisches Ideal der Einfachheit verstanden werden, wie Mach, allerdings ohne nähere Erläuterung, Husserl zugibt.[52] Aber sie behält auch nach abgeschlossener logischer Analyse von wissenschaftlichen Erkenntnissen ihre Gültigkeit und muß „tiefer", nämlich biologistisch begründet werden. – Die logischen Gesetze werden also nach Mach durch Abstraktion von empirischen Erkenntnissen gewonnen.

Husserl geht in einem längeren, inhaltlich sehr bedeutungsvollen Brief an Mach vom 18.6.1901 auf diese zwischen ihnen kontroverse Frage ein und stellt, mit aller Vorsicht und Zurückhaltung, noch einmal die Unterschiede heraus. Die reinen Formen der Urteile bzw. Schlüsse „gehören nicht zur zufälligen Ausstattung und Entwicklung des menschlichen Denkens, sondern zum Wesen des Denkens überhaupt; sie können daher nicht durch genetische Psychologie... und auch nicht durch Denkökonomie aufgeklärt werden" [53]. Seine Kritik an der Denkökonomie in den *Logischen Untersuchungen* habe sich, wie er – wohl um Mach nicht zu verärgern – hier sagt, mehr gegen die Schule von Avenarius

---

[50] Vgl. dazu auch *Logik* S. 148 f.; ferner *Idee der Phänomenologie* S. 21.

[51] Mach, *Die Mechanik*, 4. Aufl. S. 526. Vgl. S. 527 f. Vgl. dazu auch Hönigswald, *Zur Kritik der Machschen Philosophie*, S. 31, 41 und – mit Hinweis auf Husserl – S. 28.

[52] Vgl. *Die Mechanik*, 4. Aufl. S. 527. Vgl. *Log. Untersuchungen I* S. 206 f.

[53] „Ein Brief Edmund Husserls an Ernst Mach", mitgeteilt und erläutert v. J. Thiele, in: *Zeitschrift für philosophische Forschung* 19 (1965), S. 134–138. Das Zitat findet sich auf S. 136.

und insbesondere gegen Cornelius gerichtet, der in der Übernahme Machscher Gedanken eine psychische Anthropologie als
Grundlage der Logik und Erkenntnistheorie aufstellen wollte.[54]
Dennoch sind nach Husserl Machs wissenschaftsgeschichtliche
Analysen einseitig und können den „idealen, rein-logischen Gehalt der Wissenschaft" nicht erklären; der „genetische und denkökonomische Gesichtspunkt" reicht „zur erkenntniskritischen
Aufklärung" nicht hin. Er selbst plant jedoch keine erneute for-
malistische Behandlung der reinen Logik, sondern „eine rein
phänomenologische Aufklärung", nämlich eine „streng deskriptive, von allen metaphysischen und spezialwissenschaftlichen
Voraussetzungen freie Aufweisung des ‚Ursprunges' der logischen
Ideen" [55]. Husserl bezeichnet seine eigene Untersuchung ebenfalls als „einseitig", offenbar weil sie auf die konkreten Fragen
der wissenschaftlichen Methodologie nicht genauer eingeht. Aber
die Denkökonomie steht nach Husserls Konzeption zur reinen
Logik im Verhältnis der Unterordnung; sie muß die Prinzipien
der reinen Logik voraussetzen.

Mach hat auf diese Abgrenzung der Gebiete noch einmal in
einem Brief an Husserl (vom 23.6.1901) geantwortet; er wollte
sich aber, wohl schon wegen seines damaligen schlechten Gesund-
heitszustandes, auf keine Auseinandersetzung mehr einlassen,
nahm die Äußerungen in Husserls Brief, die eine Übereinstimmung andeuteten, auf und erklärte, „daß ich gegen Ihre Ausführungen nichts einzuwenden habe, und auf eine volle Verständigung hoffe" [56].

Eine solche Verständigung ist in Prinzipienfragen jedoch nicht

[54] Vgl. H. Cornelius, *Psychologie als Erfahrungswissenschaft*, Leipzig 1897, etwa
S. 5–7, 85 f. Vgl. *Log. Untersuchungen I* S. 192, 196, 203, auch *II/1*, S. 168, 207 ff.
[55] Husserl an Mach, 18. 6. 1901, a.a.O. S. 136 f. Husserl verwendet hier noch seinen
früheren Begriff von Phänomenologie als reiner Deskription der Erlebnisse und Akte.
Aufgrund dieses Begriffs schwankte er in der ersten Auflage der *Logischen Untersuchungen* noch zwischen phänomenologischer Fundierung der reinen Logik und de-
skriptiver Vorstufe zur reinen Theorie: „Reine Deskription ist bloße Vorstuf für die
Theorie, nicht aber Theorie selbst". „Phänomenologie ist deskriptive Psychologie"
(1. Aufl. II, S. 18). Doch will er diesen Ausdruck vermeiden, um nicht den Anschein des
Psychologismus zu erwecken (vgl. 1. Aufl. II, S. 21, 18 f.). Diese Stellen hat Husserl
später vollständig umgearbeitet (vgl. auch die vielfache Ersetzung des Terminus
„psychisch" in der 1. Aufl. durch „phänomenologisch" in der 2. Aufl.). Zu diesen
verschiedenen Ansätzen des Phänomenologie-Begriffs vgl. Landgrebe, „Husserls
Phänomenologie und die Motive zu ihrer Umbildung", in: *Der Weg der Phänomenologie*, Gütersloh 1963, S. 9 ff.
[56] Mach an Husserl, 23. 6. 1901. Dieser Brief ist bisher unveröffentlicht. Ich danke
dem Husserl-Archiv Köln für die Erlaubnis der Einsichtnahme und Verwendung.

möglich. Die biologistische Entwicklungslehre mit ihrem erkenntnistheoretischen empiristischen Realismus und die Lehre Husserls, die man dagegen als kritischen Idealismus in der Logik und
Erkenntnistheorie bezeichnen kann, schließen einander hinsichtlich der Prinzipien des Denkens aus. Die Entwicklungslehre selbst
könnte jedoch, wie gezeigt wurde, nicht vom Denken, von Gedanken und deren Gesetzen handeln, wenn die reine Logik nicht
schon vorausgesetzt würde. Die Idealität und Apriorität der
reinen Logik, die übrigens auch – mit abweichender Auffassung
im einzelnen – der logische Positivismus anerkennt, wurde von
Husserl also gegen den Psychologismus, gegen die Entwicklungslehre und die in ihr fundierte Theorie der Denkökonomie erwiesen. – Die Widerlegung der Denkökonomie und des Biologismus
in der Prinzipienfrage der reinen Logik bedeutet jedoch nicht
ihre Zurückweisung in jeder Hinsicht. Husserl erkennt die Berechtigung der Denkökonomie für das vorwissenschaftliche und
wissenschaftliche Denken an; er bestreitet auch nicht die Legitimität der biologischen Erklärung der realen Entwicklung des
Denkens.[57] Hier stellt sich nun die Frage, ob das von Mach
herausgestellte erkenntnistheoretische Selbstverständnis der modernen Naturwissenschaft als ökonomischer Theoriebildung un-
verändert beibehalten werden kann.

III

Bei Husserl finden sich in den *Logischen Untersuchungen* nur
Andeutungen zu einer Theorie der naturwissenschaftlichen Erkenntnis. Er weist selbst darauf hin, daß er dieses Gebiet offen
gelassen habe.[58] Im Unterschied zur apodiktischen Gültigkeit der
Gesetze a priori in der reinen Logik und der reinen Mathematik
stellen die naturwissenschaftlichen Tatsachenerkenntnisse bloße
Möglichkeiten aufgrund von Beobachtungen neben zahlreichen
anderen Möglichkeiten auf. Ihr Erkenntniswert ist mehr oder
minder hohe Wahrscheinlichkeit. Solche ,,Erkenntnisse'' sind
also ,,brauchbare'' Hypothesen[59], die jederzeit durch bessere ab-

---

[57] Vgl. Husserl an Mach, 18. 6. 1901, a.a.O. S. 136. Zu Husserls späterer Ansicht
vgl. *Ideen II* S. 297 ff.
[58] Vgl. *Log. Untersuchungen I* S. 257.
[59] A.a.O. S. 256; vgl. S. 73, 255, auch 129 f.

gelöst werden können. Diese Theorie scheint von Machs Auffassung von der Denkökonomie nicht wesentlich verschieden zu sein. Aber Husserl will im Gegensatz zu Mach auch das empirische Denken und die Wahrscheinlichkeitserkenntnisse in der apriorischen Gesetzlichkeit der reinen Logik begründen.[60] Daher kann er auch das Prinzip der Einfachheit und Sparsamkeit in der naturwissenschaftlichen Erkenntnis als ideales und normatives Prinzip denken, das in der reinen Logik fundiert ist.[61] Husserl akzeptiert also zwar die Denkökonomie in der naturwissenschaftlichen Forschung, versteht sie jedoch nicht biologistisch, sondern als Prinzip größtmöglicher Rationalität der Erfahrung, die hierbei in einem von ihm in den *Logischen Untersuchungen* nicht näher bestimmten Verhältnis zu den Prinzipien der reinen Logik steht und deren Wahrheitswert wenigstens zum Problem gemacht wird.

Diese nicht ausgeführten Ansätze lassen sich sicherlich in mehrfacher Weise erfüllen. Husserls eigene spätere Konstitutionsanalysen in *Ideen II* setzen allerdings eine veränderte Fragestellung voraus. Daher sei hier auf Kants Theorie zu diesem Problem hingewiesen, die auch den Fragen Machs gerecht wird. Sie läuft freilich den erkenntnistheoretischen Prämissen Machs zuwider, ist aber mit Husserls Grundsätzen wohl vereinbar. Kant begründet wie Husserl die reine allgemeine Logik und die Prinzipien a priori der Möglichkeit der Erfahrung unabhängig von der Psychologie. Darüber hinaus aber müssen für die empirische Wissenschaft und Methodologie die regulativen Prinzipien der Homogenität, Spezifikation und Kontinuität aufgestellt werden, die nach der *Kritik der Urteilskraft* einheitlich im Prinzip a priori der Zweckmäßigkeit der Natur für die Urteilskraft gründen. Die besonderen Gesetze, die die empirische Naturwissenschaft erkennt, sind auch nach Kants Konzeption zwar nur sogenannte

---

[60] Vgl. a.a.O. S. 257.
[61] Vgl. a.a.O. S. 206 ff. Die Denkökonomie wurde als Ideal der Einfachheit von Sätzen und Theorien ebenfalls zu einem logischen Prinzip bei Vertretern des Wiener Kreises und – in kritischer Einschränkung – bei Popper, der in Auseinandersetzung mit anderen positivistischen bzw. naturalistischen Wissenschaftstheorien den Hypothesencharakter, die Falsifizierbarkeit und die Falsifizierbarkeitsgrade von naturwissenschaftlichen Erkenntnissen geltend machte. Im einzelnen sowie in der vorausgesetzten reinen Logik und Erkenntnistheorie – z.B. hinsichtlich synthetischer Sätze a priori – weicht Popper allerdings erheblich von Husserl ab. Vgl. Popper, *Logik der Forschung*, S. 97 ff.

Gesetze, die jederzeit revidierbar und korrigierbar sind. Aber bei der Auffindung und Hervorhebung von Begriffen und Gesetzen aus dem empirischen Mannigfaltigen der Anschauung und bei der Unterordnung besonderer unter allgemeinere Gesetze in einer naturwissenschaftlichen Theorie handelt es sich nicht nur um „ökonomische Handgriffe" [62] der Vernunft, um rein subjektive, wahrheitsindifferente Kunstgriffe. Vielmehr muß das empirische Mannigfaltige, das in der Anschauung natürlich bewußtseinsimmanent ist und das in seiner Vorgegebenheit in der Anschauung auch die Experimentiermöglichkeiten begrenzt, solche Handlungen der reflektierenden Urteilskraft zulassen, die zur empirischen Erkenntnis führen. Daher denken wir uns in diesem Mannigfaltigen der Anschauung, das wir vergegenständlichen, d.h. in der Natur selbst a priori eine unserer Urteilskraft angemessene Ordnung, ohne sie ihr als Gesetz vorzuschreiben. Die empirischen Erkenntnisse bestimmen demnach das verschiedenartige anschaubare Mannigfaltige der Natur selbst, jedoch nur vorläufig; ihnen kann – wie bei Husserl – nur mehr oder minder hohe Wahrscheinlichkeit zukommen.[63] Das Prinzip der Zweckmäßigkeit der Natur, das eine „Anpassung der Gedanken an die Tatsachen" und dieser „Anpassung" angemessene wissenschaftliche Theorien begründet, wird also nicht biologistisch ausgelegt, sondern ist als eigenes ideales und apriorisches Gesetz zur Ermöglichung vernünftigen theoretischen Weltverhaltens aufzufassen. – Diese Lösung Kants ist wohl im allgemeinen mit Husserls Grundlegung der Erfahrungswissenschaften in den *Logischen Untersuchungen* kongruent, in der unter Aufnahme der Denkökonomie eine von Mach unterschiedene erkenntnistheoretische Position bezogen wird.

Die naturwissenschaftliche Forschung bildet also Begriffe und stellt in der Unterordnung besonderer unter allgemeinere Begriffe Theorien auf. Der Erkenntniswert dieser Theorien ist

---

[62] *Kritik der reinen Vernunft*, B 681; vgl. B 678.
[63] Vgl. zu dieser Argumentation vor allem *Kr. d. r. V.* B 670–696; *Kritik der Urteilskraft*, 2. Aufl. Berlin 1793, S. XXV–XXXVIII; *Kants gesammelte Schriften*, Berlin 1910 ff., Bd. XX, S. 208–221. Kants allgemeine Theorie ist hier wohl fortschrittlicher als etwa seine eigene Einschätzung der Newtonschen Physik. Der Gravitationstheorie Newtons schrieb er objektive Allgemeingültigkeit zu. – Die Kritik an Newton vor Kant (z.B. bei Leibniz oder Berkeley) und im späteren 19. Jahrhundert (bei Mach) bedeutete zugleich eine Einschränkung des Gewißheitsgrades physikalischer Gesetze.

Möglichkeit und Wahrscheinlichkeit. Husserl setzt hierbei seine
Lehre vom Begriff und den ihm zugrunde liegenden Akten voraus.
Die Lehre von der Denkökonomie betrifft nun aber nicht nur die
Theorien, sondern auch die Begriffe selbst. Daher erörtert Husserl im Verlaufe der *Logischen Untersuchungen* bei der Kritik der
empiristischen Abstraktions- und Repräsentationstheorie noch
einmal die Denkökonomie. Mach wird nicht mehr genannt, obwohl er sicherlich mitgemeint ist; Husserl verweist z.B. auf seine
Auseinandersetzung mit Mach in den *Prolegomena* [64]; die Auffassung, daß allgemeine Begriffe nur ökonomische, kraftersparende
rende und nützliche Leistungen des Denkens seien, wird von ihm
an dieser Stelle unmittelbar auf Locke und Hume bezogen.[65]
Husserl kritisiert, worauf hier nicht ausführlich eingegangen
werden soll, die empiristische Abstraktions- und Repräsenta-
tionslehre, weil sie die Idealität der logischen Allgemeinheit verkennt. Die empiristische Auffassung von der Abstraktion als sinn-
licher Aufmerksamkeit erklärt das Zustandekommen von All-
gemeinvorstellungen durch ein Aufmerken auf Momente und
Teilinhalte einer einzelnen Anschauung. Diese Teilinhalte können
nun für sich festgehalten werden und zur Stellvertretung anderer
ähnlicher Einzelvorstellungen dienen. Die Funktion der Repräsentation wird insbesondere durch Namen ermöglicht, die solche
hervorgehobenen Teilvorstellungen in ihrer Stellvertretung für
viele andere Vorstellungen bezeichnen. Dieser ganze Mechanis-
mus der Begriffsbildung und Ersetzung der unmittelbar anschaulichen Einzelvorstellungen aber ist nichts als eine Ökonomie
unseres Geistes.[66] Hierbei wird nach Husserl völlig außer Acht
gelassen, daß das Bewußtsein von Allgemeinem eine spezifisch
andere Bedeutung hat als das Bewußtsein von Individuellem,
dem auch die hervorgehobene Teilanschauung verhaftet bleibt,
und daß entsprechend der Akt des Vermeinens von Allgemeinem,
der durch die ,,ideierende Abstraktion'' zustande kommt, spezi-

---

[64] Vgl. *Log. Untersuchungen II/1* S. 168.
[65] Vgl. a.a.O. S. 166 f., 190; auch 127.
[66] Vgl. besonders a.a.O. S. 126–136, 151–168, 175–192. Husserls Bestimmung dieser
Grundzüge der empiristischen Lehre orientiert sich insbesondere an Berkeley und
J. St. Mill, z.T. auch an Hume, der in dieser Frage als Anhänger Berkeleys behandelt
wird. An Lockes uneinheitlicher Lehre von den allgemeinen Ideen, die Berkeley und
Hume kritisierten, stellt Husserl die empiristischen Elemente heraus. Vgl. zu Husserls
Kritik an der empiristischen Abstraktionstheorie seit Locke auch *Erste Philosophie I*
S. 126–140.

fisch anders zu bestimmen ist als der Akt des individuellen Vermeinens.

Die idealen allgemeinen Bedeutungsgehalte und die ,,ideierende Abstraktion'' können nach Husserl nicht empirisch-psychologisch erfaßt werden, da sie der Tatsachenerkenntnis vorausliegen. Um diese These zu rechtfertigen, entwickelt Husserl in den *Logischen Untersuchungen* Grundzüge einer Theorie des Denkens und seines Verhältnisses zur Anschauung, die später wohl wegen der Methode der Wesenserschauung zurücktritt und die auch schon in den *Logischen Untersuchungen* nicht einheitlich durchgehalten wird. Sie soll hier wenigstens angedeutet werden, da sie zur Zurückweisung übertriebener Ansprüche der Lehre von der Denkökonomie dient und zur Klärung des Verhältnisses zwischen reinem Denken und dem berechtigten Sinn der Ökonomie des Denkens beiträgt.

Dieser Lehre vom Denken liegt die Unterscheidung von Bedeutungsintention und Bedeutungserfüllung zugrunde.[67] Da für Husserl die Bedeutungserfüllung zuletzt immer die Selbstgegebenheit eines Gegenstandes in der Anschauung sein muß, die Evidenz also intuitiv ist, wird ihr Gegenstück, die Bedeutungsintention, als signitives Vermeinen aufgefaßt. Diese Bedeutungsintention bestimmt Husserl nun, allerdings nicht durchgängig, als Denken.[68] Sieht man einmal von der in Eigennamen und Namen für Einzelnes intendierten Bedeutung ab, so muß man zwischen begrifflichen Allgemeinheiten als der intendierten Bedeutung allgemeiner Ausdrücke und den mathematisch-symbolischen Denkobjekten als der intendierten Bedeutung arithmetischer Zeichen unterscheiden. – Mach sah in Begriff und Zahl nur die vereinfachende, ökonomische Funktion der Stellvertretung, konnte jedoch nicht ihren spezifischen Unterschied bestimmen.

Ein arithmetisches Zeichen verweist nach Husserl auf eine Zahl als seine Bedeutung, deren ,,Wert'' nur durch Operationen konstituiert wird und der die Vorstellung einer Menge zugrunde gelegt werden muß. Die Anzahl von bestimmter Größe ist davon nur ein Sonderfall. Einige solcher bestimmten Anzahlen vermö-

---

[67] Zum hier vorauszusetzenden Begriff der Intentionalität und der intentionalen Akte des Bewußtseins vgl. Landgrebe, ,,Husserls Phänomenologie und die Motive zu ihrer Umbildung'', a.a.O. S. 11–18. E. Tugendhat, *Der Wahrheitsbegriff bei Husserl und Heidegger*, Berlin 1967, S. 26–38.
[68] Vgl. z.B. *Log. Untersuchungen II/2* S. 34, 201.

gen wir sogar intuitiv zu fassen, aber die meisten bestimmten Anzahlen und alle allgemeinen arithmetischen Zahlen sowie die Operationen mit ihnen können wir nicht anschaulich aktualisieren. Die Bedeutung allgemeiner arithmetischer Zahlen, die nur innerhalb eines apriorischen Systems von Axiomen verständlich wird, bleibt also in der Intention und in der mathematischen Erkenntnis notwendig symbolisch.[69] Solche Denkobjekte werden nicht durch Aufmerksamkeit auf empirische Teilanschauungen und durch ökonomische Stellvertretung gewonnen.

Die Bedeutungen der begrifflichen Allgemeinheiten, auf die allgemeine Namen und Ausdrücke verweisen, sind dagegen nicht notwendig symbolisch, sondern können anschaulich erfüllt werden. Die allgemeine Bedeutung ist zwar in der Intention auch nur signitiv vermeint, d.h. gedacht, aber sie enthält die Möglichkeit der Erfüllung in sich. Diese Allgemeinheit hat nun nach Husserl zwar enge logische Verbindungen zur logischen Beziehung des Prädikats auf die ganze Sphäre der Subjekte in einer Aussage und ebenso zur Umfangsallgemeinheit, in der die Allheit der Subjekte gemeint ist; aber sie unterscheidet sich davon auch wesentlich. Sie bezieht sich als Allgemeinheit nicht noch auf etwas anderes, auch nicht etwa auf die nur indirekt und nicht evident vorgestellten einzelnen Subjekte, sondern sie wird als die gemeinte ganze Bedeutung selbst gesetzt, z.B. das Dreieck überhaupt. Erst diese Allgemeinheit ist der Begriff oder, wie Husserl sagt, die ideale Einheit der Spezies. Später wird sie von ihm auch als das „Wesen" oder das „Eidos" bezeichnet. Husserl unterscheidet die Allgemeinheit des „Wesens" also von der Allgemeinheit eines Prädikats und von der Allheit. Die Allgemeinheit der Spezies impliziert auch einen gegenüber der sinnlichen Anschauung veränderten Charakter des Bedeutungsinhalts. In ihm können keine sinnlichen, unmittelbar aufzufassenden Einzelheiten mehr gemeint sein, sondern nur Einheiten als ideale Möglichkeiten. Daher sind Denkakte also spezifisch neue Bewußtseinsweisen gegenüber der sinnlichen Anschauung. – Die erwähnten „logischen Beziehungen" der idealen Einheit der Spezies zur

---

[69] Vgl. z.B. a.a.O. *I* S. 199 f.; *II/1* S. 66 ff. Husserl vertritt diese Ansicht nicht durchgängig. Zu seinen früheren Überlegungen vgl. etwa *Arithmetik* S. 218 ff., S. 222 ff., S. 256 ff., auch S. 170 ff. und S. 181 f. Eine etwas andere Erklärung wird geboten in *Log. Untersuchungen II/2* S. 69 f.

logischen Funktion der Prädikate in Aussagen und zur Umfangsallgemeinheit hat Husserl allerdings schon in den *Logischen Untersuchungen* nicht näher bezeichnet.[70] Es handelt sich wohl um die
Abhängigkeit begrifflicher Allgemeinheiten in ihrer Bedeutung
von Aussagen. Die später entwickelten Wege der Gewinnung der
Spezies durch eidetische Variation und Wesenserschauung sehen
jedoch von dieser logischen Abhängigkeit ganz ab.[71]

Die Vorstellung der Allgemeinheit als Spezies kommt nach
Husserl durch „ideierende Abstraktion" zustande. Sie löst nicht
wie die empiristisch verstandene Abstraktion Teilinhalte aus
einer konkreten Anschauung heraus und erteilt ihnen die ökonomische Funktion der Repräsentation, sondern macht die Spezies
als ideale Einheit von Mannigfaltigem zu einem neuartigen Be-
wußtseinsgegenstand. Das zugrunde liegende Mannigfaltige, das
jedoch nicht zur Bedeutung der Spezies selbst gehört, besteht
dabei nicht aus realen Einzelheiten etwa von Wahrnehmungen,
sondern aus anschaulichen Möglichkeiten, die in Wahrnehmungen wie in bloßen Phantasiebildern enthalten sein können. Die
verschiedenen Akte der Abstraktion führen schließlich in ihrer
Synthesis zum Bewußtsein der Identität des Allgemeinen.[72] Die
Identität des Allgemeinen, die aufgrund synthetischer Leistungen
zustande kommt, begründet Husserl erst später in der transzendentalen Subjektivität.

Für Husserl ist nun aber die „ideierende Abstraktion" selbst
schon Erfüllung, d.h. Anschauung des Allgemeinen in seiner
Selbstgegebenheit.[73] Der Inhalt der Bedeutungsintention, das
Allgemeine, das gedacht wird, ist hier also von der Bedeutungserfüllung, der Anschauung, her bestimmt. Dieses Vorgehen erlaubte einerseits eine Scheidung der erfüllbaren, begrifflichen
von den notwendig symbolischen, allgemein-arithmetischen Intentionen. Andererseits aber führt es von der Theorie des reinen
Denkens ab und nähert sich einem „Intuitionismus" in der Logik.
Die Anschauung, die das Allgemeinheitsbewußtsein erfüllt, ist

---

[70] Vgl. *Log. Untersuchungen II/1* S. 147 ff., auch S. 171 ff.

[71] In *Erfahrung und Urteil* wird die begriffliche Allgemeinheit noch einmal im
Zusammenhang mit den Urteilen ausführlicher erörtert; die eidetische Variation und
Wesenserschauung wird hier der Urteilsallgemeinheit aber vorgeordnet. Vgl. bes.
Erfahrung und Urteil S. 443 ff. (§§ 94 ff.); S. 410 ff. (§ 87).

[72] Vgl. z.B. *Log. Untersuchungen II/2* S. 162; *II/1* S. 155. Die Methode der eidetischen Variation ist hier vorgebildet.

[73] Vgl. a.a.O. *II/2* S. 162; *II/1* S. 153.

dabei keine sinnliche, sondern eine allgemeine Anschauung, die
aber sinnliche Anschauungsmöglichkeiten als „Fundierungen"
voraussetzt. Eine solche Anschauung wird evident z.B. bei der
Vorstellung geometrischer Figuren. Die von Locke aufgeworfenen und von Berkeley abgewiesenen Fragen der Vorstellung eines
allgemeinen Dreiecks, für das geometrische Beweise gelten,
werden durch eine solche allgemeine und in gewissen Grenzen
variable anschauliche Vorstellung gelöst.[74] In dieser nichtsinn-
lichen, allgemeinen Anschauung sind nach Husserl aber überhaupt die Spezies gegenwärtig. Diese Ausweitung des Anschau-
ungsbegriffs ist in den *Logischen Untersuchungen* neu gegenüber
den „Psychologischen Studien zur elementaren Logik" [75]. Husserl
wendet sich jedoch in den *Logischen Untersuchungen* gegen die
empiristische Abstraktions- und Repräsentationstheorie nicht
mit dem Hinweis auf die allgemeine Anschauung, sondern mit der
Betonung der Eigenständigkeit des Denkens und seines intentionalen Gegenstandes, des Allgemeinen. Erst im Verlaufe der
Aufweisung der „ideierenden Abstraktion" und des Bewußtseins
der Spezies im einzelnen sah er sich genötigt, die zugehörige Bewußtseinsweise als nichtsinnliche Anschauung zu bestimmen. Dadurch beginnt sich der Unterschied zwischen Denken und Anschauung wieder aufzulösen. Er hätte jedoch auch bei dem erweiterten Sinn von Anschauung beibehalten werden können. Die

---

[74] Auf die Geschichte der Kritiken und Verteidigungen Husserls bei dem Problem
des „Intuitionismus" und der Wesenslehre kann hier nicht eingegangen werden. Genannt seien nur: E. Levinas, *La théorie de l'intuition dans la phénoménologie de Husserl*, nouvelle édition, Paris 1963, S. 101 ff., 143 ff. – E. Fink, „Die phänomenologische
Philosophie Edmund Husserls in der gegenwärtigen Kritik", in: *Kant-Studien* 38
(1933), S. 321 ff. – Th. W. Adorno, *Zur Metakritik der Erkenntnistheorie*, S. 100 ff. –
L. Eley, *Die Krise des Apriori in der transzendentalen Phänomenologie Edmund Husserls*, Den Haag 1962, S. 31 ff. – Neuerdings hat Tugendhat die eidetische Variation
und die Wesenserschauung Husserls zugunsten der Auffassung der Allgemeinheit
eines Prädikats als Regel vollständig zurückgewiesen („Phänomenologie und Sprachanalyse", in: *Hermeneutik und Dialektik*. H.-G. Gadamer zum 70. Geburtstag, Bd. 2,
Tübingen 1970, S. 3 ff.). Auch bei Anerkennung der berechtigten Motive seiner Kritik,
die auf dem Abhängigkeitsverhältnis der Bedeutungstheorie von der Sprache und
der formalen Logik besteht, scheint diese Konsequenz nicht notwendig zu sein. –
Eine andere Ansicht entwickelte er noch in den genauen Einzelanalysen von *Der
Wahrheitsbegriff bei Husserl und Heidegger* (vgl. S. 137 ff.). Sein späterer Einwand
dürfte berücksichtigt werden können, ohne daß die Methode der freien Variation und
das Eidos, sofern es als Anschauungseinheit verstanden wird, aufgegeben werden
muß. Vgl. auch Anm. 76.
[75] Vgl. „Psychologische Studien zur elementaren Logik", in: *Philosophische Mo-
natshefte* 30 (1894), S. 173. Die Anschauung von Abstraktem, die dort zugestanden
wird, meint die Anschauung von unselbständigen, aber sinnlichen Teilinhalten (vgl.
S. 172, 164). Vgl. auch *Log. Untersuchungen II/2* S. 32 Anm.

intendierte allgemeine Bedeutung kann für sich selbst als im Denken begründete logische Regel verstanden werden, die in eine eigene, noch näher zu bestimmende Bewußtseinsbeziehung zu der „ideierenden Abstraktion," der freien Variation und der erfüllenden Anschauung tritt.[76] Einen solchen allgemeinen Begriff als Regel, die der ideale „Gegenstand" des Denkens ist und deren Begründetsein in apodiktisch gültigen logischen Gesetzen man zeigen kann, vermag die empiristische Auslegung des Begriffs und seiner zweckmäßigen Verwendung nicht zu erklären.

Diese zusätzlichen Überlegungen zum Allgemeinheitsbewußtsein waren nötig, da die Kritik an der empiristischen, denkökonomischen Lehre von der Begriffsbildung und von der Bedeutung der Begriffe mehr Schwierigkeiten in der Durchführung mit sich brachte als die Widerlegung der Theorie der Denkökonomie auf dem Gebiete der idealen, apodiktisch gültigen Gesetzlichkeiten der reinen Logik wie des Satzes vom Widerspruch, der Gesetze der Syllogistik usw. Auch von der denkökonomischen Auffassung vom Begriff gilt aber, daß damit die Sphäre der reinen Logik, in diesem Fall des reinen Denkens von idealen, allgemeinen Bedeutungen, gar nicht erreicht wird, daß die Lehre von der Denkökonomie als Theorie vielmehr solche idealen Allgemeinheiten selbst schon voraussetzen muß.

Damit hat sich zugleich das Problem des Verhältnisses der reinen Logik und Erkenntnistheorie zum berechtigten Sinn der Denkökonomie geklärt. Die denkökonomische Betrachtung, die einem nur regulativ gültigen teleologischen Prinzip folgt, ist nach Husserl legitim für das vorwissenschaftliche, natürliche und für das wissenschaftliche Denken. Auch gegen eine biologische Begründung der Denkökonomie, wie Mach sie versuchte, ist auf dem

---

[76] Als ein Beispiel, das diese Beziehung der eigenständigen Bedeutungsintention auf die Bedeutungserfüllung allerdings nicht genau wiedergibt, kann Kants bestimmende Urteilskraft genannt werden, die vermittels eines Schemas subsumierend ist. Die eidetische Variation und Wesenserschauung ist schon mehrfach mit Kants Schematismus der Einbildungskraft verglichen worden. Der systematische Unterschied besteht jedoch darin, daß das Schema nicht Eidos, d.h. anschauliche Möglichkeitserkenntnis ist, sondern nur als Mittel zur Subsumtion dient. Das Verhältnis von Erkenntnis und Anschauung hat Kant anders bestimmt. – Hält man an der Eigenständigkeit der Bedeutungsintention als Denken fest, so müßte wohl auch der Unterschied sprachlich-begrifflicher Allgemeinheiten zu allgemein arithmetischen Zahlen neu untersucht werden. – Eine andere Ansicht, nämlich daß die Bedeutungsintention notwendig uneigenständig sei, entwickelt Thyssen in seiner Abhandlung: „Husserls Lehre von den ,Bedeutungen' und das Begriffsproblem", in: *Zeitschrift für philosophische Forschung* 13 (1959), S. 161–186 u. 438–458.

Felde der realen, empirischen Erforschung der Tatsachen nichts
einzuwenden. Im wissenschaftlichen Denken betrifft die Denkökonomie nach Husserl jedoch nur die praktischen Kunstgriffe,
die Technik bei der Auffindung von Erkenntnissen, oder die einzelwissenschaftliche Theoriebildung und die deduktive Methodik.
In ihrer Bedeutung für die Methodologie kann sie sogar als logisches Ideal der Einfachheit verstanden werden. Die Denkökonomie gilt aber nicht für die Prinzipien der reinen Logik und Erkenntnistheorie. Die einzelnen Wissenschaften können also nicht
völlig beliebige allgemeine Hypothesen oder Axiome annehmen,
sondern sind an diese Prinzipien gebunden. Erst unter Voraussetzung solcher Prinzipien des reinen Denkens und ggf. der
Prinzipien der Tatsachenerkenntnis können wissenschaftliche
Grundannahmen in einem ökonomischen und zweckmäßigen
Verhältnis zu den Folgerungen stehen.[77] – Die Gesetze und
Begriffe der reinen Logik, die zur wesentlichen Bestimmung
des Denkens gehören, müssen jedoch ohne die Vorstellung der
Denkökonomie für sich einsichtig sein. Damit stellt sich die
Frage, wie die Evidenz der Formen und Kategorien der reinen
Logik selbst nachgewiesen werden kann. Dies Problem führt
über die erkenntnis- und wissenschaftstheoretischen Lehren hinaus, zu denen auch die Lehre von der Denkökonomie gehört. Es
führt zu dem Thema einer philosophischen Begründung der
reinen Logik hin, das als Subjektivitätsproblematik schon Kant
und die deutschen Idealisten in je verschiedener Weise gestellt
und theoretisch entwickelt haben und das dann Husserl zunächst mit der Konzeption der kategorialen Anschauung als der
Evidenz des rein Logischen und später mit der Fundierung der
reinen Logik in der transzendentalen Subjektivität behandelte.

---

[77] Vgl. *Log. Untersuchungen II/1* S. 168, 190; *I* S. 209.

III

ZUM VERHÄLTNIS VON PHÄNOMENOLOGIE
UND LITERARÄSTHETIK

ULRICH WIENBRUCH

DIE FUNKTION DER SCHEMATISIERTEN ANSICHT IM LITERARISCHEN KUNSTWERK (NACH ROMAN INGARDEN). PROBLEMKRITIK DER ALTERNATIVE DARSTELLUNGS- ODER WIRKUNGSÄSTHETIK

Die gegenwärtige Erörterung literarischer (Kunst-)Werke behandelt u.a. eine methodologische Frage. Die Frage betrifft das Gefüge außererkenntnismäßiger Gegenständlichkeit bezüglich seiner Erlebnisbestimmtheit. Sie lautet: wie kann und muß der eigentümliche Bestand solcher Gegenständlichkeit in der spezifischen Ausprägung der Literatur erfaßt werden? Die überkommenen Theorien der Literaturästhetik geben unterschiedliche Antworten. Diese Antworten werden zunächst skizziert. Als Anknüpfungspunkt dient eine Schrift von Hans Robert Jauss: *Literaturgeschichte als Provokation der Literaturwissenschaft* [1] (I). Sodann wird versucht, die Behauptungen, die Jauss aufstellt, zu begründen und nötigenfalls zu berichtigen. Der Versuch greift vor allem auf Roman Ingardens Werke: *Das literarische Kunstwerk* [2] und *Vom Erkennen des literarischen Kunstwerks* [3] zurück (II). Schließlich dient die Auseinandersetzung mit der phänomenologischen Position Ingardens (III) ansatzhaft einer systematischen Klärung und ausweisbaren Beantwortung der aufgeworfenen Frage (IV).

I

Jauss hält es für unbestreitbar, daß sich „Qualität und Rang eines literarischen Werks...weder aus seinen biographischen oder historischen Entstehungsbedingungen noch allein aus seiner Stelle im Folgeverhältnis der Gattungsentwicklung'' [4] ergeben.

---

[1] Konstanz 1967; jetzt auch in revidierter Fassung mit weiteren Abhandlungen unter dem Titel *Literaturgeschichte als Provokation*, Frankfurt a. M. 1970, S. 144–207; Zitate nach der zuerst angegebenen Ausgabe.
[2] Tübingen ³1965.
[3] Tübingen 1968.
[4] A.a.O. S. 8.

Die Einschätzung von Literatur vollzieht sich nach „den schwerer faßbaren Kriterien von Rezeption, Wirkung und Nachruhm"[5]. Eine solche Beurteilung folgt dem methodischen Prinzip, „das nach Schiller den Universalhistoriker und sein Verfahren allererst auszeichnet, nämlich: ‚das Vergangene mit dem Gegenwärtigen zu verknüpfen'"[6]. Dem entspricht es, ein überliefertes Werk in den ihm zugehörigen Wirkungszusammenhang bis zum gegenwärtigen Zeitpunkt einzuordnen. Die wissenschaftliche Forschung richtet sich nicht auf die „überzeitliche Kontinuität der Tradition", sondern sucht gerade diese Tradition in ihrem geschichtlichen Wandel zu verstehen und in diesem Wandel die „Gegenwart und Einmaligkeit einer literarischen Erscheinung"[7] zu erfassen. Das Bemühen, den Zeitort und die Spannweite der Wirkung eines literarischen Werkes zu erfassen, setzt „den Bruch mit der klassischen Darstellungsästhetik"[8] bzw. deren ausschließlicher Geltung voraus. Jauss erachtet es als ungenügend, das Kunstwerk als (relativ) dauerhaften Ausdruck einer gesellschaftlichen Entwicklung oder zeitloser Gehalte von verbindlicher Kraft zu verstehen. Er sucht seine Auffassung folgendermaßen zu begründen: Das Eigentümliche des literarischen Kunstwerkes ist nicht im Bereich der Beziehung zu einem dargestellten Gegenstand zu suchen. Vielmehr muß es in jener Dimension der Literatur angesetzt werden, „die unabdingbar zu ihrem ästhetischen Charakter wie auch zu ihrer gesellschaftlichen Funktion gehört": der „Dimension ihrer Rezeption und Wirkung"[9] und d.h. der „Erfahrung des literarischen Werkes durch seine Leser"[10]. Die Eigenart des Kunstwerkes muß vom Gegenstandsbezug in ein Selbstverhältnis nacherlebender Subjektivität mit ihrem jeweiligen Erwartungshorizont verlegt werden. Insofern dieser Selbstbezug des Lesers erst die Basis für das Verständnis eines Werkes ist, gilt es, „die traditionelle Produktions- und Darstellungsästhetik in einer Rezeptions- und Wirkungsästhetik zu fundieren"[11]. Die Rezeptions- und Wirkungsästhetik untersucht,

[5] Ebd.
[6] A.a.O. S. 14.
[7] A.a.O. S. 16.
[8] A.a.O. S. 20.
[9] A.a.O. S. 26.
[10] A.a.O. S. 29.
[11] Ebd.

wie die jeweiligen Leser gemäß ihrem sich wandelnden Selbst-
und Weltverständnis ein literarisches Werk aufnehmen bzw. auf
sich wirken lassen. Allerdings darf nicht ausschließlich die wir-
kungsgeschichtlich bestimmte Funktion der Literatur in der Gesellschaft betont werden. Denn diese Funktion hängt unlösbar
mit der besonderen und in sich unterscheidbaren Ausdruckshaf-
tigkeit der Kunst zusammen. Daher fordert Jauss: ,,die Frage
nach der gesellschaftlichen Funktion der Literatur" muß ,,auch
im Blick auf die spezifische Leistung ihrer Formen und Kunst-
mittel" [12] gestellt und beantwortet werden. Man muß ,,das Verhältnis von Literatur und Geschichte" so bestimmen, daß vermieden wird, ,,die Literatur unter Preisgabe ihres Kunstcharak-
ters in eine bloße Abbildungs- oder Erläuterungsfunktion hinein-
zuzwängen" [13].

Das kurz Angeführte nötigt zu der Frage: wie muß die behauptete Beziehung zwischen der Darstellungsästhetik und der Wirkungsästhetik genau bestimmt werden? Ist die Darstellungsästhetik in der Wirkungsästhetik fundiert oder umgekehrt, oder
besteht zwischen ihnen ein Wechselbezug ohne einseitiges Über-
gewicht?

II

Es ist das Verdienst Ingardens, die einzelnen konstitutiven
Momente des literarischen (Kunst-)Werkes in ihrer Eigenart und
Zusammengehörigkeit aufgezeigt zu haben. Ein Moment im Aufbau des mehrschichtigen literarischen Werkes sind die schematisierten Ansichten[14]. Die übrigen heterogenen Schichten sind die
sprachlichen Lautgebilde, die Bedeutungseinheiten und die dargestellten Gegenstände. Was in einem Werke gegenständlich dargestellt ist, wird durch Satzsinngehalte intentional entworfen.
Der Entwurf von Sachverhalten bringt sie noch nicht zur anschaulichen Erfassung. Die anschauliche Gegebenheit der Satz-
korrelate bereiten erst die schematisierten Ansichten vor. Sie
ermöglichen eine Erscheinungsweise des Dargestellten, die sich

[12] A.a.O. S. 20.
[13] A.a.O. S. 25.
[14] S. zum Folgenden Ingarden, *Das literarische Kunstwerk* (abg. LK), S. 270–307
und 362–364, und *Vom Erkennen des literarischen Kunstwerks* (abg. VElK), S. 49–63.

nach den Wesenszügen der originären äußeren oder inneren wahr-
nehmungsmäßigen Gegebenheit von etwas richtet.

a) Was besagt der Begriff der schematisierten Ansicht? Die
Erläuterung seines Gehaltes erfordert ein kurzes Eingehen auf
den Tatbestand der Wahrnehmung. Sie beschränkt sich auf die
äußere Wahrnehmung realer Gegenstände. Was von realen
Gegenständen wahrgenommen wird, ist unabhängig davon, ob es
erfaßt wird oder nicht. Es wird mindestens so vermeint. Wird es
wahrgenommen, so gelangt es zur Selbstpräsentation in einer
Ansicht. Diese Ansicht muß von dem unterschieden werden, was
in ihr erscheint. Sie ist nicht gegenständlich gegeben: weder als
ein außer mir befindlicher Tatbestand noch als ein ichliches Vor-
kommnis in meiner Seele. Vielmehr wird sie nur erlebt oder genauer in ihrer passiven Vorgegebenheit miterlebt. Sie wird miterlebt als sich kontinuierlich wandelnd. Denn jedes Erlebnis ist
,,ein beständiger Fluß von Retentionen und Protentionen vermittelt durch eine selbst fließende Phase der Originarität, in der
das lebendige Jetzt des Erlebnisses gegenüber seinem ‚Vorhin'
und ‚Nachher' bewußt wird.'' [15] Als Erlebnis ist die Ansicht in
ihrem Sein und Sosein auf das aktuell erlebende Ich bezogen und
von dessen Verhalten und insbesondere Einstellungsänderung abhängig. Damit hängt sie auch von den Bewußtseinsakten ab, die
mit ihr zugleich vollzogen werden, und ist deren Wandlungen
gegenüber höchst empfindlich. Der Bezug der Ansicht auf das
erlebende Ich darf nicht mißverstanden werden. Er bedeutet
nicht, daß die Ansicht eine ausschließliche Leistung des Ich sei,
das seiner nicht reflektiert bewußt sein muß. Die Ansicht ist
zwar ichbezogen, aber nicht völlig ichbestimmt: nicht bloß subjektiv. Sie hängt in ihrem Gehalt zum Teil von dem Gegenstand
ab, der in ihr zur Gegebenheit kommt. Dabei bietet sie das jeweils
sinnlich Gegebene in zweifacher Hinsicht dar. Einmal enthält sie
seine unmittelbar zugänglichen und insofern erfüllten Qualitäten
visueller, tonaler, taktueller usw. Art bzw. deren eigentümliche
Synthesen. Zum andern bringt sie zugehörig zu ihnen unerfüllte
Qualitäten ebendesselben zur ,,uneigentlichen Mitgegebenheit''
von ,,mehr oder minder vager Unbestimmtheit'' [16]. Darüberhinaus gehört zu dem, worauf anläßlich einer Affektion und mit

---

[15] *Ideen I* S. 182.
[16] A.a.O. S. 100; vgl. S. 160.

Bezug auf sie verwiesen wird, all das, was im Umfeld des wahrnehmenden Ich im Momente der Wahrnehmung und dessen Einbehaltensein in die zeitliche Aufeinanderfolge von Akten antreffbar ist. Was in dieser Weise an etwas miterlebt wird, ohne selbst unmittelbar in adäquater Weise gegeben zu sein, ist nicht nur gedanklich vermeint, sondern phänomenal anwesend. Es ist deutlich oder undeutlich mitgegenwärtig. Das Mitgegenwärtige macht „einen beständigen Umring des aktuellen Wahrnehmungsfeldes" innerhalb des „dunkel bewußten Horizont(es) [17] unbestimmter Wirklichkeit" [18] aus. Das Mitgegebene enthält einen bestimmten oder unbestimmten Hinweis auf aktuell nicht sinnlich Bewährtes, aber grundsätzlich in Selbstgegebenheit Überführbares und damit entweder sich Bewährendes oder Enttäuschendes. Die Möglichkeit der Überführung des Mitgegebenen in klare Gegebenheit gründet in seiner Bestimmbarkeit, die durch den allgemeinen Sinn des Wahrgenommenen fest vorgeschrieben ist. [19] Was einem Sinn zugänglich ist, muß grundsätzlich auch durch die anderen erfahrbar sein, weil der Wahrnehmende es vor dem Ganzen seiner Leiblichkeit erlebt. Allerdings ist es unmöglich, alle unerfüllten Bestimmtheiten eines Etwas jemals zum Verschwinden zu bringen. Demnach enthält jede Ansicht von Wahrgenommenem immer erfüllte und unerfüllte Qualitäten. Die Wahrnehmung antizipiert jedes Etwas als ein Ganzes möglicher Bestimmung. Welcher Zusammenhang besteht zwischen dem klar Gegebenen und dem nur Mitgegebenen? Es besteht eine regelhafte Zugehörigkeit zwischen einer jeden wahrnehmungsmäßig gegebenen Bestimmtheit von etwas und der Ansicht bzw. deren Aufeinanderfolge, in der mit der betreffenden Bestimmtheit in Veranschaulichung Gebbares erscheint. Freilich können zwei konkrete Ansichten von demselben Etwas, das von demselben Ich unter denselben Hinsichten und Umständen wahrgenommen wird, nacheinander nicht so erlebt werden, daß sie in jeder Hinsicht vollkommen gleich wären. Das verhindert schon der ständige Fluß der Empfindungsdaten, die den Unterbau der Ansichten bilden. Die Ansichten sind flüssig variabel. Gleichwohl bleibt ein ge-

---

[17] Zur Unterscheidung von Innen- und Außen- bzw. Welthorizont s. *Erfahrung und Urteil* S. 28, mit Bezug auf das Kunstwerk ebd. S. 29.
[18] *Ideen I* S. 58.
[19] A.a.O. S. 100.

wisser Umriß der in voller Konkretion gegebenen Ansichten erhalten, der wiederholbar ist. Die konkreten Ansichten weisen unbeschadet der mannigfachen Unterschiede in ihren Gehalten und in der Weise ihres Erlebtwerdens Züge auf, die sich als dieselben durchhalten. Diese Züge sind der Präsentation einer unabhängig vorgegebenen bzw. als solcher vermeinten Bestimmtheit von etwas so zugeordnet, daß sie für jede Ansicht, in der diese Bestimmtheit erlebt wird, schlechthin unerläßlich sind. Derartige konstitutive Züge bilden gleichsam ,,das Skelett der konkreten Ansichten" [20]: das, was ,,sich bei verschiedenen Abwandlungen des Wahrnehmens als konstante Strukturen" [21] von typischer Allgemeinheit erhält. Es handelt sich um einen invarianten ,,Spielraum apriorischer Möglichkeiten" [22]. Ingarden bezeichnet ihn als ,,schematisierte Ansicht". Eine schematisierte Ansicht ist ,,die Gesamtheit derjenigen Momente des Gehaltes einer konkreten Ansicht. . ., deren Vorhandensein in ihr die ausreichende und unentbehrliche Bedingung der originären Selbstgegebenheit" [23] von etwas ist. Sie gibt die Regel an, wie etwas überhaupt beschaffen sein muß, um in vorgezeichneter Weise wahrnehmbar zu sein. Sie regelt die Möglichkeit, sich einen Umriß des Wahrzunehmenden zu verschaffen, indem sie die unbestimmte Allgemeinheit der Antizipation ihrem Umfang nach eingrenzt.[24] Innerhalb der beharrenden Momente ihres Gehaltes sind die übrigen Momente einer konkreten Ansicht wandelbar. Infolgedessen ist das Erleben von etwas nur hinsichtlich der Invarianten seiner ansichtshaften Gegebenheit vorbestimmt. Die konkrete Ausfüllung des Rahmens einer Ansicht ist dem einzelnen weithin überlassen. Sie darf nur nicht die Dieselbigkeit der Invarianten verletzen.

b) In einem literarischen Werk können nur schematisierte Ansichten auftreten. Ihr Vorhandensein gründet in den zahlenmäßig endlichen Sachverhalten, die durch Sätze bzw. Satzsinngehalte entworfen werden, bzw. in den quasirealen Gegenständen naturaler oder monadischer Art, die gemäß deren gesamten Eigenschaften durch die Sachverhalte ausschnitthaft [25] darge-

---

[20] Ingarden, *LK*, S. 279.
[21] Ingarden, *VElK*, S. 57.
[22] *Erfahrung und Urteil* S. 32.
[23] Ingarden, *LK*, S. 279.
[24] S. *Erfahrung und Urteil* S. 32.
[25] S. Ingarden, *LK*, S. 230, 251, 263 f. und 266 f.

stellt werden. Es gilt, auf die Weise der Darstellung einzugehen. Die Gegenstände werden entworfen als Einheiten, die in sich „eine unendliche Mannigfaltigkeit von Soseinsbestimmtheiten potentiell" [26] enthalten. Sodann gehören ihnen vorbestimmte mögliche Ansichten zu, die ihren Bestimmtheiten entsprechen. Innerhalb dieser Ansichten können die Gegenstände erst über ihre unanschauliche Erfassung hinaus zu einer anschaulichen Gegebenheit kommen. Sie gelangen zu einer sie vergegenwärtigenden Anschauung durch die Ausfüllung oder Konkretisierung der jeweiligen schematisierten Ansichten. Das geschieht in einer Phantasiemodifikation. Ihr Vollzug erfordert einen Faktor außerhalb der dargestellten Gegenstände: das erlebende Ich oder in diesem besonderen Fall den Leser. Von ihm hängt das Gelingen des Vollzugs dieser Schicht in einem viel größeren Ausmaß ab als bei den übrigen Schichten des Werkes. Der Leser ergänzt bei der Lektüre die Ansichtenschemata innerhalb ihrer Grenzen durch verschiedene Einzelheiten. Er nutzt den vorgegebenen Explikationsspielraum aus, indem er die unendlich vielen Unbestimmtheitsstellen der Ansichten teilweise und damit immer perspektivisch verkürzt [27] ausfüllt. Eine perspektivische Verkürzung ergibt sich schon aus der zeitlichen Erstrecktheit der Lektüre eines Werkes. Der Leser erfaßt „das konkretisierte Werk von einem immer neuen zeitlichen Gesichtspunkt aus, immer aber nur in einer zeitlichen Ansicht, die sowohl dem von Leser eingenommenen Standpunkt und seiner Einstellung als auch dem eben gelesenen Teil des gelesenen Werkes entspricht" [28]. „Das literarische Kunstwerk kann sich uns in der Lektüre nicht anders zeigen als nur in einem sich in der Zeit entfaltenden Continuum der Phänomene der Zeitperspektive." [29] Dadurch erhält der Leser das Dargestellte nicht als eine allseitig geschlossene Wirklichkeit, sondern nur jeweils Segmente von ihr, die nach vorwärts und rückwärts einen unendlich offenen Zusammenhang bilden. Die unterschiedliche Ergänzung des Ansichtenschemas ist durch die Einmaligkeit jedes Individuums bedingt.[30] Infolgedessen ist es schlechterdings „unmöglich, daß der Leser ganz genau dieselben Ansichten aktuali-

[26] A.a.O. S. 264.
[27] S. a.a.O. S. 356.
[28] Ingarden, *VElK*, S. 146 f.
[29] A.a.O. S. 147; vgl. ebd. S. 235.
[30] S. a.a.O. S. 52.

siert, die der Autor des Werkes durch den Bau des Werkes vorbestimmen wollte" [31]. Damit ergibt sich, „daß das literarische Werk" selbst nur „ein schematisches Gebilde ist" [32]. Es wird jedoch nicht als ein derartiges Gebilde erlebt.[33] Vielmehr wird das in ihm Dargestellte lebendig beim Lesen vorgestellt. Die mannigfaltigen Ansichtenschemata werden jeweils unterschiedlich und inadäquat ausgefüllt.

Der Autor eines Werkes kann dem Leser die Ausfüllung der schematisierten Ansichten erleichtern. Er läßt den dargestellten Gegenständen nicht nur Ansichtenschemata zukommen. Das gilt immer. Sondern es werden darüberhinaus Ansichten „paratgehalten" [34]. So halten z.B. ein sprachlautliches Gebilde, ein Rhythmus oder eine Metapher eine Ansicht parat, in der sie den dargestellten bzw. darzustellenden Gegenstand zur vorstellungsmäßigen Erscheinung bringen. Das gleiche gilt für kommentierende Angaben.[35] Es handelt sich um das, was Jauss nennt: „offene und versteckte Signale, vertraute Merkmale oder implizite Hinweise für eine ganz bestimmte Weise der Rezeption" [36]. Die paratgehaltenen Ansichten bereiten sprunghaft die Aktualisierung der Schemata auf einem undifferenzierten Hintergrund vor. Dadurch leiten sie die Ausfüllung der Schemata. Da nur solche Ansichten und zwar in unterschiedlichem Ausmaß paratgehalten werden können, die zu den explizit dargestellten Seiten eines Gegenstandes gehören, ist es nicht möglich, alle Ansichten vorzubestimmen, die ihm sinngemäß als Möglichkeiten zukämen. Sodann treten die jeweils paratgehaltenen Ansichten diskontinuierlich auf. Dadurch werden ihre Gehalte stabilisiert. Es entwickeln sich gewisse Stereotypen des konkreten Zurerscheinungbringens des Dargestellten. Schließlich können die paratgehaltenen Ansichten das Dargestellte auch besonders mitbestimmen. Überschreiten sie das, was bloß durch Sachverhalte dargestellt wird, so erhalten sie über ihre Funktion des konkreten Zurerscheinungbringens hinaus eine eigene Bestimmungsfunktion. Diese

---

[31] Ingarden, *LK*, S. 282.
[32] Ebd.
[33] Ausgenommen im wissenschaftlich analytischen Verfahren der „Rekonstruktion" der verschiedenen Seiten eines Werkes; s. Ingarden, *VElK*, S. 293 f.
[34] Ingarden, *LK*, S. 282, und *VElK*, S. 255.
[35] S. W. Iser, *Die Appellstruktur der Texte*, Konstanz 1970, S. 20 f.
[36] A.a.O. S. 33.

Funktion läuft nicht der Bedeutungsintentionalität parallel, sondern fügt dem Gegenstand etwas Neues zu. Auf diese Weise bestimmt das literarische Werk selbst, wie die in ihm dargestellten Gegenstände zu einer konkreszierten Erscheinung gebracht werden können. Es bindet den Leser in seiner phantasiemäßigen Vergegenwärtigung des Dargestellten, indem es für dessen anschauliches Erfassen festgelegte Typen der Erscheinungsweise suggeriert.[37] Diese Typen können sich nicht nur gehaltlich (visuell, akustisch usw.) unterscheiden, sondern auch hinsichtlich des Standpunktes und der Häufigkeit der Sicht, die sie vorschreiben. Darin gründen Stilunterschiede. Somit erweist sich das literarische Werk als der ,,letzte Grund'' aller in ihm fußenden Potentialitäten seiner Konkretisationen.[38] Gleichwohl bleibt es weitgehend dem einzelnen Leser bzw. seiner Fähigkeit, Bildung, Gewohnheit usw. und ineins damit der ,,Atmosphäre der betreffenden Epoche'' [39] überlassen, durch welche Einzelheiten er auch die paratgehaltenen Ansichten vervollständigt bzw. modifiziert.[40] In welchem Ausmaß ein Werk seine Konkretisation auch immer vorprägt, so unterscheidet es sich doch als ein schematisches Gebilde grundsätzlich von dessen individuellem Vollzug bei der Lektüre.[41] Dieser Unterschied darf nicht verwischt werden. Die unterschiedliche ästhetische Erfassung eines literarischen Werkes ist bedingt durch die verschiedenartige Aktualisierung der schematisierten Ansichten durch den Leser.

Die schematisierten bzw. obendrein paratgehaltenen Ansichten konstituieren eigene ästhetische Qualitäten vorwiegend dekorativer Art. Diese Qualitäten spielen bei der Aufnahme eines literarischen Werkes eine entscheidende Rolle. Sie gehören nicht zu den dargestellten Gegenständen, obwohl sie gewöhnlich nicht als von ihnen unterschieden erlebt werden. Sie kommen den Gegenständen nur in ihrer anschaulichen Vergegenwärtigung zu. Da die paratgehaltenen Ansichten das Dargestellte auch mitbestimmen können, bereichern sie es u.U. auch um ihre ästhetischen Qualitäten. Das ist vor allem für eine Darstellung belangvol, der es um eine ästhetisch relevante Erscheinung des Dargestellten in Sinne eines Kunst-

---

[37] S. Ingarden, *VElK*, S. 44.
[38] Ingarden, *LK*, S. 5 Anm.
[39] A.a.O. S. 375.
[40] S. Ingarden, *VElK*, S. 51 f. und 57 f.
[41] A.a.O. S. 250 f.

werkes geht. Eine solche Darstellung ist darauf abgezweckt, daß
sie einer ästhetischen Einstellung genügt, die ihr gemäß ist.

III

Ingarden grenzt seine Untersuchung des literarischen (Kunst-)
Werkes in zweifacher Weise ab. Einmal wendet er sich gegen eine
psychologische Auffassung der Kunst, und zum andern verzichtet
er auf eine vorgefaßte allgemeine Theorie der Kunst. Die psychologische Auffassung versucht ein literarisches Gebilde dadurch zu
verstehen, daß sie sein Entstehen aus Erlebnissen des Verfassers
aufklärt oder die durch die Lektüre bewirkten Befindlichkeiten
des Lesers beschreibt. Eine allgemeine Theorie der Kunst gibt
konstruktiv die Möglichkeit und Reichweite der Erkenntnis und
Beurteilung eines Kunstwerkes an und dient der Literaturwissenschaft als Grundlage. Diesen beiden Betrachtungsweisen gegenüber will Ingarden „die rein aufnehmende und auf das Wesen der
Sache gerichtete Haltung des Phänomenologen" [42] einnehmen.
Im Ausgang von verschiedenartigen Konkretisationen eines literarischen Werkes sucht er dessen identisches Skelett im Sinne des
rein intentionalen Gegenstandes zu phänomenaler Sichtbarkeit
zu bringen. Durch alle Verdeckung historischer Ausgelegtheit hindurch und gegen alle Versuchung zur argumentativen Konstruktion analysiert er ein gegebenes literarisches Werk so, daß dessen
mehrschichtiger Aufbau evident und d. h. originär selbstgegeben
einsichtig wird. Dadurch will er eine konkrete Grundlage schaffen
für eine phänomenologische Ästhetik, die „sich in ihren Analysen
auf die Kunstwerke selbst konzentrieren soll und...alle anderen
sie betreffenden Probleme erst auf dieser Grundlage" behandelt.[43]

Die Auseinandersetzung mit Ingarden muß sich in zwei Schrit-
ten vollziehen. Sie muß einmal sein Selbstverständnis als eines
Phänomenologen an dem prüfen, was E. Husserl als transzendentale Phänomenologie begründet hat. Zum andern muß sie zur
(transzendentalen) Phänomenologie selbst Stellung nehmen.

a) Ingardens Verständnis der Phänomenologie verfehlt den
vollen Sinn dieser Forschungshaltung. Es genügt nicht, der Zu-

---

[42] Ingarden, *LK*, S. 2 f.
[43] A.a.O. S. XIX.

rückwendung auf die „subjektiven" Erlebnisse und Konstruktionen bloß die „objektiv"-deskriptive Einstellung auf das literarische Gebilde entgegenzustellen. Es stimmt: das literarische Werk ist in einem intentionalen Erlebnis gegeben. Das intentionale Erlebnis ist Bewußtsein von etwas, gleichgültig ob dieses Etwas existiert oder nicht. Entscheidend ist nicht vor allem der immanente Gehalt des Bewußtseins, sondern die Art, wie es sich auf seinen Gegenstand richtet. Der unterschiedlichen Weise des Sichrichtens auf etwas entspricht auf der Gegenstandsseite ein Unterschied des Gegenstandcs, sofcrn cr Gegenstand eines bestimmten Erlebnisses ist. Sodann eignet dem Bewußtsein von etwas ein Horizont als das Gegenstandsfeld des jeweils Erlebten. Zur aktuellen Kenntnisnahme gehört die Möglichkeit, der in ihr einbehaltenen Verweisung auf klar oder dunkel Mitgegenwärtiges zu folgen und damit weitere Momente aufzuhellen. Zugleich enthält eine Intention andere Intentionen, in deren Zusammenhang sie steht. Diesen Grundeinsichten der Phänomenologie wird Ingarden gerecht. Aber er verkennt Folgendes: Das Bemühen um die gegenständliche Bewährung einer Intention reicht nicht aus. Vielmehr müssen jene Voraussetzungen aufgedeckt werden, von denen ein Sichrichten auf etwas hinsichtlich seines Leistungsursprungs abhängt. Geschieht das, so wird die Relativität der jeweiligen Intention auf das transzendentale ego bzw. die kulturelle Umwelt seiner Praxis und damit die perspektivische Bedingtheit einer Sinnerfassung erkennbar.[44] Wenn vorphänomenologisch das An-sich von etwas als unabhängig von jeglichem Vermeinen gedacht wird, findet die Intention auf es in einer möglichst allseitigen Erfahrung im Modus der Selbsthabe ihre Erfüllung. Die identifizierenden Akte, in denen das An-sich zur Gegebenheit kommt, sind nur sekundär. Ist aber das An-sich von etwas wesensmäßig dem ego immanent transzendent, so wird seine Identität aus der Identifizierbarkeit verstanden. Ist es obendrein subjektiv-relativ auf die jeweilige Intention des Ich, so kann es nur im schrittweisen Verstehen dessen, was sie impliziert, angemessen verstanden werden. Ein solches Verstehen konstituiert im transzendentalen Ich nach, was sich ursprünglich in der geschichtlichen Intersubjektivität vollzogen hat. Der Rückgang

---

[44] *Krisis* S. 141.

auf den geschichtlichen Sinnhorizont der faktischen Lebenswelt
führt zu der ursprünglichen Gegebenheitsweise der Gegenstände.
Er ist grundsätzlich unabschließbar. Dadurch verliert das An-sich
von etwas seine eindeutige Bestimmtheit. Die Gewißheit hinsichtlich dieser Bestimmtheit bleibt in der Schwebe. Infolgedessen
wird in der Frage nach der Wahrheit von etwas in dem ihm zugehörigen Sinnhorizont diese Wahrheit nur noch verstanden als eine
regulative Idee. Demnach ist die transzendentale Phänomenologie
die Thematisierung der Gegenständlichkeit, wie sie in dem jeweiligen Akt des transzendentalen Ich so vermeint ist, wie es in dem
ihm wesentlich zugehörigen geschichtlichen Sinnhorizont seiner
Intentionalität in der Lebenswelt möglich ist. ,,Das ganze fungierende System des Ineinander von präsentierenden und apprä-
sentierenden Intentionen, von Antizipationen und habituellen
Erwerben usw." muß berücksichtigt und untersucht werden.[45]
Ingarden verzichtet auf eine derartige Thematisierung. Er glaubt,
durch bloße Einklammerung der Existenz des Ich und dessen er-
fassender Akte samt ihren Gehalten zu einer unmittelbaren Wesensschau des zu untersuchenden Gebildes gelangen zu können.
Daher versteht er die Wesensschau Husserls nicht als Erfüllungs-
modus einer genetisch aufklärenden Denkoperation, die sich auf
ursprünglich in geschichtlicher Intersubjektivität Geleistetes bezieht. Er hält ausschließlich an der rezeptiven Intuition der
eidetischen Reduktion mit ihrer idealisierenden Ordnung des
Wirklichen fest, übersieht das notwendige Ineins dieser Intuition
mit der transzendental-phänomenologischen Reduktion auf die
fundierende Sphäre der Lebenswelt und verfällt damit dem Dogmatismus der Apodiktizität.

b) Die Absetzung von Ingarden muß noch weitergeführt
werden. Sie darf sich nicht nur auf sein unvollständiges Verständnis der Phänomenologie beziehen. Vielmehr muß sie den Ansatz
der (transzendentalen) Phänomenologie selbst betreffen. Die
transzendentale Phänomenologie kann das Verhältnis von transzendentaler Subjektivität und faktischer Lebenswelt nicht zureichend bestimmen. Sie vermag es nicht, weil Husserls Begriff
eines nicht mundanen Bewußtseins falsch ist. Bewußtsein ist
Bewußtsein eines Individuums in der mit anderen geteilten

---

[45] E. Fink, *Studien zur Phänomenologie 1930–1939*, Den Haag 1966, S. 91.

einen Welt. Das einzelne Bewußtsein ist imstande, sich seiner als eines einzelnen und damit als eines Allgemeinheitsbewußtseins innezuwerden. Das Produkt seines vollzogenen und geleisteten Bezugs zu einem Etwas als Fall von grundsätzlich mehrfach Ansetzbarem hält es mittels in sich verständiger Symbolproduktion fest. Kategorien bedingen den gegenstandsbestimmenden und von ihm her bestimmten Sinnbezug zum Gegebenen, insofern sie zugleich worthaft und damit in intermonadischen Verständigungsbezügen überprüfbar sind bzw. eine solche Überprüfung ermöglichen. Infolgedessen ist die schematisierte Ansicht nicht ein intentional präsent Zugängliches in dem Sinne, daß es dem leistenden Bewußtsein schlicht vorgegeben wäre. Vielmehr ist sie die Regel eines Regelns, die nur als jeweils geleistete insofern sinnhaft ist, als sie eine Aufforderung darstellt, das mittels ihrer im Horizont von Welt intentional worthaft Entworfene so zu verstehen, wie es unabhängig von seinem jeweiligen Vermeintwerden als Fall eines Allgemeinen ist.

IV

Der knappe Aufweis der Unzulänglichkeit des methodischen Ansatzes Ingardens soll eine transzendentale Analyse des literarischen Kunstwerkes vorbereiten. Die Analyse gliedert das zu untersuchende Kunstgebilde, indem sie es auf die Eigentümlichkeit des Verhältnisses zurückführt, das zwischen faktischem Ich und dessen Gegenstandsbezug hinsichtlich der Kunst obwaltet.

Das literarische Kunstwerk ist durch einen besonderen Bezug zur Natur gekennzeichnet. Es erfordert ein Material, das als Ort möglicher Lokalisation größenbestimmt ist. Das Material ist die Sprache. Die Sprache ist ein Naturgegenstand, insofern sie als hervorgebrachter Sinnesreiz anläßlich seiner Wirkung auf ein Sinnesorgan erlebbar ist. Zugleich genügt dieser Naturgegenstand besonderen Bedingungen. Er ist von der Voraussetzung einzeitig überschaubaren Wissens beherrscht. Er ist nicht ein leerer Wortlaut, sondern vermittels einer Bedeutungsintention sinnhaft. Der Naturgegenstand ist ein Zeichen mit gegenständlichem Bezug. Das Festhalten der Bedeutungshaftigkeit im beharrenden Mittel der größenbestimmten Natur liegt beispielsweise in der Schrift vor. Es gibt auch andere Mittel von ähnlicher Wirkung. Infolge

seiner naturhaften Bestimmtheit besitzt das literarische Kunstwerk gegenüber demjenigen, der es produziert hat oder rezipiert,
Unabhängigkeit. Es ist vom leistenden Erlebnismittelpunkt los-
gelöst. Nur auf Grund dieses Eigenbestandes vermag es denjenigen, der es erfaßt, zu bestimmen. Gleichwohl ist es nicht ein
Naturgegenstand im eigentlichen Sinne. Es geht nicht darin auf,
bloß Naturhaftes unter ebensolchem zu sein, gleichgültig ob es
erlebt wird oder nicht. Das gilt für es nicht schon darum, weil es
sprachlich verfaßt ist. Selbstverständlich verkörpert es in dieser
Verfaßtheit den Wechselbezug von Natur und Erleben in der
Dimension des Erlebens. Es ist ein symbolisch vergegenständ-
lichtes Sinngefüge. Dadurch erweist es sich gegenüber einem
Naturgegenstand als ein Etwas von eigener Art. Darüberhinaus
unterscheidet es sich von bloß Naturhaftem vor allem als Kunstwerk. Als Kunstwerk ist es ein besonderes Sinngefüge. Dieses
Gefüge ist dadurch besonders bestimmt, daß es mit seiner Gestaltung schlechthin zusammenfällt. Das Kunstwerk steht ausschließlich unter dem Prinzip der Gestalt. Etwas ist Gestalt,
heißt: sinnbezogenes Material und fundierungsbedürftiger Sinn
sind einander wechselseitig so zugeordnet, daß der Gegenstandsbezug des sinnhaft Verweisenden und die Darstellung des Ver-
wiesenen schlechthin zusammenfallen.[46] Das bedingt „gerade die
innige Einheitlichkeit des literarischen ästhetischen Gegenstandes, die selbst das formale Moment seines ästhetischen Wertes ist
und das Auftreten der letztlich resultierenden gestalthaften Wert-
qualität ermöglicht" [47]. Der Künstler formt das anderweitig gegebene Material für die sinnenhafte Darstellung des bedeutungs-
haft Vermeinten mittels seiner Phantasie so, daß sich die phan-
tasiemäßig bestimmte Form nur in den jeweils vorliegenden
Elementen der Darstellung abgeschlossen materialisiert.[48] Liegt
etwas gestaltet vor, so ist es in seiner Erstreckung so gegliedert,
daß sich in ihm relativ Materialindifferentes und insofern auch
in anderes Material Übertragbares unabhängig von ihr endgültig
manifestiert.[49] Auch der bewußte Bruch mit der Form in der modernen Literatur vollzieht sich noch innerhalb ihrer. „Auch die

---

[46] S. Ingarden, *LK*, S. 259.
[47] Ingarden, *VElK*, S. 326.
[48] Vgl. J. Mukařovský, *Kapitel aus der Ästhetik*, Frankfurt a. M. 1970, S. 103.
[49] Vgl. G. Wolandt, *Philosophie der Dichtung*, Berlin 1965, S. 133–136.

Elemente, die ein Mißbehagen hervorrufen, werden im Ganzen
des Werks zu positiven Elementen, aber nur in ihm."[50] Form-
brüche als Kompositionsprinzip leugnen nicht die schlechthinnige
Ganzheit des Kunstwerkes, sondern nur deren eindeutige Präsentation.[51] Die Formung des Materials oder seine Gestaltung ist
vollzugsbedingt und d.h. eine Leistung des Ich in einem bestimmten geschichtlich-gesellschaftlichen Zusammenhang. Entsprechend kann das Geleistete gegenständlich nur als ein zu Erlebendes
sein. Es ist Korrelat seines geschmacksbestimmten Erlebtseins.
„Gegenstandsbestimmtheit stellt sich hier zugleich als Erlebnisbestimmtheit dar."[52] Jede Leistung erfordert zu ihrer Ermöglichung die Gesamtheit der Grundmomente, die für ein Ich in
seiner Bestimmtheitsvielfalt konstitutiv sind. So ist sie intentional, d.h. sie beinhaltet einen Gegenstandsbezug; einzeitig über-
schaubar, d.h. sie verbindet die Setzungseinheiten nicht reihen-
haft miteinander, sondern einheitlich ganzheitlich; verständigungsgemäß und damit grundsätzlich für eine unbegrenzte Vielheit von Ichen mittels ihrerseits verständlicher Symbolproduktion darstellbar usw. Darüberhinaus herrscht in ihr eines dieser
Grundmomente vor: bei der theoretischen Setzung der Gegenstandsbezug als zu rechtfertigende Stellungnahme zu einem möglichst eindeutig gemeinten und gegebenenfalls präzis ausgedrückten Sinn [53]; bei der sittlichen Setzung die Selbstrechtfertigung als
Ausweisung der allgemeinen Verbindlichkeit einer Entscheidung.
In der ästhetischen Leistung kommt das entscheidende Gewicht
der Gestalt zu. Die Gestalt ist „kein in Elemente zerlegbares
Ganzes. Ihre spezifische Eigenheit beruht...darauf, daß sie als
Quale im Vergleich zu der Mannigfaltigkeit der Momente, in
denen sie gründet, etwas vollkommen Neues hereinbringt."[54] Das
ganzheitlich Vermeinte ist nicht dem Ausdruck vorgegeben, sondern wird unmittelbar völlig durch ihn bestimmt. Der Gegenstandsbezug wird bis in seine Materialisation hinein durch die
ichbestimmte Gestaltung geprägt. Daher kommt die Darstellung

---

[50] Mukařovský a.a.O. S. 48.
[51] S. D. Henrich, „Kunst und Kunstphilosophie der Gegenwart", in: *Immanente Ästhetik - Ästhetische Reflexion*, hg. v. W. Iser, München 1966, S. 29 f.
[52] R. Hönigswald, *Die Grundlagen der allgemeinen Methodenlehre*, 2. Teil, Bonn 1970, S. 244.
[53] S. Ingarden, *VElK*, S. 163.
[54] A.a.O. S. 327; vgl. auch R. Musil, *Tagebücher, Aphorismen, Essays und Reden*, Hamburg 1955, S. 712–716.

dem Vermeinten gleich. Es handelt sich um ein in sich geschlossen gestaltetes Sinngebilde: um räumlich und bzw. oder zeitlich
erstreckte Bestimmtheit in unlösbarer Abhängigkeit vom Sinn.
Das Moment der Gestalt muß zwar an jeder Setzung auftreten,
sofern sie im Modus der Äußerung, die einen Sinngehalt festhält, und damit mit Bezug auf Verständigung vollzogen wird.
Infolgedessen muß grundsätzlich jedes sprachliche Phänomen
betrachtet werden dürfen unter dem Gesichtspunkt des Wechsel-
bezuges von einheitlicher Sinngliederung und deren extensivem
Bestand von gestalthafter Struktur und d.h. ästhetisch. Aber in
der ästhetischen Leistung bestimmt sich das Vollzugssubjekt
selbst durch ein von ihm ganzheitlich gestaltetes Anderes. Im
Gegensatz zu einer theoretischen Darstellung, die offen beziehbar
ist und einen Abschluß nur erstrebt, gibt das Ich seinem Wollen
über das erfahrene Wirkliche hinaus einen unkorrigierbaren Ausdruck von unmittelbarer Verständigungsvalenz. Das so einmalig
verstehbar Ausgedrückte bestimmt sein Verhältnis zu dem, der
es entwirft oder erfaßt. Weil das Kunstwerk in sich geschlossen ist,
treibt es seinen Produzenten oder Rezipienten nicht über sich
hinaus: es bewirkt eine ,,verhältnismäßig ruhige Kontempla-
tion" des Dargestellten.[55] ,,Aller ästhetische Genuß...ist Be-
trachtungsgenuß." [56] Das Kunstwerk ist das ,,Widerspiel" [57] des
Ich in dessen Grundmomenten der Reflexivität und Selbstbestimmung. Daher ist es eine selbstbestimmte Einheit. Dadurch
unterscheidet es sich von den Gegenständen der Natur und der
Geschichte. Dem Naturzusammenhang gegenüber ist es unbeschadet seines Eingelassenseins in ihn restlos durch sich bedingt.
Dem Geschichtlichen gegenüber eignet ihm eine gewisse Allzeitlichkeit.[58] ,,Wer schriftlich Überliefertes zu lesen weiß, bezeugt
und vollbringt die reine Gegenwart der Vergangenheit." [59] Die

---

[55] Ingarden, *LK*, S. 314; s. auch *VElK*, S. 200 f., mit der dort gemachten Einschränkung und die genaueren Ausführungen über die Betrachtung der reinen Qualität des als fiktiv Erfaßten ebd. S. 202 f., 214 f. und 316.

[56] M. Geiger, ,,Beiträge zur Phänomenologie des ästhetischen Genusses", in: *Jahrbuch für Philosophie und phänomenologische Forschung* I 2 (²1922), S. 632; vgl. drs.,
Zugänge zur Ästhetik, Leipzig 1928, S. 134: ,,existentielle qualitative Kontempla-
tion"; s. L. Landgrebe, *Philosophie der Gegenwart*, Bonn 1952, S. 129 f.

[57] Hönigswald, *Grundfragen der Erkenntnistheorie*, Tübingen 1931, S. 140.

[58] Iser a.a.O. S. 34: ,,geschichtsresistent"; die Leistung der Einbildungskraft im
Entwerfen von Fiktionen ist weniger entscheidend als die Unmittelbarkeit des Ver-
ständnisbezugs.

[59] H.-G. Gadamer, *Wahrheit und Methode*, Tübingen 1960, S. 156.

Allzeitlichkeit eignet dem Kunstwerk gemäß der Forderung der Verständigungsgemäßheit.[60] Künstlerisches Schaffen und Nachschaffen fordern sich um der gegenständlichen Valenz des Kunstwerkes gegenseitig. „Ein dem Genuß grundsätzlich entrücktes Kunstwerk wäre auch nicht geschaffen, wobei natürlich die aktuelle An- oder Abwesenheit der Genießenden keine Rolle spielt." [61] Dennoch ist das Kunstwerk zugleich auch geschichtlich. Es ist geschichtlich, insofern es durch einen diesbezüglichen Faktor konstituiert ist. Dieser Faktor ist einmal der jeweilige Produzent und zum andern der jeweilige Rezipient in ihrem geschichtlichen Gemeinschaftsbezug, zu dem die Tradition gehört. Die Einmaligkeit des Ich bekundet sich im Stil als der individuellen Norm der Gestaltung von etwas. „Stil ist...die konstante Auffassungs- und Darstellungsweise, welche, durch Ziel, Mittel und Gesetze einer Kunst bedingt, von der genialen Kraft eines Künstlers geschaffen ist." [62] Das Einbehaltensein des Ich in „die absolut fungierende Subjektgemeinschaft, aus deren kommunikativer intentionaler Leistung objektive Welt sich, konstituiert' "[63], erweist die durch Überlieferung mitgeprägte Gemeinschaft als das verständigungsgemäße Korrelat von Produzent und Rezipient. Das „kollektive Bewußtsein" formt „die isolierten Zustände der individuellen Bewußtseinseinheiten zu einem Ganzen" [64]. Dieses Bewußtsein ist als „ein soziales Faktum" der ermöglichende „Ort der einzelnen Systeme kultureller Erscheinungen wie z.B. der Sprache" [65]. Daher beansprucht das Kunstwerk unbeschadet seiner gegenständlichen Besonderheit zugleich einen Ort in der Überlieferung. Es genügt als „Kulturprodukt" dem Begriff der Gemeinschaft und muß deren Bedingungen und d.i. der geschichtlichen Kontinuität der Überlieferung einschließlich der empirischen Bedingungen des sozialen Lebens in dem Medium der Sprache gerecht werden. (Darin gründet die Kunstgeschichte.) Das heißt nicht nur, daß es grundsätzlich unbeschränkt vielen zugänglich ist, sondern auch in der geschichtsbedingten und Geschichte bedingenden Kontinuität der Kultur

[60] S. Ingarden, *VElK*, S. 335, und Mukařovský a.a.O. S. 97 f.
[61] Hönigswald, *Die Grundlagen* ..., S. 253.
[62] W. Dilthey, *Die geistige Welt II*, Ges. Schriften Bd. VI, Stuttgart–Göttingen [4]1962, S. 284.
[63] *Krisis* S. 416.
[64] Mukařovský a.a.O. S. 30.
[65] A.a.O. S. 31; vgl. a.a.O. S. 98.

gemäß seiner Einzigartigkeit beurteilt werden will. Es wird wahrgenommen und bewertet im ,,Prisma...der aktuellen künstlerischen Tradition'', die sich mit jeder ,,Verschiebung in der Zeit,
im Raum und in der sozialen Umwelt verändert'' [66]. Die geforderte Beurteilung ist nicht mit der sprachlichen Bestimmung
eines Gegenstandes zu verwechseln. Ihrer bedarf das Kunstwerk
insofern nicht, als es selbst unmittelbare Mitteilung von etwas ist.
Als eine solche Mitteilung begründet es eine Verständigungs-
gemeinschaft. Allerdings ist die Verständigung eigentümlich beschränkt auf eine deiktische Funktion. Es wird hingewiesen auf
ein Etwas, das zwar für jeden in sich bestimmt ist, aber nicht
durch jeden bestimmt zu werden verlangt. Das Kunstwerk fordert nur hinsichtlich seiner künstlerischen Valenzen anerkannt
zu werden. Der Hinweis auf es unterliegt um des Verständigungs-
bezuges willen dessen Bedingungen. Infolgedessen gehen in das
Schaffen und Verstehen eines Kunstwerkes die Gemeinschafts-
bezüge dessen ein, der es schafft oder versteht. Der Anspruch des
Kunstwerkes auf allgemeine Anerkennung bezieht sich zunächst
auf die Gesellschaft in ihrer jeweiligen Verfaßtheit. Sodann geht
die geschichtlich mitbedingte besondere Befähigung derjenigen,
die innerhalb eines Verständigungskreises ein Kunstwerk schaffen bzw. nachschaffen, mit in seinen Konstitutionsbezug ein.[67]
Daher ist das Kunstwerk nicht wie ein Gegenstand der Naturwissenschaft im Absehen von dem Bestande jeglicher Kultur-
gemeinschaft zu bestimmen, sondern nur mit Bezug auf sie. Mit
Bezug auf sie muß jeweils entschieden werden, ob etwas Vorge-
gebenes nur in sich so gestaltet ist, daß es unmittelbar anspricht,
und damit einem wahrnehmenden Abwägen als ein Kunstwerk
erscheint.

Der Akt der Produktion oder Rezeption eines literarischen
Werkes ist nichts ohne die Selbstbestimmung des Ich, das ihn
vollzieht. Doch diese Selbstbestimmung ist der Vollzug einer
Wirklichkeit, der sie zugehört. Infolgedessen ist das Vollzogene
dargestellte Subjektivität in ihrem unabdingbaren Weltbezug.
Zu diesem Weltbezug gehört ein jeweils unterschiedlich bekann-
ter Horizont, der niemals restlos hinsichtlich des in ihm Enthaltenen vergegenwärtigt werden kann. Diesem Tatbestand wird

---

[66] A.a.O. S. 74.
[67] Nach I. Kant ist das Geschmacksurteil exemplarisch. *Kritik der Urteilskraft* § 18.

ein literarisches Kunstwerk bewußt durch sein ,,doppelstrahliges
Meinen" der Wort- und Satzsinne gerecht.[68] Die Vieldeutigkeit
des Vermeinten läßt standardisierte Erwartungen unerfüllt bleiben. Das Zerbrechen solcher Erwartungen erhöht die Kontakt-
losigkeit des Kunstwerkes zur Um- und Mitwelt. Diese Kontakt-
losigkeit besteht schon auf Grund der geschlossenen Form des
Werkes. Sie verstärkt sich, wenn der Kontext der Erfahrung
bewußt so erweitert wird, daß er unausschreitbar ist. Das Kunstwerk wird in seiner sachlichen Bezogenheit gegenständlich unbestimmt. Geschieht dies, so kann die Funktion von Kunst in der
Gesellschaft nicht mehr eindeutig ausgemacht werden. Dieser
Mangel bedingt die Effektlosigkeit der Kunst in der Gesellschaft
und erhöht damit die Wahrscheinlichkeit ihrer Billigung durch
geschichtliche Kollektivsubjekte. Zugleich kann er sich aber
auch als ein Vorteil erweisen. Der Verzicht auf eindeutige Handlungsanweisungen kann dem Künstler einen Vorsprung vor
anders Handelnden verschaffen. Der Künstler kann imstande
sein, gleichsam kontextfrei zu erleben und dadurch die Signatur
des Vorgegebenen aus dessen Bezug zu allem möglichen anderen
zu entziffern. Allerdings beschränkt er sich nicht auf die nachträgliche Ausdeutung einer vordem schon erfahrenen Wirklichkeit. Er erschließt die Bedeutsamkeit des Lebens des einzelnen
in der Gesellschaft als den Horizont, in dem sich jegliches Handeln vollzieht. Damit vermag er ,,die Einstellung des Betrachters
zur Wirklichkeit dynamisch (zu) verändern"[69]. Er kann in einer
höchst differenzierten und dadurch unüberschaubar gewordenen
Gesellschaft das Reflexionsdefizit dadurch mitbeheben, daß er ge-
sellschaftlich relevante Steuerungsleistungen durchsichtig macht
und das Angebot an unerprobten Erfahrungsweisen und verbind-
lichen Verhaltensmustern erhöht.[70] Grundsätzlich ist dieses Angebot zur Durchformung der Dimension der Lebensstimmungen
nicht abschließbar. Das Kunstwerk ist ,,Träger einer potentiellen
semantischen Energie"[71], die sich nicht erschöpft. Daher kann
sich das seiner bewußte Ich, das ein Kunstwerk ver- oder erfaßt,
auch nicht in dem, was es vollzogen hat, umfassend dargestellt

[68] Ingarden, *VElK*, S. 70.
[69] Mukařovský a.a.O. S. 98.
[70] S. auch Jauss a.a.O. S. 63, 66 und 72.
[71] Muka!ovský a.a.O. S. 96.

finden. Das Vollzogene „opalisiert" [72] und überholt so ständig das Bemühen um Vereindeutigung. Es unterbindet die Überführung des fiktional Entworfenen in Aussagen von „schlichter Behauptungsfunktion" [73]. Das Unterbinden vollzieht sich vor allem dadurch, daß das Kunstwerk die Ausfüllung seiner Unbestimmtheitsstellen erschwert oder verweigert. Dadurch erfährt sich das Ich in Produktion oder Rezeption eines literarischen Gebildes zugleich an das jeweils Eingeholte gebunden und in dessen gestaltetem Umfeld unbegrenzbar auf Weiteres verwiesen. Das Verwiesensein auf Weiteres verweigert ein Verweilen in dem schon Bekannten. Das jeweils Erfaßte wird unterlaufen. Dieses Unterlaufen bezweckt innerhalb der Selbstbeziehung des Ich den Hinweis auf seinen unvordenklichen Grund.[74] Damit dient es einer möglichst umfassenden Verständigung des Ich mit sich hinsichtlich seiner Möglichkeiten. Zugleich ist die Selbstverständigung Selbstverantwortung. Begründbare Selbstverantwortung ist „Verantwortung für die Gemeinschaft" [75] und damit verständigungsgemäß. Die Modalitäten, die eine derartige Selbstverständigung erzielen, gehören deren verständigungsgemäßer Darstellung ebenso an wie der ihr zugehörigen Wirkung auf den Darstellenden oder einen anderen. Die Selbstbesinnung, die ein literarisches Kunstwerk fordert und auslöst, ist von ihm mitbestimmt. Daher ist sie ein wechselbezogenes Element des Dargestellten.[76]

Weil das Kunstwerk in seiner sinnlich überschaubaren Ganzheit vollzugsbedingt ist, erfordert seine sachangemessene Erfassung: im Ausgang von dem und am Leitfaden des in ihm intentional Entworfenen und spezifisch Ausgedrückten bzw. dessen konkreter Aktualisierung im Erleben jene Momente zu analysieren, die einmal für den Entwurf des Geleisteten und zum andern für dessen Nachvollzug konstitutiv sind. Die Analyse der ästhetischen Sinneseindrücke ist mit der des künstlerischen Schaffens zu verbinden. Dabei stehen Entwurf und Nachvollzug des Kunstwerkes nicht beziehungslos nebeneinander. Der Entwurf wird von einem Ich nur geleistet als grundsätzlich verständigungsgemäß.

---

[72] Ingarden, *VElK*, S. 69–71.
[73] Ebd.
[74] Vgl. Henrich a.a.O., bes. S. 11–32.
[75] *Erste Philosophie II* S. 197 f.
[76] S. Ingarden, *LK*, S. 358.

Der Betrachter muß ein Kunstwerk unter dessen Mithilfe in seinem Nacherleben aktualisieren können. Daher verlangt ein Bedenken des Dargestellten immer auch dessen Berücksichtigung als eines von anderen in ,,lebendiger Geschichtlichkeit'' [77] Erlebbaren. ,,Der Begriff der Literatur ist gar nicht ohne Bezug zu dem Aufnehmenden.'' [78] ,,And in this it is right, for the meaning of any beautiful created thing is, at least, as much in the soul of him who looks at it as it was in his soul who wrought it.'' [79] Das Kunstwerk ist in der Tatsache seines wechselseitigen Erlebtseins durch den Produzenten und Rezipienten beschlossen. Produzent und Rezipient bedingen und fordern sich gegenseitig.

[77] Dilthey a.a.O. S. 271.
[78] Gadamer a.a.O. S. 154.
[79] O. Wilde, *The Critic as Artist*, The Complete Works, Vol. V, Intentions, Garden City, N.Y., 1923, S. 158.

ULRICH KARTHAUS

PHÄNOMENOLOGISCHE UND POETISCHE ZEIT
ZUM VERHÄLTNIS VON PHILOSOPHIE UND
DICHTUNG

Am Beispiel des Themas *Zeit* sollen hier Beziehungen zwischen phänomenologischer und existenzialanalytischer philosophischer Reflexion einerseits und poetischer Gestaltung andererseits dargestellt werden. Das Zeitproblem scheint hierzu in besonderem Maße geeignet, da seine Interpretation in der Philosophie und seine Darstellung im gleichzeitigen Roman bei allen Divergenzen doch analoge Ergebnisse zeitigen. Sie lassen den Schluß zu, daß es sich hier wie dort um den Versuch handelt, ein gemeinsames geschichtliches Problem zu lösen.

Edmund Husserls *Vorlesungen zur Phänomenologie des inneren Zeitbewußtseins*, die er im Winter 1904/05 in Göttingen vortrug, eröffnen die philosophische Diskussion des Zeitproblems in diesem Jahrhundert. Wenn ein Literaturwissenschaftler von der ,,Zeitbesessenheit des 20. Jahrhunderts" spricht (,,time-obsession"),[1] so ist mit dieser Formulierung eine historische Erscheinung namhaft gemacht, deren Ursprung sich mit dem Jahre 1905 datieren läßt, in dem auch Albert Einsteins spezielle Relativitätstheorie veröffentlicht wurde.

Husserls Zeitanalysen knüpfen an Brentanos Lehre vom Ursprung der Zeit an. Brentano ging von der Beobachtung aus, daß etwas Wahrgenommenes unmittelbar nach der Wahrnehmung eine Zeitlang gegenwärtig bleibt, auch wenn es nicht mehr unmittelbar gegeben ist. Nur so ist es möglich, eine Melodie wahrzunehmen und nicht bloß einzelne Töne. Brentano nennt dieses Phänomen die ,,ursprünglichen Assoziationen." Zur Zeitvorstellung kommt es, indem die Phantasie dem Wahrgenommenen und noch Erinnerten das Prädikat ,vergangen' hinzufügt. Auf eine

---

[1] A. A. Mendilow: Time and the novel, London 1952.

ähnliche Weise entsteht nach Brentano die Zukunft: in der Phantasie ist es möglich, eine bereits bekannte Melodie auf neue Lagen zu übertragen, so daß in der Erwartung Töne antizipiert werden, die zuvor so nicht erklungen sind.

Die Kritik Husserls an Brentanos Analysen wendet sich vor allem gegen eine von diesem nicht reflektierte Prämisse: ,,sie arbeitet mit transzendenten Voraussetzungen, mit existierenden Zeitobjekten, die ,Reize' ausüben und in uns Empfindungen ,bewirken' und dgl. Sie gibt sich also als eine Theorie vom psychologischen Ursprung der Zeitvorstellung.'' [2] Mit der psychologischen Reflexion Brentanos ist eine erkenntnistheoretische Überlegung verknüpft, insofern die Bedingung der Möglichkeit von Zeitwahrnehmungen erörtert wird, wobei aber der Unterschied von ,,Zeitwahrnehmung'' und ,,Zeitphantasie'' [3] undiskutiert bleibt. Es ist der Unterschied zwischen der Wahrnehmung einer zeitlichen Folge und der Erwartung bzw. der Erinnerung daran. Wenn nämlich bereits die Wahrnehmung eines Zeitobjekts ein Geschöpf der Phantasie wäre, so müßten die Erinnerungen daran füglich ,,Phantasien von Phantasien'' heißen. Oder, wie Husserl zusammenfassend kritisiert: ,,Brentano scheidet nicht zwischen Akt und Inhalt, bzw. zwischen Akt, Auffassungsinhalt und aufgefaßtem Gegenstand.'' [4] Ein zweiter Einwand richtet sich gegen Brentanos Annahme, das Vergangene sei als nichtexistierend aufzufassen, denn ,,In der Tat ist der ganze Bereich der ursprünglichen Assoziationen ein gegenwärtiges und reelles Erlebnis.'' [5]

Um die Schwierigkeiten von Brentanos Theorie zu überwinden, beschreitet Husserl den Weg einer konsequenten phänomenologischen Analyse. Sie beruht auf der Prämisse, die physikalische Zeit aus der Untersuchung auszuschalten und stattdessen die ,,immanente Zeit des Bewußtseinsverlaufes'' [6] zu untersuchen; methodisch ist dies die Abkehr vom Psychologismus. Diese Bewußtseinszeit und ihre Konstitution sind Gegenstand der *Vorlesungen*. Sie beantworten die Fragen, die Brentanos Lehre von den ursprünglichen Assoziationen offen gelassen hatte, durch die Theorie von Retention und Protention, die im ,,Dia-

---

[2] *Zeitbewußtsein* S. 15.
[3] A,a.O. S. 16.
[4] A.a.O. S. 17.
[5] A.a.O. S. 19.
[6] A.a.O. S. 5.

gramm der Zeit" veranschaulicht wird. Sie besagt, daß beim Wahrnehmen eines Zeitobjektes jede Phase kontinuierlich in die Vergangenheit gleichsam absinkt. Dabei ist die jeweils letzte Phase am lebendigsten in der unmittelbaren Erinnerung – der Retention – gegenwärtig, die vorvergangene und die ihr voraufgehenden Phasen indes mit einer entsprechend geringeren Intensität: „Indem immer ein neues Jetzt auftritt, wandelt sich das Jetzt in ein Vergangen, und dabei rückt die ganze Ablaufskontinuität der Vergangenheiten des vorangegangenen Punktes ,herunter,' gleichmäßig in die Tiefe der Vergangenheit." [7] Husserl spricht vom „Kometenschweif" der Retentionen [8], der sich auf die vergangenen Zeitpunkte der gesamten Wahrnehmung bezieht. Von dieser „primären Erinnerung" scheidet er scharf die „sekundäre Erinnerung," die den vergangenen Wahrnehmungsakt spontan zu reproduzieren in der Lage ist. Solche sekundäre Erinnerung weist z.T. dieselben Merkmale auf wie die Wahrnehmung selbst; auf die Unterschiede zwischen beidem soll hier nicht eingegangen werden.[9] Analog zur Vergangenheit in der Retention konstituiert sich die Zukunft in der Protention. Wie jeder Augenblick seinen Vergangenheitshorizont hat, so wird sein „Zeithof" erst vollständig durch die Erwartung von noch ausstehenden Ereignissen. Die Protention ist als „Erwartungsanschauung umgestülpte Erinnerungsanschauung" [10], freilich mit Leerstellen, die erst beim Vollzug der erwarteten Wahrnehmung mit Inhalt erfüllt werden können.

Indem die Retentionen sich immer weiter in den Hintergrund schieben, ändern sie scheinbar ihre Zeitstelle. Es fragt sich, wie sich demgegenüber ein Bewußtsein physikalisch-objektiver Zeit – d.h. die Möglichkeit der Lokalisation einmaliger Zeitstellen – konstituieren kann. Diese Objektivierung wird vom „Zeitbewußtsein" vollzogen. Es behält die Identität jedes wahrgenommenen Zeitobjektes zugleich mit der Zeitstelle. Sie gehört konstitutiv zum Zeitobjekt hinzu: „Absolut dasselbe c jetzt und später ist empfindungsmäßig gleich; aber individuell ein anderes." [11] Die

---

[7] A.a.O. S. 28.
[8] A.a.O. S. 30.
[9] Vgl. a.a.O. §§ 19 ff. Ein wesentlicher Unterschied ist z.B. die Freiheit in der erinnernden Vergegenwärtigung.
[10] A.a.O. S. 56.
[11] A.a.O. S. 67.

ständig absinkenden Modifikationen einzelner Augenblicke und Jetzt-Data stellen den absoluten, mit sich selbst identischen einzigen Zeitfluß her. Husserl beschreibt diesen ,,Fluß'' als ,,absolute Subjektivität,'' die ,,die absoluten Eigenschaften eines im Bilde als ‚Fluß' zu Bezeichnenden'' hat [12]; sie erzeugt die Zeitcharaktere der Eindimensionalität, der Irreversibilität und Kontinuität.

Die hier kurz zusammengefaßten Analysen Husserls haben vor allem auf Martin Heideggers ,,Sein und Zeit'' gewirkt. Diese Aufnahme und Interpretation von Husserls Zeitanalysen hat später eine Popularität gewonnen, die den grundlegenden Erörterungen Husserls vorenthalten blieb: aus welchen Gründen auch immer.

Zahlreiche sachliche Entsprechungen zwischen Husserls und Heideggers Zeitanalysen werden auf den ersten Blick durch eine andere Terminologie verdeckt; Heideggers Affinität aber zur Phänomenologie wird noch in seinem 1961 edierten Nietzsche-Buch deutlich, wo der Ruf nach ,,den Sachen selbst,'' die ursprüngliche Losung der Phänomenologie, artikuliert wird.[13]

Dies, obschon Heidegger von einer anderen Problemstellung ausgeht, von der Frage ,,nach dem Sinn von Sein.'' Sie wird in Angriff genommen durch eine Analytik des Daseins, des Menschen. Diese Analysen haben häufig den Blick auf *Sein und Zeit* in gewisser Weise verstellt: es hatte den Anschein, als werde hier Moralphilosophie getrieben, die den Zeitgenossen der zwanziger Jahre als Botschaft erschien. Schuld daran waren nicht zuletzt manche Passagen des Buches selbst, sein ,,zeitkritischer Affekt'' (mit einer Formulierung Ludwig Landgrebes).[14]

Heidegger bestimmt das Dasein als ,,Möglichkeit'' – nicht im Sinne einer modalen Kategorie, sondern: Dasein ist ,,primär Möglichsein.'' Es ist durch Möglichkeiten charakterisiert und gewinnt seine existentielle Situation durch das Verhalten zu seinen Möglichkeiten. Indem es so ,,Sich-vorweg'' ist, ist es durch Zukunft bestimmt. Zukunft meint nicht – wie bei Husserl – einen Erwartungshorizont noch ausstehender Wahrnehmungsakte, sondern ,,die Kunft, in der das Dasein in seinem eigensten

---

[12] A.a.O. S. 75.

[13] M. Heidegger: *Nietzsche*, Pfullingen 1961, Bd. I, S. 37.

[14] Ein Dokument dieser Wirkung ist z.B. die Rezension B. v. Wieses in der Vossischen Zeitung vom 25. III. 1928: ,,Martin Heideggers Philosophie spricht aus, was wir sind. Sie bringt das philosophische Bewußtsein unserer Zeit vor sich selber.''

Seinkönnen auf sich zukommt"[15]. Vergangenheit ist entsprechend nicht ein Spiegelbild der Zukunft als eine Reihe einmal gewesener Jetztpunkte, sondern sie entsteht erst auf dem Grunde von Zukunft. Zur Kennzeichnung dieser Struktur wird der Terminus „Vergangenheit" zurückgewiesen und der Titel „Gewesenheit" eingeführt: „Dasein kann nur eigentlich gewesen *sein*, sofern es zukünftig ist. Die Gewesenheit entspringt in gewisser Weise der Zukunft." In dieser Struktur von Zeitlichkeit wird der Gegenwart ein Ort zugewiesen, der sie über die bloße Bedeutung eines Jetztpunktes hinaushebt. Indem das Dasein auf die Zukunft aus ist, da die „vorlaufende Entschlossenheit" seine Existenz bestimmt, wird so auch allererst die jeweilige Situation in der Gegenwart erschlossen. Gegenwart ist das „Sein-bei (innerweltlich Begegnendem)"; sie ist in gleicher Weise wie Zukunft und Gewesenheit auf die Sorge als Konstituens bezogen. Alle drei machen zusammen Zeitlichkeit aus: „Dies dergestalt als gewesend-gegenwärtigende Zukunft einheitliche Phänomen nennen wir die Zeitlichkeit."[16] Sie erst ermöglicht als Zusammenspiel von Faktizität (Gewesenheit), Verfallen (Gegenwart) und Sich-vorweg (Zukunft) dem Dasein das Ganzseinkönnen. Jeweils ist in diesen Strukturen auf etwas verwiesen, das das Dasein nicht selbst ist, sondern was „außer ihm" ist; das „zu...," „auf...," „bei..." der Zeitlichkeit erweist diese als „das Ekstatikon schlechthin."[17] Diese über das Dasein und seine Momentanwirklichkeit hinaustendierenden Strukturen bestimmen erst die volle Wirklichkeit des Augenblicks. Die Zukunft hat bei dieser „Zeitigung der Zeitlichkeit" einen Vorrang: zwar entspringt Zeitlichkeit nicht in einem Nacheinander, aber erst aus dem „Sich-vorweg" des Daseins konstituiert sich Zeitlichkeit.

Der Terminus darf nicht gleichgesetzt werden mit „Zeit" oder gar mit der „ursprünglichen Zeit," die erst im Kantbuch bestimmt wird: „Die transzendentale Einbildungskraft vielmehr läßt die Zeit als Jetztfolge entspringen und ist deshalb – als diese entspringenlassende – die ursprüngliche Zeit."[18] Im Begriff Zeit wird stets das Nacheinander mitgedacht – eine Vorstellung, die

---

[15] M. Heidegger: *Sein und Zeit*, [7]1953, im folgenden SuZ., hier S. 325.
[16] SuZ., S. 326.
[17] SuZ., S. 329.
[18] M. Heidegger: Kant und das Problem der Metaphysik, [2]Frankfurt 1951, S. 160.

Heidegger für den Begriff „Zeitlichkeit" ausdrücklich ablehnt. Sie ist vielmehr das Verhalten des Daseins zum Nacheinander, oder genauer: zu sich selbst und zur Welt überhaupt. In der Zeitlichkeit sind als in der ursprünglichen Einheit der Sorge-struktur alle „Existenzialien" fundiert. Zugleich ist darin „Welt" gegeben.

Im Vorwort zu den von ihm 1928 herausgegebenen *Vorlesungen zur Phänomenologie des inneren Zeitbewußtseins* schreibt Heidegger: „Entscheidend wird dabei" – sc. bei der Herausarbeitung der Selbstkonstitution der phänomenologischen Zeit – „die Heraus-stellung des intentionalen Charakters des Zeitbewußtseins und die wachsende grundsätzliche Klärung der Intentionalität über-haupt. (...) Auch heute noch ist dieser Ausdruck kein Losungs-wort, sondern der Titel eines zentralen Problems." [19]

Diese Bemerkung Heideggers setzt seine eigenen Analysen der Zeitlichkeit in einen engen Bezug zu den *Vorlesungen* Husserls. Die formalen Strukturen der „phänomenologischen Zeit," die sich in der absoluten Subjektivität des Bewußtseinsflusses kon-stituiert, und der „Zeitlichkeit," die in der „eigentlichen Zeit," der transzendentalen Einbildungskraft, entspringt, entsprechen einander. Ein äusserer Unterschied besteht in der stärkeren Ak-zentuierung der Retention als Konstituens der phänomenologi-schen Zeit bei Husserl und der Betonung der Zukunft als der Bedingung für Zeitlichkeit bei Heidegger. Zeit ist in beiden Inter-pretationen nicht eine pure Abfolge von Jetztpunkten, sondern sie entsteht erst durch die Intention auf Vergangenheit und Zukunft. Zeit ist in beiden Fällen Intentionalität. Nach Husserl konstituiert sie sich anläßlich des Bewußtseins von Zeitobjekten; nach Heidegger zeitigt sich die Zeitlichkeit, indem das Dasein ist. In beiden Analysen ist der gleiche systematische Ort gemeint, wenngleich Heidegger den Terminus „Subjektivität" vermeidet, wie er überhaupt alles Gewicht darauf legt, seine Philosophie gegen den Subjekt-Objektgegensatz der traditionellen Ontologie abzugrenzen. Jedoch ist der Begriff „absolute Subjektivität" in-sofern dem des Daseins analog, als beide durch die Intentionali-tät des Zeitbewußtseins bestimmt werden. Mithin ließe sich der

---

[19] *Edmund Husserls Vorlesungen zur Phänomenologie des inneren Zeitbewußtseins*, herausgegeben von Martin Heidegger, in: Jahrbuch für Philosophie und phänomeno-logische Forschung, Bd. IX, Halle a. d. S. 1928, S. 367.

Unterschied zwischen der phänomenologischen Zeit und der Zeitlichkeit als ein Vordringen Heideggers zu weiteren, umfassen-
deren Strukturen des Daseins beschreiben als es das Bewußtsein
ist.

Was beide Theorien von der Zeit indes gegenüber früheren –
etwa gegenüber Kants Lehre von der Zeit als Anschauungsform
des inneren Sinnes – unterscheidet, ist die starke Akzentuierung
des *Augenblicks*, der zum Schlüssel für das Verständnis der Zeit
wird. Der Augenblick – Husserl spricht vom Jetztpunkt – ist bei
beiden Denkern als formal analoge Struktur verstehbar: die
Wahrnehmung der Zeit bestimmt sich, dem Diagramm der Zeit
zufolge, in der ,, ,Längs-Intentionalität' '' [20]; d.h.: vom Augenblick aus stellt sich das Bewußtsein vom gegenwärtig erklingen-
den Ton einer Melodie her etwa auf das ,, ,zugleich' damit Reti-
nierte'' ein. Der ,,Augenblick'', wie ihn *Sein und Zeit* bestimmt,
umfaßt die Zukunft, in der das Dasein auf sich selbst und seine
Möglichkeiten zukommt, die Gewesenheit, die es in der jeweiligen
Lage bestimmt, und die Gegenwart, die es bei der Welt sein
läßt.[21] Erst der *Augenblick* in dieser voll ausdefinierten Bedeutung
ist die ganze Momentanwirklichkeit, in der sich das Dasein zeitigt, und das heißt: ist.

Nicht auszurotten scheint die Ansicht, Dichtung unterscheide
sich von Philosophie, indem der Dichter – dem es um dieselben
Probleme gehe wie dem Philosophen – nicht wie dieser exakte
Begriffe verwende, sondern sich stattdessen ungenauer, viel-
deutiger Bilder bediene. Es fragt sich demgegenüber, weshalb
dann der Poet nicht ebenfalls philosophiere, sondern den müh-
samen Umweg über eine Einkleidung seiner Gedanken geht.
Denn etwa gleichzeitig mit den philosophiegeschichtlich als

[20] *Zeitbewußtsein* S. 81.
[21] Man mag in dieser Struktur – die nur dann als identisch angesehen werden kann,
wenn man von den verschiedenen interpretatorischen Absichten Husserls und Heideggers abstrahiert – eine Abhängigkeit von den Zeitanalysen Augustins im XI. Buch
der ,,*Confessiones*'' erblicken, auf die sich Husserl in der Einleitung seiner *Vorlesungen*
beruft (*Zeitbewußtsein* S. 4). Bei Augustinus werden Zukunft und Vergangenheit
ebenfalls aus der Gegenwart gesehen: ,,*Quod autem nunc liquet et claret, nec futura
,sunt' nec praeterita, nec proprie dicitur: tempora ,sunt' tria, praeteritum, praesens et
futurum, sed fortasse proprie diceretur: tempora ,sunt' tria, praesens de praeteritis,
praesens de praesentibus, praesens de futuris. Sunt enim haec in anima tria quaedam
et alibi ea non video, praesens de praeteritis memoria, praesens de praesentibus contuitus,
praesens de fururis expectatio.*'' (Augustinus: *Confessiones* XI, 20, ed. J. Bernhart,
München 1955, S. 640 ff.).

„Zusammenbruch des deutschen Idealismus" zu bezeichnenden Vorgängen zeigt sich auch, daß die durch eine klassische Ästhetik bestimmte „Kunstperiode" endet. Die Dichtung tritt nach dem Tode Goethes nicht mehr mit dem Anspruch auf, absolute Wahrheit zu vermitteln, sondern sie präsentiert Modelle von möglichen Reaktionen gegenüber einer Wirklichkeit, auf deren umfassende, gültige Deutung sie verzichten muß.[22]

Wenn daher im folgenden zwei große Romane der zwanziger Jahre in Beziehung zu Husserls und Heideggers Zeitanalysen gesetzt werden, geht es nicht darum, Filiationen aufzuweisen: weder auf Thomas Mann noch auf Robert Musil haben Phänomenologie und Existenzialphilosophie direkte, historisch nachweisbare Einflüsse ausgeübt. Es geht auch nicht darum, zufällige Übereinstimmungen von Formulierungen aufzuspüren.[23] So reizvoll dies unter Umständen sein mag: gewonnen ist damit wenig. Vielmehr sollen hier *Strukturen* [24] von Dichtungen aufgezeigt werden, die in Analogie zu den von Husserl und Heidegger philosophisch analytisch reflektierten Zeitbegriffen stehen. Aus solcher Analogie – die die Identitäten und Differenzen poetischer Strukturen und philosophischen Denkens demonstriert – lassen sich möglicherweise Rückschlüsse auf den historischen Ort der Dichtung wie der Philosophie ziehen.

Thomas Manns *Zauberberg* aus dem Jahre 1924 kann – ähnlich wie Robert Musils *Der Mann ohne Eigenschaften* – als transzendentaler Roman bezeichnet werden. „Transzendental": damit soll nicht an Kants Kritizismus erinnert werden, sondern nur eine Reflexion auf die Bedingungen der Möglichkeit bezeichnet

[22] Vgl. zum Ende der „Kunstperiode" W. Preisendanz: Der Funktionsübergang von Dichtung und Publizistik bei Heine, in: H. R. Jauß (Hrsg.): Die nicht mehr schönen Künste. Grenzphänomene des Ästhetischen, München 1968, S. 343–374.

[23] Beispielsweise findet sich in *Sein und Zeit* die Aussage: „Die Zeitlichkeit ‚ist' überhaupt kein *Seiendes*. Sie ist nicht, sondern *zeitigt* sich." (SuZ., S. 328). Der Satz ließe sich in Beziehung setzen zu einer Erzählerreflexion im *Zauberberg* Thomas Manns, in der es heißt: „Die Zeit ist tätig, sie hat verbale Beschaffenheit, sie ‚zeitigt'. " *Der Zauberberg* wird zitiert nach der Ausgabe Berlin 1955, im folgenden: Z., hier Z. S. 489.

[24] Unter „Struktur" sollen dabei nicht formale Qualitäten des Kunstwerkes verstanden werden – also etwa Versmaß oder Rhythmus – sondern das der Dichtung zugrundeliegende Gesetz, aus dem sich jene erklären. Ausdruck solcher Struktur sind keineswegs nur rein „formale" Bestandteile eines literarischen Kunstwerkes, sondern ebenso Personen, die darin auftreten, Gedanken, die sie äußern – kurz: alle überhaupt erkennbaren Elemente eines poetischen Gebildes sowie die Konnotationen, die sich zwischen ihnen herstellen lassen.

werden, unter denen sich die Welt präsentiert. Anstelle des traditionellen Entwicklungsromans, der seinem Helden am Ende den sozialen und moralischen Ort seines ferneren Lebens zuwies, tritt die Reflexion auf die mögliche Bestimmung dieses Ortes. Alle Einzelbestimmungen sozialer und moralischer Art, die dem empirischen Individuum zukommen, werden deshalb ausgeschaltet oder wenigstens relativiert. Denn ehe sie zum Modell erhoben werden können, ist eine Reflexion auf ihre Voraussetzungen erforderlich.

Adäquater Ausdruck dieser Reflexion ist zunächst die Ironie: primär nicht im Sinne der Romantik verstanden als Selbstrepräsentation des Kunstwerkes,[25] sondern als kontinuierliche Spiegelung eines Motivs im anderen, eines Gedankens in seinem Gegenteil. „Eine Ironie, die ‚keinen Augenblick mißverständlich‘ ist, –‘‘ läßt Thomas Mann seinen Hans Castorp fragen „was wäre denn das für eine Ironie, frage ich in Gottes Namen, wenn ich schon mitreden soll?‘‘ [26] Sie muß mißverständlich sein, weil sie das Unmißverständliche, Eindeutige nicht artikulieren kann. Ironie ist für den Autor wie für sein Geschöpf die Reflexions- wie Ausdrucksform einer höchstentwickelten alexandrinisch-historischen Intelligenz, der nichts Einzelnes mehr als Fixum und endgültig erscheinen kann. Musil seinerseits kommt zu einer noch weitergehenden Definition der Ironie: „Ironie ist: einen Klerikalen so darstellen, daß neben ihm auch ein Bolschewik getroffen ist. Einen Trottel so darstellen, daß der Autor plötzlich fühlt: das bin ich ja zum Teil selbst. Diese Art Ironie – die konstruktive Ironie – ist im heutigen Deutschland ziemlich unbekannt. Es ist der Zusammenhang der Dinge, aus dem sie nackt hervorgeht.‘‘ [27] Das heißt: Ironie ist keine Veranstaltung des Poeten, keine „Verstellung‘‘ wie in der rhetorischen Tradition, sondern eine Weise, in der sich die Welt präsentiert. Sie ist „konstruktiv,‘‘ sofern sie auf die Welt und die Möglichkeiten ihrer Erkenntnis und Beherrschung reflektiert. Es geht ihr um eine „Darstellung konstituierender Verhältnisse.‘‘ [28] Äußeres Kennzeichen solcher Ironie

---

[25] Vgl. vor allem I. Strohschneider-Kohrs: *Die romantische Ironie in Theorie und Gestaltung*, 1960.

[26] Z., S. 316.

[27] R. Musil: *Der Mann ohne Eigenschaften*, Hamburg 1952, im folgenden MoE., hier S. 1645.

[28] MoE., S. 1640.

ist der Umfang der beiden großen Romane. Beide Poeten ent-
schuldigen sich dafür: Thomas Mann schreibt im ,Vorsatz' des
Romans: „Ohne Furcht vor dem Odium der Peinlichkeit, neigen
wir vielmehr der Ansicht zu, daß nur das Gründliche wahrhaft
unterhaltend sei."[29] Und Musil notiert sich: „Die unnötige
Breite. Eine Funktion des Verständnisses."[30] Er erklärt sie ausdrücklich mit der „Leidenschaft" seines Romans „nach Richtig-
keit, Genauigkeit"[31].

Thomas Manns *Zauberberg* erzählt die Geschichte eines jungen
Mannes aus großbürgerlichem Hause, der seinen an Tuberkulose
erkrankten Vetter in Davos besucht. Dort diagnostiziert man
auch bei ihm die Krankheit, und unter dem Vorwand, sie zu
heilen, verweilt er sieben Jahre im Sanatorium, überlebt dort
seinen Vetter und vergißt gänzlich sein ursprünglich geplantes
Leben: bis er mit dem „Donnerschlag" des Kriegsbeginns 1914
aus seiner Verzauberung durch den Geist des Ortes erlöst wird.
Der Leser verliert ihn im Kugelregen der Langemarck-Schlacht
aus den Augen.

Der Geist des Ortes: das sind die pädagogischen Einflüsse, die
sich Hans Castorps annehmen und ihn auf ihre Seite ziehen
wollen. Da ist einerseits Madame Chauchat, die tatarenäugige
Russin, in die er sich verbotener Weise verliebt und in deren
Person er den „Genius des Ortes" „erkennt" und „besitzt".[32]
Ihr Antagonist ist der aufgeklärte Rhetor-Bourgeois Settembrini,
Freimaurer und Literat, der den jungen Adepten zur Entscheidung für Fortschritt und Humanität aufruft. Im zweiten Teil des
Romans tritt der Jesuit Naphta hinzu, mit dem es aber „nicht
ganz richtig" ist: er wandelt sich im Laufe der Dispute, die er mit
Settembrini um die Seele des zwischen beiden unentschieden ein-
hergehenden Castorp ausficht, zu einem marxistischen Terrori-
sten. Endlich tritt gegen Ende des Romans die bizarre Gestalt des
Mynheer Peeperkorn auf, die in ihrer Person einen antiintellek-
tuellen Vitalismus vertritt. Mit diesen wichtigsten Personen sind
indes noch nicht alle Einflüsse bezeichnet, denen Hans Castorp
ausgesetzt ist: er befaßt sich in seiner Balkonloge mit Botanik

[29] Z., S. 6.
[30] MoE., S. 1645.
[31] MoE., S. 1640.
[32] Z., S. 496.

und Anatomie, mit Astronomie und später mit Musik. Von bildender Kunst wird gesprochen und von mittelalterlicher Geschichte: weite Bezirke des zeitgenössischen Wissens werden innerhalb des Romans abgeschritten.

Die ,,Verzauberung'' Hans Castorps, die all seine Bildungserlebnisse erst ermöglicht, ist aber begründet in einer für das Sanatoriumsleben spezifischen Weise der Zeiterfahrung. Schon am ersten Tage seines Aufenthaltes gewöhnt sich der Gast daran, die Zeit in seinem Bewußtsein aufzuheben. So erscheinen ihm die Patienten während des Mittagessens an ihren Tischen, ,,als seien sie nie davon aufgestanden'' [33], d.h., als sei die Zeit zwischen den Mahlzeiten negiert. Es kommt endlich während der sieben Jahre zu einer ,,großen Konfusion'' hinsichtlich der Zeit, die ,,die Gefühlsbegriffe oder die Bewußtseinslagen des ,Noch' und des ,Schon wieder' '' [34] ununterscheidbar werden lassen.

Diese Zeiterfahrung und der sie bedingende siebenjährige Sanatoriumsaufenthalt ist ermöglicht durch die moralische Situation des Romanhelden. Sein ,,sittliches Befinden'' wird so charakterisiert: ,,Wenn das Unpersönliche um ihn her, die Zeit selbst der Hoffnungen und Aussichten bei aller äußeren Regsamkeit im Grunde entbehrt, wenn sie sich ihm als hoffnungslos, aussichtslos und ratlos heimlich zu erkennen gibt und der bewußt oder unbewußt gestellten, aber doch irgendwie gestellten Frage nach einem letzten, mehr als persönlichen, unbedingten Sinn aller Anstrengung und Tätigkeit ein hohes Schweigen entgegensetzt, so wird gerade in Fällen redlicheren Menschentums eine gewisse lähmende Wirkung solches Sachverhaltes fast unausbleiblich sein, die sich auf dem Wege über das Seelisch-Sittliche geradezu auf das physische und organische Teil des Individuums erstrecken mag.'' [35] Damit wird angedeutet, daß Hans Castorps vorgebliches Lungenleiden in Wahrheit das Leiden seiner Epoche ist. Die Entwirklichung der Zeit, die der Roman immer wieder an seinem Helden exemplifiziert, ist in Wahrheit die Entwirklichung seiner Welt. Hier ist der Grund, weshalb der Romancier seinem Helden kein Entwicklungsziel zuweisen kann, sondern in der be-

[33] Z., S. 107.
[34] Z., S. 768.
[35] Z., S. 48.

ständigen Reflexion all seiner möglichen und wirklichen Motivationen fortschrittslos auf der Stelle tritt.[36]

Diese Entwirklichung der Zeit zeigt sich nun immer wieder im Augenblick: nicht nur die Erlebnisse der Ununterschiedenheit von ‚noch' und ‚schon wieder' sind an den Augenblick gebunden, sondern auch weitergehende, fast mystische Zeitaufhebungen, die Hans Castorp dreimal erfährt: Während eines Spazierganges, als er sich auf einer Bank ausruht, wird er in eine frühere Situation entrückt. Ihm träumt, er befinde sich als Pennäler auf dem Schulhofe und leihe sich von einem Mitschüler einen Bleistift. Dieser Mitschüler trägt eigentümlicherweise die Gesichtszüge der Madame Chauchat. Der Augenblick der Entrückung auf der Bank ist nun nicht nur eine Erinnerung an dies frühere Erlebnis, sondern zugleich die Antizipation eines späteren: in der „Walpurgisnacht," dem Karnevalsabend, der als 29. Februar aus dem Kalender fällt, wird sich Hans Castorp von Madame Chauchat abermals einen Bleistift leihen.

Diese Begegnung mit der Russin, bei der er zum ersten Male mit ihr spricht, ist ein ähnlicher Augenblick der Entrückung aus Zeit und Welt; Hans Castorp selbst spricht von der „Ewigkeit," die er erfahre: „être assis près de toi comme à présent, voilà l'éternité." [37] Die Szene ist nicht nur eine Erfüllung der Liebe und Sehnsucht zu Madame Chauchat – prädisponiert in der homoerotischen pubertären Zuneigung zu dem ihr ähnelnden Mitschüler – sondern zugleich die Verdichtung nahezu aller Motive des Romans, die hier im Gespräch anklingen. Die „Ewigkeit" ist nicht das Erlebnis einer transzendenten Wirklichkeit, sondern sie verdichtet Erfahrungen und Erwartungen, die die Welt darbietet.

Ein dritter derartiger Augenblick, ebenfalls ein ideelles Zentrum des Romans, wird im „Schnee"-Kapitel beschrieben. Castorp träumt von einem humanen Leben in antik-archaischer Umgebung; die Fragen, mit denen sein Bildungsgang ihn konfrontiert hat, beantworten sich ihm visionär. Seine Erkenntnis

[36] Ich habe die Darstellung der Zeit im *Zauberberg* ausführlich abgehandelt in einem Aufsatz – „Der Zauberberg" – ein Zeitroman (Zeit, Geschichte, Mythos), in: Deutsche Vierteljahrsschrift f. Literaturwissenschaft u. Geistesgeschichte 44, 1970, S. 269–305 – auf den ich mich hier gelegentlich beziehe, ohne dies jeweils im einzelnen deutlich zu machen.
[37] Z., S. 478.

wird als Sentenz formuliert: ,,*Der Mensch soll um der Güte und Liebe willen dem Tode keine Herrschaft einräumen über seine Gedanken.*'' [38] Indes ist die Einsicht an einen flüchtigen Moment gebunden; sobald ihn die Sanatoriumsatmosphäre wieder umgibt, heißt es: ,,Was er geträumt, war im Verbleichen begriffen. Was er gedacht, verstand er schon diesen Abend nicht mehr so recht.'' [39]

Hans Castorps Geschichte ist die Geschichte einer zeitlosen Existenz: zwar sind die sieben Jahre seines Sanatoriumsaufenthaltes mit dem Kalender nachweisbar, aber für sein subjektives Empfinden wird die Zeit immer wieder getilgt. Diese Erlebnisse eines Romanhelden ließen sich leicht mit der Terminologie von Husserls *Vorlesungen* oder Heideggers *Sein und Zeit* beschreiben.[40] Mit solcher intellektuellen Spielerei ist wenig gewonnen; die Beziehung indes, die der *Zauberberg* darüber hinaus gleichwohl zur Zeittheorie von *Sein und Zeit* unterhält, liegt in seiner Struktur des *Augenblicks*. Der Begriff wird für den Roman zum Schlüssel für das Erlebnis der Zeit, ähnlich wie er in Husserls und Heideggers Zeittheorien zur Grundlage ihres Verständnisses wurde.

Heidegger fragt in *Sein und Zeit* nach dem ,,Sinn von Sein''; er betreibt zur Beantwortung dieser Frage ,,Fundamentalontologie,'' die er im Kantbuch definiert: ,,Die Fundamentalontologie ist die zur Ermöglichung der Metaphysik notwendig geforderte Metaphysik des menschlichen Daseins.'' [41] Husserl legt in den *Vorlesungen* eine ,,Analyse des Zeitbewußtseins'' vor. Beiden Denkern geht es bei ihren Bemühungen um prinzipiell gültige, allgemeine Erkenntnisse: auch wenn – gemäß der Relativitätstheorie Einsteins – bei einer Reise zur Milchstraße mit Lichtgeschwindigkeit die Reisezeit dem Wert Null angenähert würde, bliebe doch die Art ihrer Wahrnehmung mit dem von der Phänomenologie Husserls entwickelten begrifflichen Instrumentarium beschreibbar als ein Kontinuum von Retentionen und Protentionen im Bewußtseinsfluß.

---

[38] Z., S. 701.
[39] Z., S. 703.
[40] Eine ältere Dissertation geht so vor; vgl. E. Eiffert: *Das Erlebnis der Zeit im Werke Thomas Manns*, Diss. Frankfurt/M. 1948 (Masch.). Auch R. Thiebergers Arbeit: *Der Begriff der Zeit bei Thomas Mann. Vom Zauberberg zum Joseph*, Baden-Baden 1952 verfährt einseitig dogmatisierend, indem sie sich auf Bergson beruft.
[41] M. Heidegger: *Kant*, a.a.O., S. 13.

Der Romanautor genießt demgegenüber die Freiheit seiner Imagination: er ist Poet, Schöpfer einer fiktiven Welt. Seine Aussagen über die Zeit innerhalb des Romans – befragt man sie im Vergleich mit philosophischen Äußerungen nach ihrem Erkenntniswert – bleiben bemerkenswert substanzlos und irrelevant. Auch psychologisch im wissenschaftlichen Sinne sind die Erlebnisse des Romanhelden nicht sehr bedeutungsvoll: daß dieselbe Strecke physikalischer Zeit verschiedenen Personen länger und kürzer erscheinen kann, ist eben keine neue Erkenntnis. Wenn gleichwohl beide Ansichten von nahmhaften Interpreten vertreten werden – Ernst Robert Curtius nennt den *Zauberberg* einen ,,metaphysischen Roman'', Richard Thieberger ein ,,eminent psychologisches Werk'' [42] – so drückt sich darin nicht nur eine Unsicherheit in der Beurteilung dieses komplexen Romans aus, sondern eine prinzipielle Unsicherheit über das Wesen von Dichtung. Das Vorurteil scheint unüberwindlich, es hätten die Sätze eines poetischen Wetkes einen bestimmten Sinn außerhalb seiner. Der Roman führt ein Spiel auf, dessen Elemente psychologischer, metaphysischer, historischer Herkunft sein mögen: es geht nicht um ihren logischen oder Sach-Zusammenhang, sondern um ihren gleichsam ,,musikalischen'' Zusammenhang, um ihre durch Konnotationen bedingte Brauchbarkeit für die Struktur des Werkes.

Dies wird an einem anderen Beispiel mindestens ebenso deutlich, Musils Roman *Der Mann ohne Eigenschaften*, der mit dem *Zauberberg* manche Gemeinsamkeiten aufweist. Auch Ulrich, der Held dieses Romans, zieht sich vom aktiven Leben zurück, auch er betritt einen freien Raum experimentierenden Daseins, die ,,Parallelaktion'', die sich zum Ziel gesetzt hat, für das siebzigjährige Thronjubiläum Franz Josefs I. eine leitende Idee zu suchen, die Österreich-Ungarn zum Weltmittelpunkt machen soll. Auch der Mann ohne Eigenschaften ist auf der Suche nach dem rechten Leben, nach einem moralischen Ort seiner Existenz. Auch seine Suche mißlingt: zwar ist der Roman Fragment geblieben, aber seine Konzeption sah vor, ihn mit dem Ausbruch des Ersten Weltkrieges enden zu lassen, der Ulrich seiner Entscheidung überhebt. Auch das im zweiten Teil breit ausgeführte Experi-

[42] Curtius: vgl. Luxemburger Zeitung, 9. I. 1925; Thieberger: a.a.O., S. 62.

ment, mit der Schwester gemeinsam einen „anderen Zustand,"
eine unio mystica, zu erreichen, war auf sein Scheitern hin konzipiert.

Auch dieses Buch ließe sich mit gutem Grund als „philosophischer" oder „psychologischer" Roman bezeichnen: lange Strecken
essayistischer Reflexionen auf hohem Niveau verdrängen durch
ganze Kapitel jede Art von romanhafter „Handlung". Auch
Ulrich erlebt immer wieder Modifikationen seines Zeitbewußtseins, indem er sich auf „rasch wieder aufgelöste Inseln eines
zweiten Bewußtseinszustandes" [43] begibt. Die Welt präsentiert
sich ihm nicht als kontinuierlicher Erfahrungszusammenhang,
da ihm die primäre Voraussetzung jeder kohärenten Welterfahrung, das Zeitbewußtsein, in dem jedes Objekt seine unverwech-
selbare Stelle hat, abhanden gekommen ist. Der Roman spiegelt
in der Art, wie die wenigen als „Handlung" greifbaren Erlebnisse
seines Helden aneinander geknüpft sind, diese Art dissoziierender
Zeitwahrnehmung. Die einzelnen Kapitel beginnen etwa mit
Worten wie „Kurz darauf", „In den folgenden Wochen", „Zu
dieser Zeit", „Einmal", „Inzwischen", „damals", „Eines Tages",
„lange", „abermals" usf.[44] Wie Thomas Mann seinen Romanhelden in die verdünnte Zeit des Höhenluftkurortes versetzt, um
ihn dort einer neuen Welterfahrung zuzuführen, stellt Musil in
seinem Roman eine Art disjunktiver Zeit her, in der der Mann
ohne Eigenschaften die Welt als Reihe von Bruchstücken einer
Erfahrung erlebt. Musil selbst schreibt gelegentlich: „Das Problem: wie komme ich zum Erzählen, ist sowohl mein stilistisches
wie das Lebensproblem der Hauptfigur, (...)." [45]

Selbstverständlich gibt es auch innerhalb dieses poetischen Ex-
perimentierraumes Zeiterfahrungen, die man phänomenologisch
beschreiben könnte. So wird etwa das Klavierspiel eines Ehe-
paares wie folgt erzählt: „Im nächsten Augenblick waren Clarisse
und Walter wie zwei nebeneinander dahinschießende Lokomo-
tiven losgelassen. Das Stück, das sie spielten, flog wie blitzende
Schienenstränge auf ihre Augen zu, verschwand in der donnern-
den Maschine und lag als klingende, gehörte, in wunderbarer

---

[42] MoE., S. 118.
[44] Vgl. vom Vf.: *Der Andere Zustand. Zeitstrukturen im Werke Robert Musils*,
Berlin 1965.
[45] R. Musil: *Prosa, Dramen, späte Briefe*, Hamburg 1967, S. 726.

Weise gegenwärtig bleibende Landschaft hinter ihnen."[46] Man könnte diese Textstelle als Paraphrase von Husserls „Diagramm der Zeit" ansehen: aufgelöst in Metaphern, wird hier dasselbe Phänomen der Zeitwahrnehmung beschrieben wie in der Theorie von Retention und Protention. Es wird aber keine streng begriffliche Aussage argumentierend entwickelt, sondern in einem Bilde ereignet sich etwas Kontingent-Konkretes, dessen allgemeine Relevanz nicht diskutiert wird. Vielmehr geht es um die Wirkung des Ereignisses auf die poetische Person: Dichtung hat es mit der einzelnen, typischen Gestalt von Bewußtseinsvorgängen zu tun. Ihre Beschreibung ist anders beschaffen als die Darstellung im Zusammenhang der philosophischen Abhandlung. Zwar bedient sich auch Husserl einiger Metaphern, wenn er vom Kometenschweif der Retentionen spricht oder vom Bewußtseinsfluß. Daß diese Metaphern weniger zahlreich sind als im poetischen Text, bedingt noch nicht den grundsätzlichen Unterschied beider Darstellungsweisen. Diese prinzipielle Differenz liegt vielmehr in dem modellhaften Aufforderungscharakter, den der poetische Text kraft seiner Formulierungen besitzt. Die Bilder „Kometenschweif" und „Fluß" hingegen sind durch den Zusammenhang von Husserls *Vorlesungen* eindeutig – man wird bei der Rede vom Bewußtseins*fluß* kaum an bewaldete Ufer denken.

In seiner Abhandlung *Die Appellstruktur der Texte* spricht Wolfgang Iser von den „Leerstellen" poetischer Texte.[47] Sie bewirken, daß jede Bestimmung, die ein fiktionaler Text präsentiert, jeweils nur eine Perspektive auf den fiktiven Gegenstand eröffnet. „Sie bestimmt daher den literarischen Gegenstand genauso, wie sie eine neue Bestimmungsbedürftigkeit zurückläßt. Das heißt aber, daß ein sogenannter literarischer Gegenstand nie an das Ende seiner allseitigen Bestimmtheit gelangt."[48] Entsprechend formuliert Roman Ingarden: „Es ist immer nur so, als ob ein Lichtkegel uns einen Teil einer Gegend beleuchte, deren Rest im unbestimmten Nebel verschwindet, aber in seiner Unbestimmtheit doch da ist."[49] Das zitierte Beispiel aus Musils

---

[46] MoE., S. 146.

[47] W. Iser: *Die Appellstruktur der Texte*, Konstanzer Universitätsreden 28, 1970, passim.

[48] Iser, a.a.O., S. 14.

[49] R. Ingarden: *Das literarische Kunstwerk*, Tübingen ²1960, S. 230. Auf die von Iser betonten Unterschiede beider poetologischer Untersuchungen soll hier nicht eingegangen werden. Vgl. Iser, S. 36 f.

Roman bestätigt diese Beobachtungen: der Versuch, die meta-
phorische Darstellung in die ,,Wirklichkeit'' zurückzuübersetzen,
wird zwangsläufig scheitern. Es geht nicht um ,,Veranschauli-
chung'' einer abstrakten Situation, die durch eine dichterische
Bildersprache konkretisierbar gemacht werden sollte, sondern um
die Erweiterung einer möglicherweise bestehenden Vorstellung.
Die Metaphern – ,,Lokomotiven,'' ,,Schienenstränge,'' die sich
zur ,,Landschaft'' wandeln – sind im rationalen Nachvollzug un-
verständlich, sie eröffnen aber ein Spektrum von Möglichkeiten,
deren mehrere zugleich präsentiert werden und die den Vorstel-
lungshorizont erweitern sollen.

Die Bildersprache des Romans ist, so verstanden, eine poetische Artikulation des *Möglichkeitssinnes* des Mannes ohne Eigenschaften. Von ihm heißt es: ,,Er will gleichsam den Wald, und der
andere (sc. mit Wirklichkeitssinn) die Bäume; und Wald, das ist
etwas schwer Ausdrückbares, wogegen Bäume soundsoviel Fest-
meter bestimmter Qualität bedeuten.'' [50] Indirekt ist damit etwas
über das Wesen von Dichtung schlechthin ausgesagt.

Ebenso wie die zeitgenössiche Wirklichkeit, aus deren Frag-
menten sich die Kulissen des Romangeschehens aufbauen, im
Roman immer wieder in Frage gestellt wird, wird auch die Zeit
als ,,Anschauungsform des inneren Sinnes'' immer wieder in
Frage gestellt. Eine Notiz Musils formuliert: ,,Aber nicht Zeitroman, synthetischer Zeitaufbau, sondern Konflikt Ulrichs mit
Zeit. Nicht synthetisch, sondern durch ihn aufspalten!'' [51] Es ist
nicht ganz klar, ob die Vokabel ,,Zeit'' hier im Sinne von ,,tem-
pus'' oder ,,aetas'' gebraucht wird; die Äquivokation macht aber
sichtbar, welche Funktion die Zeitdarstellung des Romans hat:
die Epoche, das Zeitalter, wird durch das Bewußtsein des Mannes
ohne Eigenschaften in einer ähnlichen Weise ,,aufgespalten,'' wie
die kalendarische Zeit durch seine den kontinuierlichen Zeit-
ablauf immer wieder dissoziierenden Erfahrungen mit dem eigenen Bewußtsein.

Die Freiheit des Individuums realisiert sich in seiner Zeitlosig-
keit: dies gilt für Hans Castorp in Thomas Manns *Zauberberg*, der
sich in stetigem Müßiggang von den Zwängen der Gesellschaft
fernhält, wie für Ulrich, den Mann ohne Eigenschaften. In bei-

[50] MoE., S. 17.
[51] MoE., S. 1635.

den Romanen gewinnt der Augenblick, in dem der reale Zeit-
ablauf verlassen wird und das Individuum über die Schranken
seiner empirischen Existenz hinauszugelangen vermag, die entscheidende Bedeutung für die Erfahrung der Welt und des Ich.

In der Thematik des Augenblicks und seiner entscheidenden
Funktion für das Verständnis der Zeit konvergieren hier die
Epochenromane [52] mit der auf Husserls *Vorlesungen zur Phänomenologie des inneren Zeitbewußtseins* zurückgehenden Interpretation der Zeitlichkeit des Daseins und des Augenblicks in
Sein und Zeit. Es hat den Anschein, es artikuliere sich in dieser
für die zwanziger Jahre kennzeichnenden Frage nach dem Wesen
der Zeit und ihrer Beantwortung durch die hier skizzierten Definitionen ein historisches Bewußtsein.[53]

Wie kommt es zu dieser „Zeitbesessenheit"? Eine Vermutung
soll hier geäußert werden.

Noch der realistische Roman des neunzehnten Jahrhunderts
machte das exemplarische Leben seiner Pratagonisten in den
Kulminationspunkten ihrer Biographie deutlich. Solche mar-
kanten Momente gibt es in den großen Romanen zwischen den
Kriegen nicht; stattdessen greifen sie zufällige, an sich belanglose
Augenblicke in alltäglichen Situationen heraus, und von solchen
Punkten aus gewinnen sie die Perspektiven auf das Leben ihrer
Gestalten. Wenn aber das Unbedeutende und alltäglich Zufällige
symptomatisch wird, so kann die Totalität der Welt nicht mehr
darstellbar sein. Die Perspektive des zufälligen Augenblicks auf
Vergangenheit und Zukunft, die das détail erfaßt, gründet auf der
Hoffnung, so wenigstens einen Ausschnitt der Wirklichkeit zu
erfassen, da sich ihre Totalität nicht mehr darstellen läßt.

Die geschichtliche Voraussetzung dieser Art des Erzählens ist
die rasche Entwicklung, die der Bestand des menschlichen Wissens im Laufe des neunzehnten Jahrhunderts genommen hat:

---

[52] Es ließen sich neben den genannten andere Beispiele heranziehen: Prousts *A la
recherche du temps perdu* (1913–1927), Joyce's *Ulysses* (1922) dürften die bekanntesten
Gegenstücke im westlichen Ausland sein.

[53] Eine marxistische Theorie besagt, der Existenzialismus sei im Zusammenhang
„mit den einschneidenden Krisenerscheinungen des kapitalistischen Systems (Welt-
wirtschaftskrise)" entstanden. (Vgl. G. Klaus, M. Buhr (Hrsgg.): Philosophisches
Wörterbuch, Leipzig 1969, S. 350 ff.) Eine historisch unhaltbare These: *Sein und Zeit*,
das Werk, das in jedem Fall als Grundlage eines wie immer beschaffenen „Existenzialismus" angesehen werden muß, erschien zwei Jahre vor dem „Schwarzen Freitag"
während der kurzen wirtschaftlichen Blütezeit der Weimarer Republik.

er verbietet es, eine bestimmte Ordnung der Welt als fixiert anzusehen, da sie jederzeit durch eine neue Erkenntnis oder durch
eine weitergehende geschichtliche Erfahrung überholt werden
kann. An die Stelle des allwissenden, Vergangenheit und Zukunft
organisierenden Erzählers realistischer Romane tritt deshalb der
den Augenblick beschreibende, als Person unfaßbare Erzähler,
der keine synthetischen Kenntnisse der Welt verrät.

Sein und Zeit stellt dieses Bewußtsein einer geschichtlichen
Situation dar. Indem das Buch die Frage nach dem Dasein stellt,
unternimmt es eine Analyse der Situation, in die das Denken im
zwanzigsten Jahrhundert gelangt is. Die Bedeutung dieser Philosophie – ebenso wie die der gleichzeitigen großen Romane – liegt
in dem Versuch, eine umfassende neue Grundlegung des Denkens
zu unternehmen, deren Notwendigkeit seit dem achtzehnten
Jahrhundert spätestens bewußt ist. Dabei erweist sich die Frage
nach der Zeit – in ihren Variationen poetischer Gestaltung und
philosophischer Reflexion – als Schlüsselproblem. Es scheint, als
sei der Augenblick der Reduktionspunkt, von dem aus allein die
Orientierung des Denkens möglich ist.